Albrecht Schmierer

Einführung in die zahnärztliche Hypnose

Einführung in die zahnärztliche Hypnose

von
Dr. Albrecht Schmierer,
Stuttgart

Quintessenz Verlags-GmbH
Berlin, Chicago, London, Paris, Barcelona,
Istanbul, São Paulo, Tokio, New Delhi,
Moskau, Prag und Warschau

Die Deutsche Bibliothek – CIP-Einheitsaufnahme

Schmierer, Albrecht:
Einführung in die zahnärztliche Hypnose / von Albrecht Schmierer. –
3. Auflage. –
Berlin; Chicago; London; Paris; Barcelona; Istanbul; São Paulo; Tokio;
New Delhi; Moskau; Prag und Warschau:
ISBN 3-87652-991-3

3. Auflage

Satz und Layout: Quintessenz Verlags-GmbH, Berlin
Lithographieanfertigung: JUP Industrie- und Presseklischee, Berlin
Druck und Verarbeitung: Jütte Druck GmbH, Leipzig

Für Buch:
ISBN: 3-87652-991-3 / Bestell-Nr. 2990
Für Edition Golden Line:
(370 Seiten Buch, 53 Minuten Video, 2 CD's)
ISBN: 3-87652-187-4 / Bestell-Nr. 218

Inhaltsverzeichnis

Kapitel II

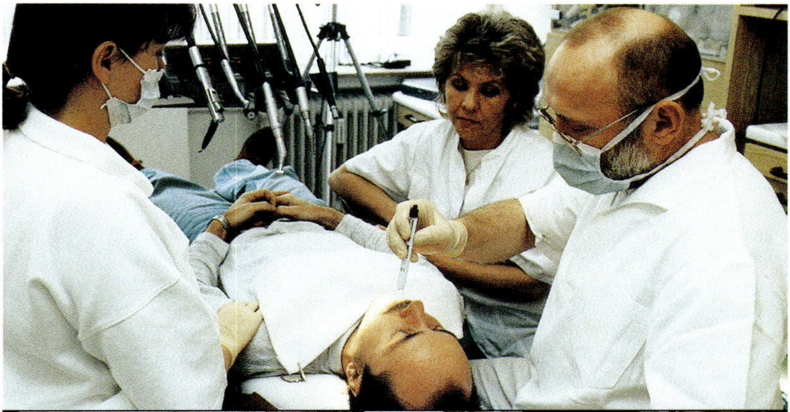

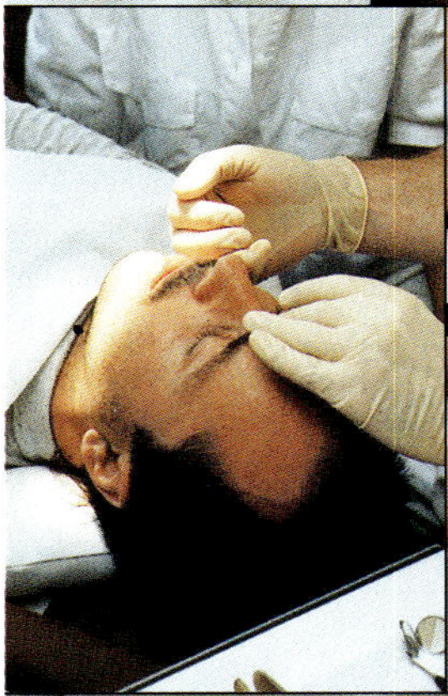

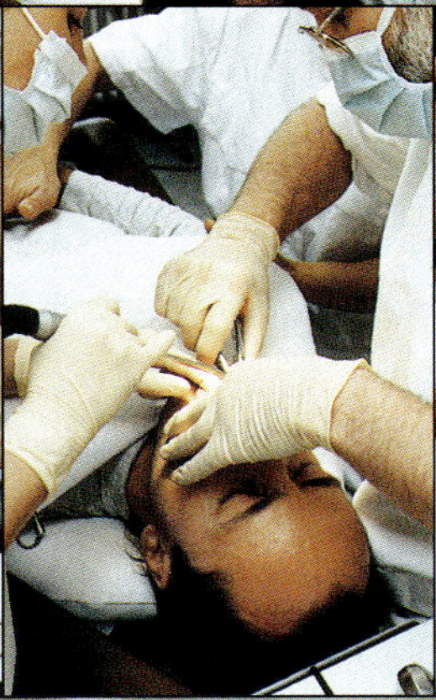

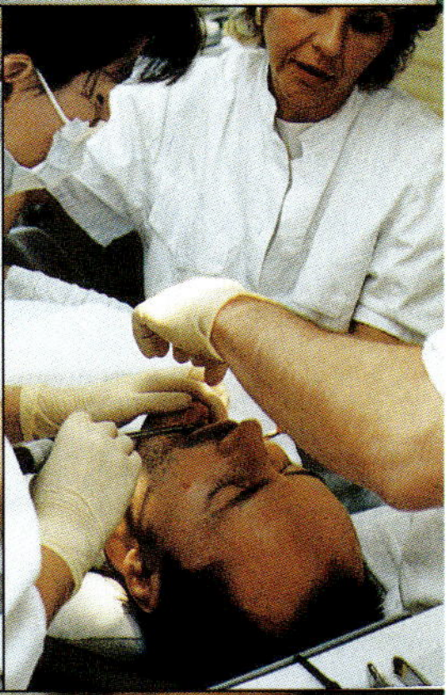

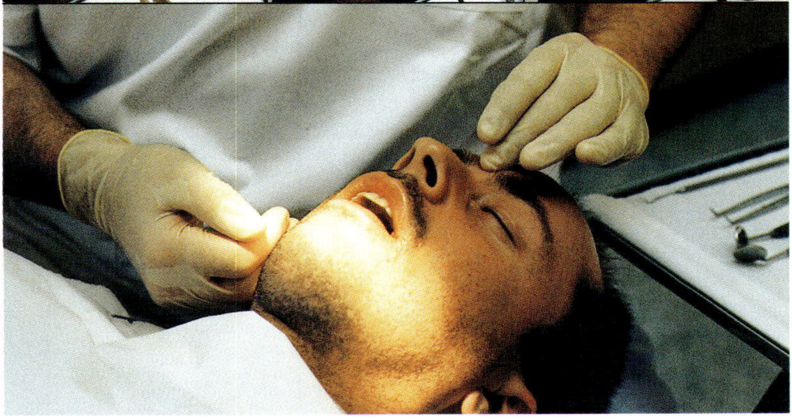

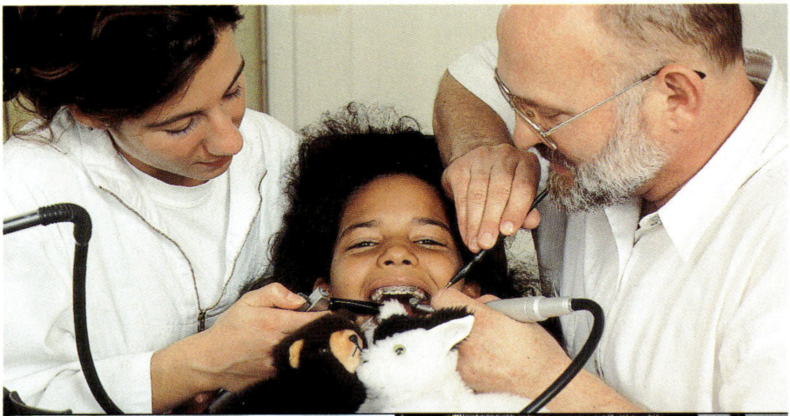

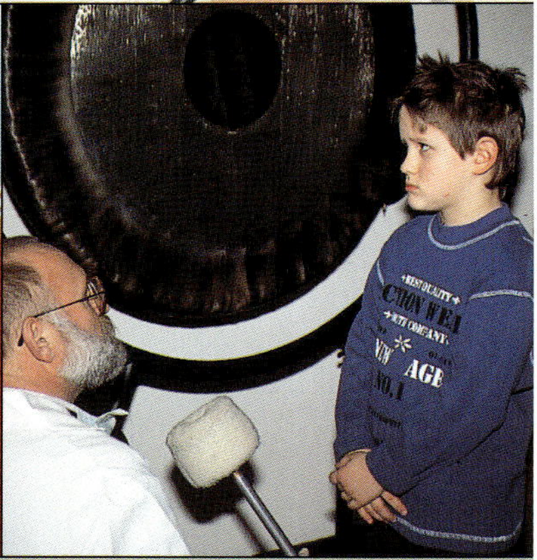

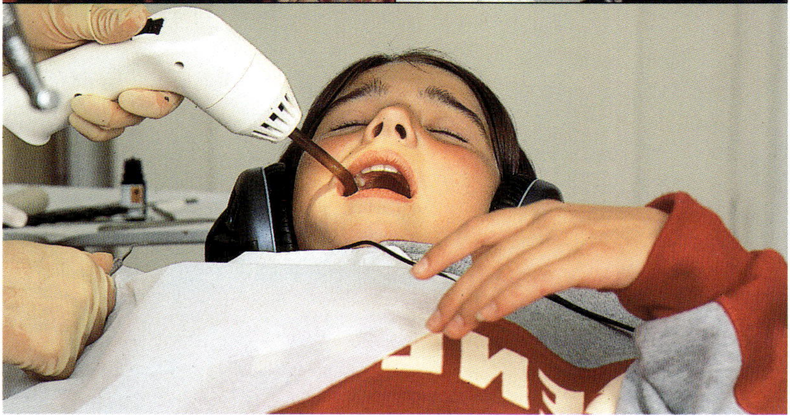

Einführung

Es ist mir eine Freude, die Einführung zu diesem neuen Buch über zahnärztliche Hypnose zu schreiben. Es greift nicht nur auf die Ideen und Erfahrungen bekannter Hypnotherapeuten des In- und Auslandes zurück, es ist eine gewissenhafte und ehrlich erarbeitete Beschreibung der zahnärztlichen Hypnose, die auf den jahrelangen Erfahrungen eines interessierten Praktikers beruht.
Der Autor bietet dem Leser eine komplette Übersicht über die Anatomie der Hypnose. Er gibt eine gut strukturierte Einführung und einen Überblick über die Grundlagen, über physiologische Erklärungen und wie es zu hypnotischen Phänomenen kommt und wie man sie für die Heilung therapeutisch nutzen kann. Das Buch ist ein ausgezeichnetes Lehrbuch für den Anfänger, bietet aber auch schätzenswerte Anregungen und Informationen für den erfahrenen Hypnosezahnarzt.
Zunächst einmal scheint sich dieses Buch hauptsächlich auf die Bedürfnisse des niedergelassenen Zahnarztes auszurichten. Der Rahmen ist allerdings sehr viel weiter gesteckt. Dr. Schmierer streift auch das Feld der Hypnoanalyse und die heute zunehmend gebrauchten Techniken des NLP. Er geht sowohl auf die Therapie chronischer Schmerzen als auch auf Musik als Unterstützung der Behandlung ein.
Er bietet eine Einführung in den Gebrauch von Metaphern, in das Geschichtenerzählen im Ericksonschen Ansatz. Dem folgt eine Vielfalt von Induktionsmöglichkeiten mit vielen nützlichen Suggestionen. Das Kapitel über Kinderhypnose fällt besonders angenehm auf, weil es durchdrungen ist von Wärme und Verständnis für die Kinder und ihre besonders verletzliche Situation.
Der Autor arbeitet auch als Gnathologe, deshalb widmet er sich speziell dem Problem von Streß und seinen Folgen, der Pathophysiologie der Schulter-, Nacken- und Mundregion. Er bietet wert-

volle Techniken für die Bewältigung von Myoarthropathien, Bruxismus und Würgereiz an.
Dieses Buch stellt zweifelsohne für jede Hypnoseausbildung eine wertvolle Bereicherung dar.

Stockholm, im März 1992 Per Olof Wikström

Ehem. Präsident der SSCEH (Swedish Society of Clinical and Experimental Hypnosis)
Vizepräsident der ESH (European Society of Hypnosis)
International Editor von HYPNOS (Swedish Journal of Hypnosis in Psychotherapy and Psychosomatic Medicine and Journal of the European Society of Hypnosis in Psychotherapy and Psychosomatic Medicine)

Vorwort zur zweiten Auflage

Hypnose in der Zahnarztpraxis, vor Jahren noch als Außenseitermethode belächelt, ist heute wissenschaftlich anerkannt. Sie wurde wiederentdeckt, als ursprüngliche, natürliche, Unterstützung der Heilkunst in der gesamten Medizin. Moderne Hypnose wirkt individuell und auf den Patienten maßgeschneidert. Er bekommt Hilfe, seine vorhandenen Ressourcen für sich zu nützen. Gemeinsam mit dem Patienten werden Lösungswege für seine Gesundheit erarbeitet. Die Konsequenzen einer Veränderung für sein Lebenssystem werden sorgfältig abgeklärt und geplant. Damit findet ein Großteil der Bevölkerung Zugang zur Hypnose, weil das klassische System der autoritären Suggestion zugunsten einer Kooperation auf gleicher Ebene erweitert wurde. Es gilt, diese wertvolle, starke Heilmethode wissenschaftlich, klinisch und experimentell weiter zu entwickeln und sie von kurzlebigen esoterischen Modeströmungen abzugrenzen. Die Universitäten haben Existenz und Wirksamkeit von Hypnose erforscht, in den Praxen werden neben Fallstudien jetzt auch wissenschaftlich exakte Vergleichs- und Verlaufsstudien durchgeführt.

Es ergeben sich interessante Beziehungen zur Naturheilkunde. Bei vielen naturheilkundlichen Verfahren erscheint unter dem Blickwinkel des hypnotisch Geschulten die Suggestion als wichtiger Faktor in der Therapie. Es ist offensichtlich, daß dabei die Hypnose in ihrer natürlichsten Form unbewußt zwischen Therapeut und Patient abläuft. Beide sind überzeugt von der Wirksamkeit und Exklusivität des Verfahrens, sind fokussiert auf einen Zeigerausschlag oder ein akustisches Signal der Untersuchungsapparatur. Und weil die anscheinend objektive Messung die Wirksamkeit von Medikament X bewiesen hat, ist die Therapie erfolgreich. Kollegen, die z.B. Akupunktur und Hypnose kombinieren, berichten von besseren Erfolgen, aufgrund der entspannten und konzentrierten Atmosphäre.

Das frühere Bild des Hypnotiseurs, dessen Patienten von seiner Magie abhängig sind, dessen Willen sie unterworfen sind, geistert allerdings noch in vielen Köpfen und behindert die Zusammenarbeit innerhalb der Medizin. Deshalb muß unter den Kollegen und auch in der Öffentlichkeit noch viel Aufklärungsarbeit geleistet werden, um die neue Hypnose als eine natürliche Fähigkeit jedes Menschen darzustellen, in Trance zu gehen. Hypnose ist ein natürlicher Zustand, der neben Schlaf- und Wachzustand spontan oder von außen induziert auftritt.
Mit zunehmender Streßbelastung und Reizüberflutung wird die Anwendung von induzierten Trancezuständen zur Entspannung, zur Konzentration auf eine Arbeit, als mentales Training beim Sport immer wichtiger.
Wie viele Schmerz- und Beruhigungsmittel (und deren Nebenwirkungen) könnten gespart werden, wenn bekannt würde, wie leicht und sicher Hypnose zu induzieren ist. Deshalb sollen auch geeignete, erfahrene, verantwortungsbewußte Mitarbeiter/innen in Hypnose ausgebildet werden, um sie für mehr Menschen nutzbar zu machen.
Die Beschäftigung mit Hypnose macht kreativ und schärft das Bewußtsein für die allgegenwärtigen Suggestionen. Der in Hypnose Geschulte wird selbst bestimmen, wann und mit wessen Hilfe er in Trance gehen möchte. Seine unbewußten Potentiale nutzen zu lernen, schafft Klarheit und Selbst-Sicherheit. Die meisten Ausblidungsteilnehmer berichten über positive Veränderungen im beruflichen und privaten Bereich.
Um diese Ziele erreichen zu können, wurde 1994 die Deutsche Gesellschaft für Zahnärztliche Hypnose (DGZH) e.V. gegründet. Sie garantiert und trägt die qualifizierte Ausbildung, Öffentlichkeitsarbeit, und Forschung im Bereich der zahnärztlichen Hypnose. In enger Zusammenarbeit mit der M.E.G. (Milton Erickson Gesellschaft) wird die neue Hypnose für den zahnärztlichen Bereich zugänglich gemacht.
Die 1993 veröffentlichte erste Auflage des Buches war seit Ende 1995 vergriffen. Für die zweite Auflage wurde das Buch komplett überarbeitet und auf den neuesten Stand gebracht.Die therapeutischen Erfahrungen aus den letzten fünf Jahren, die Erweiterung unserer Hypnoseseminare, der Austausch mit internationalen Referenten, die vielen Anregungen unserer Kursteilnehmer sind in diese zweite Auflage eingeflossen. Herr Dipl.-Psych. Hans-Jörg

Hautkappe hat an der Überarbeitung des Buches wesentlichen Anteil gehabt.
An dieser Stelle möchte ich mich besonders bei unseren Patienten bedanken, die selbst die besten Anregungen zur Erweiterung der hypnotischen Möglichkeiten gebracht haben. Die gemeinsame Erfahrung einer Behandlung in Hypnose führt zu gegenseitigem Vertrauen, Respekt und gemeinsamem Lernen. Mit einem chirugischen Eingriff in Hypnoanästhesie, mit einer Phobiebehandlung oder der Restauration eines zerstörten Kauorgans bei einem Würgereizpatienten ergibt sich ein intensiver persönlicher Kontakt, der zur Weiterentwicklung auf beiden Seiten führt. Dazu gehört ein zuverlässiges Team, das in Hypnose trainiert ist und den konzentrierten Rahmen für die Arbeit gewährleistet.
Dank gebührt auch dem Quintessenz Verlag, der die Vereinsarbeit der DGZH großzügig unterstützt und der den hohen Aufwand einer kompletten Neuherstellung des Buches und der bisherigen Tonbänder als CD´s leistet.
Prof. Dr. Georg Sauer hat seit 1993 am Phillip Pfaff Institut in Berlin das erste Curriculum zahnärztliche Hypnose im Rahmen der Kammerfortbildung angeboten. Prof. Dr. Wolfgang Freesmeyer betreut in Berlin mehrere Dissertationen im Bereich der Hypnose. Beide haben sich vorurteilsfrei und mutig auf einem damals noch umstrittenen Gebiet engagiert.
Die intensive Zusammenarbeit mit meiner Frau Gudrun seit 1984, in der Vorbereitung und Betreuung unserer Hypnosepatienten, in der gemeinsamen Kurstätigkeit, unsere gemeinsame Referententätigkeit auf zahlreichen internationalen Kongressen, hat den Eros in und zu unserer Arbeit immer wachgehalten und unsere Beziehung vertieft. Die fürsorgliche Mitarbeit der ganzen Familie ermöglicht uns die Zeit für ein geborgenes Aufwachsen unserer Kinder Maximilian und Victoria.

Stuttgart, am 15. Oktober 1996
Albrecht Schmierer

Vorwort

Das Erlebnis Hypnose ist für viele Menschen von großer Faszination, es weckt große Erwartungen und große Vorbehalte.
Unsere langjährige Erfahrung führt zu einem immer respektvolleren Umgang mit der Hypnose. Wir alle haben die Fähigkeit, Trance zu erfahren, in uns.
Daraus resultiert das Konzept, nach dem wir seit Jahren unsere Hypnoseseminare gestalten und nach dem auch dieses Buch aufgebaut ist:
Sie können Ihre vorhandenen Fähigkeiten nutzen, indem Sie sich diese Begabungen bewußt machen, um sie dann in kleinen Schritten zu erweitern und für die Kunst der suggestiven Kommunikation anzuwenden. Wir verzichten bewußt auf eine ausführliche theoretische Darstellung und auf umfangreiche Literaturangaben. Hypnose soll vielmehr in sofort umsetzbaren Teilschritten als lustvolle Bereicherung des Verhaltensrepertoires erlernt werden können.
Moderne Hypnosetechniken helfen, die Compliance, d.h. die Mitarbeit, das Vertrauen und die Praxistreue des Patienten zu erhalten. Durch die entspannte Atmosphäre wird das Betriebsklima positiv beeinflußt. Durch Streßabbau und neue Möglichkeiten, eingefahrene Teufelskreise aufzubrechen, wird der Praxisinhaber mehr Freude am Beruf haben. Positive Kreise werden in Gang gesetzt.

Anleitung zum Gebrauch des Buches

In einigen Kapiteln sind „Übungen“ beschrieben, die einen individuellen Bezug zu dem entsprechenden Gebiet herstellen. Wenn Sie das Bedürfnis haben, aufbauend auf Ihren eigenen Erfahrungen zu lernen, nehmen Sie sich für die Übungen etwas Zeit.

Sie werden überrascht sein, wieviele Erlebnisse Sie bereits mit hypnotischen Phänomenen gehabt haben!
Anschließend folgt der eigentliche „Text", den Sie mit Ihrer Erfahrung individuell würzen können.
„Hinweise für die Praxis" helfen Ihnen dann, sich selbst im Praxisalltag in einer ähnlichen Situation wiederzuerkennen.

Das Grundkonzept des Buches ist

das Prinzip der kleinen Schritte.

Deshalb ist es am effektivsten, wenn Sie das Buch von Anfang an durcharbeiten.
Nehmen Sie sich jeweils maximal ein Kapitel vor, führen Sie die dazugehörigen Übungen durch, sammeln Sie damit Ihre eigenen Erfolgserlebnisse, bis Sie in diesem Lernschritt Sicherheit haben. Dann werden Sie auch bald neugierig auf das nächste Kapitel sein.Durch diese Systematik wollen wir Sie behutsam in die Materie einführen und Ihnen Zeit und Frustrationen ersparen.
Das Video zum Buch erleichtert Ihnen das Verständnis und bietet Beispiele zu den wichtigsten Bereichen der Zahnärztlichen Hypnose.
Sehr viel Spaß kann dieser Lernprozeß auch in einer kleinen Gruppe (z. B. mit dem Praxisteam oder bei einem Hypnoseseminar) machen. Das Erlernen der Hypnose wird so für Sie und Ihre Umwelt eine angenehme und leichte Erfahrung!

Ethik

Voraussetzung für die Anwendung von Hypnose ist die Anerkennung und Beachtung von ethischen Richtlinien, wie sie z. B. in der Satzung der International Society of Hypnosis (ISH) (siehe Kap.V, S. 179–186, ISH 1985) festgelegt sind. Ihr wesentlicher Inhalt ist, den Patienten Hilfe zur Selbsthilfe zu geben. Die suggestive Beeinflussung eines Patienten ist dann berechtigt, wenn er das Ziel, sich selbst helfen zu können, aus eigener Kraft zunächst nicht erreichen kann. Die Anwendung von Hypnose zu Unterhaltungszwecken ist untersagt. Jeder, der Hypnose anwendet, ist zur Supervision (d. h. Besprechen seiner Hypnosetätigkeit mit einem erfahrenen und psychologisch ausgebildeten Fachmann) verpflichtet.

Sprache

Wir verwenden in diesem Buch die heute üblichen Fachbegriffe, die häufig aus dem Amerikanischen in die deutsche „Hypnosesprache" übernommen wurden.
Wörtlich wiedergegebene Hypnosesprache ist *kursiv gedruckt*. Die Hypnosesprache zeichnet sich durch einen sehr gleichmäßigen Redefluß aus, häufig sind die Sätze durch „und" miteinander verknüpft. Um indirekte Suggestionswirkungen zu erzielen, werden Abweichungen vom üblichen Sprachgebrauch bewußt eingesetzt.
Unsere Leserinnen bitten wir um Verständnis dafür, daß wir Personen meistens in der männlichen Form beschreiben. Jedesmal eigens beide Geschlechtsformen zu nennen – Patientin/Patient, Therapeutin/Therapeut usw. – wäre zu umständlich und würde den Lesefluß hemmen. Wir sind uns jedoch bewußt, daß sich ein Praxisteam mehrheitlich aus Frauen zusammensetzt und daß vor allem sie es sind, die für die Entspannung und den Komfort unserer Patienten sorgen.

Kapitel I

Grundlagen der Hypnose

1 Kurzer Überblick über die Entwicklung der Hypnose

Die Entwicklung der klinischen Hypnose hätte sicher einen anderen Verlauf genommen, wären nicht Mitte des 19. Jahrhunderts, gerade als einige Ärzte beeindruckende Operationserfolge mit Hypnose vorzuweisen hatten, die chemischen Anästhetika erfunden worden. So wurden die Behandlungserfolge des Augenarztes James Braid (1795–1860), der als erster die Bezeichnung „Hypnose" (griech.: Schlaf) für die von seinen Vorgängern herbeigeführten Trancezustände prägte, viele Jahre ignoriert. Nicht besser ist es dem Chirurgen James Esdaile (1808–1859) ergangen, der in Indien zahlreiche Patienten unter Hypnoseeinwirkung operiert hat. Neben rund tausend kleineren Operationen hat er etwa 300 große chirurgische Eingriffe durchgeführt, darunter 19 Amputationen. Zu Esdailes Popularität in Indien trug jedoch nicht allein seine schmerzarme Operationsmethode bei, sondern auch die Tatsache, daß die Sterblichkeitsrate unter den hypnotisierten Patienen sank, bei Hodenoperationen beispielsweise von 50 auf 5 Prozent. Als Esdaile 1852 seine Arbeit in Schottland weiterführen wollte, wurde sie von seinen Kollegen abgelehnt.
Abgesehen von der schnellen Verbreitung der chemischen Narkosemittel verhinderte lange Zeit das Odium der Quacksalberei und der Scharlatanerie, das den hypnotischen Behandlungsformen anhaftete, ihre Anerkennung durch die Schulmedizin. Deutlich hat das Franz Anton Mesmer (1734–1815) zu spüren bekommen, der im Laufe seines langen Lebens mit der von ihm entwickelten magnetischen Heilmethode aufsehenerregende Erfolge erzielte. Mesmer, der sich nach einem Medizinstudium gründlich mit Geologie, Physik, Chemie, Philosophie

und Musik beschäftigt hatte, war vom Vorhandensein einer magnetischen Lebensenergie überzeugt, von der er annahm, sie sei „das einzige und allgemeine Mittel, Krankheiten vorzubeugen und sie zu heilen, wenn anders der Heilung keine absolute Unmöglichkeit gegenübersteht".

Auf dem Höhepunkt seiner Popularität behandelte Mesmer seine Patientinnen und Patienten nicht mehr einzeln, sondern in Gruppen und verstärkte damit möglicherweise die hypnotische Wirkung seiner Behandlung. Hinzu kam der musiktherapeutische Effekt der Glasharmonika, mit deren Spiel Mesmer die Gruppensitzungen begleitete. Die Magnete, die Mesmer anfangs noch zur Therapie benutzte, ließ er später weg und behandelte nur mit magnetischen Strichen, den sogenannten Mesmerschen passes. Diese Striche wurden von oben nach unten ausgeführt, wobei die linke Hand des Magnetiseurs über die rechte Körperseite des Patienten strich und entsprechend die rechte Hand über die linke Seite.

Eine ähnliche Heilmethode hatte schon rund 250 Jahre zuvor der Arzt Paracelsus (1493–1541) angewandt. Auch er glaubte an die Existenz magnetischer Körperkräfte, aktivierte diese jedoch nicht mit Strichen, sondern durch Handauflegen.

Daß Mesmers Therapieerfolge nicht – wie er selbst glaubte – von speziellen magnetischen Kräften herrührten, sondern im wesentlichen auf Suggestionen beruhten, zeigte sich anhand der Arbeitsweise eines seiner Schüler, des Marquis de Puységur (1751–1825). Nachdem er seine Patienten – hauptsächlich Bauern aus der Umgebung seines Landgutes – nach der Mesmerschen Methode in hypnotische Trance versetzt hatte, suggerierte er ihnen das Behandlungsziel, beispielsweise Schmerzfreiheit – und hatte Erfolg. Den Menschen, die daraufhin scharenweise zu dem Marquis strömten, um Linderung oder Heilung ihrer Gebrechen zu erlangen, war es gleichgültig, daß er kein ausgebildeter Arzt war: Hauptsache, er konnte helfen. Von den rund 5000 Patienten des Marquis sollen nur wenige den Weg ins Château de Puységur vergeblich gemacht haben.

Der Abbé de Faria (1755–1819), ein Zeitgenosse des Marquis, bezeichnete die Suggestion ausdrücklich als einen Bestandteil der Hypnose und sicherte sich so in der Hypnosegeschichte seinen Ruf als Begründer der modernen Suggestionstheorie. Die wichtigste Voraussetzung für das Zustandekommen eines hypnotischen Zustandes lag seiner Ansicht nach jedoch in der Konzentration der hypnotisierten Person. Dementsprechend schwächte er die Rolle des Hpynotiseurs und rückte die aktive Mitarbeit der Hypnotisanden in den Vordergrund – erste Ansätze zur Autosuggestion, wie sie gegen Ende des vorigen Jahrhunderts von dem Apotheker Emil Coué systematisch in der Therapie eingesetzt wurde.

Während im 19. Jahrhundert britische Ärzte die Hypnose hauptsächlich zur Narkotisierung bei chirurgischen Eingriffen einsetzten – neben den Ärzten Esdaile und Braid arbeitete auch John Elliotson (1791–1868) auf diesem Gebiet – wendeten Ärzte in Frankreich die Hypnose vor allem zur Behandlung psychischer Leiden an. Dabei kam es zu heftigen Auseinandersetzungen zwischen dem Pariser Neurologen Jean Martin Charcot (1825–1893) und den beiden Ärzten Liébeault und Bernheim, die die sogenannte Schule von Nancy repräsentierten. Im Gegensatz zu Charcot, der die Hypnose als pathologischen, experimentell herbeigeführten Zustand bezeichnete, begriffen Auguste Liébeault und Hippolyte Bernheim die Hypnose als Funktion des normalen Verhaltens. Unterstützung bekamen die beiden Wissenschaftler, deren Konzept zu Suggestionstheorie im Großen und Ganzen noch heute gültig ist, aus Rußland: Iwan Pawlow (1849–1936) war durch seine Experimente ebenfalls zu dem Schluß gelangt, daß Hypnose und Suggestion normale Lebensvorgänge seien.

So war zu Beginn des 20. Jahrhunderts der Weg frei für eine wissenschaftlich begründete Hypnose, ein Weg, den die Menschheit freilich von Anbeginn gebahnt hat. Denn Hypnose läßt sich als Beschwörungs- und Heilungsritual zu allen Zeiten und in den verschiedensten Kulturen nachweisen. Magisch-suggestive Praktiken dienten vor 500 000 Jahren den Menschen zur Bewältigung der Urangst. Die Medizinmänner beherrschten die therapeutisch wirksame Kunst der Suggestion, mit deren Hilfe sie bestimmte physische und psychische Reaktionen hervorrufen konnten. Babylonische Arztpriester und ägyptische Zukunftsdeuter bedienten sich um 5000 v. Chr. nahezu identischer hypnotischer Techniken, die einen zum Heilen von Krankheiten, die anderen zur Austreibung von Dämonen. Asiatische Versenkungsmethoden durch Autosuggestion, wie bespielweise Yoga, werden seit etwa dreieinhalb Jahrtausenden ausgeübt.

Das älteste Kulturvolk, die Sumerer, kannte bereits den sogenannten Heilschlaf, ebenso wie später die Griechen und Römer. In den Tempelstätten des Asklepios (röm: Äsculapius) legten sich die Heilungsuchenden nach verschiedenen rituellen Vorbereitungen zum Heilschlaf nieder. Über verborgene Schalltrichter boten die Tempelpriester Suggestionen an, die von den Patienten als Anweisungen des Gottes interpretiert wurden. Der griechisch-römische Arzt Galen (129–199) variierte die Heilschlaf-Methode, indem er seinen Patienten die Trauminhalte in einer Art Präschlafsuggestion vorschrieb.
Die Priester des Asklepioskultes wurden im frühen Mittelalter abgelöst von Mönchen, die die Hypnotherapie-Erfolge der jungen Christenheit ebenfalls mit übernatürlichen Phänomenen – Wunderheilung – erklärten. Und die Teufelsaustreibungen der Klosterbrüder ähnelten häufig den exorzistisch-suggestiven Methoden der Ägypter.
Mit Paracelsus von Hohenheim, der seine ärztliche Kunst u. a. auf magnetische Kräfte zurückführte, schließt sich die Lücke zwischen Mittelalter und Neuzeit.
Das Interesse, das sowohl Fachleute als auch Laien der Hypnose gegenwärtig entgegenbringen, läßt auf eine neue Hoch-Zeit dieser Therapiemethode schließen. Seit der Einführung des autogenen Trainings durch Johannes Heinrich Schultz (1884–1970) setzt sich der positive Trend in der Hypnosepraxis und -forschung fort. Mit Milton H. Erickson (1901–1980) erreichte sie einen vorläufigen Höhepunkt. Auf Ericksons Initiative wurde die Amerikanische Gesellschaft für Klinische Hypnose gegründet. Zudem war der Amerikanische Hypnose“papst“, der an die 30 000 Patientinnen und Patienten hypnotisiert hat, zehn Jahre lang Herausgeber des American Journal of Clinical Hypnosis.

2 Hypnose in der Zahnarztpraxis

Unser gemeinsames Ziel ist, gute Zahnheilkunde zu praktizieren. Und wir müssen uns auf diesem Weg mit vielfältigen Schwierigkeiten auseinandersetzen. Einer unserer Hauptstreßfaktoren dabei ist das Arbeiten mit Patienten, die sich offen, oder auch unbewußt gegen die Zahnbehandlung wehren. Wir sind den ganzen Tag über mit dem (non-)verbalen Vorwurf des Erleidens und der Angst unserer Patienten konfrontiert.

Hier bewährt sich die Hypnose als Methode zur Anleitung des Patienten zur Entspannung. Der Patient lernt, die Zahnarztbehandlung entspannt zu erleben, und er nimmt diese Situation als weniger beschwerlich, angstauslösend und schmerzbereitend wahr.

Die Behandlung eines völlig entspannten, mit geschlossenen Augen daliegenden Patienten ermöglicht die volle Konzentration auf die zahnärztliche Tätigkeit. Durch die angenehme Erfahrung einer entspannten Behandlung verstärkt sich das Vertrauen und die Mitarbeit (Compliance) des Patienten. Dies wiederum erleichtert den zahnärztlichen Alltag und schützt vor Streß.

Mein Interesse für die Hypnose entstand bald nach meiner Niederlassung: Scheinbar alle Zeitdiebe, Koryphäenkiller und Wanderpokale Stuttgarts stellten sich bei uns ein und wir hatten überwiegend „Sprech"-Stunde. So suchte ich nach einer Möglichkeit, gleichzeitig dem Patienten wirklich helfen zu können und seine Klagsamkeit (d. h. sein Bedürfnis, immer wieder seine Leiden darzustellen) zu kanalisieren.

Durch das Angebot einer Hypnosetherapie konnte das Bedürfnis nach Zuwendung und Aussprache, das hinter den meisten nicht schulmedizinisch therapierbaren Beschwerden steht, zufriedengestellt und außerhalb der regulären Sprechstunde verlegt werden.

Patienten, die diese Möglichkeit ablehnen und lieber die zehnte Version einer Aufbißschiene haben wollen, können so rechtzeitig erkannt werden.

Heute setze ich Hypnose ständig und in den verschiedensten Anwendungsbereichen ein.

Tabelle 1 Indikationen und Anwendungshäufigkeit für zahnärztliche Hypnose

Indikation	Zweck
A – täglich vorkommende Indikationen	
Entspannung	lockere Muskulatur, geringere Empfindlichkeit
Angstabbau	Verbesserung der Zusammenarbeit
Kinderbehandlung	Verbesserung der Zusammenarbeit
Posthypnotischer Auftrag	Verbesserung des Heilungsverlaufs, Verbesserung der Mundhygiene
Langzeitbehandlung	weniger Anästhesie, weniger Streß
Blutungskontrolle	längere Wirkdauer, bessere Übersicht
Analgesie	weniger Anästhesie, geringere Schwellung
Selbsthypnose	Entspannung, Konzentration und Erholung für das zahnärztliche Team
B – wöchentlich vorkommende Indikationen	
Spritzenangst	Toleranz von Injektionen
Anästhesie	Behandlung ohne Injektion
Bißnahme	entspannte Kieferrelationsbestimmung
Myoarthropathie	Behandlung des psychischen Hintergrundes der Erkrankung
Bruxismus	Entspannung, Erarbeiten von Alternativen
C – monatlich vorkommende Indikationen	
Dentistophobie	normale zahnärztliche Behandlung
Würgereizkontrolle	normale zahnärztliche Behandlung
Atmungskontrolle	Asthmaanfall, Engegefühl behandeln
Kreislaufkontrolle	normale zahnärztliche Behandlung
Habitkontrolle	z. B. Schlucktraining, Daumenlutschen abstellen
D – Selten vorkommende Indikationen	
Parästhesien	Abstellen von z. B. Zungenbrennen
Prothesen-Unverträglichkeit	Abstellen von psychogener Aversion gegen Prothesen
Chronischer Gesichtsschmerz	Bewältigungsstrategien für den Umgang mit chronischen Schmerzen entwickeln
Schleimhauterkrankungen	Aphten, Ulcera, Warzen behandeln
Tumore, Immunstörungen	Abwehrsystem stärken, Schmerzlinderung

Tabelle 2 Zeitbedarf bei der Anwendung zahnärztlicher Hypnose

A	(täglich vorkommende Indikationen) Wird in die normale Behandlung integriert, oft ohne spezielle Induktion, spart Zeit und Streß.
B	(wöchentlich vorkommende Indikationen) Benötigt extra Zeit während der Praxis, mit spezieller Induktion, braucht zehn bis sechzig Minuten Zeitaufwand.
C	(monatlich vorkommende Indikationen) Benötigt extra Sitzung außerhalb der Praxiszeit, mit spezieller Anamnese und Induktion, braucht eine bis drei Sitzungen mit je ca. 45 Min.
D	(selten vorkommende Indikationen) Benötigt mehrere Sitzungen außerhalb der Praxiszeit mit spezieller Anamnese, Induktion und Übungsanleitung, braucht eine bis zehn Sitzungen mit je ca. 45 Min.

Wenn nun die Hypnose so vielfältig eingesetzt werden kann, warum wird sie dann bei uns so wenig angewendet?
Hypnose bedeutet für die meisten Mitmenschen auch heute noch ein Reizwort, bei dem Assoziationen wie Macht über andere, Ausgeliefertsein, unseriöses Handeln in den Sinn kommen. Hypnose wird in der Öffentlichkeit bei uns als magische, unseriöse Manipulationsmethode dargestellt.
Tatsächlich aber versteht man unter Hypnose das Herbeiführen (Induzieren) von Trancezuständen. Diese Trancezustände nutzen wir, um den Patienten in einen veränderten Bewußtseinszustand zu führen, in dem er andere, neue Möglichkeiten findet, sein Problem zu lösen.
„Hypnose ist als ein imaginatives Therapieverfahren zu verstehen, bei dem es auf die Vorstellungsfähigkeit und -bereitschaft des Patienten ankommt. Er hat stets Einsicht in sein Verhalten und bestimmt das Geschehen innerhalb der Kommunikation durchaus mit..." (Kossak 1989, S. 11). Aus dieser Definition geht deutlich hervor, daß Hypnose als Methode zur Trance-Erreichung nicht nur abhängt von der Tätigkeit des Hypnotiseurs, Trance zu indu-

zieren, sondern ebenso von der Fähigkeit und Bereitschaft des Patienten, sich zu entspannen und in Trance zu gehen. Kein rhetorisch noch so versierter Hypnotiseur wird bei einem Patienten Trance induzieren können, wenn der Patient dazu nicht bereit ist.
Die Bereitschaft des Patienten zur Entspannung ist abhängig zum einen von Einstellungen des Patienten zur Hypnose, zum anderen in großem Maße von seiner Beziehung zum Hypnotiseur: Vertrauen zum Arzt, in seine fachlichen und menschlichen Kompetenzen, ist unabdingbare Voraussetzung für das Gelingen der Hypnosebehandlung.
Neben diesem Hauptproblem – Hypnose wird oft fälschlicherweise von Behandler– wie Patientenseite als Manipulation aufgefaßt – erfordert die Anwendung von Hypnose in der Zahnarztpraxis Zeit. Zeit, diese neue Technik zu lernen, Zeit seine Behandlungstrategien als Zahnarzt zu überdenken und zu verändern und Zeit, die neue Technik mit den verschiedenen Patienten anzuwenden.
Das Vorgespräch, die Induktion, das schonende Vorgehen und die Rückkehrphase benötigen insgesamt mindestens den doppelten Zeitaufwand einer zahnärztlichen Routinebehandlung.
Das Problem des Zeitaufwandes bekommen wir durch den Einsatz von Tonbändern, durch die Mitarbeit aller Helferinnen in diesem Bereich sowie durch den Einsatz einer Hypnose-Assistentin (Schmierer, G., 1988) für langdauernde Problemstellungen in den Griff.
Besonders durch das Delegieren von Teilen der zeitintensiven Behandlungsabschnitte an eine Hypnoseassistentin läßt sich der Zeitbedarf für den Behandler an eine Routinebehandlung annähern.
Bereits im Rahmen der Mundhygienevorbehandlung wird der Patient beiläufig über seine Vorstellungen bzw. Ängste gegenüber der Zahnbehandlung befragt, und es werden ihm die verschiedenen Möglichkeiten, die Behandlung angenehmer zu erleben, dargestellt.
Patienten, die uns mit der Bitte um Behandlung in Hypnose überwiesen werden, werden von der Hypnose-Assistentin in einem Vorgespräch informiert, sie erhebt die für die Hypnose erforderliche Anamnese, sie beseitigt Vorurteile.
Die Hypnose-Assistentin führt Suggestibilitätstests (Prüfen der Hypnotisierbarkeit) durch und unterrichtet den Patienten in

Selbsthypnose. Dadurch reduziert sich der erforderliche Zeitaufwand für den Zahnarzt auf ein Minimum.
Dieser auf den ersten Blick erhöhte Aufwand (an Zeit und Zuwendung) „rentiert sich“, wenn z. B. ein Patient mit Zahnarztangst oder Würgereiz nach der Hypnosetherapie vollkommen normal und ohne erhöhten Zeitaufwand behandelt werden kann. Die erhöhte Compliance verbessert die Behandlungsbereitschaft und damit die Motivation des Praxisteams, sie reduziert Auseinandersetzungen und Ärger.
Selbst eine Zahnbehandlung „ohne Spritze“, die meistens zeitaufwendiger ist als die Routinebehandlung mit Anästhesie, bietet viele Vorteile.

Tabelle 3 Vorteile einer Zahnbehandlung „ohne Spritze“

1. Der Patient lernt Schmerzkontrolle
2. Entspannung während des Eingriffs
3. Geringere Gewebstraumatisierung
4. Schutz vor Verletzungen (z. B. N. mentalis)
5. weniger Nachbeschwerden
6. Geringere Schwellung
7. Raschere Heilung
8. Durchblutungssteuerung während des Eingriffs
9. Sensibilität und Funktion nach dem Eingriff intakt
10. Möglichkeit der Zeitverzerrung
11. Möglichkeit der retrograden Amnesie

Zu 1. Einmal erlernt der Patient durch die Behandlung ohne Spritze eine neue Möglichkeit, mit Schmerzen umzugehen. Es ist heutzutage ja weit verbreitet, daß jeglicher Schmerz sofort durch Pharmaprodukte betäubt wird. Aber es gibt inzwischen doch eine zunehmende Anzahl von Menschen, die gerade in diesem Bereich etwas lernen wollen: Menschen, die das Bedürfnis haben, selbst nichtmedikamentöse Schmerzkontrolle anwenden zu können.

Zu 2. Ein Patient, der in Hypnose behandelt wird, ist während des Eingriffes vollkommen entspannt, er läßt seinen gesamten Körper passiv, seine Wange und seine Zunge sind locker, d. h. er gibt dem Zug der Halteinstrumente nach. So müssen wir weniger Kraft aufwenden, um z. B. den Mundwinkel abzuhalten.

Zu 3. Durch diese Entspannung des Patienten kommt es in einem geringeren Maße zur Gewebstraumatisierung, d. h. wir haben ganz selten eingerissene Mundwinkel oder Verletzungen der Weichteile, die ja zumeist aus Abwehr- und Anspannungsreaktionen des Patienten resultieren.

Zu 4. Ein für mich recht wichtiger Aspekt der Behandlung ohne Spritze ist, daß es nicht zu unbeabsichtigten Verletzungen kommen kann. Der Patient entwickelt zwar unter Hypnose eine vollständige Anästhesie, z. B. im Unterkiefer rechts bei der Entfernung eines Weisheitszahnes, aber er meldet sich durch Unruhe, durch ein kleines Zeichen von Unwohlsein, wenn z. B. die Helferin auf der anderen Seite aus Versehen die Wange mit dem Sauger einklemmt. Da weiß der Patient: Das ist ein Schmerz, der nicht sein muß, und er reagiert automatisch mit Unruhe.

Zu 5. Die Patienten, die wir ohne Spritze behandelt haben, haben alle übereinstimmend ausgesagt, daß sie keine Nachbeschwerden und fast keine Schwellungen hatten. Wir führen das Ausbleiben von Nachbeschwerden einmal auf die posthypnotische Suggestion für den Patienten zurück. Zweitens müssen wir sehr schonend arbeiten, wenn der Patient in Trance ist, weil er unbeabsichtigte Verletzungen nicht so leicht toleriert.

Zu 6. Bei der pharmakologischen Anästhesie durch Injektion wird die lokale Durchblutung vorübergehend gestört. Der normale Abtransport des Wundsekretes ist dadurch nicht gegeben. Dagegen funktioniert ohne Anästhesie der kontinuierliche normale Wundsekretabtransport. D. h., dadurch kommt es nicht zu den sonst üblicherweise auftretenden Schwellungen. Wenn in Vollnarkose operiert wird, ist bekannt, daß postoperativ geringere Schwellungen und geringere Nachbeschwerden zu erwarten sind.

Zu 7. Durch das geringere Trauma, durch die sofortige Durchblutung schon während des Eingriffes, durch das Ausbleiben der Schwellung hat man natürlich eine viel raschere und bessere Heilung.

Zu 8. Während des Eingriffs können wir suggestiv die Durchblutung steuern.
Wenn Sie selbst noch gar keine Erfahrung mit Hypnose haben, dann können Sie bei einer zu starken Blutung mit folgendem kleinen Experiment Ihre Suggestivwirkung testen. Bei dem nächsten operativen Eingriff, den Sie durchführen, geben Sie Ihren Patienten folgende Anweisung:
„Stellen Sie die Durchblutung unten rechts jetzt ab!"
Und lassen Sie sich überraschen, so wie der Patient überrascht sein wird, was passiert. Sie gehen ja kein großes Risiko ein. Wenn es weiterblutet, dann haben Sie entweder selbst Zweifel gehabt und diese nonverbal übermittelt, oder Ihr Patient ist gering suggestibel. Wenn die Blutung nachläßt, werden Sie selbst am meisten verblüfft sein, daß so etwas funktionieren kann. Man kann eine solche überraschende Suggestion als eine „Konfusions-Induktion" werten. Sie geben dem Patienten eine nicht erwartete und in diesem Fall sehr bestimmte plötzliche Suggestion aus heiterem Himmel. Er weiß nicht so recht, was er damit anfangen soll und beginnt auf jeden Fall, in seinem Kopf darüber nachzudenken. Er könnte z. B. denken:
„Ist der Zahnarzt denn verrückt, wenn er so etwas sagt. Wie soll ich das denn machen?" Er geht auf einen inneren Suchprozeß und beschäftigt sich mit dem Phänomen: „Ich soll in meinem rechten Unterkiefer die Durchblutung abstellen. Das geht doch gar nicht." Aber er denkt darüber nach. – Und wie die Blutungskontrolle tatsächlich funktioniert, das weiß bis heute kein Mensch. Dennoch funktioniert diese Technik sehr häufig und sehr schön.

Zu 9. Sofort nach dem Eingriff ist die normale Funktion und die normale Sensibilität vorhanden. Als posthypnotische Aufforderung raten wir den Patienten, die Stelle, an der der Eingriff durchgeführt wurde, noch solange unempfindlicher und kühl zu halten, bis die Heilung abgeschlossen sei. Die natürlichen Schutzreflexe seien dadurch aber nicht beeinträchtigt, sie seien vielmehr wichtig zur Schonung der Wunde während der Abheilphase.

Zu 10. Viele Patienten, die wir in Hypnose behandeln, sind verblüfft, daß der Eingriff schon beendet ist. Manchmal fehlt ihnen jedes Zeitempfinden während der Operation. In einem Fall (bei einer operativen Entfernung von Zahn 49!) kam der Patient nur unwillig aus der Trance, weil er der Meinung war, wir hätten noch gar nicht angefangen. Auch bei langdauernden Präparationssitzungen ist die scheinbare Zeitverkürzung für die Patienten sehr angenehm.

Zu 11. Ein Teil der Hypnosepatienten zeigt während der Behandlung Zeichen von Schmerz, wie z. B. Anspannen der Muskulatur oder Stöhnen. Wir fragen in diesen Fällen mit ja/nein Signalsystemen, wie Fingerzeichen oder Kopfnicken/Kopfschütteln, ob wir die Behandlung abbrechen sollen. Zur Sicherheit wird dann noch einmal nachgefragt, ob die Behandlung fortgesetzt werden solle. Häufig wünscht der Patient dann eine Fortsetzung der Behandlung ohne Anästhesie. Wir fordern ihn auf, noch tiefer zu gehen, wenn er weniger empfinden will.
Erstaunlicherweise berichten diese Patienten dann nach der Behandlung, daß sie (fast) nichts gespürt hätten, daß vielleicht einmal etwas unangenehm gewesen sei, aber das hätten sie schon vergessen. Es ist also anzunehmen, daß ein Teil der Schmerzbewältigung auch über die retrograde Amnesie (Erinnerungslücken) abläuft.

Angesichts dieser Vorteile der Hypnose bei der Zahnarztbehandlung für den Patienten und den Behandler soll sich der Newcomer aber vergegenwärtigen, daß die Behandlung in Hypnose an alle Beteiligten einen weitaus höheren Anspruch an Konzentrationsfähigkeit, an Sorgfalt und Einfühlungsvermögen stellt. Obwohl wir seit Jahren Behandlungen mit Hypnose durchführen, ist keine Routine möglich, jeder Patient benötigt eine auf ihn ausgerichtete Zuwendung.
Das Ziel meines Buches ist, Ihnen einen Eindruck von den vielfältigen Möglichkeiten der zahnärztlichen Hypnose zu geben und Vorurteile gegenüber dieser Methode abzubauen. Ich möchte Ihnen darstellen, wie Sie bereits Elemente der Hypnose in Ihrem Alltag verwenden und wie Sie diese Ihre individuelle Art, Ihre Patienten zu führen, noch effektiver und leichter einsetzen können.

Dazu möchte ich Sie anregen, hier vermittelte Erfahrungen mit suggestiver Kommunikation und Hypnose in Ihrer täglichen Praxis anzuwenden und sich so einen Eindruck der Wirksamkeit suggestiver Kommunikationstechniken zu verschaffen.

3 Grundlagen der Hypnosetechnik

Suggestive Kommunikation

Das Grundprinzip moderner Hypnose beruht auf Kommunikationstechniken, die grundsätzlich in allen Bereichen, in denen ein Austausch zwischen Menschen betrieben wird, benützt werden. So werden im Verkaufstraining, in Marketingseminaren und Kursen über Körpersprache, aber auch in psychotherapeutischen Seminaren, die Grundsätze des Begleitens und Führens gelehrt. Diese Grundsätze beruhen auf Ergebnissen der Verhaltensforschung, der Linguistik und der Neurologie.
Es wurde, vereinfacht gesagt, analysiert, welche Faktoren die Kommunikation zwischen Menschen positiv beeinflussen bzw. stören können. Es wurde der Versuch unternommen zu klären, weshalb sich manche Menschen auf Anhieb sympathisch finden und so eher bereit sind, Anregungen, Vorschläge, Ideen, d. h. Suggestionen des anderen, positiv anzunehmen.
Diese Untersuchungen haben ergeben, daß am Beginn der Kommunikation ein gegenseitiges „Einschwingen" der verschiedenen Signale stattfinden muß. So kommt es bei einer positiv verlaufenden Kommunikation, ohne daß sich die Partner dessen bewußt sind, alsbald zu einem Angleichen der Atmung, zu einer gewissen Ähnlichkeit der Körperhaltung und der Bewegungen, sowie der Mimik. Auch die Sprache und der Tonfall passen sich an. Ausgesandte Signale (z. B. ein Lächeln) werden mit ähnlichen Signalen beantwortet.
Auch Sie bedienen sich dieser Kommunikationsregeln, wenn Sie z. B. einem Patienten während der Behandlung von Ihrem letzten Wochenende erzählen, als Sie beim Skifahren waren, und die wunderbare Bergwelt beschreiben, das Spiel von Sonne und Schatten, die kristallklare Winterluft, das Pfeifen des Windes, das Geräusch des knirschenden Schnees, das Wechselspiel zwischen Be-

schleunigung und Entlastung beim Schwingen. Damit haben Sie unbewußt eine perfekte Trance-Induktion gemacht! Sie konzentrieren den Patienten auf eine innere Vorstellungswelt, die ihn von der momentanen externen Situation Zahnbehandlung wegführt, hin zu einem (sofern er begeisterter Skifahrer ist) angenehmen inneren Erleben.
Wenn es besonders geschickt gemacht wird, passen die Suggestionen genau zu dem, was gerade im Mund passiert:
So muß die Kälte des Saugers integriert sein, das wechselnde Körpergefühl von Druck und Entlastung, das wechselnde Geräusch von Turbine und Sauger sowie eventuelle kleine Unannehmlichkeiten, die man aber gleich wieder vergißt.
In der Praxis begleiten und führen wir die Aufmerksamkeit unserer Patienten oftmals, ohne uns dieser Leistung bewußt zu sein.
In diesem ersten Kapitel können Sie lernen, Ihre bewährten Fähigkeiten, Menschen in schwierigen Situationen beizustehen, noch effektiver einzusetzen. Es beschäftigt sich mit der wichtigsten Grundregel suggestiver Kommunikation: Dem Begleiten und Führen (im Amerikanischen: pacing und leading).

3.1 Definition und Beschreibung Pacing und Leading

Pacing heißt, dem Patienten zu zeigen, daß man seine Reaktionen versteht und ihm diese als „feedback“ widerspiegelt. Das Gegenteil von Begleiten bzw. Pacing wäre ein herablassendes Schulterklopfen mit der Bemerkung: Ist doch alles gar nicht schlimm. Das vorsätzliche Ignorieren der Ängste des Patienten ist eine leider häufig geübte zahnärztliche Reaktion, die aber von allen Patienten als negativ empfunden wird. Damit kann man sich als Zahnarzt vielleicht die Angst des Patienten vom Leibe halten, unbewußt müssen wir jedoch alle diese verdrängten Ängste und Agressionen hinnehmen und verarbeiten.
Der Sinn des Pacing ist also eine nonverbale Bestandsaufnahme und Widerspiegelung des Ist-Zustandes. Dadurch signalisieren wir dem Patienten unsere Anteilnahme, und unser Patient fühlt sich angenommen und verstanden. Damit ist die Voraussetzung für das Leading (Führen) geschaffen. Nur so akzeptiert der Patient unsere Führung in dieser Situation und nimmt die Anregungen und Hilfen, die wir ihm anbieten, auch an.

Abb. 1a Übung Atmungspacing, Begleiten der Atmung des Patienten; sitzende Versuchsperson

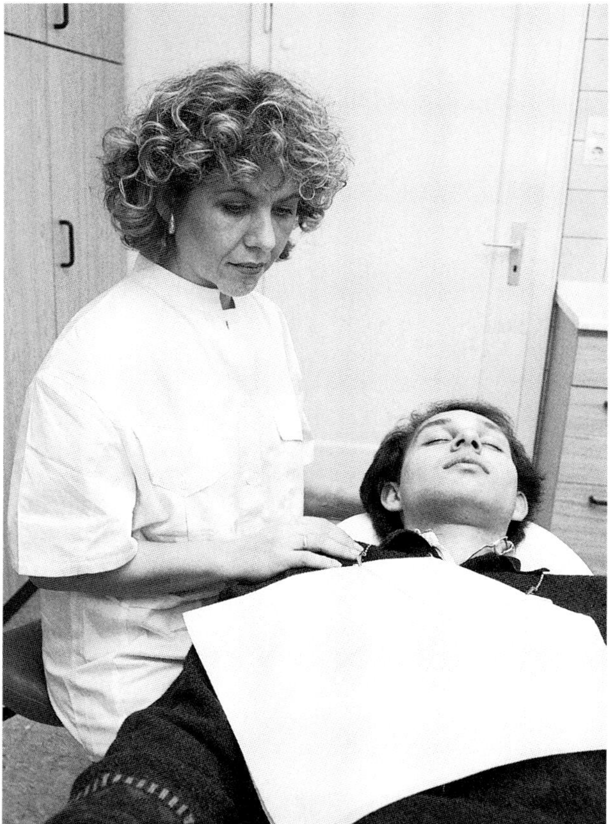

Abb. 1b Übung Atmungspacing, Begleiten der Atmung des Patienten; liegende Versuchsperson

Mit Pacing werden das Interesse und die Bereitschaft des Patienten, sich führen zu lassen, geweckt, mit Leading werden ihm Angebote gemacht, sich in eine bestimmte Richtung (z. B. Entspannung) zu verändern.
Die Technik des Pacing und Leading kann man in der nonverbalen und der verbalen Kommunikation verwenden.

3.1.1 Pacing nonverbal

Übung
Für diese Vorübung brauchen Sie einen Partner/Partnerin. Der Partner, der die Patientenrolle übernimmt, wird A genannt, der Behandler wird B genannt.
A kann sich bequem hinsetzen oder auch hinlegen. B stellt oder setzt sich hinter A und legt seine Hände auf die Schultern von A (s. Abb. 1 a und 1 b).
Die Hände von B sollen so auf den Schultern aufliegen, daß B die Atmung von A fühlen kann, ohne A dabei zu stören.
B fühlt und hört den Atem von A und fängt an, mit dem Atem von A mitzugehen, bis er genau die gleiche Atmung (Rhythmus, Frequenz, Tiefe) wie A hat.

B kann dabei lernen, sich in die Atmung von A einzufühlen, sich ganz auf A einzustellen und in der Atmung synchron mit A mitzugehen. Wenn B gleich wie A atmet, wird sich ein angenehmes Gefühl der Zusammengehörigkeit zwischen A und B einstellen. Genießen Sie es einfach eine Weile, so gemeinsam zu atmen.
Zweck: B lernt, sich auf A einzustellen, mit ihm mitzugehen. Der amerikanische Ausdruck dafür ist „pacing".
Dazu muß man nicht unbedingt miteinander reden, dieses Einfühlen und Eingehen auf A – ohne zu reden (nonverbal) – wird, wenn es gut gelingt, von A nur unbewußt wahrgenommen, aber als sehr angenehm empfunden. Pacing schafft Vertrauen und Kontakt zwischen A und B.

3.1.2 Leading nonverbal

Übung
Wenn B ein sicheres, gutes Gefühl für die Atmung von A hat, kann er vorsichtig dazu übergehen, A zu führen: Bei jeder Ausatmung von A kann B selbst ein wenig deutlicher und tiefer ausatmen als A und dabei auch (bei Ausatmung von A) ganz sanft durch Nachdrücken der Hände die Ausatmungsphase von A vertiefen. B führt und leitet jetzt also A in einen ruhigeren und tieferen Atem durch Betonung der Ausatmungsphase von A.

Im Amerikanischen nennt man diesen Vorgang „leading". Dabei kommt es darauf an, daß B dieses Führen fast unmerklich für A durchführt. Dann wird es für A angenehm sein, er wird freiwillig mitgehen und sich bei der Vertiefung seiner Atmung wohler fühlen.
Wenn A dem Leading nicht folgt, muß B wieder zurück zum Pacing (Begleiten, Mitgehen), bis er sich wieder in einer Einheit mit A fühlt. Nun kann er erneut, vielleicht etwas sanfter, zum Leiten übergehen. Wenn der Behandler seinen Patienten durch Betonung der Ausatmungsphasen in einen ruhigen und tiefen Atemrhythmus hinübergeführt hat, werden sich bei A ganz von alleine Änderungen im Körpergefühl einstellen, z. B. werden die Beine normalerweise schwerer, vielleicht tritt auch ein gewisses Kribbeln in den Zehenspitzen oder Fingerspitzen auf.

Übung
Während B sich darauf konzentriert, mit A mitzugehen, um A in eine tiefere Atmung zu führen, kann A es einfach genießen, die angenehmen Änderungen in seinem Körper zu spüren.
Wenn Sie die Übung beenden wollen, nehmen Sie die Hände sanft von den Schultern von A und lassen ihm/ihr noch etwas Zeit, aus diesem angenehmen Entspannungszustand herauszukommen. Dann können Sie die Übung mit vertauschten Rollen wiederholen.

3.1.3 Hinweis für die Praxis

Führen Sie dieses Pacing und Leading der Atmung mit Ihren Patienten durch! Sie sollten unbedingt auch ihre Assistenz darin unterrichten. Die meisten Patienten fühlen sich wohl, wenn man ihnen sanft die Hand auf die Schulter legt (s. Abb. 2).
Die Zustimmung des Patienten dazu holen sie sich ein, indem sie ihn beiläufig fragen, ob es sich angenehm anfühlt, wenn seine Schultern so berührt werden.
Z. B.: *„Ist es o.k., wenn ich meine Hand so auf Ihre Schulter lege?“*
Sie können sicher sein, daß Sie alles richtig machen, es ist nicht schlimm, wenn Sie einmal den Kontakt verlieren, nehmen Sie ihn dann wieder von Neuem auf. Im Laufe der Zeit werden Sie das Begleiten und Führen völlig automatisch machen.
Führen Sie diese Atemübung nur bei Patienten durch, deren Atmung normal ist. Bei einem Asthmatiker z. B. atmen Sie keinesfalls mit, legen aber Ihre Hände seitlich an seinen Brustkorb an. Geben Sie ihm durch spürbares Nachdrücken in der Ausatemphase Hilfe, den Atemrhythmus zu verlängern, und lassen Sie ihn damit den Unterschied zwischen Enge und Weite fühlen.

3.1.4 Pacing und Leading verbal

In den vorausgegangenen Übungen haben Sie gelernt, sich ohne zu reden auf die Atmung Ihres Partners (A) einzustellen (non-verbales Pacing).
Sie werden das Vertrauen und die Bereitschaft mitzugehen bei A umso schneller und besser erreichen, je exakter Sie ihn in seiner momentanen Befindlichkeit ernstnehmen.
So können Sie z. B., wenn Ihnen A gegenüber sitzt, ganz beiläufig eine ähnliche Körperhaltung wie A einnehmen und sie auch ändern, wenn A sie ändert. Sie können dann einmal versuchen, mit Ihrem Kopf zu nicken, wenn Sie gerne ein Kopfnicken des Einverständnisses von A hätten.
Selbstverständlich braucht man auch Worte, um A deutlich zu machen, daß er in seiner Situation verstanden wird und um ihn

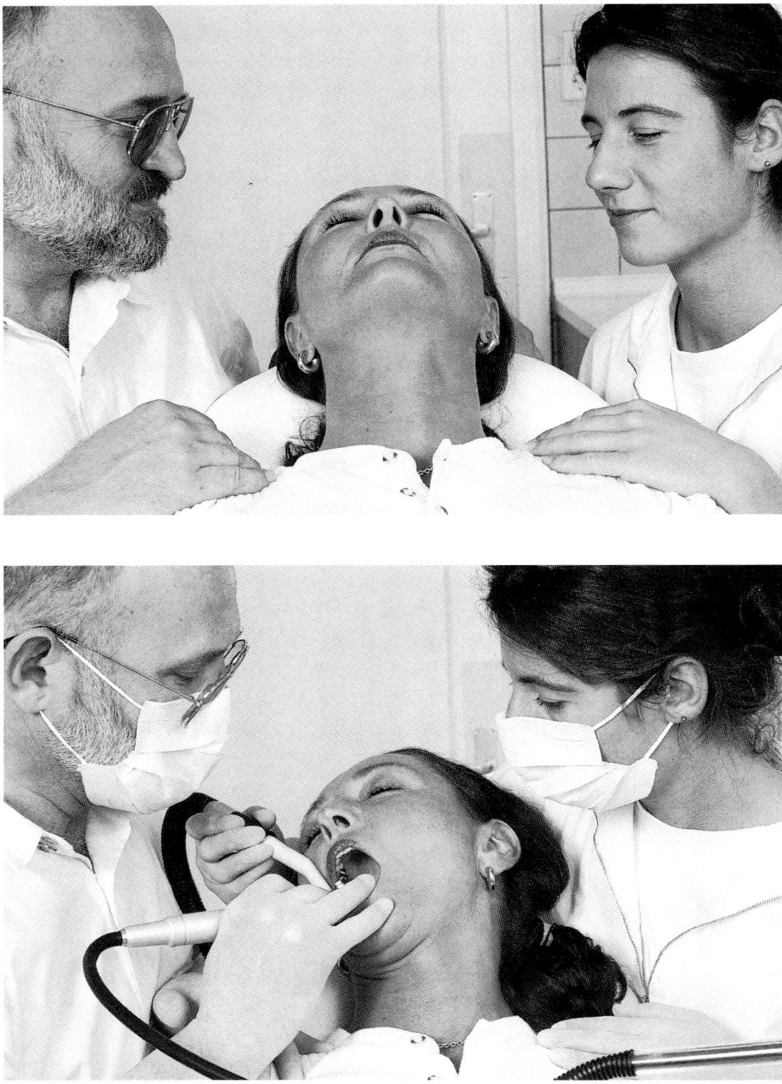

Abb. 2 Pacing und Leading der Atmung vor (oben) und während der Behandlung (unten)

dann führen zu können. Es ist günstig, im Atemrhythmus des Patienten zu sprechen und zunächst mit dem äußeren Rahmen zu beginnen, d.h., Sie beschreiben Ihrem Patienten die Dinge seiner äußeren Wahrnehmung, die ihn möglicherweise stören, z. B.: *„Sie sitzen hier auf dem Behandlungsstuhl, und Ihre Hände klammern sich an der Lehne fest. Das Licht der Untersuchungsleuchte ist grell und blendet Sie* (Pacing), *deshalb machen Sie einfach die Augen zu, dann stört Sie das nicht mehr"* (Leading).
Oder: *"Es riecht hier nach Zahnarzt, und Sie hören alle Geräusche aus dem Nebenzimmer, kein Wunder, daß Sie sich dabei etwas verkrampfen* (Pacing). *Wenn Sie jetzt einmal ganz ruhig und tief bis in den Bauch hinab atmen, dann können Sie sich selbst ganz leicht wieder entspannen* (Leading). *Ja, so ist es gut!"*
Oder Sie beschreiben, was gerade passiert, z. B. in Form einer Frage:
„Sind Sie gewohnt, beim Zahnarzt zu liegen? (Pacing, während der Behandlungsstuhl in die Liegeposition fährt). *Wenn Sie dann ganz flach daliegen, können Sie sich besser entspannen* (Leading). *Und Sie sehen, wenn Sie liegen, nur die Lampen an der Decke, dies ist ein langweiliger Anblick, der sehr ans Krankenhaus erinnert* (Pacing), *aber deshalb haben wir den schwarzen Punkt neben der Lampe an der Decke befestigt, damit Sie bald ganz interessante visuelle Phänomene erleben können* (Leading)."
Oder Sie beschreiben die Gefühle, die der Patient in dem Moment hat, z. B.: *„Wenn die Stuhllehne nach hinten geht und man so flach daliegt, bekommt man leicht das Gefühl, daß man nicht davonlaufen kann und fühlt sich ausgeliefert. Und wenn die Bohrer so direkt über dem Gesicht schweben, sieht das doch sehr bedrohlich aus. Und deshalb atmen Sie jetzt etwas schneller und flacher als sonst. Kein Wunder, daß Sie jetzt etwas Schweiß auf der Stirn haben* (Pacing). *Wollen Sie, daß wir Ihnen helfen, sich gleich viel wohler zu fühlen? Dann schließen Sie jetzt die Augen und atmen Sie ganz langsam und ruhig, bis zum Bauch hinunter, dann wird sich die Anspannung lösen. Schön so* (Leading) *!"*
Fällt Ihnen auf, daß Sie so ähnlich schon immer mit Ihren Patienten geredet haben?
Wenn Sie ihren Patienten einfach banale Dinge beschreiben würden, wie z. B: „Heute ist ja Ihre Krawatte grau/weiß gepunktet", würden Sie wenig erreichen. Es geht vielmehr darum, ihm die Dinge widerzuspiegeln, die ihn gerade emotionell besonders

bewegen, sei es nun eine spezielle Freude oder eine Angst, z. B. vor einer Zahnbehandlung.
Die Verfassung des Patienten kann man schon bei der Begrüßung feststellen: Bei ängstlichen Patienten ist die Hand feucht und der Händedruck schlaff.
Wenn Sie diesen Patienten begrüßen mit: *„Heute sind Sie aber gar nicht gerne zu mir gekommen“,* dann fühlt er sich verstanden. Und weil dieser Mensch spürt, daß er in seiner Situation angenommen wird, wird er noch mehr Vertrauen zu Ihnen bekommen.
Falls Sie einmal in eine Situation geraten, in der Sie nicht so recht wissen, wie Sie weitermachen sollen, denken Sie immer daran, das Pacing anzuwenden.
Sie sollten sich selbst auch „pacen“, d. h. für Ihre eigene momentane Situation, für Ihr eigenes Gefühl im Körper (ob Sie angespannt sind oder sich wohl fühlen) offen sein und sich selbst ab und zu eine Rückmeldung darüber geben, wie es Ihnen gerade selbst geht.

Übung
Üben Sie beiläufig in Ihrem Alltag, andere Menschen zu „pacen“ und zu „leaden“. Achten Sie darauf, wann Sie von anderen Menschen „gepaced“ und „geleadet“ werden. Z. B. wenn Sie vom Vertreter begrüßt werden: „Sie sind ja gerade so im Streß, immer voll engagiert, deshalb haben Sie doch eine Minute Zeit für mein neues Produkt“. Oder in der Werbung: „Leben, Liebe, Lust auf Asti Cinzano“.

3.1.5 Hinweis für die Praxis

Yes-Set

Wenn Sie die Werbesprüche aufmerksam verfolgen, wird Ihnen auffallen, daß einem Leading-Statement (z. B. „Kaufen Sie XY“) stets eine Anzahl von Pacing-Statements (z. B. „Sie sind erfolgreich im Beruf, Sie lieben das Leben, Sie haben hohe Ansprüche“) vorausgehen. Durch eine Folge von Pacing-Statements soll der Angesprochene (A) in eine „Ja-Haltung“ gebracht werden. Der amerikanische Ausdruck für eine auf diese Art gelenkte Gedankenfolge ist „yes set". A wird sozusagen verführt, mit dem Kopf zu nicken, indem ihm Dinge gesagt werden, die auf ihn zutreffen, die ihm guttun und durch die er sich verstanden fühlt. Sobald A einige Male „Ja" gedacht hat, wird ein Leading-Statement angehängt, dem A an erster Stelle nicht unbedingt zustimmen würde. Nachdem er jedoch schon viermal Ja gesagt hat, darf man damit rechnen, daß er auch beim fünften Mal zustimmt, vorausgesetzt, die Verknüpfung zwischen Pacing und Leading ist halbwegs sinnvoll.

Harmonische Übergänge

Harmonische Übergänge zwischen Pacing und Leading sind notwendig, damit das „Ja" des Pacing auch auf das Leading „überspringt". Die einfachsten Übergänge sind: *„...und...", „...und deshalb...", „...und während..."* usw.

Übung
Achten Sie darauf, wie in der Werbung Pacing und Leading verknüpft werden!

3.2 Voraussetzungen für ein erfolgreiches Pacing und Leading

3.2.1 Rapport

Das erste Ziel der bewußten Anwendung von Pacing und Leading in der Kommunikation mit dem Patienten ist die Herstellung und Aufrechterhaltung von Rapport (aufmerksame Zuwendung des Patienten zu Ihnen).
Sie können den Rapport schon durch eine einfache Bemerkung über die Kleidung einer Patientin herstellen (z. B.: *„Sie haben heute aber ein schönes Kleid an"*) – sofern Sie wirklich dieser Ansicht sind –, oder indem Sie nach einem Blick auf den Anamnesebogen strahlend sagen: *„Sie sind ja kerngesund!"* Das wird ihre Aufmerksamkeit und Zuwendung auf Sie richten.

Übung
Denken Sie darüber nach, wie Sie bisher schon erfolgreich Rapport hergestellt haben. Vielleicht haben Sie eine besondere Art, den Patienten bei der Begrüßung am Ellenbogen ein wenig in Ihre Nähe zu ziehen. Achten Sie auf verbale und nonverbale Möglichkeiten, Kontakt herzustellen und die Aufmerksamkeit von A zu konzentrieren. Nehmen Sie in der Praxis ein Beratungsgespräch auf Tonband auf: Welche Elemente des bisher Dargestellten verwenden Sie bereits?

3.2.2 Kongruenz

Bei der Gestaltung einer vertrauensvollen Beziehung zwischen Patient und Arzt ist die Kongruenz dessen, was Sie tun und sagen und nonverbal zum Ausdruck bringen, äußerst wichtig. Den Leuten nach dem Mund zu reden, ist nicht der Sinn von Pacing und Leading. Sie sollten nur Dinge tun und sagen, die sich mit Ihrem eigenen Gefühl, mit Ihren eigenen Ansichten decken.
Das ist nichts anderes, als sich selbst zu „pacen".
Ihr Patient wird ohnehin nur die Dinge akzeptieren, die seinem Gespür nach mit Ihrer Person übereinstimmen, mit Ihnen kongruent sind.

3.2.3 Unsere fünf Sinne: VAKO

Um die Methode des Pacing und Leading erfolgreich anwenden zu können, bedarf es der Kenntnis und Berücksichtigung der fünf Wahrnehmungsmodalitäten des Menschen.
Genaue Beobachtung ist die wichtigste Voraussetzung für ein präzises Pacing. Sie sollten sich Zeit nehmen, dies zu üben. Denn je genauer Sie beobachten, desto genauer können Sie dem Patienten widerspiegeln, was er fühlt, was er sieht, was er hört und was er riecht und schmeckt – und mit etwas Phantasie auch, welche Gedanken und Gefühle er hat, so daß Sie sein Vertrauen gewinnen können.

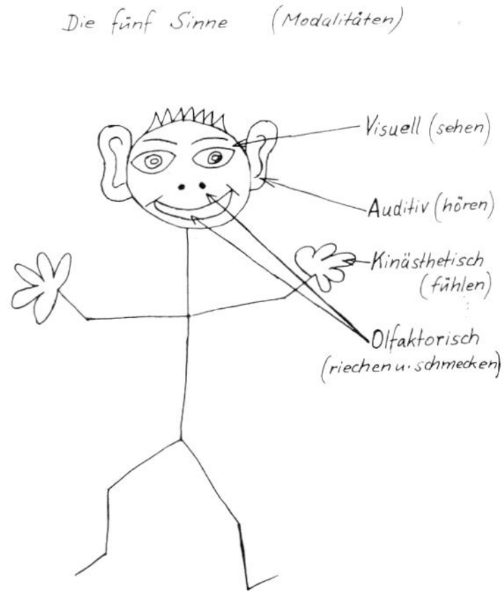

Skizze 1 Die fünf Sinne (Modalitäten), VAKO

Denn verschiedene Menschen haben ihre Hauptbegabung auf unterschiedlichen Sinneskanälen.
Wir unterscheiden, wie in Skizze 1 dargestellt, die Sinnesbegabungen Sehen (visueller Sinn), Hören (auditiver, akustischer Sinn), Körpergefühl (kinästhetischer, somatosensorischer Sinn) und das Riechen und Schmecken (olfaktorischer Sinn), die als 4. und 5. Sinn meistens zusammengefaßt werden.
Diese fünf Sinne (Modalitäten) kürzen wir mit dem Begriff VAKO (Visuell, Auditiv, Kinästhetisch, Olfaktorisch) ab.
Wir Menschen haben unterschiedliche Begabungen. So wird der eine auf dem visuellen Sinneskanal besonders gut wahrnehmen, der andere ist besonders auditiv begabt. Wir bekommen einen besseren und leichteren Zugang für das Pacing und Leading, wenn wir den Hauptsinneskanal des Patienten erkennen.
Bandler und MacDonald (1990) haben eine Liste von Alltagsformulierungen zusammengestellt, die Rückschlüsse auf den bevorzugten Sinneskanal erlauben.

Zum Beispiel:

Visuell:

Davon brauche ich Abstand.
Dies läßt das in einem anderen Licht erscheinen.
Es war plötzlich einleuchtend.
Es ist mir blitzartig eingefallen.
Das geht mir einfach zu nahe.
Mir fehlt die richtige Perspektive.
Das bringt etwas Licht in die Angelegenheit.

Auditiv:

Das schrie förmlich nach einer Lösung.
Ich kann diesen weinerlichen Teil in mir nicht ausstehen.
Mein Job nimmt mich zu sehr in Anspruch.
Das stimmt mich fröhlich.
Wir brauchen eine konzertierte Aktion.
Wir haben die gleiche Wellenlänge.
Es ist etwas aus dem Takt gekommen.

Kinästhetisch:

Es fühlt sich ekelhaft an.
Wann immer ich das höre, krampft sich mir der Magen zusammen.
Irgendetwas drückt mir aufs Gemüt.
Ich versuche, eines gegen das andere abzuwägen.
Ich muß die Dinge ins Lot bringen.
Ich fühle mich in der Stimmung dazu.
Das hat so einen gewissen Touch.
Das elektrisiert mich richtig.

Olfaktorisch:

Den kann ich nicht riechen.
Das schmeckt mir nicht.
Sie haben eine gute Spürnase.
Eine dufte Gelegenheit.

Übung
Achten Sie einmal während einer Fernsehdiskussion darauf, aus welchem Modalitätsbereich die einzeln Teilnehmer Ihre Worte vorwiegend wählen, z. B. wenn der eine sagt:
„Es ist doch ganz offensichtlich, daß der Kern des Problems in der mangelnden Übersicht liegt." Und der andere: „Ist es nicht unerhört, welche Behauptungen hier vorgebracht werden?"

Oder Sie lassen sich (wenn Sie einen Übungspartner haben) eine kurze Darstellung seines schönsten Urlaubes geben und machen sich eine kleine Strichliste, wie oft die einzelnen Sinnesbereiche erwähnt werden. Sie erhalten so einen Blick für die Verteilung der Häufigkeit. Hören sie aus dem, was Ihr Gesprächspartner Ihnen berichtet, heraus, welchen Sinneskanal er bevorzugt.

3.2.4 Hinweis für die Praxis

Pacing und Leading mit Berücksichtigung des VAKO-Bereiches: Der Zugang zu Ihrem Patienten wird besser, wenn sie ihn auf seinem Hauptsinneskanal „pacen" und „leaden".
Es ist nicht sinnvoll, einem Patienten, der hauptsächlich visuell veranlagt ist, lange Beschreibungen von Meeresrauschen, Ruhe und dem Ticken einer Uhr zu geben. Dem visuell begabten Menschen sollten Sie eher von dem wunderbaren Farbspiel an Ihrem Lieblingsstrand, von der unendlichen Weite des Horizonts und von dem langsamen Hin- und Herschwingen des Uhrenpendels erzählen.

4 Von der suggestiven Kommunikation zur Hypnose

4.1 Von außen nach innen

Inzwischen haben Sie sich wahrscheinlich schon ein paarmal die Frage gestellt: Wann wird aus Pacing und Leading eigentlich „Hypnose“?
Pacing und Leading sind die Grundprinzipien, mit denen ich auf einen Menschen Einfluß nehmen und seine Aufmerksamkeit und Konzentration erreichen kann. Zum Erreichen der Hypnose ist es wichtig, dem Pacing und Leading eine Richtung zu geben: Das Pacing und Leading muß die Aufmerksamkeit von A von außen nach innen lenken. B konzentriert die Aufmerksamkeit von A von den äußeren Dingen weg und richtet ihn auf innere Erlebnisse aus.

4.2 Der Rahmen

Um diese Wirkungen für die Hypnose-Induktion zu nutzen, ist es notwendig, einen entsprechenden Rahmen („Setting“) zu schaffen, das heißt: Die Situation, die äußere Umgebung und die innere Zielvorstellung von A und B müssen auf eine Konzentration nach innen hinführen und geeignet sein, A von außen nach innen zu leiten.
Die Zahnarztpraxis ist in der Vorstellung vieler Patienten kein geeigneter Rahmen für Hypnose, deshalb muß erst ein positiver Rahmen geschaffen werden, z. B. indem der Patient eben hier eine schöne Trance erlebt.

In einer Situation, in der A bei B Hilfe sucht, kann Hypnose leicht stattfinden. Wenn z. B. A Angst hat – beispielsweise vor einer bevorstehenden Operation – ist er dankbar, von B einen Ausweg aus dieser Angst gezeigt zu bekommen.

4.2.1 Motivation

Voraussetzung für eine erfolgreiche Hypnose ist die Motivation von A und B. Wenn beide wichtige Gründe für die Hypnosebehandlung haben, dann wird der Weg in die Hypnose kurz

sein. So ist z. B. die voraussichtliche allergische Hautreaktion auf Lokalanästhetika für einen Allergiker die beste Motivation für eine hypnotische Analgesie.
Wenn beide, Patient und Behandler, zwar für die Hypnose motiviert sind (z. B. als Ausweg aus der Angst vor einer Spritze), gleichzeitig aber auch Ängste haben vor der Induktion einer Hypnose (B) und dem Erfahren einer Hypnose (A), wird es schwieriger sein, Hypnose zu erreichen.

4.2.2 Äußere Umgebung

Hypnose ist ein Konzentrationsprozeß von außen nach innen. Eine Umgebung, die der Konzentration nach innen förderlich ist, wie z. B. ein Sprechzimmer oder ein Ruheraum, ist besser für Hypnose geeignet als z. B. ein Operationsraum mit vier OP-Stühlen, in dem sich das Praxisteam laut und hektisch betätigt.
Für Vorgespräch und Leerhypnose ist ein spezieller Hypnoseraum von Vorteil. Er sollte möglichst fern von Geräuschen und Geruch der Zahnarztpraxis sein und einen freundlichen, beruhigenden Eindruck vermitteln.

Hinweis für die Praxis:
was in Ihrer Praxis unterstützt/verhindert Entspannung

---

negativ	*positiv*
CHKM Geruch	frische Luft
Hitze/Kälte/Zug	gutes Klima
Geräusche aus dem Sprechzimmer	Ruhe / ruhige Musik
Wartezeit	Getränke anbieten

4.2.3 Innere Zielvorstellung

B hat als Teil der äußeren Welt die Zielvorstellung, A in einen Konzentrationsprozeß nach innen zu führen. A ist auf B konzentriert und läßt sich durch B verbal und nonverbal in ein inneres Erleben führen.
Für Hypnose weniger geeignet sind Situationen, die durch Rivalitäten und divergierende Ziele zwischen A und B gekennzeichnet sind.

Voraussetzungen für Behandlung in Hypnose

---

1. Die Motivation für den Eingriff in Hypnose.
2. Das Vertrauen in die Kompetenz des Hypnosetherapeuten.
3. Selbstvertrauen und Angstfreiheit, den Eingriff in Hypnose bewältigen zu können.
4. Konzentrationsfähigkeit auf die Anweisungen des Therapeuten.
5. Rechtshemisphärische, bildhafte Phantasie und Assoziationsfähigkeit.
6. Umgebung, die für Hypnose geeignet ist (Ruhe).
7. Ethisches Ziel (med. Indikation).

4.3 Kontrolliertes Sprechen im Atemrhythmus des Patienten

Gleich zu Anfang haben Sie geübt, den Atemrhythmus von A zu „pacen“ und zu „leaden“, ohne dabei zu reden. Oftmals ist es für eine schnelle Trance-Induktion nützlich, beim Sprechen die Betonungen im Satzverlauf so zu legen, daß sie mit dem Ausatmen von A zusammenfallen. So könnte z. B. das Einatmen von A von dem Satz begleitet sein: *„Und während Sie mir jetzt gerade genau zuhören, haben Sie sicher...“*, hier Umschlag vom Ein- ins Ausatmen, so daß das folgende betonte Leading-Statement in die Ausatmungsphase des Patienten fällt: *„...kaum bemerkt, daß Ihr rechter Fuß schwerer geworden ist.“*
Gleichzeitig kann die Sprachmelodie in Bögen verlaufen, von einer etwas schnelleren, höheren Tonlage der Sprachmelodie zu einer ruhigeren und langsameren, tieferen Tonlage in das Ausatmen von A hinein.

Formulierungshilfen

psychische Entspannung	*muskuläre Entspannung*
angenehm	weich
Ruhe	locker
Friede	warm
Gelassenheit	gut durchblutet
Gelöstheit	leicht
Tiefe	strömend
Geborgenheit	

4.4 Prinzip der kleinen Schritte

Für das Erreichen einer Hypnose ist gerade für den Anfänger das Prinzip der kleinen Schritte wichtig. Die Anwendung des Pacing und Leading können Sie zunächst z. B. in der Hauptsinnesmodalität des Patienten üben. Später können Sie das Sprechen im Atemrhythmus integrieren, nonverbales Begleiten einbeziehen oder Submodalitäten, vgl. S. 151, 196 ff., benützen. Fangen Sie entsprechend Ihrer Begabung mit dem an, was Sie sowieso schon anwenden.

Besteht z. B. auf seiten des Behandlers oder/und auf seiten des Patienten Unsicherheit gegenüber der Hypnose, so ist es für den Behandler zweckmäßig, beim Patienten nicht sofort bei der ersten Sitzung eine tiefe Trance herbeiführen zu wollen. Bei der ersten Einleitung einer Hypnose (Induktion) durch Pacing und Leading sollte B zunächst A lediglich in einen Zustand der inneren Ruhe und Gelöstheit versetzen. Wenn sich A dann wohler fühlt als vorher, kann er bei dem folgenden Induktionsschritt zu Augenlidschluß und Schweregefühl, beim nächsten dann zur Analgesie geführt werden.

Vor jedem nächsten Schritt muß vom Patienten Rückmeldung („feedback“) eingeholt werden, um Sicherheit für das weitere Vorgehen zu erhalten.

Übung

Üben Sie in den VAKO-Bereichen Pacing und Leading von außen nach innen, wobei Sie, um ein Yes-Set zu erreichen, immer drei auf Externes bezogene Pacing-Statements und dann ein internes Leading-Statement geben können.

Z. B. visuell: *„Sie sehen das helle Licht in diesem Raum, und Sie schauen gerade auf das Bild an der Wand gegenüber. Und wenn Sie genau hinsehen, können sie Einzelheiten auf diesem Bild erkennen, und dabei können Sie sich vielleicht an eine ähnlich schöne Landschaft erinnern, die Sie einmal im Urlaub gesehen haben."*

Auditiv: *„Sie hören die Hintergrundgeräusche der Stadt, und Sie hören die Geräusche aus den anderen Zimmern hier, und Sie hören dem zu, was ich sage. Und das kann Ihnen helfen, sich auf Ihre eigenen, inneren Gedanken besser zu konzentrieren."*

Kinästhetisch: *„Sie können spüren, wie fest Ihre Hände im Moment noch die Lehne umfassen, und achten Sie einmal darauf, wie schnell Ihr Puls schlägt; daß Sie dabei etwas Schweiß auf der Stirn haben ist kein Wunder. Deshalb überprüfen Sie bitte zunächst einmal, ob Sie sich nicht etwas bequemer und entspannter hinsetzen können."*

Olfaktorisch: *„Und dieser Geruch nach Klinik hier, der bittere Geschmack der Spritze, dieses typische Zahnarztaroma werden Ihnen dennoch helfen, sich an den angenehmen Duft an Ihrem Urlaubsort zu erinnern."*

Diese Übung des Pacing und Leading von außen nach innen in den verschiedenen VAKO-Bereichen erscheint Ihnen zu Recht etwas sperrig und aufgesetzt, dennoch ist sie, als Vorübung für Ihre spätere virtuose Induktionstechnik, äußerst wichtig.

So ähnlich ist es Ihnen wahrscheinlich in der Fahrschule ergangen, als Sie am Anfang Mühe hatten, Arme, Beine und Kopf zu koordinieren. Und jetzt geht das alles automatisch, und Sie haben Ihren Kopf frei für die wichtigen Dinge!

Kapitel II

Trance und Hypnose

1 Hypnose

Als Einstimmung auf die weitere Bearbeitung des Themas „Hypnose" können Sie zunächst einmal die folgenden drei Fragen beantworten:

Übung

1. Weshalb interessiere ich mich für Hypnose?
   Welche Absichten, Hoffnungen, Wünsche entwickelt meine Phantasie bei diesem neuen Thema?
2. Welche Bedenken, inneren Einwände, Ängste habe ich beim Thema Hypnose?
3. Wo oder wie habe ich in meiner eigenen Geschichte schon Kontakt mit Hypnose gehabt, und woran habe ich erkannt, daß es sich um Hypnose handelt?

Während Sie gerade über die drei obigen Fragen nachgedacht haben und dabei vielleicht in Ihrer inneren Vorstellung Szenen gesehen haben, die Sie einmal erlebt oder in Ihrer Phantasie entworfen haben, ist Ihnen wahrscheinlich nicht bewußt gewesen, daß Sie über ein Phänomen nachdenken, das sich ganz von alleine entwickelt, wenn dazu geeignete Rahmenbedingungen vorhanden sind.

Hypnose kann man als einen veränderten Wahrnehmungszustand bezeichnen. Die Konzentration richtet sich auf innere Erlebnisse, wobei einmal Zustände ähnlich wie kurz vor dem Einschlafen auftreten, zum anderen aber auch ein Gefühl der Überwachheit vorhanden sein kann. In diesem nach innen konzentrierten Zustand (Trance) besteht eine erhöhte Aufnahmefähigkeit für Suggestionen.

Gleichzeitig versteht man unter Hypnose aber auch den Vorgang des Hypnotisierens, also einer Technik, um Trance zu induzieren, sowie ein therapeutisches Verfahren.

Der Begriff „Hypnose" wird also synonym gebraucht für:
a) Hypnose als Verfahren
b) Hypnose als Erlebnisform
c) Hypnose als Behandlungsform (Kossak 1989, S. 60)

Revenstorf (1983) definiert Hypnose als einen durch Suggestion herbeigeführten, schlafähnlichen Bewußtseinszustand mit vegetativen Veränderungen.
Der Organismus kommt in einen Parasympathikotonus, in eine trophotrope Reaktionslage, d. h. er wird bewegungsarm und erholt sich.
Kossak (1989) stellt 16 verschiedene Theorien der Hypnose vor, sein Buch ist für den mehr wissenschaftlich Interessierten sehr empfehlenswert.
In der modernen Hypnoseforschung (z. B. Jovanovic 1988, Larbig 1982; Bongartz 1992, Walter 1992, Revenstorf 1993; Revenstorf, Miltner, Brown, 1993; Kaschel, Wörz, Revenstorf 1991) werden mit Hilfe von EEG, EMG, Messen des Hautwiderstandes, des Puls- und Blutdruckverlaufes, der Katecholamine wissenschaftlich exakte Untersuchungen über die physiologischen Veränderungen vorgenommen. Hypnose ist sowohl vom Wachzustand als auch vom Schlafzustand signifikant verschieden, ist mit Entspannungs- und Meditationszuständen verwandt, aber nicht identisch.
Hypnose wird individuell und subjektiv unterschiedlich erlebt und erfahren. Sie kommt zustande über einen Kommunikationsprozeß zwischen dem Therapeuten und dem Patienten und bewirkt einen Austausch zwischen dem Bewußten und Unbewußten aller Beteiligten.
Vielfältige Übertragungsprozesse (das, was an Gefühlen, Projektionen, Erwartungen und Ängsten zwischen A und B stattfindet) fließen ein. Ein großer Teil der Kommunikation in Hypnose läuft (oftmals für beide) auf der nonverbalen Ebene des Einfühlens in den anderen ab. Was Hypnose ist, kann eigentlich nur die eigene Erfahrung vermitteln, denn sie ist ein Bewußtseinszustand, der individuell verschieden erlebt wird.

Versuchen Sie einmal zu erklären, was Elektrizität ist! Sie können beschreiben, daß es kitzelt, wenn man damit in Berührung kommt, Sie können sagen, daß man damit einen Motor oder Herd betreiben kann und daß man Elektrizität aus Wasser und Atomkraft gewinnen kann. Sie können von Frequenzen und Amplituden reden und daß es eines Stromleiters bedarf. Sie werden damit das Phänomen „Elektrizität" doch nicht befriedigend beschreiben können.
Noch weniger wird es gelingen, die subjektive Erfahrung intensiver Gefühlserlebnisse anderen Menschen exakt zu beschreiben: Ihre eigene erste große Liebe werden Sie in der gesamten Weltliteratur nicht annähernd dargestellt finden.

Definition

Wir verstehen Hypnose als Hilfe zur Selbsthilfe. Durch suggestive Beeinflussung, durch Anleitung zur Entspannung, durch Ablenkung, Konfusion und Dissoziation ermöglichen wir dem Patienten, ein Problem (z. B. Angst, Schmerz, Würgereiz) in einer für ihn akzeptablen Weise zu bewältigen. Wir nutzen natürliche und induzierte Trancezustände, um ihn in einen veränderten Bewußtseinszustand zu führen, in dem er andere, neue Möglichkeiten findet, sein Problem selbst zu lösen.

2 Trance

Trance gehört ebenso zu unserem alltäglichen Leben wie Wachsein, Schlafen, Essen und Trinken. Trancezustände sind durch eine Konzentration und Steigerung der Aktivität in der rechten und durch eine Reduktion in der linken Gehirnhälfte gekennzeichnet. Dies läßt sich an Veränderungen im EEG darstellen: In der rechten Hemisphäre, hauptsächlich frontal, ist eine Steigerung der Alpha-Wellen zu verzeichnen, während die linke Hemisphäre weniger elektrische Aktivität aufweist (Larbig 1990).
Dementsprechend kommt es zu einer selektiven Aktivität bzw. Passivität im körperlichen Bereich. Dabei kann man verschiedene Ausprägungen dieser selektiven Gehirnfunktionen in Form von verschiedenen Trancezuständen unterscheiden.

2.1 Verschiedene Trancezustände

2.1.1 Die Arbeitstrance

Ihnen ist sicher die „Arbeitstrance“ geläufig: Wenn Sie eine bestimmte Arbeit ganz konzentriert verrichten, vergessen Sie dabei Ihre Umwelt. Sie reagieren nur auf stärkere äußere Reize, und Sie verlieren das Gefühl für die Zeit. Durch die starke Konzentration auf den Vorgang arbeiten Sie schneller, effektiver und präziser. So stellt sich bei einem routinierten Zahnarzt während der Präparation eines Zahnes automatisch eine bestimmte Körperhaltung, ein bestimmter Arbeitsrhythmus und ein bestimmter Blickwinkel ein, die er sich bei dieser Arbeit angewöhnt hat. Ist eine der gewohnten Bedingungen nicht möglich, geht die Präparation mühsamer als gewöhnlich vonstatten.

2.1.2 Die Autofahrer-Trance

Vielleicht haben Sie es auch schon erlebt, daß Sie nach einer längeren Autobahnstrecke an der geplanten Ausfahrt vorbeigefahren sind, weil Sie in Gedanken vollkommen mit einer anderen Sache beschäftigt waren. Dennoch sind Sie ganz automatisch gefahren, ohne daran zu denken, daß der rechte Fuß die Bremse drücken muß, oder wie Sie vom vierten in den dritten Gang schalten müssen. In dieser Autobahn-Trance wird ein erfahrener Autofahrer besser und schneller auf Gefahrensituationen reagieren, als wenn er sich erst durch Überlegen klar machen muß: Ist dies ein Hindernis, dem ich ausweichen will, so daß ich meinen rechten Fuß vom Gas nehmen muß, um mit ihm auf die Bremse zu treten, und soll ich jetzt schon den linken Fuß anheben, um nachher die Kupplung durchtreten zu können...usw.? (Und so wie Sie gelernt haben, vollkommen automatisch Auto zu fahren, werden Sie nach einiger Übung vollkommen automatisch „pacen und leaden“!)

2.1.3 Die Entspannungs-Trance

Möglicherweise freut es Sie als Chef nicht besonders, wenn Sie beobachten, wie eine Ihrer Helferinnen plötzlich glatte Gesichtszüge bekommt, ihre Augen traumverloren in die Ferne schauen und ein leichtes Lächeln über ihr Gesicht huscht.

Sie sollten sie darin nicht stören; vielleicht träumt sie von einem schönen Erlebnis am Abend vorher. Und nach dieser Entspannungs-Trance wird sie wieder erfrischt und konzentriert an die Arbeit gehen.
Vielleicht haben Sie gerade bei der Lektüre eine ganze Seite gelesen, ohne den Sinn des Gelesenen zu erfassen. Dies ist ein Zeichen dafür, daß Sie in Trance gegangen sind und sich ganz unbewußt die nötige Erholungspause verschafft haben, die Sie in diesem Moment gebraucht haben.
Danach können Sie sich dieser Seite mit mehr Interesse wieder zuwenden.

2.1.4 Eu-Trance

Es gibt also schöne und hilfreiche Trancezustände, die teils durch äußere Reize, teils durch Gleichförmigkeit der Umgebung, der Bewegung (z. B. im Zug), der Geräusche, teils durch Müdigkeit ausgelöst werden. Diese Trancezustände bezeichnen wir mit Eu-Trance (die griechische Vorsilbe „Eu“ bedeutet gut, wohl, schön). Mit Eu-Trance bezeichnen wir also einen schönen, angenehmen, entspannenden, erholsamen Trancezustand.
Beispiele für Eu-Trance aus dem Alltagsleben sind z. B. der angenehme Schwebezustand (runner's high), in den Jogger nach einiger Zeit kommen; ein Zustand, in dem kreative Ideen auftauchen und der Körper automatisch funktioniert.
Musikliebhaber genießen dann ein Konzert besonders, wenn sie sich beim Zuhören völlig in der Musik verlieren können.

2.1.5 Dys-Trance

Im Gegensatz dazu erleben wir häufig auch den Zustand der Dys-Trance, einen die Stimmung beeinträchtigenden, negativen Trancezustand (griechisch „Dys“ heißt soviel wie übel, schlecht). Angenommen, Sie kommen gut gelaunt in Ihre Praxis und sehen den Namen eines Patienten, der Sie schon viele Nerven gekostet hat, auf Ihrem Tagesplan. Wenn Sie dann beim Lesen dieses Namens in schlechte Laune verfallen, weil Sie in Ihrer Phantasie eine weitere unbefriedigende Sitzung vorwegnehmen, haben Sie sich selbst in eine Dys-Trance versetzt. Sie orientieren sich also nicht an dem, was gerade ist, sondern an den negativen

Erinnerungen, die durch den Namen dieses Patienten ausgelöst werden.
Dys-Trance findet statt, wenn ein erwachsener Patient schon beim Betreten der Zahnarztpraxis einen erhöhten Puls, einen „Kloß im Hals“ und schweißfeuchte Hände bekommt. Dieser Patient macht eine spontane Altersregression (Zurückgehen in ein früheres Lebensalter) durch: Er reagiert wie damals, als er noch ein kleines Kind war und zum ersten Mal bei diesem typischen Geruch von einem Zahnarzt traktiert wurde. In diesem Fall war der Auslöser (Anker) für die Dys-Trance ein Geruch, der an vergangene Szenen erinnert hat. Und der Erwachsene wurde spontan zum Kind, welches in Panik gerät.
Eines der Ziele der Hypnosearbeit ist es, diese Dys-Trancezustände aufzudecken und durch Eu-Trancezustände zu ersetzen.

2.2 Die hypnotische Trance

Definition

Als hypnotische Trance bezeichnen wir den Zustand, den wir durch die Induktion einer Hypnose erreichen.
In Schema 1 ist dargestellt, wie der Induktionsprozeß, ausgehend vom Aufbau des Rapports, über Etablieren des Yes-Set und die Anwendung von Pacing und Leading in ein nach innen konzentriertes Erleben führt: In die hypnotische Trance.

Schema 1 Aufbau einer hypnotischen Trance

Wachzustand		⟶	Trance		⟶	Wachzustand	
	V			V			V
äußeres Erleben	A	⟶	inneres Erleben	A	⟶	äußeres Erleben	A
	K			K			K
	O			O			O

Prinzip der kleinen Schritte

In der Trance sind äußere Reize unwichtig; je nach Trancetiefe bekommt man diese äußeren Reize noch am Rande mit oder nimmt sie überhaupt nicht mehr wahr. Statt dessen tritt eine erhöhte Wachheit gegenüber dem inneren Erleben auf. Entgegen der landläufigen Meinung, Hypnose sei ein Schlafzustand, handelt es sich vielmehr um einen überwachen Zustand, in dem die Aufmerksamkeit stark auf einzelne innere Erlebnisse konzentriert ist. Dabei wird der Körper träger und passiver, man wird z. B. „zu faul" zum Reden. Die folgende Liste entstand aus den Angaben unserer Kursteilnehmer über Trancephänomene, die sie in ihrer ersten Trance erlebt haben. Manche Teilnehmer haben keines der angegebenen, andere eines, viele mehrere der unten aufgeführten Phänomene erlebt.

2.2.1 Trancephänomene

Diese Aufstellung zeigt nur einen Ausschnitt aus den vielfältigen Erlebnissen, die in Hypnose möglich sind. Sie basiert auf den Angaben unserer Kursteilnehmer nach ihrer ersten Hypnoseerfahrung.

Tabelle 4 Trancephänomene

hypnoider Zustand (so ähnlich wie bei langem Fernsehen)
ruhigere Atmung
Schweregefühl
Leichtigkeitsgefühl
Schwindelgefühl
Parästhesie (Kribbeln)
Bauchgeräusche
vorübergehende Pulserhöhung am Anfang
ruhiger Puls
Wärmeempfindung
Kälteempfindung
Wärme und zur gleichen Zeit Kälte (z. B. warmer Körper/ kalte Hände)
Schluckakt kloßig (wie trocken)
Passivität
ideomotorische Bewegung (unwillkürliches Muskelzucken)
entspannte Muskulatur
REM (rapid eye movements, die Augen bewegen sich unter geschlossenen Lidern rasch hin und her)
Augenlidflattern

Konzentration nach innen
Ignorieren äußerer Reize
Symmetrie und Weichheit des Gesichtsausdrucks
Katalepsie (Starre von Körperteilen)
Befolgen von Suggestionen
Dissoziation (Gefühl des Abgespaltenseins)
Amnesie (Erinnerungslücke)
Hypermnesie (erhöhtes Erinnerungsvermögen)
Halluzination (positiv, negativ)
Zeitverzerrung
Anästhesie
Analgesie
Altersregression
Somnambulismus

---

3 Arten der Hypnose

3.1 Selbsthypnose (Autohypnose)

Wir empfehlen Ihnen als nächste Übung eine Selbsthypnoseübung, da unserer Ansicht nach Hypnose am besten durch eigene Erfahrung erlernt werden kann. Sie werden schnell bemerken, daß In-Hypnose-Gehen eine sehr schöne und wohltuende Erfahrung ist. Mit zunehmender Übung werden Sie die Hypnose häufiger für sich selbst nutzen, z. B. um sich schnell zu erholen, um einen aufkommenden Herpes wegzubekommen oder um in einer Streßsituation innerlich ruhig zu werden.
Bevor Sie das erste Mal Selbsthypnose üben, sollten Sie wissen, daß Ihr Unbewußtes Sie nur zu einer Hypnosetiefe kommen läßt, die für Ihre persönliche Situation (was Ängste und Befürchtungen anbetrifft) genau richtig ist.
Sie können sich jederzeit aus der Selbsthypnose wieder herausholen, sobald Sie Ihre Aufmerksamkeit wieder nach außen richten bzw. wenn irgendwelche dringenden, äußeren Ereignisse Ihre Aufmerksamkeit nach außen lenken.
Positiv formuliert heißt das: Sie können sich darauf verlassen, daß Ihr Unbewußtes Ihnen alle Dinge meldet, die für Sie wichtig sind, und Sie dann entscheiden läßt, ob Sie Ihre Selbsthypnose schnell beenden wollen oder ob der äußere Reiz für Sie in dem betreffenden Moment unwichtig ist.

3.1.1 VAKO-Selbsthypnose

Die folgende Selbsthypnoseübung trainieren wir mit sehr vielen Patienten, da sie absolut offen ist und den jeweiligen momentanen Zustand am besten respektiert. Sie ist eine systematische Übung von Pacing und Leading durch die VAKO-Bereiche mit vier Durchgängen:

Übung
Suchen Sie sich zunächst einen bequemen Platz, an dem Sie für die Zeit, die Sie sich nehmen wollen, ungestört sind. Setzen oder legen Sie sich bequem hin. Achten Sie darauf, daß Sie sich entspannen können, und nehmen Sie sich alle Freiheit, von dem vorgegebenen Schema abzuweichen.
Im ersten Durchgang üben Sie Pacing und Leading für jeden VAKO-Bereich je viermal, im zweiten Durchgang je dreimal, im dritten Durchgang je zweimal und im vierten Durchgang je einmal. Sie können also diese Selbsthypnoseübung mit vier visuellen Wahrnehmungen beginnen. (Dabei daran denken: von außen nach innen). Z. B. *„Ich sehe die Farbe der Stelle, die ich jetzt gerade anschaue. Ich sehe den Fußboden. Ich sehe mich selbst hier sitzen, wie ich Selbsthypnose übe. Und ich sehe in mich hinein, welches innere Bild ich jetzt gerade habe, wenn ich meine Augen schließe."*
Auditiv: *„Ich höre die Geräusche meiner Umwelt. Ich höre meinen ruhigen Atem. Ich höre ein Geräusch aus meinem Bauch, und ich höre auf meine Gedanken"* (die vier Geräuschwahrnehmungen, die Ihnen gerade auffallen). Achten sie darauf, daß Sie lange, gleichmäßige, ruhige, tiefe Atemzüge machen.
Kinästhetisch: *„Ich fühle das Material, das meine Fingerspitzen gerade berühren, ich empfinde die Wärme in meinem Bauch angenehm. Ich merke einen Unterschied zwischen dem linken und rechten Fuß, und ich genieße die angenehme Schwere im Körper".*
Olfaktorisch: *„Ich nehme den Geruch des Raumes um mich herum wahr, ich kann mich selbst riechen, ich schmecke den Geschmack in meinem Mund und erinnere mich an den Duft frischer Erdbeeren."*

Danach folgt ein Durchgang mit je dreimal VAKO, dann je zweimal und dann je einmal. Um in die Trance hineinzukommen, richten Sie Ihre Aufmerksamkeit von außen nach innen. Wenn Sie die Übung beenden wollen, machen Sie es genau umgekehrt: Sie richten Ihre Wahrnehmung wieder nach außen.

3.1.2 Erfahrungen in Selbsthypnose

Häufig tritt bei Ihrer ersten Selbsthypnose etwas auf, das Ihre Aufmerksamkeit ablenkt: Sie üben z. B. gerade im visuellen Bereich, und dabei zuckt plötzlich ein Muskel in Ihrem Bein. Solche Signale Ihres Unbewußten sollten Sie sich selbst als einfaches Pacing-Statement vergegenwärtigen: *„Und jetzt hat mein rechtes Bein gezuckt!“* Dann können Sie wieder zum visuellen Üben übergehen. Sollten Sie dann ein Geräusch aus Ihrem Bauch hören, spiegeln Sie sich dieses Ereignis auch bewußt wider: *„Mein Bauch hat gerade ein Geräusch gemacht! Dies ist ein Zeichen dafür, daß sich auch meine Inneren Organe bereits entspannen“* (Leading). Wenn ein leichtes Schwindel- oder Schweregefühl auftaucht, sollten Sie auch dies freudig sich selbst referieren, da dies alles Zeichen eines beginnenden Trancezustandes sind. Lassen Sie sich überraschen, wie weit Sie sich im nächsten Durchgang bei dieser Selbsthypnoseübung entspannen können!

Übung
Führen Sie die VAKO-Selbsthypnoseübung noch einmal durch und konzentrieren Sie sich, nachdem Sie jetzt erste Erfahrungen gesammelt haben, darauf, sich selbst ganz genau zu beobachten. Wie ein Wissenschaftler, der exakt wahrnimmt, welche Reaktionen, Gefühle und Gedanken auftauchen.
Nachdem Sie sich dann wieder in den Wachzustand zurückversetzt haben, können Sie folgende Fragen beantworten: Was können Sie tun, damit sie das nächste Mal noch angenehmer und schneller einen schönen Entspannungszustand erreichen? Sind Sie hinterher für eine Weile eingeschlafen? Wie haben Sie sich aus der Selbsthypnose herausgeholt? Haben Sie auf ein Geräusch geachtet, oder sich vorgestellt, was Sie gleich beim Öffnen der Augen sehen würden? Haben Sie dabei auch die Gedanken, die Ihnen in den Kopf gekommen sind, „gepaced“?

Es ist schön, Gedanken kommen und auch wieder gehen zu lassen! Mit Hilfe der VAKO-Selbsthypnosetechnik gelingt eine momentane Bestandsaufnahme. Und es ist sehr wichtig, zu sich zu kommen. Natürlich können dabei auch Dinge auftauchen, die Sie noch weiter bearbeiten müssen. Sie wissen jetzt, wie: Erst einmal den Ist-Zustand pacen!
Vielleicht regt Sie diese Übung dazu an, mehr über sich erfahren zu wollen. Es ist angenehmer und sicherer, dies unter der Anleitung und mit Hilfe eines Fachmanns zu erleben.

3.2 Fremdhypnose

Bei der Fremdhypnose induziert der Hypnotiseur (B = Behandler, Therapeut) einen Trancezustand bei einem Hypnotisand (A = Versuchsperson, Patient). Nach Induktion des Trancezustandes wird die eigentliche Hypnosebehandlung durchgeführt. Danach wird der Patient aus der Trance wieder heraus- und in den Wachzustand zurückgeführt.

Schema 2 Durchführung einer Fremdhypnose

Rapport
Pacing → Leading → Trance → Trancearbeit → Rückführung
Yes set

3.2.1 Bedingungen für Fremdhypnoseversuche

Der Cotherapeut C

Es ist sinnvoll, die ersten Hypnoseversuche im Rahmen eines Hypnosekurses unter kompetenter Anleitung durchzuführen, damit Sie rasche Erfolgserlebnisse in einem sicheren Rahmen haben.
Wenn Sie die ersten Fremdhypnoseversuche mit Pacing und Leading durchführen, dann sollten Sie auf jeden Fall eine dritte Person (C = Cotherapeut, Beobachter) hinzuziehen, die den ganzen Prozeß fachkundig beobachtet und Ihnen anschließend ihre Beobachtungen mitteilt.

C ist anfangs sehr wichtig, da B, wenn er seine ersten Hypnosen durchführt, noch nicht in der Lage sein wird, seine Aufmerksamkeit auf alle notwendigen Details gleichzeitig zu richten. C kann hier wertvolle Hinweise geben. Nach einem Rollentausch, wenn C die Aufgaben des Therapeuten B übernimmt, wird er selbst wiederum dankbar sein für Hinweise seines Beobachters.

Eigene Erfahrung

Wir sind der Meinung, daß Sie vor Ihrer ersten Induktion (als B) zunächst einmal selbst eine Fremdhypnose (als A) erfahren sollten. Bei der Fremdhypnose hängt das, was Sie erleben, von der Interaktion zwischen Ihnen und Ihrem Hypnotiseur ab.
Sie können Ihre erste eigene Hypnoseerfahrung nach Ihren Erwartungen und Bedürfnissen steuern, je nachdem, ob Sie sich einen „väterlichen“ Hypnotiseur heraussuchen, der Sie kraft seiner Autorität in einen Trancezustand versenkt, oder ob Sie sich von einem eher permissiven, „mütterlichen“ Hypnotiseur, der Ihnen die Freiheit gibt, Ihren eigenen Weg in die Trance zu finden, in eine angenehme, sanfte, warme Geborgenheit führen lassen.

3.2.2 Erfahrungen in Fremdhypnose

Wenn Sie, wie wir vorgeschlagen haben, als erste Tranceerfahrung die Selbsthypnoseübung durchgeführt haben, waren sie vielleicht etwas enttäuscht, daß Sie nicht in einen ohnmachtsähnlichen Zustand gefallen sind, und Sie haben vielleicht das Gefühl gehabt, gar nicht in Hypnose gewesen zu sein.
Aber Hypnose ist, im Gegensatz zu den Darstellungen im Showgewerbe, kein Zustand der Ohnmacht und Hilflosigkeit.
Jeder Mensch erlebt Hypnose verschieden. So sind zum Beispiel bei einer Versuchsperson bereits in einem leichten Trancezustand beeindruckende Erlebnisse wie Anästhesie oder auch Katalepsie möglich, die einem anderen Menschen nur in Tieftrance zugänglich sind. Die Hypnose ist vielmehr ein differenzierter Konzentrationsprozeß des „Nach-Innen-Gehens“.
Die Wahrnehmung von Außenreizen wird zunehmend eingeengt, die Wahrnehmung der inneren Erlebnisse wird verstärkt.
Notwendige Voraussetzung dafür ist die Bereitschaft der Versuchsperson,

1. sich auf die Anweisungen des Hypnotiseurs zu konzentrieren,
2. angebotene bildhafte Vorstellungen mit der eigenen Phantasie zu einem wirklichkeitsähnlichen Erlebnis zu vervollständigen und
3. die auftretenden Trancephänomene zu erfahren.

Entsprechend ihrer individuellen Fähigkeiten, diese Voraussetzungen zu erfüllen, werden verschiedene Versuchspersonen sowohl unterschiedliche Abstufungen der Trancetiefe als auch unterschiedliche Trancephänomene erleben.

4 Hypnosestadien

Vergegenwärtigen Sie sich, was Sie alles bei Ihrer ersten Hypnoseerfahrung erlebt haben, und vergleichen Sie diese Phänomene mit der Tabelle 5. Sie kann Ihnen helfen, herauszufinden, ob Sie bereits in Hypnose waren und wie tief Ihr Trancezustand war. Dabei ist diese Tabelle nur eine grobe Orientierungshilfe, weil das individuelle Erleben von Hypnose so verschieden sein kann.
Nach unserer Erfahrung erreicht jeder Mensch (bei einer respektvollen Anwendung der Hypnose) jeweils die Trancetiefe, die der individuellen Situation (Motivation, Erwartungen, Ängste), dem äußeren Rahmen und den Fähigkeiten des Therapeuten entspricht.
Sie werden sich erst dann in tiefere Trancestadien hineinwagen, wenn Sie Ihre Ängste abgebaut, die Motivation verstärkt und den äußeren Rahmen sicher gestaltet haben.
Wahrscheinlich werden Sie bei Ihren ersten Trancephänomenen (z. B. wenn Sie das Gefühl haben, mit dem ganzen Körper wie auf Wellen davongetragen zu werden) ein bißchen verblüfft oder sogar erschrocken gewesen sein und sich deshalb wieder etwas aus der Trance herausgeholt haben.
Wenn Sie beim nächsten Hypnosedurchgang dieses Phänomen wieder erleben werden, können Sie sich selbst „pacen“ (z. B. *„...und jetzt fühle ich ein wechselndes Gefühl von Schwere und Leichtigkeit, das sich so ähnlich anfühlt wie Achterbahnfahren. Das ist für mich ein Zeichen, daß ich bereits in einem leichten Trance-*

Tabelle 5 Hypnosestadien (Kunzelmann/Dünninger 1989).

Stadien	**Phänomene**
1. hypnoidales Stadium	körperliche Entspannung Schläfrigkeit Flattern der Augenlider Lidschluß Schweregefühl in den Extremitäten geistige Entspannung
2. leichte Trance	Augenkatalepsie Katalepsie der Extremitäten verlangsamte und vertiefte Atmung langsamerer Puls Abneigung, zu sprechen, zu denken und zu handeln Zeitverzerrung Analgesie möglich
3. mittlere Trance	partielle Amnesie sensorische Halluzinationen vollständige Katalepsie Altersregression möglich
4. tiefe Trance	Fähigkeit, die Augen zu öffnen, ohne die Trance zu beeinflussen vollständige Amnesie möglich dilatierte Pupillen bei geöffneten Augen posthypnotische Suggestionen möglich Anästhesie möglich positive und negative Halluzinationen selbst- und posthypnotisch möglich Spontanaktivität eingeschränkt

Diese Tabelle entspricht Durchschnittserfahrungen, individuelle Abweichungen sind häufig.

zustand bin, und ich werde mir diese Achterbahn deutlicher vorstellen, um noch intensiver das Aufwärtsfahren und das Hinuntersausen erleben zu können und dabei so richtig spüren, wie die Schwere in die Glieder fährt.“).
Damit versetzen Sie sich in ein tieferes Trancestadium, in dem Sie wieder neue Phänomene erleben können: Zum Beispiel haben Sie vielleicht eine Hand vollkommen vergessen und stellen plötzlich fest, daß sie irgendwo in der Luft schwebt und dort einen bequemen Platz gefunden hat, so als ob sie von einer Wolke getragen würde.

5 Erste Erfahrungen mit der Induktionstechnik

5.1 Genaue Zielvorstellung

Bevor Sie Ihre erste Tranceinduktion beginnen, sollten Sie eine genaue Zielvorstellung haben, was Sie mit Ihrer Versuchsperson A dabei erreichen wollen. Dem „Prinzip der kleinen Schritte“ folgend, sollten Sie sich anfangs noch keine zu großen Ziele vornehmen. Ein erstes Ziel wäre z. B.: *„Ich möchte meine Versuchsperson in einen angenehmen Entspannungszustand versetzen, so daß sie sich nach der Rückführung erholt fühlt.“* Ist dies zur beiderseitigen Zufriedenheit gelungen, können Sie sich im nächsten Durchgang ein weiteres Ziel oder eine Intensivierung des ersten vornehmen.

5.2 Selbsterfahrung

Sie sollten die jeweilige Hypnosetechnik vorher an sich selbst mehrmals erfahren haben, so daß Ihnen die zu erwartenden Phänomene geläufig sind und Sie Ihrem Patienten besser beschreiben können, was er erlebt.

5.3 Geeignete Versuchsperson

Als Anfänger sollten Sie zunächst mit einer psychisch stabilen und zugleich hochsuggestiblen Versuchsperson üben, um sich Erfolgserlebnisse zu verschaffen. Vermeiden Sie bitte den Fehler, es gleich zu Anfang mit Ihrem Alptraumpatienten zu versuchen, weil Sie bei diesem Patienten nicht die nötige Objektivität haben und selbst zu leicht in Dys-Trancezustände verfallen, die die gebotene Beobachtungsgenauigkeit verhindern.

5.4. Suggestibilität

Nicht alle Menschen sind gleich gut hypnotisierbar. Hypnosetests in den USA, in Kanada, Australien und hierzulande haben alle dieselben Durchschnittswerte ergeben (Bongartz 1988). Etwa 10 % der Bevölkerung sind hoch suggestibel. Diese Menschen gehen von sich aus so leicht in Hypnose, daß ein Hypnotiseur bei der Induktion eigentlich nichts falsch machen kann; 10 % der Bevölkerung sind schwer hypnotisierbar, und 80 % liegen zwischen diesen beiden Extremen, d. h., es müssen für sie bestimmte Voraussetzungen geschaffen werden, damit sie in Hypnose gehen. Zur Ermittlung der Suggestibilität gibt es sogenannte Suggestibilitätstests (siehe Kap. III, Seite 95).
Gerschman und Burrows konnten 1994 zeigen, daß Suggestibilität sowohl mit dem Erwerb wie auch mit der Kontrolle von Zahnarztphobien in Zusammenhang steht.

5.5 Anamnese und Dokumentation

Eine Anamnese vor der Behandlung ist wichtig, um die Vorstellungen und Ängste des Patienten im Hinblick auf die Hypnose kennenzulernen. Sie haben seinen Hauptsinneskanal (VAKO-Bereich) ermittelt. Sie wissen, wie er sich in seiner Phantasie entspannt.
Ein Cotherapeut C sollte anwesend sein. Gleichzeitig ist die Dokumentation mit einer Videokamera oder wenigstens mit einem Tonbandgerät anzuraten. Dies ist zur späteren Beurteilung der Hypnosesitzung durch einen erfahrenen Hypnosetherapeuten notwendig (Supervision).

5.6 Leerhypnose

Solange Sie die Induktionstechniken üben wollen, sollten Sie sich auf Leerhypnosen beschränken, d. h. auf eine eigentliche therapeutische Nutzung der Hypnose (z. B. für Schmerzfreiheit) verzichten. Für Leerhypnosen geeignet sind Entspannungssuggestionen, wie z. B. *„....und Sie können jetzt diesen schönen Trancezustand genießen, in den Sie hineingegangen sind, und spüren, welche Änderungen Sie in Ihrem Körper jetzt wahrneh-*

men können. Achten Sie einmal auf die Unterschiede zwischen links und rechts! Achten Sie einmal auf die Unterschiede zwischen unten und oben – und wie gut sich das anfühlt!"

5.7 Feedbacksystem

In der Selbsthypnose sind Sie sich in jedem Moment bewußt, was mit Ihnen passiert, und Sie können sich selbst „pacen und leaden".
Wenn Sie anfangen, Fremdhypnose durchzuführen, wird es immer wieder passieren, daß Sie nicht genau wissen, wie weit ihr Patient ist und was er gerade empfindet.
Fragen Sie Ihren Patienten einfach danach! Und wenn er schon so weit entspannt ist, daß er keine Lust hat zu antworten, freuen Sie sich, daß Sie ihn bereits in einen mittleren Trancezustand geführt haben. Sie können ihm dann vorschlagen, daß er seinen Kopf ganz von allein nicken läßt, wenn das, was Sie ihm weiterhin sagen, zutrifft.
Eine andere Möglichkeit, Rückmeldung zu erhalten, sind die Fingersignale: Sie bitten den Patienten, oder direkt eine seiner Hände (diejenige, die Sie besser beobachten können), einen Finger zu heben, der für „Ja" steht (günstig ist der Zeigefinger) und einen anderen, der für „Nein" steht (günstig ist der Daumen). Über diese Ja/Nein-Antworten Ihres Patienten, die nach kurzer Zeit ideomotorisch (spontan, ohne bewußtes Anheben) auftreten, können Sie sich im weiteren Fortschreiten sicherer fühlen.
Es stört die Hypnose in keiner Weise, wenn Sie den Patienten zwischendurch bitten, seinen Körper entspannt liegenzulassen, aber seinen Kopf wach werden zu lassen und die Augen zu öffnen. Dann können Sie ihn fragen, was ihm hilft, sich weiter zu entspannen, und was ihn gehindert hat, tiefer in Trance zu gehen. Danach bitten Sie den Patienten, die Augen wieder zu schließen und mit einem tiefen Ausatmen wiederum tiefer in Trance zu gehen.

5.8 Utilisieren

Im Sinne des Pacing ist es angebracht, genau die Induktionstechnik anzuwenden, von der Ihr Patient schon eine Vorstellung hat. So ist es beispielsweise sinnvoll, die Fixationstechnik anzuwenden, wenn der Patient in der Anamnese (Vorgeschichte) seine Vorstellung von Hypnose so beschreibt: *„Sie halten mir einen glänzenden Gegenstand vor die Augen, und dann fallen meine Augen wie durch einen Zwang zu – und ich bin in Hypnose."* Sie sollten hier genau die erwartete Induktion mittels der Fixationstechnik mit einem glänzenden Gegenstand durchführen. Wir befolgen damit das Prinzip, daß jegliche Information, die der Patient uns gibt, für die Induktion nutzbar zu machen ist (Utilisieren).

Oft haben die Patienten auch nur eine ganz verschwommene Vorstellung von Hypnose und vermuten, daß sie schlafen oder träumen sollen. Dann ist es besonders wichtig, die Modalitätspräferenz (den Haupt-VAKO-Bereich) aus der Anamnese zu kennen und sehr sorgfältig zu beobachten, welche Reaktionen der Patient von sich aus in der Erwartung von Hypnose zeigt. Oft zeigt sich eine gewisse Anspannung, z. B. in den Beinen, dann können Sie als B damit beginnen:

„Sie warten jetzt noch etwas angespannt, woran Sie zuerst merken werden, daß Sie in Hypnose gehen, spüren Sie einmal die Spannung in ihren Beinen! Und spannen Sie Ihre Beine ruhig einmal zuerst richtig an, ja, gut so! Und jetzt lassen Sie einmal ganz locker, und spüren Sie die Entspannung, das tut gut! Und noch einmal, Beine anspannen und dann loslassen und dabei weit ausatmen, schön so."

Wenn sich dabei der Puls des Patienten erhöht hat, können Sie damit die Induktion weiterführen: *„Und es ist ganz normal, daß am Beginn einer Induktion Ihr Puls leicht erhöht ist, überprüfen Sie einmal, wo Sie ihn am deutlichsten fühlen* (pacing), *und lassen Sie ihn jetzt einmal noch kräftiger pochen* (leading), *so gut können Sie jetzt schon die unbewußten Regulationsmechanismen Ihres Körpers beeinflussen! Und wenig später werden Sie Ihren Puls ganz ruhig und gleichmäßig machen, ohne daß Sie daran denken müssen".*

Nicht immer ist eindeutig zu beobachten, was in A vorgeht und ob er die Suggestionen von B genau nachvollziehen kann. Deshalb ist es für solche Situationen wichtig, offene Formulierungen, d. h. Suggestionen „ohne Inhalt", zu geben, damit der Patient die Suggestion dann mit seinem eigenen Inhalt ausfüllen kann.

5.9 Offene Formulierungen

Häufig neigen Anfänger dazu, ihre eigenen Vorstellungen als direkte Suggestionen anzugeben: *„Sie hören jetzt das Rauschen der Brandung und werden ganz entspannt."* Wenn Ihre Versuchsperson ein begeisterter Surfer ist, wird er bei der Vorstellung von Brandung eher aktiv werden, wenn er aber schlechte Erlebnisse im Zusammenhang mit Brandung gehabt hat, wird ihn diese Vorstellung sogar stören und in eine Dys-Trance versenken. Der Nachteil direkter Suggestionen besteht ja darin, daß der Patient eher aus seiner Hypnose herausgerissen wird, wenn sie nicht exakt zutreffen. Dieses Problem läßt sich durch Nennung offener Formulierungen vermeiden. Hauptgedanke bei den offenen Formulierungen ist, daß der Patient einen möglichst großen Freiraum für seine eigenen Gedanken und Ideen bekommen soll; es wird ihm quasi nur ein Angebot mit leerem Inhalt gemacht, das er dann mit seinem eigenen Inhalt füllt, der auf ihn exakt zutrifft.

Tabelle 6 Offene Formulierungen (Revenstorf 1990)

1. Unvollständige Sätze:	„Die Ruhe, darüber nachzudenken..."
2. Modale Ausdrucksweise	„Bilder und Vorstellungen, die auf Dich zutreffen können..."
	„Vielleicht das Gefühl von Entspannung..."
3. Alternativen:	„Jetzt oder später den Dingen nachgehen..."
4. Implikationen:	„Indem Du den Gedanken nachgehst, kannst Du Dich darauf einstellen..."
5. Fehlender Referenzindex:	„Das Erkennen von Zusammenhängen..."
	„Man kann Unterschiede feststellen..."
6. Komparative:	„Es wird leichter, sich zu orientieren..."

In dieser Tabelle sind einige Beispiele angegeben, die Ihnen helfen können, direkte Suggestionen zu vermeiden.

Übung
Führen Sie Ihre erste Fremdhypnose (als B) durch.
1. Rapport herstellen (z. B. durch pacing von A)
2. Pacing und leading (nach dem Prinzip der kleinen Schritte), von extern nach intern
4. Feedback einholen
5. Angenehme Entspannung induzieren, loben
6. Rückführung: Von intern nach extern orientieren
Vergewissern Sie sich, daß A wieder vollständig aus der Trance zurückgekommen ist und sich frisch und wohl fühlt.
Fragen Sie A, was ihm geholfen hat, was ihn gestört hat bei seiner Tranceerfahrung. Loben Sie sich für Ihre gute Arbeit.

Eine ausführliche Beschreibung der Rückführung wird im folgenden Kapitel gegeben.

5.10 Mundöffnung

In der Hypnose ist der Patient muskulär entspannt und deshalb öffnet sich der Mund oftmals unzureichend. Die spontane Mundöffnung in Hypnose liegt im Bereich von ca. 1 cm. Dabei hat der Patient bereits das Gefühl, den Mund weit geöffnet zu haben. Wir induzieren die weitere Mundöffnung mit den Worten: „ *...und Sie können sich jetzt vorstellen, daß sich zwischen Ihre Zahnreihen ein Hartgummikeil schiebt, der den Mund ganz bequem weit offen hält. Gut so. Schieben Sie den Gummikeil noch weiter nach hinten, ...noch weiter, ...sehr gut. So bleibt der Mund während der Behandlung ganz bequem weit geöffnet.“*
Ein Kollege gab die Anregung, daß er vor der Behandlung mit dem Patienten vereinbart: *„Wenn ich nachher an Ihren Schneidezahn klopfe, öffnet sich die Eingangstüre ganz weit.“*

Wenn Sie nach Ihren ersten Hypnose-Erfahrungen das „Zauberlehrlings“-Gefühl haben, dann interessiert Sie jetzt vielleicht, welche Möglichkeiten der fundierten Aus- und Weiterbildung bestehen. Die alleinige Lektüre des Buches, auch zusammen mit dem Videoband, macht Sie noch nicht zum sicheren Hypnotiseur.

6 Aus- und Weiterbildungsmöglichkeiten

6.1 Die Deutsche Gesellschaft für Zahnärztliche Hypnose (DGZH) e. V.*

Die DGZH wurde im November 1994 in Stuttgart gegründet. Sie hat zum Ziel, die zahnärztliche Hypnose in Praxis, Theorie, Forschung, Weiterbildung und Öffentlichkeitsarbeit zu fördern und über moderne zahnärztliche Hypnose zu informieren.
Die DGZH verleiht Zahnärzt(inn)en, die das Curriculum erfolgreich durchlaufen haben, das Zertifikat „Zahnärztliche Hypnose DGZH", mit dem Sie sich auf einer Liste von Hypnosezahnärzten als besonders qualifiziert führen lassen können.
Aktive Mitglieder der DGZH können Zahnärzte, Ärzte und Diplom-Psychologen werden. Die DGZH veranstaltet in ihren Regionalstellen Hypnosekurse und Supervision. Einmal jährlich findet ein Supervisionsseminar in Malta statt (Regionalstelle Stuttgart).
Die Jahrestagung der DGZH bildet mit ihren Vorträgen, Workshops, Podiumsdiskussionen und Supervisionseinheiten ein Forum für kollegialen Austausch zu Anwendungen, Traditionen und Neuentwicklungen zahnärztlicher Hypnose.
Die DGZH hat einen wissenschaftlichen Beirat, dem Personen angehören, die sich aufgrund ihrer wissenschaftlichen oder praktischen Tätigkeit hohe Verdienste in bezug auf Hypnose erworben haben. Er hat beratende Funktion. Der wissenschaftliche Beirat überwacht die Ausbildungsstandards, die Einhaltung der ethischen Richtlinien entsprechend den Richtlinien der ISH-(International Society of Hypnosis) und die wissenschaftliche Forschung.
Die DGZH arbeitet eng mit der Milton Erickson Gesellschaft für Klinische Hypnose in München zusammen. Die M.E.G. widmet sich der hypnotherapeutischen Ausbildung von Diplom-Psychologen und Ärzten. Es besteht die Möglichkeit der Doppelmitgliedschaft in M.E.G. und DGZH.

* Geschäftsstelle der Deutschen Gesellschaft für Zahnärztliche Hypnose (DGZH) e. V., Esslingerstr. 40, 70182 Stuttgart, Tel. 0711/2360618, Fax 0711/244032, E-mail ASchmierer@aol.com.

6.2 Weiterbildung der Deutschen Gesellschaft für Zahnärztliche Hypnose (DGZH) e.V.

Um eine bestmögliche Ausbildung in zahnärztlicher Hypnose sicherzustellen, hat die DGZH das Curriculum „Zahnärztliche Hypnose DGZH“ entwickelt. Dieser Weiterbildungsgang geht von modernsten wissenschaftlichen Erkenntnissen aus und ist darüber hinaus an den Wünschen und Bedürfnissen der zahnärztlichen Praxis orientiert. Er beinhaltet 6 zweitägige Seminare Z1 – Z6 und mindestens 32 Stunden Supervision. Dieses Curriculum wird von den Regionalstellen der DGZH angeboten. Die Ausbilder der DGZH haben sich durch ein besonders hohes Maß an praktischer Erfahrung mit moderner wissenschaftlicher Hypnose qualifiziert, gewährleisten mit ihrer großen Ausbildungserfahrung einen höchstmöglichen Standard und unterziehen sich einer ständigen Qualitätskontrolle. In Verbindung mit den Richtlinien der DGZH gewährleistet dieses Curriculum eine praxisnahe Weiterbildung in Hypnose und effektiver Kommunikation. Dies dient gleichermaßen dem Zahnarzt wie dem Patienten. So erwirbt der Zahnarzt theoretische und praktische Kenntnisse und Fertigkeiten, die

- zu einem verantwortungsvollen Einsatz von Hypnose befähigen, und
- unabhängig von formaler Hypnose die Zahnbehandlung möglichst angenehm machen und zu einer positiven Arzt-Patient-Beziehung führen.

Zahnärzte, die dieses Curriculum erfolgreich durchlaufen und das qualifizierende Zertifikat „Zahnärztliche Hypnose DGZH“ erworben haben, sind darüber hinaus in der Lage, Behandlungssituationen weitgehend angst- und schmerzfrei zu gestalten, Kinderhypnose anzuwenden und dem Patienten bei der Auflösung von Bruxismus und Würgereiz zu helfen.
Um eine möglichst gute Integration dieser Weiterbildung in den täglichen Praxisablauf zu gewährleisten, ist auch die Weiterbildung von ausgewählten Mitarbeitern zur Hypnoseassistenz möglich.

Die Seminare:

Z1: Einführung in die zahnärztliche Hypnose
konstruktive Rahmenbedingungen; ethische Richtlinien; Indikationen und Kontraindikationen; Mythen über Hypnose; Probleme der Showhypnose; Definitionen von Hypnose und Trance; Trancephänomene; Anamnese; klassische Induktionen (Fixationstechnik); Sinnesmodalitäten (VAKO); Grundlagen Ericksonscher Tranceinduktionen; Selbsthypnose; Kinderhypnose; Dokumentation; Integration in den Praxisablauf.

Z2: Grundlagen der zahnärztlichen Hypnose
Geschichte der Hypnose; Aktivierung und Nutzung von natürlichen Entspannungsfähigkeiten (Progressive Muskelrelaxation, Autogenes Training); positive und negative Sprachformen; direkte und indirekte Formen der Suggestion; Compliance und Arzt-Patient-Beziehung; Suggestibilitätstest und seine Nutzung; Techniken der Trancevertiefung.

Z3: Trancetechniken
Indirekte und konversatorische Tranceinduktionen; Aktivierung und Utilisation von Ressourcen der Patienten; Feedbacksysteme: verbale und visuelle Zugangshinweise; Erleichterung von Tranceinduktionen (Overlapping, Fraktionierung, offene Formulierungen u. a.); Ankern; Zielorientierung und Zeitprogression.

Z4: Anwendungen der zahnärztlichen Hypnose I
Nutzung von patientenspezifischen Strategien; Umgang mit Angstpatienten; Hypnose zur Schmerzreduktion und Hypnoanalgesie bei akutem und chronischem Schmerz; Umgang mit Widerstand; Utilisation von Trancephänemenen (Amnesie, Hypermnesie, Ideomotorik, Armlevitation, Handschuhanästhesie, posthypnotische Suggestionen); Behandlung von Kindern.

Z5: Anwendungen der zahnärztlichen Hypnose II
Kriseninterventionen; Arbeit mit Regression; Nutzung von Assoziation und Dissoziation; Sprachmuster von Tranceinduktionen: Meta- und Miltonmodell, Implikationen,

Verknüpfungen, Doppelbindungen, Konfusionstechniken; mentales Training und imaginative Techniken.

Z6: Anwendungen der zahnärztlichen Hypnose III
Paradoxe Interventionen; Deuten und Umdeuten (Reframing); Metaphern und Symbole; Umgang mit Problempatienten mit Phobien, Kreislaufproblemen, Würgen, Myoarthropathien, Bruxismus.

Supervision:

Die Regionalstellen bieten Einzel- und Gruppensupervision und Supervisionsseminare an. Supervision ist eine wichtige Möglichkeit, natürliche Anfangshemmungen zu überwinden, rasche Anfangsfortschritte zu machen und die gelernten Techniken in den Praxisalltag zu integrieren. Einmal jährlich findet ein Supervisionsseminar in Malta statt. Im Rahmen der DGZH-Jahrestagung wird ebenfalls Supervision angeboten.

Fortgeschrittenenkurse:

Darüber hinaus werden Fortgeschrittenenkurse (sogenannte F-Kurse) zur kontinuierlichen Weiterbildung angeboten. Nähere Informationen dazu von den einzelnen Regionalstellen.

Praxisintegrationsseminar:

Das Ziel des Integrationsseminars ist, dem ganzen Praxisteam die Hypnose schmackhaft zu machen, als etwas, das eine gute Atmosphäre schafft, dankbare Patienten und berufliche Bestätigung bringt. Unser Ansatz ist, die Möglichkeiten der Zusammenarbeit des Praxisteams in der Kommunikation mit den Patienten und untereinander hypnotisch zu verbessern.

Dazu wollen wir:
1. Das Berufsbild der Hypnoseassistentin / des Hypnoseassistenten vorstellen, als Anreiz für begabte Mitarbeiter/innen.
2. Ein gemeinsames Praxisziel für jede teilnehmende Praxis formulieren.
3. Streßfaktoren sammeln und ihre Bewältigung trainieren.

4. Üben, wie das Team die Hypnose als Streßminderungs-Faktor einsetzen kann.
5. Stuck states an der Physiologieänderung erkennen und separator states einsetzen lernen (siehe S. 198).
6. Natürlich wollen wir Ihnen auch Gelegenheit geben, selbst eine Hypnose zu genießen.

Zertifikat:

Am Ende der Weiterbildung erhalten die Teilnehmer das Zertifikat „Zahnärztliche Hypnose DGZH", mit dem sie sich auf einer Liste von Hypnosezahnärzten als besonders qualifiziert führen lassen können.
Zur Erlangung des Zertifikates sind die Teilnahme an den Kursen Z1 – Z6 und 32 Stunden Supervision mit Vorstellung von mindestens 3 videodokumentierten Fällen erforderlich. Das Zertifikat kostet DM 300. Mitglieder der DGZH bekommen das Zertifikat kostenfrei ausgestellt. Informationen und Unterlagen zur Mitgliedschaft in der DGZH können bei einer der Regionalstellen angefordert werden.

6.3 Ausbildung zur Hypnose-Assistentin

Bedingt durch die spezielle Situation in der zahnärztlichen Praxis mit hohen Patientenzahlen, kurzen Behandlungszeiten und großer Angstbesetzung ist nur durch die Mitarbeit einer in Hypnose ausgebildeten Kraft, der Hypnose-Assistentin, (Schmierer, G. 1988) Hypnose zeitökonomisch anzuwenden.
Voraussetzung für die Tätigkeit einer Hypnose-Assistentin ist, daß der verantwortliche Arzt selbst in Hypnose ausgebildet ist. Es wäre sonst denkbar, daß der Behandler unrealistische Vorstellungen an die Hypnose-Assistentin hat und daß er im Zweifelsfall nicht eingreifen könnte.
Die Hypnose-Assistentin muß eine fachspezifisch ausgerichtete hypnotherapeutische Ausbildung haben.
Angeboten wird dies momentan (Stand 1995) nur von der DGZH. In Frage kommen Helferinnen, die berufliche Routine haben und im Umgang mit Patienten Einfühlungsvermögen und Sicherheit zeigen.

Es ist sinnvoll, wenn Zahnarzt und Helferin gemeinsam die Kurse besuchen.
Aus anderen Bereichen (z. B. Anästhesie) ist der „Hypnose-Assistent" bekannt: Der Anästhesiepfleger arbeitet dort entsprechend unserer Hypnose-Assistentin.
Es wäre auch sehr sinnvoll, in einer Praxis spezielle Hypnosetage einzurichten, an denen ein in Hypnose ausgebildeter Diplompsychologe mitarbeitet.
Sie können sich jetzt schon darauf freuen:
Eine positive Änderung der gesamten Praxisatmosphäre ist durch den veränderten Umgang mit den Patienten nach unserer Erfahrung zu erwarten. Unabhängig davon, ob Sie Hypnose selbst anbieten oder von Assistentinnen unter Ihrer Aufsicht durchführen lassen.

6.4 Eine neue Art der Zusammenarbeit – Zahnärzte und Diplom-Psychologen

Auf dem Gebiet Hypnose und Hypnotherapie eröffnen sich vollkommen neue Perspektiven der Zusammenarbeit zwischen Berufsgruppen, die nach traditioneller Ansicht wenig Gemeinsamkeiten aufweisen – zwischen Zahnärzten und Diplom-Psychologen. Erst in sehr wenigen Fällen wurde eine solche Kooperation realisiert und hat sich als überaus erfolgreich erwiesen. Bei regelmäßigen Treffen der DGZH-Regionalgruppe Stuttgart, zu denen Zahnärzte, Ärzte und Diplom-Psychologen erscheinen, kam es schon immer zu einem regen Erfahrungsaustausch zwischen den Teilnehmern.
Die ständige Mitarbeit eines Diplompsychologen in der Zahnarztpraxis hat vor allem den Vorteil, daß dieser den Patienten zu festen Zeiten zur Verfügung steht und in einem separaten Behandlungszimmer auf Probleme eingehen kann, ohne daß Praxisstreß und -hektik die Vorbereitung bzw. Psychotherapie ungünstig beeinflussen. Um den Patienten auf die eigentliche Zahnbehandlung vorzubereiten, können Hypnosesitzungen im häufig als weniger bedrohlich wahrgenommenen Mundhygienezimmer durchgeführt und der Zahnarztstuhl als Anker für Entspannung und Dissoziation uminterpretiert werden.

Da manche extreme Angstpatienten den Zahnarztbesuch und vor allem die Zeit davor als äußerste Streß- und Belastungssituation empfinden, empfehlen sich psychotherapeutische Maßnahmen, um den Betroffenen durch angemessene Bewältigungsstrategien zu einer entspannten Zahnbehandlung zu verhelfen. Insbesondere eignet sich hierfür die Hypnotherapie, die Entspannung und Dissoziation fördert und sich auch in der Schmerzbewältigumg und Anaesthesie bewährt hat. Dies legt nahe, daß der Patient nicht nur bei der Vorbereitung des Eingriffes, sondern auch während der Behandlung an sich optimalen Nutzen aus der Hypnose ziehen kann.
Verschiedene Arten und Stufen der hypnotherapeutischen Intervention durch Diplom-Psychologen in der Zahnarztpraxis lassen sich wirksam anwenden:

A. Vorbereitung der Behandlung

Der Psychotherapeut kann in mehreren Sitzungen vor der eigentlichen Behandlung und somit abgelöst vom eigentlichen zahnärztlichen Geschehen auf den Patienten eingehen, Einsicht in die z.B. der Angst zugrundeliegende Problematik gewinnen und mit Hilfe der Hypnoanalyse ggf. vorliegende Traumata aufarbeiten. Speziell bei Patienten mit Würgereiz zeigen sich häufig erstaunliche Erfolge, wenn dem Problem mit Hilfe einer Altersregression auf den Grund gegangen wird. Dem Patienten kann im Vorfeld der Behandlung Gelegenheit gegeben werden, die Erreichung von Entspannung und Trance zu üben und somit eine hypnotische Analgesie während des Eingriffes leichter und effektiver zu erreichen. Hierzu bieten sich auch individuell angefertigte Tonbänder an.

B. Begleitung des Patienten während der Behandlung

Mit individuellen, der Problematik des Patienten angepaßten Suggestionen, die im Verlaufe der Vorbereitung erarbeitet wurden, kann eine Anaesthesie oder die notwendige Streßfreiheit während der akuten Behandlungsphase herbeigeführt und aufrechterhalten werden. Vor allem die Beibehaltung der von Anfang an gewonnenen Bezugsperson wirkt sich positiv auf den Behandlungserfolg aus.

C. Weiterführende Therapie und Unterstützung des Patienten

Sollten währen der Vorbereitungsphase unverarbeitete Traumata oder tiefer wurzelnde Probleme des Patienten auftreten, kann diesen ohne Schwierigkeiten im Anschluß an die zahnmedizinische Behandlung und im Rahmen einer Psychotherapie weiter nachgegangen werden. Oft ist es der Fall, daß diese Probleme erst oder gerade aufgrund einer Streßsituation wie der anstehenden Zahnbehandlung ans Licht treten. Die zahnärztliche Praxis bietet auf diese Weise vielen Patienten die Möglichkeit, eine Psychotherapie wahrzunehmen, ohne die in vielen Fällen diesbezüglich empfundene Schwellenangst überwinden zu müssen. Der Gang zum Zahnarzt wird in manchem sozialen Umfeld eher toleriert und als „normal" empfunden, als das Aufsuchen eines Psychotherapeuten.

Kapitel III

Behandlungsablauf

Auch wenn Sie in Ihrer Praxis Hypnose als spezielle Annehmlichkeit anbieten können, so wird doch zumindest anfangs die überwiegende Zahl Ihrer Patienten Sie deshalb aufsuchen, weil Sie ein guter Arzt sind.
Aufgrund Ihres Wissens über suggestive Kommunikationstechniken, das Sie durch die Arbeit mit diesem Buch noch verbessern konnten, können Sie auch bei Patienten, die nicht wegen Hypnose zu Ihnen kommen, Ihren normalen Behandlungsablauf dahingehend überprüfen, ob durch Veränderung der Schwerpunkte, Verbesserung der Abläufe, andere Schulung der Mitarbeiter eine noch bessere Praxistreue erreicht werden kann (Schmierer 1989). Das Praxisziel muß klar definiert werden, und auch die Mitarbeiter müssen hundertprozentig dahinterstehen. Dann kann die Bereitschaft der Patienten, die Behandlungsvorschläge anzunehmen und der Praxis treu zu bleiben (Compliance), deutlich erhöht werden.

Schematischer Ablauf einer Behandlung

Der schematische Ablauf einer Behandlung beinhaltet die folgenden Schritte:

1. Vorgespräch
   Anamnesebogen - Rapport - Mundhygiene
2. Anamnese
3. Diagnose und Therapieplanung
4. Therapie
5. Beenden einer Behandlung
6. Nachkontrolle

Diese Schrittfolge gilt als Schema für jede Behandlung. Der Inhalt der einzelnen Schritte wird je nach dem individuellen Behandlungsfall stark variieren.
Im folgenden werden die Schritte 1–3 zunächst für eine konventionelle Zahnbehandlung und anschließend die Schritte 1–6 unter Punkt 2 für eine Behandlung mit einem Hypnosepatienten dargestellt.

1 Konventioneller Behandlungsablauf

1.1 Vorgespräch und Anamnesebogen

Eine Anmeldung, die den Patienten von der Verwaltungshelferin trennt, stört die direkte Kommunikation. Bei uns wird der Patient an der Türe empfangen und ins Wartezimmer gebeten, wobei ihm ein Anamnesebogen ausgehändigt wird, in dem neben den üblichen Fragen auch die folgenden enthalten sind:

- Legen Sie Wert auf eine absolut schmerzfreie Behandlung?
- Möchten Sie auf jeden Fall eine Spritze?
- Wir möchten die Behandlung für Sie möglichst angenehm gestalten.
  Dafür können wir Ihnen
  a) beruhigende Musik O
  b) Entspannungstonbänder oder O
  c) eine Anleitung zur Selbstentspannung O
  d) Hypnose O
  e) Vollnarkose O
  anbieten.

Damit hat der Patient die Möglichkeit, durch einfaches Ankreuzen bereits Aussagen über Ängste oder Wünsche bei der Behandlung zu treffen. Wir vermeiden nach Möglichkeit lange Wartezeiten; diese spielen als „Angstauslöser" eine nicht zu unterschätzende Rolle. Aus Gründen der Angstprophylaxe vermeiden wir in der Praxis den typischen Zahnarztgeruch und verhindern die Geräuschübertragung aus den Sprechzimmern in den Wartebereich. Der Patient wird vom Arzt an der Tür des Sprechzimmers begrüßt und von ihm selbst auf den Stuhl, der in Sitzposition eingestellt ist, gebeten. Sind auf dem Anamnesebogen keine Krankheiten angegeben, wird das Gespräch mit Bezug darauf eröffnet: *„Sie sind ja kerngesund!"*

1.1.1 Rapport

Bietet sich der Bezug auf den Anamnesebogen nicht an, wird mit einer anderen positiven Bemerkung der Rapport hergestellt. Für die Erhebung der Anamnese setzt sich der Behandler dem Patienten gegenüber, etwa 5 cm unterhalb der Augenhöhe des Patienten, und sucht beim Gespräch einen Augenkontakt mit dem Patienten. Statt der Frage nach Schmerzen und Beschwerden stellen wir die Frage: *„Was treibt Sie zu uns?"*
Bevor dann der Patient zur Untersuchung in Liegeposition gebracht wird, wird er gefragt: *„Sind Sie es gewohnt, bei der Behandlung zu liegen?"* Und dann wird auf jeden Fall erklärt: *„Die Stuhllehne senkt sich jetzt ganz hinunter, denn im Liegen kann man sich viel besser entspannen. Und wenn Sie es noch nicht gewohnt sind, ist es anfangs ein etwas komisches Gefühl, weil man dann nicht mehr so leicht davonlaufen kann. Aber wenn Sie sich bald daran gewöhnt haben, werden Sie sich bei der Behandlung viel wohler fühlen, weil Sie sich im Liegen besser entspannen können."*
Bereits während der Untersuchung wird beiläufig die Schulter berührt (dabei muß man sehr genau beobachten, ob es dem Patienten angenehm ist, oder direkt fragen: *„Ist es für Sie o.k., wenn ich Ihre Schulter so anfasse?"*). Wenn die Lippen des Patienten spröde sind, werden sie zuerst mit etwas Vaseline versorgt, damit sie nicht einreißen können. Dies gibt die Möglichkeit eines ersten, eher zärtlichen Berührungskontaktes. Während der anschließenden Untersuchung werden, wenn möglich, Bemerkungen eingestreut (nur kongruente, echte Aussagen werden als Suggestion angenommen) wie: *„Sie machen ja bereits eine gute Mundhygiene." – „Wer hat Ihnen diese ausgezeichneten Kronen gemacht?"* Oder auch: *„Sie haben sicher schon oftmals herauszufinden versucht, woher Ihr Mundgeruch kommt? Wir können Ihnen versprechen, daß Sie ihn in 14 Tagen loshaben werden, wenn sie nachher die Mundhygieneaufklärung bekommen."*

1.1.2 Mundhygieneaufklärung

Nach dieser Erstuntersuchung wird zunächst eine ausführliche Mundhygieneaufklärung durchgeführt, bei der die Prophylaxe-Helferin viele wertvolle Informationen über Absichten, Ängste, Hobbies und VAKO-Präferenz (bevorzugter Sinneskanal) in Erfahrung bringen kann. Ihr erzählt der Patient gerne, warum er so lange nicht beim Zahnarzt war und was ihn beim letzten mal am meisten gestört hat. Nur im Schmerzfall wird in dieser Sitzung mehr als Zahnsteinentfernen durchgeführt. Bereits für die Zahnsteinentfernung wird dem Patient das Angebot gemacht, daß er, um sich wohler zu fühlen, Musik oder ein Entspannungstonband anhören kann. Viele Patienten willigen, zum Teil aus Neugierde, ein. Während der Zahnsteinentfernung, die sehr schonend durchgeführt wird, wird beiläufig Atmungspacing und Berühren der Schulter des Patienten durchgeführt. Die Prophylaxehelferin notiert die Informationen auf der Checkliste Anamnese.

1. VAKO Präferenz
2. Abneigungen/weshalb wurde die Praxis gewechselt?
3. Hobby
4. Entspannungsort, Ruhebild, Urlaubsvorstellung
5. Entspannung selbst/Musik/Entspannungstonband, Vorerfahrung mit AT, Meditation etc.?
6. Bedürfnisse (z.B. Stuhl nicht ganz flach einstellen)
7. Habits (z.B. Würgereflex, häufiges Ausspülen)
8. Vorstellungen, wie Hypnose abläuft
9. Psychischer Zustand
10. Reaktion auf das Tonband

1.2 Anamnese

Je nach Anliegen des Patienten ist die mehr oder weniger umfangreiche Erhebung einer Anamnese notwendig. So erfordert die Anamnese bei Patienten mit langer Vorgeschichte und z. B. chronischen Kopfschmerzen oftmals eine zusätzliche Sitzung. Im Normalfall bedarf es nur eines geringen Zeitaufwandes, um die Aussagen des Anamnesebogens und des diagnostischen Händedrucks an der Tür (Hände feucht, schlaff, kalt?) sowie die von der Helferin gewonnenen Informationen aus der Mundhygieneberatung zu einer guten Anamneseerhebung zu ergänzen.

1.3 Diagnose und Therapieplanung

Das Verhalten des Patienten während der Zahnsteinentfernung gibt Aufschluß über sein Verhalten bei einer späteren Behandlung und ermöglicht eine Diagnose in Hinsicht auf seine Fähigkeit, sich bei der Behandlung zu entspannen. Aufgrund dieser Diagnose wird dem Patienten ein Vorschlag gemacht, wie er in Zukunft die weiteren Behandlungen möglichst angenehm erleben kann. Entsprechend den vier Gruppen, denen wir die Patienten anhand der Diagnose zuordnen, wird der Therapieplan festgelegt:

1. Der Patient hat die Fähigkeit, sich selbst zu entspannen, und braucht keine zusätzliche Unterstützung von unserer Seite.
2. Der Patient kann sich mit Hilfe von Musik selbst gut entspannen.
3. Mit Hilfe unseres Entspannungstonbandes ist weitgehende Angst- und Schmerzfreiheit sowie entspannte Behandlung möglich.
4. Der Patient benötigt eine oder mehrere zusätzliche Hypnosesitzungen.

Die Möglichkeiten 1 bis 3 sind unentgeltlich, da sie uns Zeit und Streß ersparen. Für die spezielle Hypnosesitzung, die einen besonderen Zeitaufwand erfordert, wird eine besondere Vereinbarung getroffen (siehe Seite 297). Dem Patienten wird bei der Diskussion der verschiedenen Möglichkeiten erklärt, daß unter keinen Umständen eine Behandlung in Form eines Ringkampfes durchgeführt und die Behandlung konsequent unterbrochen wird, sobald der Patient Zeichen von Anspannung und Streß zeigt.

2 Behandlungsablauf bei einem Hypnosepatienten

2.1 Vorgespräch/Aufklärung über Hypnose

Die Gestaltung von Begrüßungsablauf, Anamnesebogen und auch Mundhygieneaufklärung erfolgt hier in gleicher Weise wie zuvor beschrieben. Zusätzlich wird dem Hypnosepatienten erklärt, wie eine Hypnose abläuft und daß wir ihm eine Anleitung

zur Selbsthypnose geben werden, damit er dann bei der zahnärztlichen Behandlung selbst für seinen Komfort sorgen kann. Manche Patienten kommen mit der irrigen Vorstellung, daß wir auf einen Knopf drücken, sie dann in eine Art Ohnmacht fallen und nach der Behandlung wieder aufgeweckt werden. Schon im Vorgespräch mit einer Mitarbeiterin wird betont, daß es um Hilfe zur Selbsthilfe geht, die ein aktives Mitarbeiten des Hypnosepatienten erforderlich macht.
Bestehen Zweifel oder zu große Unklarheiten, die mit einem Aufklärungsgespräch über Hypnose nicht beseitigt werden können, empfehlen wir dem Patienten zunächst die Lektüre eines Buches über medizinische Hypnose (Bongartz 1992). Es bietet ausgezeichnete und für Laien verständliche Informationen über das Thema.
Es hat sich als außerordentlich hilfreich und zeitsparend erwiesen, wenn das Vorgespräch mit dem Hypnosepatienten von einer in Hypnose ausgebildeten Mitarbeiterin geführt wird. Sie wird viele wertvolle Hinweise gewinnen können, die das Erheben der Anamnese erheblich abkürzen. Oftmals kann der Hypnosepatient zunächst einer Assistentin gegenüber auch offener und unverkrampfter Auskunft geben als dem Hypnotiseur selbst (Schmierer, G. 1988).

Einverständniserklärung

Die Hypnose-Assistentin läßt den Patienten auch das Formular (siehe Seite 296) mit der Erteilung der Zustimmung zur Videoaufzeichnung unterschreiben.
Diese Einverständniserklärung ist bei uns zwingende Voraussetzung für eine Hypnosebehandlung. Die Videoaufzeichnung dient der Dokumentation und Supervision.
Selbstverständlich kann ein Patient die Verwendung der Aufzeichnung gegenüber Dritten ablehnen.

2.2 Anamnese bei Hypnosepatienten

Bei Hypnose muß eine sorgfältige Anamnese erhoben werden, um einerseits die Erwartungen und Ängste des Patienten bezüglich der Hypnose zu explorieren und andererseits den psychischen Zustand des Patienten zu untersuchen („Sind Sie/waren

Sie in fachärztlicher Behandlung?“) und nach belastenden Erlebnissen der Vergangenheit zu fragen.
Die von der Prophylaxehelferin erarbeiteten Angaben werden überprüft und vervollständigt.
Wurde ein Patient ausschließlich zur Hypnosetherapie überwiesen und erfolgt keine Mundhygiene, beginnt die Anamnese mit der Abklärung dieser sonst in der Prophylaxe geklärten Fragen.
Die wichtigsten weiteren Anamnesepunkte haben wir in Tabelle 7 zusammengestellt:

Tabelle 7 Anamnese vor Hypnosebehandlung

1. VAKO-Präferenz
2. Abneigungen
3. Entspannungsort/Ruhebild
4. Hobbies
5. Bedürfnisse (z. B. Stuhl nicht ganz flach einstellen)
6. Habits (z. B. Würgereflex, häufiges Ausspülen)
7. Vorstellungen, wie Hypnose abläuft, Ängste bezüglich Hypnose
8. Konzentrationsfähigkeit
9. Phantasiebegabung
10. Werte
11. Tabus
12. Nonverbale Signale
13. Familiärer Hintergrund
14. Psychischer Zustand
15. Was verschlechtert/verbessert den Zustand
16. Spezielle Anamnese z. B. bei Schmerzen, Angst (s. Kap. VII)

Die Anamnese vor einer Hypnosebehandlung benötigt Zeit. Neben dem Gespräch bietet sich die Gelegenheit, die nonverbale Kommunikation mit dem Patienten aufzunehmen und einen Befund über seine nonverbalen Reaktionen zu erhalten.

Im folgenden wird die erste Hypnosesitzung bei einer Patientin mit Zahnarztangst wiedergegeben:

A Individuelle Anamnese (Frau X, 26. 7. 1995)

Frau X wurde von der Kassenzahnärztlichen Vereinigung an uns weiterempfohlen. Sie macht einen leicht aggressiven Eindruck und erscheint ausgesprochen nervös. Beruflich arbeitet sie als Verkäuferin in einem Warenhaus.
Die Patientin hat sehr große Angst vor dem Zahnarzt, sogar wenn sie im Fernsehen einen Bohrer sausen hört, wird es ihr ganz anders. Bohrer sind das allerschlimmste – und natürlich Curetten. Wenn sie die schon sieht, geht sie gleich wieder. Auch Kleider, die an Klinik und Arzt erinnern – vor allem der Mundschutz – sind ihr recht unangenehm.
Gegenüber Schmerzen im allgemeinen ist sie nicht überempfindlich, bei Zahnschmerzen gerät sie jedoch in eine regelrechte Panik. Ein normaler Besuch beim Praktischen Arzt ist durchaus verträglich. Ihre Schwangerschaft vor drei Jahren verlief problemlos.
Alle bisherigen Zahnarztbesuche waren schon irgendwie machbar, nachher empfand sie sie jedoch als fürchterlich und hielt den Zahnarzt für einen „Quacksalber". Die Intervalle zwischen den Behandlungen wurden größer und größer, die letzte Behandlung liegt ca. 8 Jahre zurück.
Zur Entstehung der Angst vermutet sie, daß der große Zwang und die autoritäre Vorgehensweise ihrer Mutter bei früheren Zahnarztbesuchen ursächlich beteiligt sind. Es kam in der Kindheit in diesem Zusammenhang schon ab und zu vor, daß es Prügel gab.
Die Patientin sieht sich als Typ, der sich eigentlich nie total entspannt, sondern immer ein wenig auf Touren ist. Auch im Urlaub fällt es ihr schwer, ganz „abzuschalten".
Von der Hypnose erwartet die Patientin, daß sie die Augen zumacht und „nichts mehr mitkriegt". Es interessiert sie gar nicht, was bei der Behandlung vor sich geht – am liebsten würde sie auch bei der „01" weghören.
Das beste wäre, wenn sie den Körper in der Praxis lassen und mental spazierengehen könnte.

B Checkliste Anamnese (Frau X, 26. 7. 1995)

1. VAKO-Präferenz
   visuell, auch olfaktorisch; akustische Reize spielen geringe Rolle
2. Abneigungen (warum Praxiswechsel)
   Bohrergeräusch, Curetten, Praxiskleidung, „grobe" Zahnärzte
3. Bedürfnisse (z.B. Stuhl nicht ganz flach einstellen)
   Von der ganzen Behandlung nichts mitkriegen, keine Hektik
4. Habits (z.B. Würgereflex, häufiges Ausspülen)
   leichter Würgereflex, Anklammern an den Stuhl
5. Psychischer Zustand
   nervös und leicht agitiert, passiv-aggressiv
6. Hobby, Sportarten
   Literatur, Nähen, Stricken, Schwimmen, Tanzen
7. Entspannungsort/Ruhebild
   Liegestuhl an einem Palmenstrand, typischer salziger Geruch, Blau von Himmel und Meer
8. Entspannung: Vorerfahrung, z.B. AT, Meditation, Joga
   keine
9. Entspannungstonband: Reaktion während Scaling (++,+,-,—)
   erste Sitzung
10. Hypnose: Ängste, Erwartungen, Vorerfahrung
    keine Hypnosevorerfahrung, einmal eine Hypnoshow gesehen, aber nichts von spektakulären Effekten gehalten. Die Patientin erwartet von der Hypnose hauptsächlich Entspannung.

C Verlauf der Hypnose (Frau X, 26. 7. 1995)

Lichtpunktfixation - Entspannung über Atmung - Vertiefung durch Zählen - Ruheort, gute Vorstellung der Strandszene - Handschuhanästhesie, jedoch keine Übertragung des tauben Gefühls auf den Mundbereich.

2.2.1 Suggestibilitätstests

Unter Suggestibilität versteht man die Fähigkeit einer Person, Suggestionen anzunehmen und umzusetzen. Ein hochsugge-

stibler Mensch hat eine besonders gute Begabung, Hypnose zu erfahren. Die Hypnosefähigkeit ist individuell verschieden ausgeprägt und bleibt (unabhängig vom Hypnotiseur und seiner Technik, Bongartz 1990) relativ konstant. Für wissenschaftliche Untersuchungen gibt es Standardtests zur Ermittlung der Suggestibilität. Der bekannteste ist die „Stanford Hypnotic Susceptability Scale", um Vergleichsgrundlagen zwischen verschiedenen Versuchspersonen herzustellen (Weitzenhoffer und Hilgard 1959, Bongartz 1982).
In der Praxis ist die Bereitschaft eines Patienten, sich in Hypnose behandeln zu lassen, bereits ein gutes Testkriterium. Weitere einfache Tests können zur Prüfung der Suggestibilität durchgeführt werden (z.B. Händefalttest, Stern 1991).

Test mit Hilfe der Konfusionstechnik

Der Patient wird an der Sprechzimmertür begrüßt. Dabei wird seine rechte Hand länger als üblich festgehalten. Der rechte Ellenbogen wird mit der linken Hand unterstützt und noch gehalten, wenn die Hand schon losgelassen hat. Dabei schauen wir dem Patienten in die Augen (siehe Faszinationsmethode) und begrüßen ihn mit einem Pacing-Statement (aufgrund der Informationen der Mitarbeiterin). Bei hochsuggestiblen Patienten kann man dabei bereits Armkatalepsie, Augenrollen und Schwanken des ganzen Körpers erzeugen. Der Hynotiseur schließt wiederholt seine Augen bei gleichzeitigem Absenken des Kopfes. Dadurch kann manchmal nonverbal der Augenschluß erreicht werden. Auch besteht die Möglichkeit, durch Absenken des Kopfes des Patienten und manuellem Augenschluß bereits im Stehen eine Trance zu erzeugen. Der Patient wird dann zum Stuhl geleitet und je nach Anamnese und Diagnose direkt in eine Trance geführt oder auch noch einmal zur Anamnese befragt.
Reagiert der Patient auf diese Begrüßung mit Ausweichen und Zurückziehen, muß weniger direktiv vorgegangen werden.

Test mit Mesmerschen Passes

Nach Erheben der Anamnese werden Mesmersche Striche (Frz.: passes) von seiner Schulter über seinen Unterarm bis zu den Fingerspitzen durchgeführt (Bongartz 1988). Dabei wird die Haut bzw. die Bekleidung nur selten berührt. Die Striche können einige Male durchgeführt werden, um spontane Reaktionen zu ermöglichen. Kommt von seiten des Patienten keine Reaktion, wird er befragt, ob er bei diesen Bewegungen über seinem Arm irgendeine Empfindung gehabt habe. Es werden häufig Empfindungen wie Kribbeln, ein elektrisches Gefühl, Brennen, Schwere, Leichtigkeit usw. angegeben. Die beschriebene Empfindung wird dem Patienten sogleich als typisches Zeichen einer beginnenden Trance dargestellt. Sollte bei dem Patienten keinerlei Reaktion erfolgen, ist es angezeigt, ihn noch einmal über seine Motive für die Hypnosebehandlung und über mögliche Ängste vor dem, was in der Hypnose passieren könnte, zu befragen.

2.3 Diagnose bei Hypnose-Patienten

Das von Revenstorf 1990 angegebene Schema faßt die für die Diagnose relevanten Befunde zusammen:

Tabelle 8 Induktionsdiagnostik (Revenstorf 1990)

Induktionsdiagnostik		
Wahrnehmung	visuell, auditiv, kinästhetisch	
Denken:	Fokussierung	- Diffusierung
	Linear	- Mosaikhaft
Fühlen:	Abschwächer	- Verstärker
Handeln:	Kooperation	- Eigenständigkeit
Interaktion:	Kontrolle	- Anleitung
Biografie:	Stadt	- Land
	Geschwister	- Stellung

Die Diagnose ergibt sich aus der erhobenen Anamnese, aus dem Suggestibilitätstest und der ermittelten Modalitätenpräferenz. Das heißt, der Patient, der primär visuell begabt ist, sollte zunächst auf dem visuellen Kanal induziert werden. Die in der Anamnese gewonnene Information über die Vorstellung des Patienten von Hypnose muß in der Induktion utilisiert werden, d.h., wenn ein Patient glaubt, daß der Hypnotiseur ihm tief in die Augen schaut und er dann in Trance falle, ist es angebracht, diese Induktionsmethode auch anzuwenden.

2.3.1 Wahrnehmung

Beispielhaft könnte eine Diagnose folgendermaßen lauten: „Patient mit Zahnarztangst, visuell begabt, mit Angst vor autoritärem Behandeltwerden!"
Positiver Suggestibilitätstest, Mesmersche Striche als elektrisierend empfunden, wird bei der Induktion entsprechend eingesetzt. Demzufolge geeignete Induktion: Anleitung zur Selbsthypnose mit Hilfe von Pacing und Leading, Feedbacksystem und häufiges Einholen des Einverständnisses des Patienten notwendig.

2.3.2 Denken

Wie ist die normale Art des Patienten, zu denken? Denkt er mehr auf einen Punkt konzentriert, oder neigt er eher dazu, mit seinen Gedanken weit auszuschweifen, konzentriert er sich ganz systematisch auf einen Ablauf oder hält er sich mehr an Teilstücken auf; springt er mit seinen Gedanken hin und her? Die Antworten auf diese Fragen müssen zu Beginn der Induktion im Pacing entsprechend genützt werden.
Zweites Beispiel für eine Diagnose: Patient mit Würgereiz, autoritätsgläubig, hauptsächlich auditiv veranlagt; sagt, daß er schwer hypnotisierbar sei und sich schlecht konzentrieren könne.
Deshalb geeignete Induktion:
Einsatz von Metronom, Utilisation seiner Aussage „schwer hypnotisierbar" durch Pacing von Willensstärke und Charakter, Induktion in dem Sinne: *„Wenn Sie überhaupt jemand hypnotisieren kann, dann nur Sie sich selbst".* Dann Anleitung zur Selbsthypnose, VAKO-Zählmethode.

2.3.3 Fühlen

Wie reagiert der Patient auf Gefühlserlebnisse? Neigt er dazu, das, was er fühlt, aufzubauschen, d.h. einen leichten Schmerz schon als unerträglich zu empfinden, oder gehört er zu den Patienten, die eher dazu neigen, unangehnehme oder auch angenehme Empfindungen abzuschwächen und Schmerzreize mit „So schlimm ist es eigentlich doch gar nicht" zu bagatellisieren.

Drittes Beispiel: Patient mit Wunsch nach Zahnbehandlung ohne Spritze (Weisheitszahnentfernung), visuell begabt, gut suggestibel. Induktionstechnik: Fixationstechnik, Handschuhanästhesie.

2.3.4 Handeln und Interaktion

Wie wird unser Patient nun gewohnheitsmäßig handeln? Neigt er dazu, mit dem Therapeuten zu kooperieren, oder betont er seine Eigenständigkeit. Und wie reagiert er auf das Gespräch mit dem Therapeuten? Hat er das Bedürfnis, stets die Kontrolle über das Geschehen zu bewahren, oder kann er sich auch einer Anleitung wirklich hingeben?
Viertes Beispiel: Patient mit chronischen Kopfschmerzen, im Sinne einer Myoarthropathie, ist überarbeitet, hat wenig Zeit für sich selbst, primär kinästhetisch veranlagt, skeptisch gegenüber Hypnose.
Geeignete Induktion: Einstreutechnik und „Hausaufgabe" Squash spielen.

2.3.5 Biographie

Aus der Biographie des Patienten sind weitere wichtige Informationen über die richtige Art des Vorgehens zu gewinnen, z. B. wo ist er aufgewachsen, welche Position hat er in der Familie eingenommen?
Fünftes Beispiel: Patientin mit Prothesenunverträglichkeit. Anamnese ergibt: Einzelkind, in behüteter Umgebung aufgewachsen, Studium abgebrochen, zweimal geschieden, bereits mehrere Prothesen als „Pfusch" des Behandlers abgewiesen.
Provokationsinduktion: *„Ich werde kaum Ihren hohen Ansprüchen genügen können, Sie müssen zum bekanntesten Spezialisten auf diesem Gebiet, ich kann Ihnen da einen Professor in Wien empfehlen."*

2.4 Therapieplanung bei Hypnosepatienten

Das Vorgehen für die Induktion wird festgelegt, z.B. ob die Anleitung zur Selbsthypnose überwiegen soll oder ob mehr die Fremdhypnose durchgeführt werden soll.

Abstand und voraussichtliche Anzahl der Sitzungen wird abgeschätzt und mit dem Patienten besprochen. Er braucht Zeit für das Selbsthypnosetraining zu Hause. Wenn nach gemeinsamer Einschätzung mehr als drei Sitzungen bei uns erforderlich werden, wird die Einbeziehung eines Psychologen oder Facharztes vorgeschlagen.
Das Behandlungsziel muß definiert werden: Ein Anspruch an totale Heilung verhindert oft das Erkennen von Fortschritten und damit die gesamte Therapie.

3 Unvorhergesehene Zwischenfälle

Wenn bei Durchführung einer Hypnose ein Ereignis auftritt, auf das Sie als Behandler nicht gefaßt sind, erinnern Sie sich an den schon mehrfach betonten Grundsatz: Zurück zum Pacing!
„Pacen" Sie zunächst einmal sich selbst, um festzustellen, was Sie in dem Moment selbst fühlen, befürchten und denken. Vielleicht haben Sie sich selbst gerade aufgrund eigener Ängste in eine Dys-Trance versetzt, indem Sie den Befürchtungen Ihrer Phantasie mehr Beachtung schenkten als den realen Ereignissen.

3.1 Verhalten bei unvorhergesehenen Zwischenfällen

1. Pacing
2. Sicherheit geben
3. Hypnose aufrechterhalten

3.1.1 Pacing

Das aufgetretene Phänomen (z. B. plötzliches heftiges Muskelzucken, Lachen, Weinen, spontane Regression) ist eine dieser speziellen Situation angemessene Reaktion Ihres Patienten, auch wenn Sie (evtl. auch Ihr Patient) dadurch erschrecken. Sie haben eine Atmosphäre geschaffen, in der Ihr Patient loslassen konnte. Deshalb pacen Sie sich und Ihren Patienten und sagen Sie ihm, daß seine Reaktion o.k. ist. Seine Reaktion ist der Schlüssel zu ihrer Auflösung:

3.1.2 Sicherheit geben

Geben Sie Ihrem Patienten Ruhe und Sicherheit. „Das ist o.k., ich bleibe bei Ihnen, bis Sie wieder in einem ausgeglichenen Zustand sind."
Bei einer Abreaktion den Patienten nie alleine lassen!

3.1.3 Hypnose aufrechterhalten

Halten Sie die Hypnose aufrecht. Ein Abbrechen der Hypnose bei Abreaktionen Ihres Patienten würde suggerieren, daß Sie selbst Ihrer Hypnose mißtrauen. Pacen Sie den Patienten, geben Sie ihm Sicherheit und Ruhe und benützen Sie die Trance zur Bearbeitung des traumatischen Erlebnisses.

3.2 Bearbeitung traumatischer Erlebnisse

3.2.1 Pacing und Leading

Es kann vorkommen, daß Patienten (z.B. mit schlimmen Kindheitserlebnissen) in der Hypnose plötzlich in Tränen ausbrechen, was für die Intensität und Tiefe der Emotionen, die bei der Hypnose freigelegt werden, spricht.
Einem Patienten, der während der Behandlung zu weinen beginnt, könnten Sie den nötigen Rückhalt geben, indem Sie ihn an der Schulter berühren und ihm sagen: *„Das ist in Ordnung! Sie können sicher sein, daß wir bei Ihnen bleiben, während Sie das erleben, was Sie jetzt gerade durchgehen. Und es ist sicherlich kein Zufall, daß Ihnen Ihr Unterbewußtes gerade jetzt dieses innere Erlebnis schickt. Und es ist sicher sehr wichtig, daß Sie das jetzt durchgehen. Und lassen Sie alles raus!"*

3.2.2 Dissoziation

Nach diesem Pacing sollten Sie Dissoziationstufen einschalten: *„Und Sie können jetzt erleben, wie Sie hier als Erwachsener heute*

noch intensiv von dem berührt werden (ab jetzt in eine andere, abgewandte Richtung gesprochen), *was Sie damals so stark betroffen hat."*
(Wieder dem Patienten zugewandt): *„Und Sie können jetzt als reifer und erwachsener Mensch* (wieder Kopf abgewandt) *da vorne auf dem Bildschirm diesen Film ablaufen sehen, wie Sie damals als kleines Kind gelitten haben. Und Sie können dadurch, daß Sie sich jetzt aus der Distanz diese Geschichte noch einmal ansehen, auf neue Ideen kommen, wie Sie mit all Ihrem Wissen und all Ihrer Erfahrung, die Sie jetzt haben,* (wieder abgewandt) *dem kleinen Kind da vorne* (wieder zugewandt) *zu Hilfe kommen können, so daß es diese Dinge besser bewältigen kann."*

3.2.3 Beschützte Situation

Ihr Patient muß wirklich spüren, daß Sie der Situation gewachsen sind und daß Sie ihm helfen können, diese Situation durchzustehen und zu bewältigen.
Geben Sie dem Patienten auch die Sicherheit, daß alles, was er von sich preisgibt, dem Arztgeheimnis unterliegt, und daß nichts von den Dingen, die in der Hypnose geschehen, nach außen dringen kann. Wenn ein Cotherapeut anwesend war, können Sie ihn nach der Rückführung des Patienten noch einmal deutlich auf die Schweigepflicht hinweisen.

4 Behandlungsunterbrechung

Unserer Erfahrung nach ist es möglich, eine Hypnosebehandlung auch zu unterbrechen, z. B. für die Anfertigung von Röntgenaufnahmen. Es muß dem Patienten angekündigt werden, daß er jetzt so weit wach werden soll, daß er sicher zum Röntgen gehen kann, daß er aber dazu nicht vollständig wach werden muß, damit die Pelzigkeit und Umempfindlichkeit im Mund erhalten bleiben kann, bis die Behandlung abgeschlossen ist. Wir versichern dem Patienten, daß er später im Behandlungsstuhl sofort wieder in den Trancezustand verfallen und daß sein Arm sich erneut von allein heben wird. Wenn der Behandler während einer Hypnosesitzung ans Telefon gerufen werden muß, kann dem Patienten gesagt werden: *„Sie bekommen jetzt eine Zeit, in der Sie selbst weiter in Ihrer Trance verweilen und sich Ihre eigenen angenehmen Gedanken machen können. Und es ist Ihnen vielleicht noch nicht aufgefallen, daß hier im Raum eine Uhr laut und deutlich tickt. Sie haben es unbewußt die ganze Zeit schon wahrgenommen. Aber jetzt, wenn Sie Ihre Aufmerksamkeit darauf richten, können Sie dieses Ticken der Uhr deutlich hören und es als begleitendes Hintergrundsgeräusch nehmen, mit dem Sie sich jetzt angenehme Szenen aus Ihrem eigenen Leben in die Erinnerung rufen und so diese Pause wirklich genießen, bis ich dann bald zurückkehre und wir mit der Behandlung fortfahren. In der Zwischenzeit bleibt meine Assistentin bei Ihnen, so daß Sie sich jederzeit sicher und geborgen fühlen können."*

Wenn der Behandler den Raum verläßt – was er nach Möglichkeit vermeiden soll –, muß mindestens eine Person im Raum bleiben, die den Patienten beobachtet und bei einer negativen Veränderung seines Zustandes den Behandler sofort zurückholen kann.

4.1 Störungen während Hypnosebehandlungen

Die dauernde Anwesenheit einer unbeteiligten dritten Person im Zimmer (z. B. einer Helferin, die keinen Bezug zur Hypnose hat) hat sich als weniger günstig erwiesen, da diese sich selten die ganze Behandlungsdauer über ruhig verhalten kann und von ihr erzeugte Geräusche eher störend wirken. Es kann auch zu einer gewissen Hemmung des Patienten kommen, wenn es um persönliche Dinge geht, die er nur dem Arzt anvertrauen will. Wenn die dritte Person als Cotherapeut mitarbeitet, ist die Situation natürlich vollkommen anders. Wenn die cotherapeutische Mitarbeiterin (Hypnose-Assistentin) dem Patienten richtig vorgestellt wird, empfindet er sie als eine in das Geschehen einbezogene Person und bringt ihr auch das entsprechende Vertrauen entgegen.

Selbstverständlich müssen für die praktische zahnärztliche Behandlung Helferinnen anwesend sein, ein- und ausgehen usw. Dieses stellt, solange es in einem Zusammenhang mit der Behandlung steht, keineswegs einen Störfaktor dar. Hektisches Herumrennen, Türenknallen, scheppernde Geräusche beim

Ablegen der Instrumente sollten unterlassen werden. Alles, was an Lärm und Berührungsbelästigung für den Patienten nicht vermieden werden kann, muß entsprechend in das „Pacing" eingebunden werden. Wir haben sogar in einem Fall erlebt, daß unsere Patientin das für uns nervtötende Bohren mit einer Schlagbohrmaschine im Nachbarzimmer als außerordentlich angenehm und ablenkend in ihrer Hypnose empfunden hat.

5 Beenden einer Hypnosebehandlung

Nachdem Sie den Patienten im Anschluß an die Hypnosetherapie zunächst gelobt und ihm für seine gute Leistung gratuliert haben, können – noch vor oder während der Rücknahme – posthypnotische Suggestionen angefügt werden.

5.1 Posthypnotische Suggestionen

Posthypnotische Suggestionen sollten in der Erleichterungsphase gesetzt werden, dann also, wenn der Patient bereits das Gefühl hat, alles hinter sich gebracht zu haben. In dieser Offenheit des Patienten finden die Anweisungen des Hypnotiseurs ihre beste Aufnahme.

In diese Phase, wenn dem Patienten bereits gesagt wurde, daß er demnächst zurückkommen könne, daß alles einwandfrei verlaufen sei, daß er gut mitgearbeitet habe, können geschickt posthypnotische Suggestionen eingeflochten werden zur Unterstützung der Schmerzüberwindung oder der Verhaltensänderung, z.B.:

„Sie haben sich an so viele Details erinnert, wie Sie es vorher nicht für möglich gehalten hätten. Und deshalb wird es Ihnen auch in Zukunft gelingen, sich immer rechtzeitig an eine Entspannungspause zu erinnern, so daß Sie Ihren Kopfschmerz vergessen können. Sie werden erst nach einiger Zeit verblüfft feststellen, daß Sie schon lange keinen Kopfschmerz mehr gehabt haben. – Nehmen Sie sich noch etwas Zeit, um alle Veränderungen in Ihrem Körper rückgängig zu machen, damit Sie sich nach dieser Hypnose wirklich erholt und entspannt fühlen. Genießen Sie dieses ange-

nehme Gefühl der Erleichterung, das Sie jetzt haben, während Sie schon merken können, daß Sie gleich das Bedürfnis haben werden, Ihre Augen aufzuschlagen, und sich ganz frisch und hellwach fühlen werden. – Schön! – Hallo! – Das haben Sie gut gemacht!"
Die posthypnotischen Suggestionen werden dann wirken, wenn Sie vom Unbewußten des Patienten angenommen werden und nicht gegen seine Überzeugungen verstoßen. Sie müssen auf dem in der Hypnose Erarbeiteten aufbauen und sinnvoll sein.

5.2 Desuggestion

Nach der Hypnosebehandlung erfolgt die Desuggestion (Rückführung). Vorher wird der Patient für seine gute Mitarbeit gelobt. Sie als Hypnotiseur müssen sich selbst zuerst in einen normalen Wachzustand versetzen!
Der Patient muß wieder in seinen normalen Wachzustand zurückgeführt werden, unter Rücknahme der Suggestionen, die in die Trance hineingeführt haben und die während der Hypnose gegeben wurden.
Nehmen Sie dann die Suggestionen mit normaler, kräftiger Stimme wieder zurück:
„Sie haben hervorragend mitgearbeitet, bringen Sie jetzt in der Zeit, die Sie dafür brauchen, ihren ganzen Körper wieder in seinen normalen Wachzustand zurück. Sie können dann, wenn Sie soweit sind, die Augen öffnen. Sie werden sich frisch, erholt und hellwach fühlen. Nehmen Sie sich etwas Zeit, bis sich alles frisch und erholt anfühlt, das Gefühl in den Armen und Beinen wird wieder normal, und Ihr Kopf ist leicht und frei. Sie können noch einen Augenblick hierbleiben und sich freuen, daß Sie so gut mit Ihrem Unbewußten zusammengearbeitet haben. Die Augen auf, Sie sind hellwach, frisch und erholt."
Es ist Ihre Verpflichtung als Hypnotiseur, einen Patienten nur in einem guten, ausgeglichenen Zustand zu entlassen.
Und Sie müssen jederzeit einkalkulieren, daß Sie hierfür mehr Zeit als vorgesehen benötigen. Eine sehr sorgfältige Zurücknahme (Desuggestion) am Ende der Sitzung ist absolut notwendig.

5.3 Wenn der Patient nicht zurückkommen will

Es kann vorkommen, daß ein Patient bewußte oder unbewußte Gründe hat, nicht so schnell aus der Hypnose zurückzukommen, wie es dem Therapeuten recht wäre. Das kann sich darin äußern, daß der Patient die Augen nicht öffnet, oder auf Desuggestionen (mit der Aufforderung, zurückzukehren) nicht reagiert. In diesem Fall gilt die Regel: Bei Widerstand zurück zum Pacing.
Der Patient wird bestätigt in seinem Bedürfnis, noch nicht zurückkehren zu wollen. Es wird ihm allerdings eindeutig klar gemacht, daß seine Zeit, in der Hypnose zu verweilen, limitiert ist. Eine subtile Form des Widerstands besteht darin, daß einzelne Phänomene, z. B. der schwebende kataleptische Arm, bestehen bleiben, auch wenn der Patient seine Augen aufgeschlagen hat und ganz normal mit dem Therapeuten redet. In einem solchen Fall muß der Patient noch einmal in Trance versetzt werden und dann erneut zurückgeholt werden:
„Gehen Sie noch einmal in Ihre Hypnose hinein. Schließen Sie die Augen. Spüren Sie, wie Sie in die Trance hineinsinken, und fühlen Sie, wie steif Ihr Arm ist und wie tief Ihr Arm noch in der Hypnose ist. Sie können jetzt spüren, wie sich der linke Arm von der Unterlage löst und zu schweben anfängt. Und in dem Maße, wie sich der linke Arm von der Unterlage löst und zu schweben anfängt, wird der rechte Arm heruntersinken auf Ihren Schoß. Und er wird bereits jetzt in Ihrer Hypnose sein normales Gefühl zurückbekommen. – Der linke Arm fühlt sich jetzt ganz leicht, ganz leicht an. Er löst sich von der Unterlage.
Sie können spüren, wie sich bereits ein Finger gehoben hat – ja gut so, Mittelfinger –, und ein zweiter kommt dazu. Hör auf mich! (indirekte Suggestion, klingt wie „höher") *Linker Arm, Du weißt, daß Du dem rechten Arm jetzt helfen kannst, indem Du ganz von alleine zu schweben anfängst und der rechte Arm sich zur Erholung heruntersinken lassen kann. – Sie werden jetzt dann gleich vollständig zum normalen Wachzustand zurückkehren. Ihre Arme und Beine sind vollkommen normal beweglich.*
Ihr Kreislauf und die Durchblutung sind wieder regelmäßig. Sie fühlen sich erleichtert und frei. Wenn ich nachher von fünf bis eins rückwärts zähle, werden Sie bei eins hellwach sein. Schon bei fünf können Sie sich vorstellen, was Sie sehen werden, sobald Sie Ihre Augen aufgemacht haben. Bei vier fangen Sie an, wieder die

Umweltgeräusche deutlicher wahrzunehmen. Bei drei sinken beide Arme vollends auf Ihren Schoß herunter, und Ihr Gefühl normalisiert sich vollständig. Bei zwei fangen Sie an, Ihren Körper zu bewegen, sich zu recken und zu strecken. Und bei eins machen Sie die Augen auf, sind frisch und erholt und hellwach. Fünf, vier, drei, zwei, eins, Augen auf, frisch und erholt und hellwach! – Vielen Dank für Ihre gute Mitarbeit! Bedanken Sie sich bitte auch bei Ihrem Unbewußten, das so phantastisch und ideenreich mit uns zusammengearbeitet hat und es Ihnen ermöglicht hat, diesen Eingriff als angenehm und absolut schmerzfrei zu erleben. Was denken Sie, wie lang hat das alles gedauert?"

5.4 Retrograde Amnesie

Meist empfinden die Patienten die Behandlungsdauer in Hypnose als sehr kurz, da in der Hypnose – ähnlich wie im Schlaf – das Zeitgefühl verloren geht. Durch gezielt ablenkende Fragen, z. B. nach der geschätzten Behandlungsdauer, unmittelbar nach der Rückführung, d. h. durch Konzentration auf Dinge, die nicht direkt mit der Hypnose zu tun haben, kann erreicht werden, daß das in der Hypnose Erlebte in Vergessenheit versinkt (retrograde Amnesie).
Besonders bei schwierigen und langdauernden Eingriffen ist das Erzeugen einer Amnesie vorteilhaft, da der Patient dann den Eingriff in angenehmer Erinnerung behält, indem er die Details der Behandlung nicht erinnert.
Auch im tiefsten Hypnosezustand bekommt der Patient dennoch alles mit, was um ihn herum geschieht. Die retrograde Amnesie verhindert nur das Erinnern an Details der Hypnosebehandlung. Durch entsprechende Suggestionen kann eine Amnesie wieder aufgehoben werden. Dadurch können bei Bedarf alle relevanten Erlebnisse wieder ins Bewußtsein zurückgeholt werden. Dieses Phänomen ist auch von der Vollnarkose mit chemischer Anästhesie bekannt:
Cheek hat bereits 1959 nachgewiesen, daß bei chirurgischen Patienten das, was im OP gesprochen wird, nach der Vollnarkose wieder in einer Hypnosesitzung aufzudecken ist. Die in Hypnose befragten Patienten konnten sich an alles erinnern, was unmittelbar ihre Behandlung betraf. Cheek hat damals schon betont, wie

wichtig es ist, unbedachte Äußerungen im OP zu unterlassen. Beispielsweise hat die während einer Vollnarkose geäußerte Bemerkung: „Da kann man sowieso nichts mehr machen. Nähen wir's halt zu!" bei einem Patienten, auf den diese Bemerkung gar nicht zutraf, zu schwerwiegenden Heilungsstörungen geführt. Bonke (1993), ein niederländischer Hypnoseforscher, konnte nachweisen, daß Patienten nach einem chirurgischen Eingriff dann bessere Heilungsergebnisse aufwiesen, wenn sie während der Vollnarkose über Kopfhörer mit Suggestionen versorgt wurden, die der Beruhigung des Patienten förderlich waren und gleichzeitig ein Mithören der Gespräche im OP verhinderten. Agnes Kaiser-Rekkas (1993) legte eine ausführliche Untersuchung zum Theme akustische Wahrnehmung in der Allgemeinanaesthesie vor.

5.5 Verhalten nach der Hypnosebehandlung und Nachkontrolle

Nach der Rückführung und ggf. nach Erzeugen einer Amnesie ist es nicht sinnvoll, einen Patienten sofort mit inhaltlichen Fragen („Wie war's?" o. ä.) zu überfallen. Wir sagen dem Patienten dann: *„Wenn Sie jetzt das Bedürfnis haben, uns etwas mitzuteilen, dann können Sie gerne alles sagen, was Sie sagen wollen. Sie können dies aber auch beim nächsten Besuch tun, wenn Sie jetzt Ihre Ruhe haben wollen."*

Ist der Patient in Begleitung gekommen, wird die Begleitperson gebeten, den Hypnosepatienten nicht mit Fragen zu bedrängen, sondern ruhig abzuwarten, bis der Patient von allein etwas erzählen will. Die Begleitperson soll den Hypnosepatienten einfach noch eine Weile in Ruhe lassen. Ein anschließender Spaziergang ist empfehlenswert.

Der Patient bekommt entweder den Auftrag anzurufen, oder es wird ein weiterer Termin vereinbart, damit eine entsprechende Nachkontrolle des Behandlungsergebnisses möglich ist. Oft bitten wir den Patienten, wegen des neuen Termins anzurufen, um ihm die Zeit zu lassen, die er benötigt, um das Erlebte zu verarbeiten. Er soll alle Freiheit haben, selbst zu bestimmen, wann er wiederkommen möchte.

5.6 Dokumentation

Aus mehreren Gründen ist eine sorgfältige Dokumentation notwendig:
1. Supervision
2. Nachprüfbarkeit
3. Forensische Gründe
4. Therapeutische Zwecke
5. Wissenschaftliche Auswertung

Wir nehmen alle Hypnosesitzungen auf Videoband auf. Hierzu muß der Patient vor Beginn der Behandlung seine schriftliche Einwilligung geben (s. S. 296). Diese Videodokumentation dient erstens der Supervision; es besteht die Möglichkeit, mit einem anderen erfahrenen Hypnotherapeuten die Sitzung durchzuarbeiten.
Zweitens sollte der Patient wissen, daß alles auf Video aufgenommen ist, damit er bei den Schilderungen über seine Hypnoseerlebnisse bei der Wahrheit bleibt. Besonders nach Sitzungen, in denen retrograde Amnesie benutzt wurde, könnte sonst die Erinnerungslücke mit zuviel Phantasie ausgefüllt werden.
Drittens führen wir Hypnosebehandlungen oft allein mit dem Patienten ohne eine dritte anwesende Person durch. Hier ist aus forensischen (rechtlichen) Gründen eine Dokumentation auf jeden Fall angeraten, bis der Patient die Praxis verlassen hat. Ist keine Videokamera vorhanden, so sollten Sie zumindest mit einem Tonband die ganze Sitzung festhalten. Die Aufforderung, nach der Behandlung nicht selbst Auto zu fahren, ist unserer Ansicht nach nur aus forensischen Gründen notwendig, weil sonst (z. B. bei einem zufällig anschließenden Unfall) Zusammenhänge mit der Hypnosebehandlung konstruiert werden könnten.
Viertens geben wir in ausgesuchten Fällen die Videoaufzeichnung dem Patienten mit:
Wenn ein Kind, das mit der Diagnose „unbehandelbar" überwiesen wurde, bei einer Behandlung gut mitgearbeitet hat, darf das Kind seine Videoaufnahme als Belohnung (und als positiven Verstärker) mit nach Hause nehmen.
Bei Erwachsenen kann die Video- oder Tondokumentation mitgegeben werden, wenn eine häusliche Nachbearbeitung der

Sitzung erwünscht ist. Wir verwenden dazu allerdings meistens ein Tonbandprotokoll, um die Phantasie des Patienten nicht durch vorgegebene Bilder einzuschränken. Fünftens ergibt sich, wenn die Filme aufbewahrt werden, im Lauf der Zeit eine umfangreiche Materialsammlung, die evtl. für wissenschaftliche Untersuchungen genützt werden könnte.

5.7 Abrechnung von Hypnosebehandlungen

Zahnärzte haben keine Möglichkeit, Hypnosebehandlungen mit den Kassen abzurechnen.
Wir treffen mit unseren Patienten vor Beginn eine private Vereinbarung über die Kosten der Hypnosebehandlung (s. S. 297).
Grundsätzlich sollten Leistungen erst dann liquidiert werden, wenn sich der Behandler in der Anwendung sicher ist und eine entsprechende Ausbildung in Hypnose mit Zertifikat nachweisen kann. Vereinzelt haben uns private Versicherungsträger und Beihilfestellen gebeten, die in der Neurologie-Psychiatrie-Gebührenordnung vorhandene Hypnosegebühr in Ansatz zu bringen. Diese ist unter der Gebühren-Nummer 845 (Behandlung einer Einzelperson durch Hypnose, 150 Punkte, Einfachsatz DM 16.50, 2,3-fach-Satz DM 37.95) und/oder 846 (übende Verfahren, z.B. autogenes Training, 150 Punkte) in der ärztlichen Gebührenordnung vertreten.

Kapitel IV

Induktion und Vertiefung

In diesem Kapitel werden die verschiedenen für zahnärztliche Hypnose geeigneten Induktionstechniken dargestellt. Vor einer Hypnose-Induktion muß jedoch auf jeden Fall das allgemein gültige medizinische Vorgehen eingehalten werden: Keine Therapie ohne vorhergehendes Aufklärungsgespräch, Anamnese, Diagnose, Indikationsstellung, Suggestibilitätsprüfung und Behandlungsplanung!
Der schematische Ablauf einer Behandlung ist in Kapitel III ausführlich dargestellt. Bevor Sie mit Ihren Patienten hypnotherapeutisch arbeiten, studieren Sie bitte Kapitel III.
Bereits der Einsatz von Tonbändern kann zur Induktion von hypnotischer Trance führen, wenn Sie dies durch Ihre Erwartungshaltung und Kurzinduktion bei der Übergabe des Kopfhörers dem Patienten deutlich machen.

1 Entspannungstechniken mit Hilfe von Tonbändern

Das oberste Ziel der zahnärztlichen Hypnose ist der angstfreie, entspannte Patient, der gerne zu uns in die Praxis kommt. Der abgewandelte Werbeslogan könnte dann heißen: „Mach dir ein paar schöne Stunden, geh zum Zahnarzt.“ Dafür ist bei vielen Patienten schon ein geringer Aufwand ausreichend; viele Menschen können sich sehr gut entspannen und brauchen nur einen Anstoß, damit sie diese Fähigkeit auch bei der Zahnbehandlung anwenden können. Es genügt oft schon der Einsatz eines Tonbandes, um eine entspannte Behandlung (für alle Beteiligten) zu erreichen.

1.1 Musik über Kopfhörer

Eine sehr einfache und Ihnen sicherlich geläufige Entspannungstechnik ist die Musikberieselung. Sie wurde unter anderem von Tomatis (1987); Mayer (1987) und Wikström (1977) angegeben. Wir bevorzugen dafür Kopfhörer, da sie den Patienten besser von den Behandlungsgeräuschen abschirmen. Der Patient kann die Lautstärke regulieren und bestimmt damit selbst, wie weit er sich von der Behandlung weg in einen angenehmen Trancezustand dissoziieren will.
Wir haben die Erfahrung gemacht, daß die meisten Patienten nach kurzer Zeit dabei von sich aus die Augen schließen.
Neben dem Entspannungseffekt der Musikberieselung kann ihre Wirkung durch eine kurze, fast beiläufige Induktion zu einer hypnotischen Trance gesteigert werden:
„Viele unserer Patienten hören während der Behandlung gerne Entspannungsmusik, weil man dabei weniger von der Behandlung mitbekommt und ganz von allein an angenehme Dinge denkt. Wir haben hier eine spezielle Entspannungsmusik, die Sie sehr beruhigt und zu der unsere Behandlungsgeräusche gut passen. Sie werden dann auch alle Berührungen als angenehm empfinden (Pacing des Behandlungsablaufs). *Und die Zeit wird dabei viel schneller vergehen, weil Sie mehr darauf achten, daß Sie sich wohlfühlen und Ihren Körper locker lassen. Und wenn dadurch Ihr Atem ruhig geht und Ihr Puls langsam und gleichmäßig schlägt, wird die Spritze auch länger anhalten. Wir werden deshalb weniger einspritzen müssen, und Sie werden sich hinterher wohler fühlen – wie nach einem erholsamen Schlaf.“*
Wir haben eine größere Auswahl von Musiktonbändern in der Praxis, zum Beispiel eine speziell für Entspannungszwecke konstruierte Musik (Stein 1987), die genau 60 Taktschläge pro Minute hat und die äußerst beruhigend wirkt. (Siehe Beispiele für Entspannungsmusik auf Seite 304).
Viele Patienten möchten ihre Lieblingsmusik von zu Hause mitbringen. Wir raten ihnen dann, sich eine möglichst beruhigende und entspannende Musik auszusuchen. Deuscher (1987) hat in seiner Dissertation eine umfangreiche Aufstellung geeigneter Musikstücke angegeben. Von den im Handel erhältlichen Zusammenstellungen klassischer Musik ist eher abzuraten, da sie viele Patienten traurig stimmt.

1.2 Besprochene Tonbänder mit Hintergrundmusik

Patienten, die etwas Angst vor der zahnärztlichen Behandlung haben, aber keine Hypnose wünschen, bieten wir spezielle Entspannungstonbänder an. Der Text dieser Tonbänder ist mit einer entsprechend ruhigen, meditativen Musik unterlegt (z. B. „Beim Zahnarzt ohne Streß", Schmierer 1992). Sie werden dem Patienten etwa so nahegebracht:
„Ich sehe, daß Sie etwas verspannt sind und daß Ihre Hände ganz fest die Lehne umklammern und daß Ihr Puls etwas schneller geht als normal. Deshalb möchte ich Ihnen vorschlagen, sich während der Behandlung eine Anleitung zur Selbstentspannung vom Tonband anzuhören. Dies ist so ähnlich wie das Autogene Training." (Wir reden hier nicht von Hypnose, um die weitverbreiteten Ängste vor dem Begriff Hypnose nicht zu wecken.) *„Wir werden jetzt so einspritzen, daß Sie die Spritze kaum bemerken und damit Sie nachher bei der Behandlung nichts spüren. Bis die Spritze richtig wirkt, können Sie schon einmal dieses Tonband anhören. Und wenn wir nachher anfangen, können Sie es selbst so laut einstellen, daß Sie von der Behandlung nichts mehr mitbekommen."*

Etwa zwei Drittel unserer Patienten verlangen nach diesen Entspannungstonbändern während der Behandlung. Wir haben Patienten, die ein Band bereits mehr als zehnmal angehört haben und damit in eine Tieftrance gehen. Sie können den nächsten Termin oft kaum abwarten, weil sie sich darauf freuen, endlich einmal wieder wirklich „abzusegeln". Daß dabei Kronen präpariert und Füllungen gelegt werden, stört sie in keiner Weise (s. Abbildung 3).

Wir bevorzugen in unserem Praxisalltag die Entspannungstonbänder gegenüber der direkten Hypnose deshalb, weil sie sehr viel weniger Zeit- und Energieaufwand von uns fordern als die direkten und indirekten hypnotischen Interventionen.

Die Tonbänder machen uns den Praxisalltag angenehmer und geben uns eine Möglichkeit, nebenher mit den Helferinnen kurze Gespräche zu führen, auf die der Patient nicht achtet, weil er ja die Instruktion hat, sich auf sein Tonband zu konzentrieren.

Besonders gut funktioniert das Entspannungstonband bei Patienten, die bei uns bereits mit Hypnose behandelt worden sind. Wir müssen keine weiteren Instruktionen geben, das Band genügt

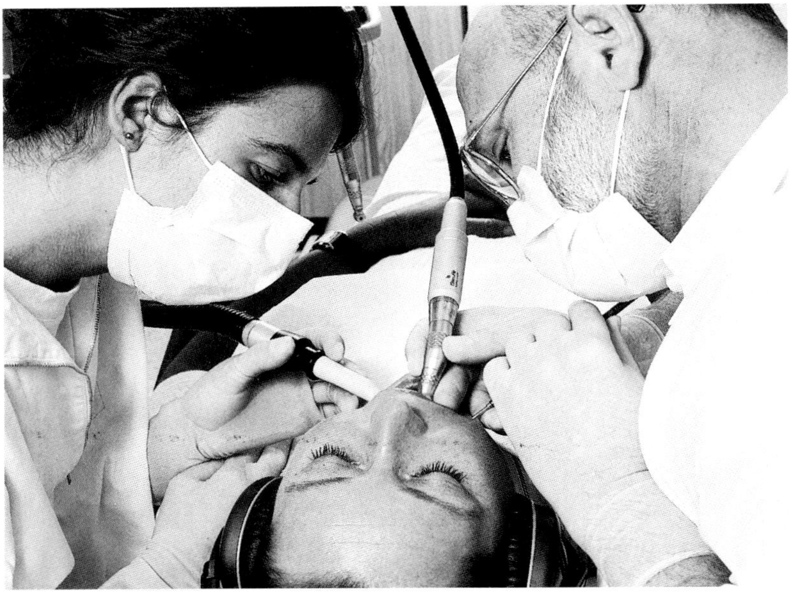

Abb. 3 Patient mit Entspannungstonband

als Anker für ein sofortiges Hineingehen in die Trance, so daß wir ohne Zeitverzögerung mit der Behandlung anfangen können. Als günstig hat sich erwiesen, wenn in den ersten fünf bis zehn Minuten Laufzeit nur vorbereitende Arbeiten durchgeführt werden, wie z. B. Vorbereiten von Abdrücken, und Zahnsteinentfernung usw.
Noch besser ist es, den Patienten etwa eine viertel Stunde vor Behandlungsbeginn in den Stuhl zu legen und das Tonband anhören zu lassen.
Über die Wirksamkeit unserer Tonbänder in anderen Praxen wurde von uns eine Untersuchung veranlaßt (Schmierer 1990). Kollegen, die bei uns einen Hypnosekurs besucht hatten, erreichten mit Hilfe des Bandes in Fällen mit guter Motivation (z. B. bei Neurodermitis und Allergie) eine vollständige hypnotische Trance. Diejenigen Kollegen, die ohne Hypnoseausbildung das Band eingesetzt haben, berichteten nur von einer beruhigenden Wirkung

des Bandes. Ihrem Eindruck nach konnte mit dem Band keine Hypnose induziert werden (was uns wegen der fehlenden Ausbildung nur zu verständlich ist). Demnach ist tatsächlich die Erwartungshaltung des Behandlers und die Art und Weise, in der das Band dem Patienten angeboten wird, entscheidend für seine Wirksamkeit. Alle Anwender des Bandes würden es Kollegen weiterempfehlen.
Wir haben Beispiele von Entspannungstonbändern im Anhang wiedergegeben (s. Tonbandtranskripte S. 305 ff.), damit Sie sie als Anregung für Ihre eigenen Entspannungstonbänder benützen können. Es wird Ihren Patienten gefallen, wenn sie nicht eine fremde, sondern die vertraute Stimme des Behandlers beruhigt.
Maldoff hat in seiner Dissertation (1995) die Wirkung von „Beim Zahnarzt ohne Streß" physiologisch und psychologisch untersucht. Er kommt zu dem Schluß: „Für die praktische und klinische Zahnheilkunde kann aus den Ergebnissen dieser Dissertation gefolgert werden, daß es sowohl im Interesse des Patienten, als auch im Interesse des Zahnarztes ist, die zahnärztliche Behandlung möglichst angenehm zu gestalten. Das hierbei verwendete Hypnosetonband, welches mit chinesischer Qi-Gong-Musik unterlegt ist, vermittelt dem Patienten, durch gesprochene Suggestionen, bezogen auf die zahnärztliche Behandlung, daß sich der Zahnarzt um das seelische Wohl des Patienten kümmert. Der Patient hat die Möglichkeit sich angenehm ablenken zu lassen und die Behandlung dadurch entspannter empfinden zu können. Wie sich die Angst des Patienten vor der Behandlung auch auf den Zahnarzt überträgt, so überträgt sich auch ein positives Gefühl des Patienten während der Behandlung auf den Zahnarzt und das Praxispersonal. Die Versuchsergebnisse bestätigen, daß die physiologischen Veränderungen wie Pulserhöhung, Blutdruckerhöhung, vermehrte Schweißabsonderung, verstärkte Muskelaktivität usw. bei Patienten, die mit dem Hypnosetonband behandelt wurden, im Vergleich zu Patienten, die ohne das Tonband behandelt wurden, deutlich niedriger sind. Fast alle Patienten, die einmal mit dem Hypnosetonband behandelt wurden, empfanden die Behandlung als wesentlich angenehmer und wollten es bei weiteren Behandlungen wieder hören."

1.3 Individuell besprochene Tonbänder

Bei Hypnosepatienten verwenden wir häufig individuell besprochene Tonbänder, die entweder einfach durch Mitschnitte der vorausgegangenen Hypnosesitzungen gewonnen oder eigens für den Patienten besprochen werden.
Wenn wir z. B. einen Patienten, der unter Würgereiz leidet, in einer Hypnosesitzung auf die zahnärztliche Behandlung vorbereiten, so lassen wir dabei ein Tonband mitlaufen, das wir dem Patienten mit nach Hause geben. Diese Tonbandprotokolle von Therapiestunden ersparen viele Sitzungen, weil der Patient damit zu Hause beliebig oft üben und das in der Therapie Erlebte verarbeiten kann (Ablationshypnose: Häusliche Selbsthypnose ohne Therapeut). Damit hat der Patient Zeit genug, um den inneren Änderungsprozeß, der zur Bewältigung seiner Angst oder Würgeproblematik erforderlich ist, selbst durchzuführen. Wir bitten ihn, nach der ersten häuslichen Selbsthypnose mit dem Tonband sofort telefonisch Bericht zu erstatten, um gemeinsam zu entscheiden, ob er damit weiter selbständig üben kann.
Voraussetzung für die eigenverantwortliche Tonbandnutzung ist also mindestens eine vorausgegangene individuelle Hypnosesitzung, in der die Eignung des Patienten für das selbständige Arbeiten festgestellt wurde. Der Patient muß anschließend unbedingt wieder zu einer weiteren Sitzung einbestellt werden, um seine Fortschritte zu unterstützen.
Er muß darüber aufgeklärt werden, daß dies sein individuelles Tonband ist, das er nicht weitergeben darf, da es bei anderen Menschen unkontrollierte Auswirkungen haben könnte.
Wir benutzen diese Tonbänder, auf die der Patient konditioniert ist, auch während der folgenden Behandlung und sparen uns so die Zeit für erneute Hypnose-Induktionen.

2 Direkte (klassische) Induktionstechniken

Nachdem in Kapitel I und II die theoretischen Grundlagen der Hypnose und die Möglichkeiten der freien, individuellen Induktionstechniken besprochen wurden, möchten wir hier einige spezielle Induktionstechniken vorstellen, mit denen wir in unserer Praxis gute Erfahrungen gemacht haben, und die zum Stan-

dardrepertoire eines jeden Hypnotiseurs gehören. Diese klar strukturierten, klassischen Induktionstechniken sind dann anzuwenden, wenn sich aus der Anamnese und Diagnose ergibt, daß sie für den Patienten geeignet sind.
Wenn der Patient z. B. äußert: „Sie werden mir jetzt tief in die Augen schauen und mich dabei hypnotisieren", ist es vernünftig, die Faszinationsmethode anzuwenden. Die Kentnisse des Pacing und Leading werden Ihnen dabei nützlich sein, und zwar immer dann, wenn ein Patient anders reagiert, als Sie geplant hatten.

2.1 Fixationstechniken

Die klassischen Induktionstechniken der Augenfixation sind sehr einfach zu erlernen und in Ihrer Wirkung oftmals außerordentlich verblüffend und tiefgehend: Deshalb sollten Sie diese Techniken als Anfänger nur unter den in Kapitel I und II beschriebenen Voraussetzungen anwenden.

2.1.1 Phänomene der Blickfixation

Um die Phänomene der Blickfixation genau beschreiben zu können, ist es nicht nur wichtig, sie selbst erlebt zu haben, sondern sie auch als Co-Therapeut (C) genau zu beobachten. Es treten folgende Phänomene auf:

Tabelle 9 Augenfixations-Phänomene

Äußerlich zu beobachten	**im Erleben des Patienten**
Feuchtigkeit auf dem Unterlid	Augenbrennen
Pupillenverengung	Blickkonzentration (Fokussieren), schärfer sehen
Pupillenerweiterung	Defokussieren, unschärfer sehen, der Gegenstand verschwimmt
Pulsieren der Pupille	Pulsieren des fixierten Gegenstandes
Spontaner Augenlidschluß	dunkler/heller Schleier
verschleiertes Aussehen der Augen	Änderungen in der Farb- und Kontrastwahrnehmung
Augenrollen	dunkel vor Augen werden
Schielen	unscharf sehen, Doppelbilder

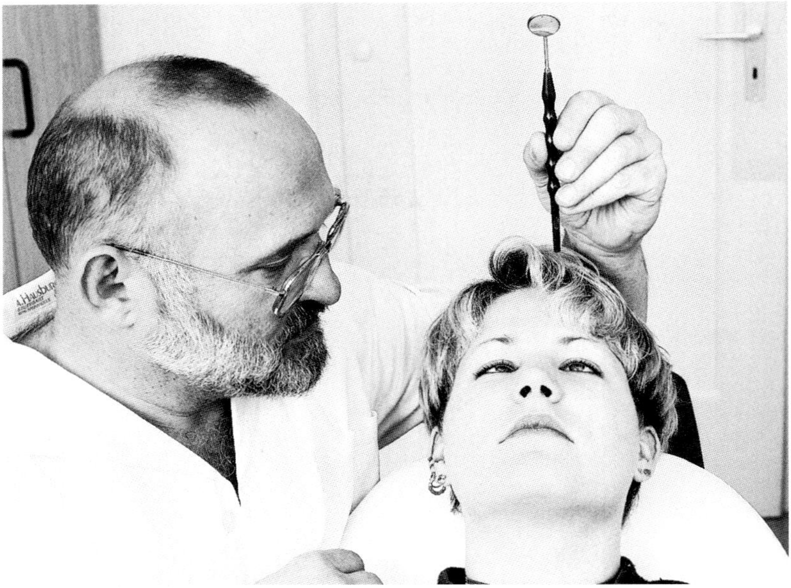

Abb. 4 Fixationstechnik ohne Assistenz

Strabismus (Schielen) tritt dann auf, wenn der Fixationspunkt nahe an die Augen herangeführt wird.
Dies alles sind physiologisch erklärbare Phänomene der Augenermüdung bei konzentriertem Starren auf einen Punkt, die durch sorgfältige Beobachtung der Versuchsperson A in dem Moment, in dem sie sich ereignen, im Sinne des Pacing vom Behandler geschildert werden.

2.1.2 Blickfixation

Als Fixationspunkt eignet sich in der zahnärztlichen Praxis der zahnärztliche Spiegel. Man kann aber auch einen Kugelschreiber oder einen Finger benutzen. Gut bewährt hat sich auch ein an der Decke über dem Stuhl angebrachter (schwarzer) Fixationspunkt. Beim liegenden Patienten ist es günstig, wenn B in Hinterkopfstellung sitzt und den zu fixierenden Gegenstand so hält, daß

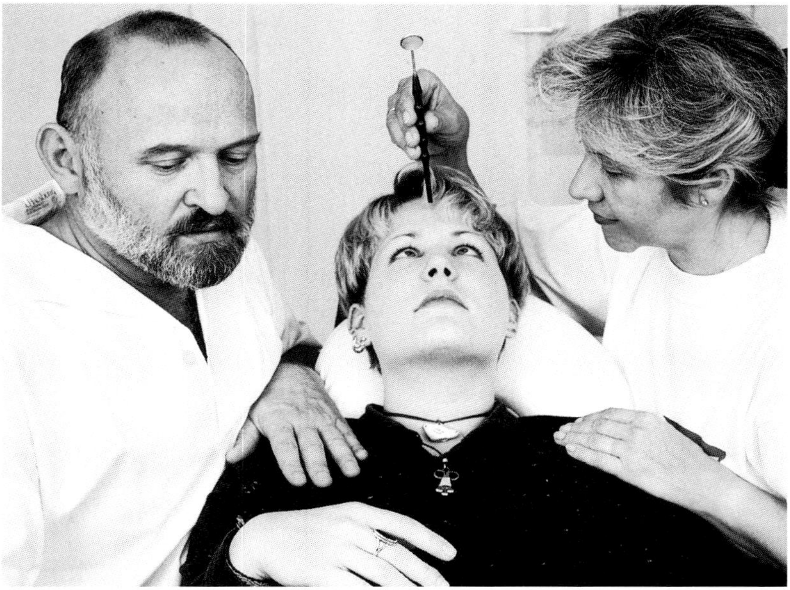

Abb. 5 Fixationstechnik mit Assistenz

A sich etwas anstrengen muß, um ihn fixieren zu können, d. h. etwas oberhalb der normalen Augenhöhe (s. Abb. 4). Sitzenden Patienten hält am besten C (oder die Assistentin) den zu fixierenden Gegenstand vor, damit B genau beobachten kann (s. Abb. 5).

Induktionsbeispiel für Blickfixation

B läßt nun A den Fixationspunkt (auch Ziel genannt) anschauen, z. B. mit den Worten: *„Hypnose ist eine Konzentration von außen nach innen. Und da wir mit der Außenwelt hauptsächlich über die Augen in Kontakt stehen, wollen wir mit einer Konzentration der Augen nach innen beginnen. Bitte schauen Sie dazu den Fixationspunkt ganz konzentriert an und lassen Sie Ihren Blick auf diesem Ziel haften. – Ja, so ist es gut, ganz konzentriert den Blick auf diesem Ziel ruhen lassen. – Und Sie werden jetzt gleich mer-*

ken, daß Ihre Augen anfangen zu brennen und etwas vermehrt Tränenflüssigkeit auf dem Unterlid auftritt. Und Sie können spüren, wie es Ihre Augen anstrengt und Sie dadurch müder werden. – Schön! – Und durch diese Konzentration fangen Sie an, den Punkt unscharf zu sehen,“ (Wenn sich die Pupillen erweitern) *„und Ihre Augen werden immer müder – schön so!“* (wenn die Augen sich kurz schließen). *„Und das Brennen hat sich verstärkt, und Sie sehen jetzt den Hintergrund nur noch in einem Nebel“* (wenn eine Art Schleier über die Augen geht). *„Und jetzt fängt Ihr Fixationspunkt auch noch an zu pulsieren“* (wenn die Pupillen sich rhythmisch verengen und erweitern). *„Und Sie spüren jetzt Ihre Augen so schwer werden, so schwer, daß es Ihnen ganz dunkel vor Augen wird“* (bei Augenrollen nach oben innen).
„Und Sie können zulassen, daß Sie dieses angenehme Gefühl genießen, wenn die Augen jetzt ganz fest geschlossen sind und Sie sich nach innen konzentrieren können... Schauen Sie sich an, was Sie jetzt vor Ihrem inneren Auge sehen können. Anfangs ist es vielleicht nur ein diffuses Grau, oder Rot, das aber bald anderen optischen Eindrücken weichen wird“ (bei Augenflattern). *„Und es ist ganz normal, daß Ihre Augenlider jetzt noch etwas flattern und zittern. Dies ist das Zeichen einer beginnenden tiefen Trance.“*
Bei all dem müssen Sie natürlich genau beobachten und im Sinne des Pacing und Leading diejenigen Dinge beschreiben, die Sie tatsächlich beim Patienten wahrnehmen.

Augenkatalepsie

Normalerweise schließen sich die Augen sehr schnell. Es gibt aber auch Patienten, die sehr lange die Augen offen behalten und dabei in eine Augenstarre (Augenkatalepsie) hineinkommen. Dieses Phänomen muß dann eben auch „gepaced“ werden, z. B. *„...und Sie können feststellen, daß Ihre Augen, obwohl sie sich so schwer und müde und brennend anfühlen, einfach so aufgerissen bleiben, wie sie sind, und daß Sie, obwohl die Augen offen sind, doch Ihre eigenen inneren Bilder dabei sehen. Und Sie können die ganze Zeit die Augen so offen halten, und Sie werden dabei in eine tiefe Trance hineingehen, indem Sie sehen, ohne dabei zu sehen, was Sie sehen. – Denn Ihre Konzentration nach innen wird unterstützt durch das, was Sie sehen. Sie können aber jederzeit auch zulassen, daß sich Ihre Augen noch weiter öffnen – oder auch*

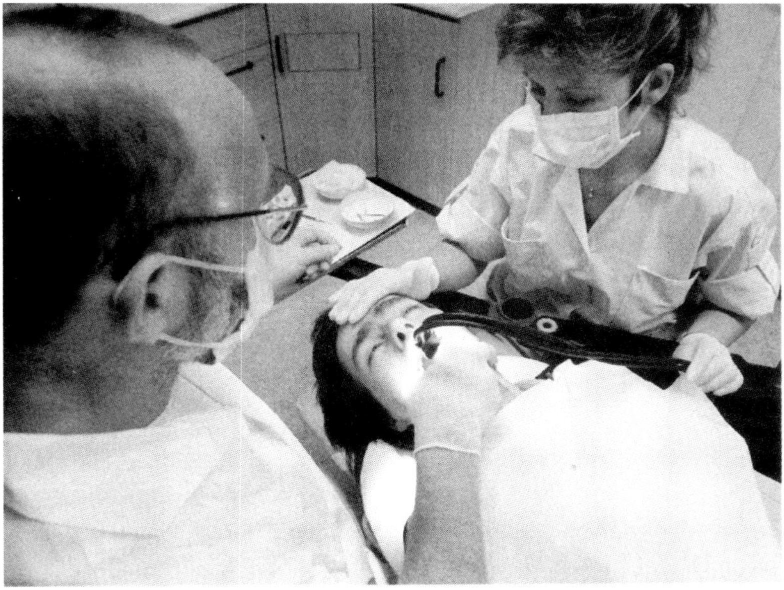

Abb. 6 Augenkatalepsie

schließen. Lassen Sie zu“ (indirekte Suggestion), *“daß Ihre Augen ganz von allein das tun können, womit Sie sich am wohlsten fühlen.“*

Nutzung

Nach Augenschluß wird die Trance vertieft und z. B. für eine Entspannungssuggestion genutzt:

„...und es ist ein angenehmes Gefühl, wenn die Augen so geschlossen sind, und die Schwere Ihrer Lider senkt sich über Ihren ganzen Körper, und Sie spüren, wie der ganze Körper schwer wird. – Schwerer, noch schwerer, immer schwerer wird Ihr ganzer Körper, und Sie können sich hineingleiten lassen in diese wunderschöne Entspannung“ usw.

Loben

Wichtig ist es, jede befolgte Suggestion zu loben mit *„Ja, so ist es gut!“, „Schön so!“.* Wenn einzelne Suggestionen (Aufforderungen) nicht befolgt werden, braucht das den Behandler nicht zu irritieren. A nimmt nur die Suggestionen an, die für ihn und sein Unbewußtes sinnvoll sind; die anderen Suggestionen übergeht er einfach. Wenn Sie allerdings bei A Ängste auslösen oder gegen seine inneren Überzeugungen verstoßen, wird er eher aus der Trance herausgeholt werden.

Feedback

Deshalb ist eine sorgfältige Beobachtung sehr wichtig. Solange Sie im Beobachten noch nicht sicher sind, holen Sie sich einfach Feedback und sagen z. B.: *„... und Sie können mit dem Kopf nicken, wenn Sie sich mit dem, was ich sage, wohlfühlen. Und Sie können Ihren Kopf ganz von allein nein sagen lassen, ohne daß Sie darauf achten müssen, sobald ich etwas sage, was Sie hindert, tiefer in die Entspannung zu gehen.“*

REM-Phasen

Wenn sich die Augäpfel unter den geschlossenen Lidern schnell hin und her bewegen (wie im Traum in den REM-Phasen = rapid eye movement, schnelle Augenbewegungen), dann ist Ihr Patient auf dem visuellen Kanal, und Sie können ihm sagen: *„Schauen Sie sich die inneren Bilder, die sie gerade erleben, ganz genau an! Erleben Sie die Farben und den Hintergrund! Und Sie können das, was Sie jetzt gerade sehen, wie ein Foto, wie ein stehendes Bild betrachten. – Oder Sie können auch einen Film daraus machen, indem Sie die Bilder einfach weiterlaufen lassen. Und Sie können diesen Film, den Sie gerade erleben, wiederholen und noch einmal genauer anschauen, wenn Sie das wollen, und Sie werden sich dabei so gut erholen wie in einem langen Schlaf.“*

2.1.3 Augenrollmethode

A wird aufgefordert, einen Finger von B zu fixieren, der so (etwa in Scheitelhöhe) gehalten wird, daß es für A sehr anstrengend ist, den Finger anzuschauen. Achten Sie darauf, daß der Patient bei der Fixation Ihres Fingers nicht den Kopf in den Nacken legt, um sich so das Anschauen Ihres Fingers zu erleichtern. Dann wird A aufgefordert, tief Luft zu holen und den Atem anzuhalten, während er den Finger fixiert, und erst auszuatmen, wenn der Fixationsfinger sich auf seine Stirn gesenkt und die Nasenwurzel berührt hat. Durch Variation der Absenkgeschwindigkeit des Fingers kann B eine sehr starke Anspannung bei A erzeugen, die dann eine entsprechende Entspannungsreaktion nach sich zieht. Das Heranführen des fixierten Fingers zwingt die Augen zu konvergieren, und es kommt zum Schielen, das sehr anstrengend ist für die Augenmuskeln. Die Augen ermüden schneller und stärker.

2.1.4 Faszinationsmethode

Bei der Faszinationsmethode fordert B seinen Patienten auf, ihm in die Augen zu schauen (falls der Patient dies in der Anamnese als seine Vorstellung von Hypnose-Induktion angegeben hat). Diese Augenfixationstechnik muß B vor dem Spiegel geübt haben, um auch auf Patienten vorbereitet zu sein, die ihre Augen lange Zeit offen halten können.
B sollte trainieren, mit dem einen Auge in die Ferne zu fokussieren und mit dem anderen Auge in die Nähe, so daß er A nicht scharf sieht; er kann sich dabei auf einen Punkt auf der Mitte der Stirn von A konzentrieren. Dabei sollte B die Augen unbeweglich offen lassen und seine Gesichtszüge langsam weicher, glatter und entspannter werden lassen. Auch hier ist eine verbale Begleitung der auftretenden physiologischen Phänomene bei A notwendig, z. B.: „*Schauen Sie mir einfach ganz tief in die Augen. Und es ist anfangs normal, daß Sie sich nicht entscheiden können, ob Sie in mein rechtes oder linkes Auge schauen wollen. Schauen Sie mir einfach ganz tief in die Augen. Gut so! Und wenn Sie mir so in die Augen schauen, können Sie auch mein Gesicht anders erleben als vorher. Es sieht so aus, als ob es viele Jahre älter wird, und Sie können auch den Hintergrund hinter meinem Kopf ganz am Rande wahrnehmen und dabei bemerken, wie Ihre Augen anfangen zu brennen und schwer zu werden...*“
Die Veränderung des Gesichtsausdruckes von B, die nach einiger Zeit der Faszination auftritt, ist für A außerordentlich beein-

druckend, wenn er dies zum erstenmal erlebt. Deshalb sollte B die Faszinationsmethode einige Male trainiert haben. Vermeiden Sie bei dieser Methode durch verbales Pacing einen Zweikampf mit Ihrem Patienten.

2.1.5 Turboinduktion

Dr. Thomas Stöcker, Bremen (1989), prägte den Begriff „Turboinduktion". Sie ist die schnellste Induktionstechnik, die er in seiner Praxis sehr häufig anwendet. Er übernahm sie von einem Showhypnotiseur (Bertino aus Österreich).
Wir haben sie zum Vertiefen mit einer aus USA stammenden „rapid induction technique" verknüpft. Sie geht im Original folgendermaßen: *„Close your eyes, take a deep breath.... and hold it."* Dabei wird der Arm hochgerissen und mit der Suggestion: *"Now your arm is totally rigid, you cannot move it anymore"* kataleptisch gemacht. Darauf folgt die Handschuhanästhesie.

Indikation: Direkte Hypnose
Analgesie vor chirurgischen Eingriffen, bei akuten und chronischen Schmerzen.

Anamnese
Ist die rechte Schulter und der Arm gesund, mag der Patient das Gefühl von Kälte an der Hand, verträgt er eine direkte Technik? (Bei Phobie/Angst ist die Turboinduktion meistens kontraindiziert.)

Vorgehen:
B läßt A eine leuchtende Taschenlampe fixieren und bewegt dabei die Lampe kreisbogenförmig von oberhalb des Scheitels von A bis in Kinnähe, so daß A dem Lichtpunkt von ganz oben nach unten folgt. Dabei wird angekündigt: *„Während Sie sich jetzt ganz auf das Licht konzentrieren, spüren Sie, wie Ihre Arme müder werden, immer müder, ganz müde. Konzentrieren Sie sich ganz auf den Lichtpunkt! Ihre Augen sind jetzt gleich so müde, daß sie sich ganz automatisch schließen, und Sie können sie dann nicht mehr öffnen. In einem Moment, wenn ich auf drei zähle, werden sich Ihre Augen schließen.* (In dem Moment wird die Lampe sehr rasch auf ein Auge zubewegt, dabei schließt sich das Auge automatisch,

Schutzreflex). *„Sie sind jetzt ganz fest verschlossen und Sie können Sie nicht mehr öffnen."* Dabei wird die Lampe sehr rasch zwischen den beiden Augen wie zustechend hin und her bewegt, so daß der Patient, falls er die Augen noch einmal öffnen sollte, sie sofort wieder schließen muß. Anschließend wird vertieft, indem die Lampe rasch zwischen beiden Augen hin und her pendelt und dabei in etwa gesagt wird: *„Und das wechselnde Licht der Lampe auf Ihren Augen führt Sie in eine tiefe Hypnose, ganz schnell tiefer." „Wenn ich jetzt bis zehn zähle, werden Sie mit jeder Zahl tiefer gehen."* Dabei wird der Kopf von A mit beiden Händen umfaßt und rasch von eins bis zehn gezählt. Zum weiteren Vertiefen läßt man den rechten Unterarm mehrfach in den Schoß fallen. *„Ihre Muskeln sind jetzt völlig entspannt, total locker".* Dabei wird geprüft, ob der Arm frei beweglich ist. Dann folgt die Suggestion: *„Holen Sie jetzt ganz tief Luft, ganz tief einatmen. Gut so!"* Dabei faßt man das rechte Handgelenk des Patienten, und in dem Moment, wenn der Patient voll eingeatmet hat, kommt die Suggestion: *„Und jetzt anhalten".* Dabei wird der Arm plötzlich kerzengerade hochgerissen, mit der linken Hand streicht man den Arm auf der Rückseite herab bis zur Schulter, hält am Handgelenk dagegen und gibt die Suggestion: *„Ihr Arm ist jetzt völlig steif, vollkommen starr, wie ein Stahlrohr, und er bleibt völlig starr und steif, wenn Sie jetzt ausatmen. Ganz regelmäßig weiteratmen. Und Sie können ihn jetzt nicht mehr bewegen".* Den Arm nur ganz kurz halten, evtl. nochmal darüberstreichen, dann loslassen (sonst Zeichen der Unsicherheit). *„Versuchen Sie Ihren Arm zu bewegen, je mehr Sie es versuchen, um so starrer und steifer wird Ihr Arm."* Dann wird der Handrücken mit den Fingern beklopft und die Suggestion gegeben: *„Das Gefühl in Ihrer Hand ändert sich jetzt total. Das ganze Blut weicht aus dem Arm herab in Ihren Körper und Sie können es an einem Kribbeln spüren. Die Hand wird kühl und pelzig und fremd, so als ob sich ein Handschuh aus Leder darüberstülpt. Das ganze Gefühl weicht aus der Hand, völlig pelzig und fremd."* Dann werden Ellenbogen und Schulter wieder berührt, dabei gibt man die Suggestion: *„Ihr Arm wird jetzt wieder beweglich, hier und hier, und lassen Sie Ihre Hand jetzt ganz langsam auf den Schoß heruntersinken, so langsam, daß sich das Gefühl aus der Hand völlig auf den Mund an die Stelle, an der nachher gearbeitet wird, (oder an die Stelle, die schmerzfrei werden soll) überträgt. Nehmen Sie sich alle Zeit, die Hand ganz lang-*

sam heruntersinken zu lassen. Mit jedem Zentimeter, den die Hand heruntersinkt, gehen Sie tiefer und tiefer. Und das Gefühl überträgt sich immer mehr. Dann, wenn die Hand den Schoß berührt, wird der Mund völlig betäubt, völlig fremd, unempfindlich wie nach einer Spritze. Und Ihr Mund öffnet sich als Zeichen, daß Sie bereit sind zur Behandlung."

In einer anderen Variante läßt man die Hand den Mund berühren, um das Gefühl zu übertragen, und sie anschließend zum Vertiefen auf den Schoß hinuntersinken.

Fixationsmethoden und ihre Varianten sind gut geeignet für Patienten, die noch keine Erfahrung mit Hypnose haben und die in der Anamnese haben erkennen lassen, daß sie eine mehr autoritäre, direkte Hypnoseeinleitung erwarten.

2.1.6 Pendeln

Viele Patienten erwarten eine Induktion mit dem Pendel, halten Sie einige geeignete Pendel dafür bereit: Eine Glas-, Plastik- oder Kristallkugel mit ca. 2 cm Durchmesser, die an einer dünnen Kette befestigt ist, in der Knoten bei 20, 25, und 30 cm eingearbeitet sind.

Es funktioniert aber auch ein Ehe- oder Schmuckring, der an einem Stück Faden oder Zahnseide befestigt ist.

Die Induktion mit dem Pendel führen Sie dann (unter Beachten des Pacing und Leading) in drei Schritten durch:

Im ersten Schritt wird die Funktion des Pendels kalibriert (festgelegt), d. h., wenn Ihr Patient „Ja" denkt, beginnt das von ihm mit Daumen und Zeigefinger gehaltene Pendel eine charakteristische Bewegung auszuführen. Denkt er „Nein", ergibt sich eine gegenläufige Bewegung. Er kann eine Kreisbewegung im oder gegen den Uhrzeigersinn ausführen, oder von links nach rechts, oder vor- und zurückschwingen. Diese Bewegungsrichtung bleibt nach einiger Zeit konstant, nur die Amplitude (der Ausschlag) des Pendels kann sich je nach Intensität der Emotion des Patienten verändern.

Denn die Bewegung des Pendels stellt eine Vergrößerung der Ideomotorik (unwillkürliche Muskelbewegung) dar. Deshalb wäre es falsch, willkürlich das Pendel in Bewegung versetzen zu wollen. Das Schwingen des Pendels ist ein physiologischer Vorgang und hat nichts mit Magie zu tun. Allerdings gibt es Versuchspersonen, die auf Anhieb souverän mit dem Pendel umgehen und andere, die auf Grund innerer Vorbehalte einige Zeit trainieren müssen, um das Schwingen des Pendels zulassen zu können.

Sind „Ja“ und „Nein“-Signal kalibriert, wird noch ein Signal für „keine Auskunft“ festgelegt, so daß das Unbewußte auch die Möglichkeit hat, auf Fragen nicht zu reagieren, wenn es dies für besser hält.

„Nehmen Sie das Pendel in Ihre rechte Hand, Sie sind doch Rechtshänder? Stützen Sie bitte Ihren Ellenbogen bequem ab, damit das Pendel ganz locker von Ihren Fingern gehalten wird, gut so. Beobachten Sie jetzt das Pendel ganz genau, ja, sehen Sie es genau an und denken Sie Ja, einfach Ja: Ja, ich sitze hier und habe ein Pendel in meiner rechten Hand, und ich schaue auf das Pendel, Ja und das Pendel fängt an, sich in einer bestimmten Richtung zu bewegen, Ja und ich kann das genau beobachten, während ich Ja denke, schön so. Und das Pendel macht genau dieselbe Bewegung immer wieder.

Das ist schon faszinierend. Halten Sie jetzt das Pendel einmal an und denken Sie Nein, einfach Nein denken. Natürlich ist das etwas schwieriger als Ja. Sie sind ein positiver Mensch, aber Sie können auch positiv Nein denken: Nein, ich bin jetzt gerade nicht im Büro, nein, ich habe noch nicht das Gefühl, in einer tiefen Trance zu sein, denn dann wird mir das Pendel aus der Hand fallen und das Geräusch des fallenden Pendels wird mich in eine noch tiefere Hypnose fallen lassen. Nein, es ist nicht dieselbe Bewegung wie vorher. Nein, das Pendel bewegt sich jetzt nicht links herum, sondern rechts herum. Das ist sehr schön so, ganz prima. Jetzt können Sie das Pendel noch einmal anhalten. Und wir überprüfen Ihr Ja- und Nein-Signal noch einmal: Ja, ich heiße..., ja ich fühle die Schwere in meinen Beinen, da schlägt es ja ganz stark aus, sind die Beine schon bleischwer? Nein, ich habe die Augen noch nicht geschlossen, nein, das Pendel ist mir noch nicht entglitten. Schön so.

Und jetzt brauchen wir noch ein drittes Signal Ihres Pendels, wenn Ihr Unbewußtes aus guten Gründen zu einer bestimmten Frage keine Auskunft geben möchte, dann müssen wir das respektieren. Deshalb bitten Sie jetzt Ihr Pendel, zeig mir das Signal für „keine Auskunft“, für „ich will nicht“. Schön, es hört einfach auf zu schwin-

gen. Und jetzt kommt wieder Ihr Ja-Signal, jetzt haben Sie gedacht, ja, es hat tatsächlich aufgehört zu schwingen. So gut funktioniert das mit dem Pendel."

Im zweiten Schritt wird mit Hilfe von Ja/Nein-Fragen vertieft.
„Jetzt können Sie Fragen, die mit Ja/Nein zu beantworten sind, an Ihr Pendel stellen. Fragen Sie: Bin ich bereit, jetzt gleich in eine tiefere Trance zu gehen? Ja, schön, und wird mich das Geräusch des fallenden Pendels dann noch tiefer bringen? Ja, jetzt kommt ein ganz starkes Ja-Signal. Bin ich jetzt schon bereit, im Alter zurückzugehen bis zu dem Punkt, als mein Problem zum erstenmal aufgetreten ist? Ja, schön! War es, bevor ich zehn Jahre alt war? Nein, da war Ihr Nein-Signal, war es vor dem zwölften Lebensjahr, ja, schön, dann war es zwischen dem zehnten und zwölften Lebensjahr. Jetzt fragen Sie Ihr Pendel, ob es bereit ist, Ihnen jetzt schon ein Detail von dieser entscheidenden Szene aus Ihrem Leben damals vor Ihr inneres Auge zu schicken." (Das Pendel fällt herunter.)

Dritter Schritt: Installieren eines anderen Ja/Nein-Systems und Bearbeiten des Problems. Übergang zum „Du", da der Patient im Alter zurückgegangen ist.
„Jetzt bist Du ganz da, schau dich um und wenn Du etwas Bekanntes erkennen kannst, dann wird sich der Ja-Finger an Deiner rechten Hand ganz von alleine heben, ist es der Zeigefinger, oder der Mittelfinger? Ah, ja, der Zeigefinger ist's, und Du kannst genau sehen, was Du siehst und jetzt kommen mehr Erinnerungen, schön.
Dann ist da auch noch ein Nein-Finger an dieser Hand. Nein-Finger, gib Dein Signal. Das ist der Daumen, gut so. Der Daumen ist der Nein-Finger. Sind Sie bereit, mit dem Wissen und den Erfahrungen, die Ihnen jetzt als Erwachsenem zur Verfügung stehen, diese alte Geschichte noch einmal durchzugehen, schön, Ja-Finger. Gehen Sie dies alles noch einmal durch, so als ob Sie ein Video immer wieder von vorn anschauen, bis Sie begriffen haben, daß Sie damals, als Sie diese Zusammenhänge noch nicht kennen konnten, gar nicht anders haben reagieren können. Wenn Sie dieses alte Erlebnis zu einem befriedigenden Abschluß gebracht haben, dann wird sich Ihr Ja-Finger heben. Gehen Sie`s noch einmal durch und nehmen Sie sich alle Zeit dazu."

Dann erfolgt eine Rückführung, mit posthypnotischen Suggestionen zur Stärkung des Selbstbewußtseins und Loben für die gute Zusammenarbeit.

Übung
Trainieren Sie das Kalibrieren des Pendels und finden Sie das Pendel, das bei Ihnen am besten ausschlägt. Überprüfen Sie Ihr Ja/Nein-Signal anfangs regelmäßig. Die Bewegung des Pendels bleibt nach einiger Übung konstant. Verwenden Sie das Pendel für Fragen, die Sie mit Ihrem rationalen Verstand nicht klar beantworten können, weil Sie gleich viele gute Argumente für bzw. gegen eine Sache/ eine Entscheidung haben. Das Pendel kann Ihnen in diesem Fall helfen herauszubekommen, was Sie eigentlich wollen. Anfangs immer prüfen: „Pendel, bist du bereit, mir Auskunft zu geben zum Problem XY?“ Gibt es keine Antwort, hat es keinen Sinn, mit dem Pendel weiterzuarbeiten.

2.1.7 Cointechnik

Es gibt noch eine Fülle von anderen Induktionstechniken, z. B. die Geldstücktechnik (Cointechnik nach K. Thompson 1988). Hier wird dem Patienten ein großes Geldstück in die Hand gegeben, das er mit den Fingern nach unten halten soll. Es wird ihm angekündigt, daß seine Finger bald ermüden werden und er dann das Geldstück fallen lassen wird. In dem Moment, in dem das Geldstück herunterfällt, wird der Patient selbst in eine tiefe Trance fallen. Dies wird mit Pacing und Leading begleitet.
„Nun halten Sie bitte diese Münze in Ihrer Hand, so ist es gut. Halten Sie die Münze so, während Sie Ihren Arm in Schulterhöhe ausgestreckt halten, ganz prima so... Während Sie sich jetzt auf Ihren Arm und Ihre Hand konzentrieren, bemerken Sie das Gewicht der Münze darin, und Sie fangen an, die Münze zu fühlen, Sie fühlen das Gewicht der Münze und Sie fühlen die Temperatur der Münze in Ihrer Hand, Sie können Ihre Finger fühlen, wie Sie die Münze festhalten, und Sie fangen an zu denken, wie lange Ihre Finger die Münze noch so festhalten können, und während Sie auf das Gewicht der Münze achten, bemerken Sie vielleicht ein ungewöhnliches Gefühl in Ihrer Hand. Die Münze fängt an, schwerer und schwerer zu werden, und es wird immer schwieriger für Ihre

Finger, die Münze in der Hand zu halten. Während Sie Ihren Arm weiter in der Luft halten, fangen Sie an darüber nachzudenken, welcher Finger als erster müde wird, und während Sie dieses Gefühl der Müdigkeit im Finger beobachten und darüber nachdenken, lassen Sie die Münze so schwer werden, daß Ihre Finger anfangen sich leicht zu öffnen durch das Gewicht der Münze, weil sie schwerer und schwerer wird, und Sie können darüber nachdenken, und es ist wirklich interessant zu überlegen, wie schwer die Münze noch werden muß, bevor die Finger sie nicht mehr halten können und sie aus Ihrer Hand fallen wird. Sie können sich darauf freuen, die Münze fallen zu lassen, denn Sie wissen, daß Sie Ihren Arm in den Schoß fallen lassen können, wenn sie fällt, und Sie können Ihre Augen schließen und sich von der Anspannung erholen, Sie können fühlen, wie das Gewicht der Münze immer schwerer und schwerer wird, weil die Münze fester und fester gegen die Finger drückt. Erst ein Finger, dann der nächste und alle anderen Finger nacheinander fangen an, den Griff zu lösen und lassen los. So einfach... so schwer... und jetzt öffnen sie sich... und die Münze fällt. Und wenn die Münze auf den Fußboden oder in Ihren Schoß fällt, ist dies das Signal für Sie, die Augen zu schließen und den Arm in Ihren Schoß fallen zu lassen und sich tief zu entspannen. Die Münze ist jetzt fast soweit zu fallen, sehr, sehr schwer... und während sie jetzt fällt, schließen Sie Ihre Augen, und entspannen Sie sich tief und fest...jetzt... so ist es gut..., lassen Sie Ihren ganzen Körper leicht, locker und bequem werden, und konzentrieren Sie sich auf meine Stimme. Mit jedem Atemzug fühlen Sie sich immer bequemer... so ist es gut... und der Arm kann sich jetzt ausruhen, denn er ist wirklich ungeheuer schwer geworden und hat sich sehr angestrengt beim Halten der Münze. Und so kann sich Ihr ganzer Körper ausruhen und in eine tiefe Entspannung gehen."

Diese Induktion stammt von Kay Thompson. Sie ist wohl die erfahrenste Hypnosezahnärztin: Sie arbeitet bereits seit über vierzig Jahren, teilweise zusammen mit Milton Erickson, in der zahnärztlichen Hypnose.

2.1.8 Sandeimer-Methode

Diese Vorgehensweise eignet sich besonders gut für Kinder. Der Patient streckt seine Arme aus und stellt sich vor, zwei Sandeimer zu halten (Altersregression und Katalepsie). *„Jetzt gebe ich in den einen Eimer eine kleine Schaufel Sand, Du kannst zuschauen, wie der Sand langsam von der Schaufel rieselt und die letzten Körner über den Boden des Eimerchens ausrollen und schließlich zum Stillstand kommen. Und Du kannst neugierig darauf sein, welcher Eimer dann schwerer wird, wenn ich noch eine Schaufel Sand dazugebe, und ob der andere sich dadurch leichter anfühlt. Wenn ich jetzt noch eine Schaufel Sand dazugebe, kannst Du die Schwere spüren, wie es Deinen Arm herunterzieht und Du mehr Gegenkraft in dem Arm, in der Schulter, ja im Rücken spürst. Es wird sich sehr sehr angenehm entspannt anfühlen, wenn der Arm mit dem schweren Eimer auf Deinen Schoß gesunken ist...“*

2.1.9 Klaviertechnik

Der Patient soll sich eine Pianotastatur (Keyboard) vorstellen (Induktion der Armlevitation) und auf die Melodie achten, die vor sein inneres Ohr kommt. Die beiden Hände spielen automatisch, jetzt geht die Melodie tiefer, wird ruhiger, bis sie ausklingt. Wie ist der Nachhall, wo führt er hin?

2.2 Zählmethoden

Die simpelste Zählmethode ist die, den Patienten einfach zählen zu lassen. Bei Kindern genügt dies oft schon, um sie von der Behandlung abzulenken, besonders wenn ihnen das Zählen noch schwer fällt.
Als Feedback-Technik hat es sich bei allen Zählmethoden bewährt, den Patienten zu bitten, bei 10, 20, 30 usw. jeweils mit dem Kopf zu nicken. Man kann ansagen, daß sich bei 50 die Augen schließen werden und der Patient in Hypnose gehen wird. Es gibt verschiedene Varianten der Zählmethode, die je nach Patient genützt werden können. Beispielsweise kann man den Patienten bitten, bei jeder ungeraden Zahl die Augen aufzumachen und bei jeder geraden Zahl die Augen zu schließen. Dies ermüdet die Augen sehr schnell. Der resultierende Augenschluß wird vorher angekündigt und als typisch für den Beginn einer Hypnose bezeichnet.

2.2.1 VAKO-Zählmethode

Diese Zählmethode führt durch den Zwang zu hoher Konzentration und durch Überbeschäftigung sehr rasch zu einer Gedankenmüdigkeit und damit in einen Trancezustand. Sie hat den Vorteil, daß der Patient selbst etwas tun muß, anstatt darauf zu warten, daß Ihnen etwas einfällt. Dadurch ist er stark beschäftigt und von der Behandlung abgelenkt.
A bekommt die Instruktion, die Augen zu schließen und sich jede Zahl visuell, auditiv, kinästhetisch und olfaktorisch vorzustellen. Man gibt am Anfang ein bis zwei Beispiele:

„Stellen Sie sich die Zahl 1 vor! Sie können sie z. B. an eine Tafel an der Wand mit Kreide anschreiben. Und Sie können spüren, wie der Arm zuerst hinaufgeht und dann heruntergeht, wenn er die 1 schreibt. Sehen Sie die 1 jetzt an der Tafel? Und haben Sie das charakteristische Geräusch gehört beim Schreiben der 1? Und Sie können sich vielleicht auch noch an den Geruch in dem Zimmer, in dem die Wandtafel hängt, erinnern. Und dann können Sie sich die 2 vorstellen, z. B. indem Sie sie auf einem Backblech liegen sehen, als gebackene 2. Und Sie können sie vom Backblech nehmen und befühlen. Sie können zuhören, welches Geräusch es macht, wenn Sie in Ihre knusprige 2 hineinbeißen und genau schmecken, wie die 2 schmeckt.
Und ich gebe Ihnen noch ein Beispiel für die 3, dann können Sie einfach allein weitermachen und sich zu jeder neuen Zahl wieder eine Geschichte einfallen lassen, indem Sie die Zahl sehen, die Zahl hören, die Zahl fühlen und die Zahl riechen oder schmecken. – So können Sie z. B. eine 3 in ein Stück Holz schnitzen und sich zuschauen, wie beim Schnitzen diese 3 entsteht und auch hören, wie es klingt, wenn Sie mit dem Messer in das Holz eine 3 hineinschnitzen. Und Sie können, wenn Sie mit dem Schnitzen fertig sind, mit einem Finger Ihre wunderschöne 3 nachfahren und die Vertiefung spüren. Und Sie können dabei den Geruch von frischem Holz riechen.
Machen Sie jetzt selbst mit dieser Zählmethode weiter, und wenn Sie bei 10 sind, können Sie Ihren Kopf ganz von allein nicken lassen, bei 20 wieder usw. Und es ist nicht schlimm, wenn Sie nach einiger Zeit einmal eine Zahl überspringen oder auch etwas wiederholen, was Ihnen schon vorher eingefallen ist. Aber verlassen

Sie sich dabei ganz auf Ihre Phantasie, lassen Sie sich überraschen, was Ihnen alles zu Ihren Zahlen einfällt.
Und wenn Sie dann in einer schönen Entspannung sind, werden Sie ganz von allein mit dem Zahlenbeispiel aufhören und Ihre Gedanken einfach frei weiterlaufen lassen. Die Gedanken kommen und gehen, und es ist nicht wichtig, daß Sie einen Gedanken festhalten. Lassen Sie einfach Ihr Gehirn ausruhen und es die Gedanken haben, die es ganz von alleine entwickelt. Sie werden sich dabei sehr tief entspannen."

Anleitung des Patienten zur Selbsthypnose am Beispiel der VAKO-Zählmethode

Häufig verknüpfen wir diese VAKO-Zählmethode eingangs mit der Suggestion: *„Wir geben Ihnen jetzt eine Anleitung zur Selbsthypnose, damit Sie sich während der Behandlung selbst so tief entspannen können, wie Sie möchten. Je weiter Sie weggehen wollen, je mehr Sie sich von der Behandlung ablenken wollen, desto konzentrierter und intensiver müssen Sie diese Zählmethode durchführen. – Wenn Sie sich ganz stark konzentrieren, wird Ihr Arm, den ich jetzt (am Ellenbogen aufgestützt) in Winkelstellung bringe, in kurzer Zeit ganz steif werden* (Armkatalepsie, vgl. Abb. 7).
Wenn Ihr Arm ganz steif geworden ist, so daß Sie ihn selbst nicht mehr bewegen können, sind Sie in einer tiefen Hypnose und Sie werden von der Behandlung kaum noch etwas mitbekommen. Sie werden sich dann während der Behandlung bei uns erholen und sich hinterher erfrischt und entspannt fühlen."
Diese Anleitung zur Selbsthypnose hat den Vorteil, daß Sie sich mehr auf die zahnärztliche Arbeit konzentrieren können, denn der Patient bestimmt durch das Ausmaß seiner Konzentration selbst die Trancetiefe. Sie können nebenher, z. B. wenn Sie hören, daß der Bauch des Patienten ein Geräusch macht, dies dem Patienten als Pacing und Leading angeben: *„Sie haben vielleicht eben gehört, daß Ihr Bauch so ein Geräusch gemacht hat, und das ist das Zeichen, daß sich auch Ihr Bauch schon entspannt hat. Denn wenn die unwillkürlichen Muskeln in Ihren inneren Organen lockerer werden, dann setzen Flüssigkeitsströmungen ein. Und die kann man als so ein Bauchgeräusch wahrnehmen. Dies ist ein sicheres Zeichen, daß Sie schon in einem leichten Trancezustand sind.*

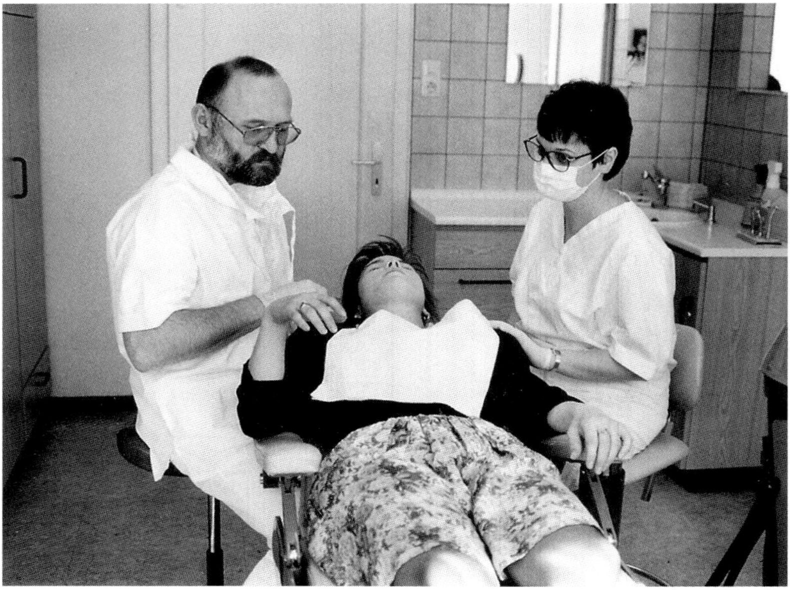

Abb. 7 Armkatalepsie bei VAKO-Zählmethode

Schön so, Bauch! Mach noch einmal so ein Geräusch, damit der da oben in seinem Kopf eine Bestätigung hat, daß Du als Stellvertreter des Unbewußten weißt, wovon ich rede! (siehe Konfusionstechniken, S. 146). *Zählen Sie ganz konzentriert weiter, jede Zahl sehen, hören, fühlen, riechen und schmecken."*

2.2.2 ABC-Methode

In Anlehnung an die VAKO-Zählmethoden kann nach Scheuthle (pers. Mitteilung) die VAKO-Technik auch anstelle der Zahlen mit Buchstaben entsprechend durchgeführt werden.
Nicht alle Menschen lieben den Umgang mit Zahlen. Die Phantasie läßt sich natürlich genauso gut mit Buchstaben anregen. „A" sehen, hören, fühlen, riechen und schmecken hilft bei nächtlicher Schlaflosigkeit und bietet noch mehr Variationsmöglichkeiten als die Zahlen.

2.3 Das Jacobson-Training

Das Jacobson-Training (Jacobson 1938, Kaluza 1991) verwenden wir bei Patienten, die einen sehr angespannten Eindruck machen, z. B. bei Angstpatienten und bei Patienten mit Myoarthropathie. Der Grundgedanke des Jacobson-Trainings besteht darin, daß sich körperliche und seelische Anspannungen immer in Muskelanspannungen niederschlagen. Ein Mensch, der unter körperlichem oder seelischem Streß steht, hat eine höhere Muskelanspannung (einen höheren Muskeltonus) als ein Mensch, der körperlich und seelisch entspannt ist.
Deshalb ist es im Sinne des Pacing und Leading nur vernünftig, einen Menschen, der so angespannt ist, zunächst einmal die Anspannung wirklich fühlen zu lassen, um ihn dann in die Entspannung hineinzuführen. Der Patient soll zunächst eine bequeme Position einnehmen, d. h., er kann im Zahnarztstuhl oder in einem entsprechenden Entspannungssessel sitzen. Dann wird in Teilschritten der gesamte Körper der Reihe nach zuerst angespannt und dann aktiv entspannt:

1. *Nehmen Sie Ihre Entspannungsposition ein.*
2. *Nehmen Sie beide Arme hoch, beugen Sie sie an, ballen Sie beide Fäuste, spannen Sie sie für fünf bis acht Sekunden sehr stark an, nehmen Sie dabei jeden Muskel in den Armen wahr, nur die Arme anspannen, dann entspannen, Arme herunterfallen lassen, beobachten Sie, wie Blut einströmt, wie sich Schwere und Wärme entwickeln. Wiederholen Sie eventuell noch einmal die Armübung.*
3. *Dann lassen Sie den Oberkörper in Ruhe und spannen nur die Beine, die Füße, die Unterschenkel und die Oberschenkel ganz stark an, heben Sie sie eventuell etwas an, dabei atmen Sie aber normal weiter und lassen den restlichen Körper locker, nur die Beine spannen Sie an. Nach fünf bis acht Sekunden lassen Sie sie wieder fallen, lassen Sie locker und entspannen Sie die Beine, und beobachten Sie wieder, wie die Blutzirkulation in der Entspannung heftig einsetzt und wie Schwere und Wärme einströmen.*
4. *Jetzt spannen Sie Gesäß und Bauch an, während Ihre Arme und Beine locker bleiben, dabei können Sie ruhig auch einmal die Luft anhalten, Gesäß und Bauch anspannen fünf bis acht*

Sekunden und wieder locker lassen und frei ausatmen, das tut gut!

5. *Jetzt werden Schultern und Nacken angespannt, spannen Sie Schulter und Nacken ganz stark an, lockern Sie den restlichen Körper, atmen Sie frei durch, während des Anspannens halten Sie die Spannung noch etwas, noch etwa fünf bis acht Sekunden und wieder entspannen und die Schulter fallen lassen, den Kopf lockern und spüren, wie die Wärme in Nacken- und Schulterbereich einströmt.*
6. *Gesicht und Kopf. Dabei können Sie einmal die wildesten Grimassen schneiden und die Anspannung fühlen auf Ihrer Stirn, in den Kaumuskeln und oben auf dem Kopf, wirklich das ganze Gesicht muß sich anspannen und dann wieder lösen, und spüren Sie, wie angenehm das ist.*
   Die Gesichtszüge glätten sich, die Muskeln um die Augen herum werden locker, die Stirn glättet sich, und die Kopfhaut wird glatt und weich, wie die Oberfläche eines ruhigen Sees.
7. *Die Brust anspannen, dafür können Sie wieder die Atmung anhalten und wirklich die Spannung in der Brust spüren, wie beengt sich die Brust anfühlt unter dieser Spannung, wie ein Panzer, fühlen Sie den Brustpanzer, der alles einengt, und dann wieder loslassen beim Ausatmen und spüren, wie sich alles weitet und frei wird und gelöst.*
8. *Den Rücken spannen, den Rücken, der so oft unter Spannung steht, ohne daß es uns bewußt wird, jetzt einmal ganz tüchtig den Rücken anspannen, den ganzen Rücken, alle Muskeln am Rücken anspannen und den restlichen Körper dabei locker lassen, durchatmen trotz dieser Anspannung und spüren, wo das Zentrum der Spannung im Rücken sitzt, und dann den Rücken wieder entspannen, komplett fließen lassen und sich ganz bequem auf die Unterlage zurücksinken lassen und die Durchblutung spüren und wie sich das Gefühl im ganzen Körper schon verändert hat.*
9. *Den gesamten Körper anspannen, alle Muskeln des Körpers, des Kopfes, des Rumpfes, die Arme, die Beine komplett anspannen und die Spannung halten, noch halten... noch halten, wirklich alle Anspannung noch einmal erleben, bevor Sie sie jetzt total gehen lassen, restlos entspannen, den gesamten Körper komplett locker lassen, lösen. Und diese wohltuende Wärme und das Einströmen der Durchblutung und das freiere Atmen*

genießen und sich ganz in die Unterlage sinken lassen, so ist es richtig... ist es nicht ein wunderbares Gefühl, wenn der ganze Körper sich so total entspannt. Und wenn Sie im weiteren Verlauf dieser Sitzung noch irgendwo eine Anspannung bemerken sollten, dann können Sie ganz aktiv und bewußt kurz diesen Teil des Körpers wieder richtig anspannen und ihn dann wieder aktiv lösen und in der Entspannung verstärkt durchbluten. Also, wenn sich jetzt im Verlaufe unserer Sitzung z. B. Ihr Nacken meldet oder Ihr Rücken, dann versuchen Sie nicht, dies zu unterdrücken, sondern fühlen Sie diesen Teil Ihres Körpers, der sich meldet und nehmen Sie ihn ganz bewußt wahr und respektieren Sie sein Bedürfnis, sich durch diese Anspannung zu melden und geben Sie diesem Teil Ihres Körpers die Aufmerksamkeit, die er haben will, indem Sie ihn kurz, ganz deutlich spüren lassen, daß Sie seine Anspannung fühlen, danach wird er sich dankbar entspannen und sehr viel lockerer und weicher und angenehmer sein als vorher.

3 Indirekte (moderne) Induktionstechniken

Die Möglichkeiten des Pacing und Leading (Kapitel I und II) helfen bei der Anwendung direkter Induktionstechniken, dem Verhalten der Patienten auf Suggestionen zu folgen, ihre Reaktionen nutzbar zu machen und für den weiteren Weg in die Trance einzusetzen.
Pacing und Leading, Utilisation und Vertrauen auf die Selbstheilungskräfte des Patienten sind die zentralen Grundlagen der indirekten Induktionstechniken, die hauptsächlich von Erickson (1981) entwickelt wurden.
Vorteil der indirekten Induktionstechniken ist, daß mit ihrer Hilfe suggestive Kommunikation stattfinden kann, ohne daß der Patient sich „hypnotisiert" fühlt. Dadurch wird Widerstand vermieden und oftmals dasselbe Ziel wie bei der direkten Hypnose, nämlich Änderung von Verhaltensmustern, erreicht. Mit der Unterstützung des Therapeuten findet der Patient selbst Wege aus seinem Problem heraus. Durch die indirekten Induktionstechniken werden Trancezustände erreicht, in denen Verhaltensänderungen leichter möglich sind.

3.1 Metaphern

Eine der reizvollsten modernen Hypnosetechniken ist das Erzählen von beispielhaften Geschichten (Metaphern).
Das beiläufige Erzählen von Metaphern macht keinen Widerstand, sehr viele Zahnärzte sprechen sowieso nebenher mit ihren Patienten. Hier ist in jedem Bereich der Behandlung die Möglichkeit gegeben, suggestiv einzuwirken, ohne den Patienten formell zu hypnotisieren.

Rapport
Um Rapport herzustellen ist es gut, eine persönlich erlebte Geschichte zu verwenden, noch besser ist ein gemeinsames Interessengebiet (siehe Anamnese) als Träger der Geschichte.

Prinzip Utilisation
In der Geschichte sollten im Sinne des Pacing die Behandlungsgeräusche, -berührungen, -gerüche, -ängste und -erwartungen eingebaut sein. Eine wichtige Zutat ist Humor und die Vorgabe eines Rhythmus (z. B. durch den Sprechstil, der an die Atmung angepaßt wird).

Ziel
Ziel der Metapher ist das Absorbieren des bewußten Verstandes des Patienten, die Dissoziation des Denkens und das Einschleusen von Suggestionen, die vom Bewußten nicht als solche erkannt werden.

Übung
Bevor Sie unser erstes Beispiel durchlesen, schlagen wir vor, daß Sie sich zunächst darauf besinnen, was Sie eigentlich jeden Tag Ihren Patienten während der Behandlung zur Ablenkung erzählen und wie Sie die Behandlungvorgänge und -geräte erklären. Vielleicht fragen Sie einmal Ihr Praxisteam danach; Ihren Assistentinnen fällt eher als Ihnen selbst auf, welche raffinierten Metaphern Sie bereits benützen (Schmierer 1990).

Um eine Vorstellung zu geben, welche Möglichkeiten Metaphern bieten, sollen hier einige Beispiele beschrieben werden.

3.1.1 Metapher Autostau

Situation: Ein neuer Patient sitzt etwas verkrampft im Behandlungsstuhl. Er soll als Schmerzfall schnell behandelt werden. Ich ignoriere seine Verkrampftheit scheinbar (ihm fällt das nicht besonders auf, er ist das ja gewohnt), und beginne, ihm während der Präparation der Kavität eine Geschichte zu erzählen:
„Also vorgestern, da saß ich in meinem Auto und wollte schnell nach Hause fahren. Und ehe ich mich recht versah, war ich mitten in einem scheußlichen Stau – hinter mir und vor mir so eingeklemmt, daß ich nicht mehr entfliehen konnte. Ich war spät dran und wollte schnell nach Hause kommen. Dann haben da vorne auch noch die Preßlufthammer gedröhnt, und die Polizeisirenen waren überall: Es war ein totales Chaos und ein richtiger Terror um mich herum. Und ich habe gemerkt, wie ich mich völlig verkrampft habe. Als ich dann auch noch zu schwitzen anfing, habe ich gedacht: Jetzt stecke ich im Stau und kann nicht vor und zurück, da mache ich es mir, so wie es eben ist, hier gemütlich.
Ich habe das Autoradio angedreht, meinen Sitz etwas zurückgelassen und mich erstmal entspannt und gedacht, der Stau wird doch bald vorübergehen. Und die Preßluftbohrer haben ganz gut zu der Rockmusik gepaßt, die gerade im Radio kam. – Lieben Sie Rockmusik? Oder bei welcher Musik entspannen Sie sich am besten? – Wir haben hier eine sehr schöne Entspannungsmusik, die Sie von der Behandlung ablenken kann, so daß Sie nichts mehr davon mitbekommen, wenn Sie es sich nur recht gemütlich dabei machen. Aber für heute sind wir schon fertig, und beim nächsten Mal können Sie es ausprobieren." Der Patient hat anschließend versichert, daß es eigentlich überhaupt nicht schlimm gewesen sei und er ganz unnötig Angst vor der Behandlung gehabt habe.

3.1.2 Metapher Billardkugeln

Ton Gudden, ein Kollege aus den Niederlanden, hat folgende Metapher für die Injektion erzählt:
„Stellen Sie sich vor, daß die Zellen Ihrer Mundschleimhaut aneinanderliegen wie viele Billardkugeln. Und wenn Sie sich gut entspannen, dann kann ich mit meiner Spritze ganz behutsam in die Zwischenräume zwischen den Kugeln treffen. Dann spüren Sie überhaupt nichts von der Spritze."

3.1.3 Metapher Bäumefällen

Um von den vielgefürchteten Geräuschen, die bei der Extraktion eines Zahnes auftreten, abzulenken, kann man diese Geräusche durch eine Metapher „pacen“. Man kann von einem Erlebnis beim Bäumefällen erzählen: Zuerst das Geräusch der Säge beschreiben und dann das Entfernen des Keils, schließlich das Splittern und Krachen, wenn der Baum dann fällt.

3.1.4 Metapher Surfen

Wenn Sie ein begeisterter Surfer sind, erzählen Sie von den schönsten Stränden, an denen Sie gesurft haben. Wie dort die feuchte Gischt (bei Gebrauch von Spray) Ihnen dabei das Gesicht gekühlt hat, wie der Wind durch das Segel pfeift, wie die Segel knattern, wie das Donnern der Brandung alles andere übertönt, wie man sich bei starkem Wind am Gabelbaum gut festhalten muß (wenn der Patient sich am Stuhl festklammert). Schildern Sie ihm die wunderbaren Farben des Meeres, beginnend von einem hellen Türkis in Strandnähe über Hellgrün, Dunkelgrün, helles Blau hin zu Aquamarin und dann immer tieferes Dunkelblau! Schildern Sie, wie aufregend es ist und gleichzeitig herrlich, wenn man dabei so richtig schwitzen kann – und der Puls jagt, wenn man den Naturgewalten trotzt!

3.1.5 Metapher Mühle

Karl Sörger erfand eine ganz einfache Metapher, um viele Patienten knirschfrei zu machen:
„kürzlich besuchte ich eine Mühle, in der der Mühlstein das Korn mahlt, und so lange Korn zwischen den Steinen ist, ist das eine wunderbare Sache und das Korn wird zu Mehl und aus Mehl kann man Brot backen, Kuchen backen und es gibt ganz verschiedene Mehlsorten und man kann das Mehl fein ausmahlen und man kann es ein bißchen gröber mahlen und man kann es einfach nur schroten, aber das alles macht man mit Mühlsteinen, die aber niemals zueinander direkten Kontakt haben, und der Müller muß höllisch aufpassen, daß immer Korn zwischen den Mühlsteinen ist, weil, wenn die Mühlsteine ohne etwas dazwischen sich gegenseitig aufmahlen, dann gehen sie ganz schnell kaputt.

Es gibt den Begriff „Der Schlaf des Müllers". Der Müller schläft tief und fest, solange die lauten Geräusche seiner Mühle ganz wie gewohnt an sein Ohr dringen. Fehlt das Geräusch des Korns zwischen den Steinen, wird er schlagartig wach, denn es gilt, die kostbaren Mühlsteine zu schützen."

Auch bei den Metaphern ist das Grundprinzip Pacing und Leading, nur wird es in ein sehr intensiv und emotionell geschildertes Erleben verpackt, das die Phantasie und Aufmerksamkeit des Patienten binden soll. Sorgfältige Beobachtung der Reaktion des Patienten ist dabei erforderlich: Wenn Ihr Patient sich bei Ihren Erzählungen nicht entspannt, hatten Sie zu wenig Informationen über ihn, vielleicht bekommt er bei der Vorstellung von Surfen Angst und verspannt sich deshalb erst recht.

Die Schilderung muß stets einen persönlichen Bezug zum Patienten herstellen (z. B. gleiches Hobby), sie muß den zahnärztlichen Rahmen „pacen" und sie muß Elemente enthalten, die entspannend und angstüberwindend wirken. Eine Metapher soll den Patienten „verzaubern", sie soll ihn aus der momentanen Situation heraus und in ein interessanteres inneres Erleben hineinführen.

Denn wenn die Vorstellung eines anderen, aufregenden Ereignisses sich in sein Bewußtsein schiebt, wird der Patient von seinen Schmerzen und von seiner Angst dissoziiert.

Gordon (1990) sowie Lankton und Lankton (1991) geben eine differenzierte Anleitung zur Konstruktion von therapeutischen Metaphern.

3.2 Einstreutechnik

Bei der Einstreutechnik (amerik.: seeding) wird in eine Art Rahmengeschichte mit teilweise besonders betonten, eingestreuten Suggestionen eine indirekte Suggestionswirkung angestrebt. Durch das Einstreuen in eine normale Erzählung oder in ein normales Gespräch wird die Aufmerksamkeit auf die Rahmenhandlung abgelenkt, und die eingestreuten Suggestionen werden, wenn es geschickt gemacht wird, nicht als solche erkannt, und deshalb ohne bewußtseinskritische Überprüfung als Suggestion angenommen. Riebensahm (1987) hat anhand der Beschreibung einer Ballonfahrt eine Tonbandkassette zur Schmerzbehandlung veröffentlicht.

Als Beispiel aus dem zahnärztlichen Bereich sei ein Gespräch angeführt, das mit einem Myoarthropathiepatienten geführt wurde. Zur besonderen Kenntlichmachung sind die eingestreuten Suggestionen unterstrichen abgedruckt. Sie können im Gespräch durch eine andere Art der Betonung besonders hervorgehoben werden.

„Wie Sie mir eben berichtet haben, leiden Sie seit einem halben Jahr an immer wiederkehrenden Schmerzen im Bereich des Ohres, die teilweise mit Beschwerden im Bereich der Kieferhöhle, der Schläfe und der linken Kopfhälfte einhergehen. Sie haben zwischendurch Zeiten, in denen Sie schmerzfrei sind. Ihre Beschwerden sind teilweise so stark, besonders morgens, daß Sie auch mit üblichen Schmerzmitteln nicht abzustellen sind. Sie haben selbst beobachtet, daß ein Zusammenhang besteht zwischen besonderen Streßbelastungen und der Intensität Ihrer Beschwerden. Ohne Streß sind Sie entspannter. Es ist auch kein Wunder, daß Sie bei diesen heftigen Beschwerden schon überlegt haben, ob es sich vielleicht um eine Krebserkrankung handeln könnte. Da kann ich Sie zunächst einmal wirklich beruhigen, Sie haben eigentlich eine ganz harmlose Störung, so ähnlich wie Muskelkater. Es handelt sich dabei um eine vielschichtige Erkrankung, die von verschiedenen Faktoren abhängig ist. Zunächst einmal sind zwei große Ursachenkomplexe gleichzeitig vorhanden. Einmal ist eine körperliche Störung vorhanden, die sich leicht beseitigen läßt, und zum andern gehört zu dieser Erkrankung auch eine seelische Komponente dazu, die wir mit einem Entspannungstraining in den Griff bekommen werden.

Die körperliche Störung wiederum setzt sich aus mehreren Komponenten zusammen.

Erstens ist Ihr Biß in einer ungünstigen Lage, aber das ist leicht zu korrigieren, diese Bißfehlstellung führt zweitens zu einer verstärkten Belastung besonders Ihres Kiefergelenks. Unbewußt versuchen wir eine falsche Bißposition selbst quasi einzubeißen. Dies führt drittens zu einem verstärkten Aneinanderreiben der Zähne. Haben Sie das schon einmal bei sich bemerkt? Mit einer Aufbißschiene kommt Ruhe in Ihr Kausystem.

Die eigentliche Ursache für die falsche Bißposition besteht schon sehr lange. Das, was Ihre jetzigen Beschwerden dann ausgelöst hat, war nur der letzte Tropfen, der das Faß zum Überlaufen gebracht hat.

Deshalb sind die Beschwerden auch nicht zu beheben, indem man den letzten Auslöser verändert oder beseitigt. Im Gegenteil, je mehr man jetzt in Ihrem Mund herummacht, umso mehr gerät alles aus dem Gleichgewicht. Das Kausystem braucht Zeit und Ruhe, bis es wieder ein neues Gleichgewicht gefunden hat. Schuld an dem Problem ist nämlich die Fehlstellung Ihrer Frontzähne, die den Unterkiefer zwingen, zu weit nach rückwärts zu beißen. Dadurch kommt es zu einer rückwärtigen Kiefergelenkposition und zu einem falschen Zusammenbiß Ihrer Zahnreihen. Dies versuchen Sie unbewußt durch Reibebewegungen der Zähne einzubeißen. Damit wollen Sie sich selbst helfen. Durch dieses verstärkte Reiben und Beißen mit den Zähnen werden Ihre Kaumuskeln überbeansprucht und es kommt zu einer Überbelastung der Muskulatur, die mit einem ganz gewöhnlichen Muskelkater vergleichbar ist.
D. h. die Kaumuskulatur ist übersäuert, sie ist zu wenig mit Sauerstoff versorgt, es bilden sich Muskelverspannungen und Muskelverhärtungen, die Sie als harte Stellen in Ihrer Muskulatur, den sogenannten Myogelosen, auch tasten können. Diese Stellen sind besonders druckempfindlich. Durch diesen Muskelkater kommt es zu einer Überempfindlichkeitsreaktion in Ihrem gesamten Kopfbereich, auch die Zähne werden empfindlicher, das Kiefergelenk wird empfindlicher, und durch das häufige Rückwärtsführen des Unterkiefers kommt es zu den Schmerzen im Bereich des Ohres. Das heißt aber: Ihr Ohr ist gar nicht erkrankt. Durch die Schmerzen kommt es wiederum zu einem Teufelskreis, zu einer erhöhten Muskelaktivität, d. h., obwohl Ihre Kaumuskeln schon einen gehörigen Muskelkater haben, arbeiten sie umso eifriger, um den störenden Biß einzubeißen. Sie wollen sich also selbst helfen. Aber leider führt der Schmerz in diesem Fall paradoxerweise nicht zu einer Ruhigstellung, wie es sonst bei den meisten Erkrankungen als natürliche Reaktion vorkommt, sondern der Schmerz führt zu einer noch stärkeren Reizung der an der Erkrankung beteiligten Gewebe. Und hier setzt viertens die seelische Komponente ein. Die Intensität, d. h. die Kraft und die Dauer dieses unbewußten Zähnereibens ist sehr stark abhängig von Ihrer psychischen Situation. Je mehr Streß Sie zu bewältigen haben, egal ob privaten oder beruflichen, umso heftiger wird diese unbewußte Reibebewegung (von uns Parafunktion genannt) ausgeführt.

Deshalb ist es so wichtig, den Streß abzubauen.
Es gibt Menschen, die fast 24 Stunden am Tag, unablässig, ohne daß es Ihnen bewußt ist, mit Ihren Zähnen knirschen und reiben. Das könnte man damit vergleichen, daß ein Marathonläufer, der sich im Verlauf seines Marathonlaufes einen gehörigen Muskelkater zugelegt hat, nach diesem Lauf nicht etwa ausruht, sondern sofort zum nächsten Lauf startet. Und weil ihm vom nächsten Lauf die Muskeln noch mehr weh tun, nimmt er den dritten Lauf in Angriff, usw.
Diese dauernde Überbelastung der Muskulatur führt zu einem Absterben einzelner Muskelbereiche, die Knoten werden dann so hart und so schmerzhaft, daß Sie sie hier und hier tasten können. In diesen Bereichen ist das Muskelgewebe abgestorben und durch Bindegewebe ersetzt.
Dies ist der Unterschied zwischen Ihrer Erkrankung, der Myoarthropathie, und dem Marathonläufer. Der Marathonläufer entspannt sich nach seinem Lauf, er nimmt Massagen, er geht vielleicht in die Sauna, er ernährt sich richtig und sorgt dafür, daß seine überstrapazierte Muskulatur wieder zur Ruhe kommt, daß sie gut durchblutet wird und daß sie sich erholen kann. Bei der Parafunktion fehlen diese Erholungspausen und deshalb nehmen die Schmerzen immer mehr zu, und da es sich überwiegend um Muskel- und Gelenkschmerzen handelt, helfen normale Schmerzmittel nicht. Deshalb gibt es auch zwei Möglichkeiten, Ihre Erkrankung zu heilen.
Zum einen müssen wir als erstes ein Entspannungstraining durchführen, so ähnlich wie das Autogene Training, damit Ihre Anspannung vermindert wird.
(Nachdem so viele indirekte Suggestionen gegeben wurden, können jetzt auch direkte Suggestionen angewandt werden.)
Führen Sie für die nächsten vier Wochen täglich eine halbe Stunde anhand eines Tonbandes, das wir Ihnen mitgeben, diese Entspannungsübungen durch, damit in dieser Zeit Ihre Kiefermuskulatur vollkommen locker und gelöst ist und sich erholen kann. Dadurch lernen Sie, auch in anderen Ruhezeiten, z. B. im Schlaf, Ihre Kiefermuskulatur locker zu lassen, so daß sie sich auch da erholen kann.
Außerdem werden Sie erleben, daß durch die Ruhe in Ihrer Entspannungssitzung auch eine allgemeine Ruhe den ganzen Tag über da sein wird, eine größere innere Ausgeglichenheit, die es

Ihnen ermöglicht, den Kiefer und die Zähne locker zu lassen. Zusätzlich werden wir Ihnen eine Bißschiene anfertigen, die Ihren Biß in eine günstigere Position bringt und die Bißstörungen aufhebt, so daß Sie von Ihrem Biß her keinen Anlaß mehr haben, diese Reibebewegungen weiter durchzuführen.
Durch eine mechanische Entspannungshilfe – diese Schiene, die wir Ihnen anfertigen werden – wird die seelische Entspannung unterstützt, und die seelische Entspannung wiederum unterstützt die mechanische Entspannung, und dadurch setzen wir positive Kreise in Gang. In ein paar Tagen, wenn Ihre akute Erkrankung vorüber ist, können wir untersuchen, wie Ihr Biß neu rekonstruiert werden kann, damit nicht wieder bei neuer Streßbelastung der alte Teufelskreis in Gang gesetzt wird und damit Sie nicht auf Dauer diese Bißschiene tragen müssen. Wir werden dazu die Bißposition Ihres Unterkiefers nach vorne verlagern, eventuell muß dazu aber erst Platz an den Vorderzähnen geschaffen werden, z. B. durch eine kieferorthopädische Regulierung. Aber das besprechen wir dann erst in ein, zwei Wochen, wenn Ihre akuten Beschwerden vollständig verschwunden sind."

3.3 Doppelinduktion

Wenn Sie in Ihrem Team jemanden haben, die oder der auch in Hypnose ausgebildet ist, dann werden Sie häufig die Technik der Doppelinduktion benützen. Sie ist oftmals die beste Methode, wenn es darum geht, schnell einen tiefen Trancezustand zu erzeugen.
Besonders Patienten, die sich durch ihre Gedankenkreise selbst hindern, in Trance zu gehen, kann man mit der Doppelinduktion helfen, abzuschalten und sich auf Empfang einzustellen.
Bei der Doppelinduktion sitzt ein Therapeut näher am rechten Ohr des Patienten, der andere näher am linken. Der Therapeut auf der rechten Seite spricht die linke Gehirnhälfte an und sollte daher verstärkt logische Erklärungen abgeben, die einem kritischen Verstand genügen und Ablauf sowie Gründe für die Behandlung und gegebenenfalls für die Hypnose darlegen. Der Therapeut zur Linken des Patienten sollte gefühlsbetont formulieren und die phantasieliebende, frei assoziierende Seite des Patienten ansprechen.

Am Anfang sprechen beide Therapeuten abwechselnd, um dann in ein gleichzeitiges Sprechen überzugehen. Die Verwirrung, die dadurch entsteht, wird zur Folge haben, daß der Patient alsbald aufgibt zuzuhören und in eine Trance ausweicht.
Der Doppelinduktion liegt das Prinzip der Überladung zugrunde, d. h., es werden mehr Informationen gegeben als wahrgenommen werden können. Man sucht in einem solchen Fall Ausflucht in eigene Gedanken. Wichtig dabei ist es, am Anfang einzuflechten, daß es ganz normal ist, wenn der Patient sich manchmal nicht entscheiden kann, wem er gerade zuhören will, und daß er sich ruhig gestatten möge, nur das herauszupicken, was ihm hilft, sich besser zu entspannen. Irgendwann – so gibt man dem Patienten zu verstehen – wird er die beiden Stimmen nur noch als Hintergrundgeräusche wahrnehmen, um sich eigene Gedanken dabei zu machen.
Besonders pflichtbewußte Patienten neigen dabei zu einer inneren Verspannung, weil sie gern alles mitbekommen möchten. Sobald Verspannungsanzeichen bei Ihrem Patienten zu beobachten sind, sollten Sie zum Pacing zurückgehen und mehr die Entspannung betonen, eventuell auch wieder auf die Einzelinduktion umschwenken. Den Ablauf einer Doppelinduktion haben wir im Anhang (S. 348) wiedergegeben.

3.4 Konfusionstechniken

Verwandt mit der Doppelinduktion, aber nur von einem Hypnotiseur ausgeführt, sind die Konfusionstechniken: Man versucht, durch Überraschung, durch Verwirrung, durch für den Patienten unerwartete Aussagen, Trancezustände zu erzeugen, die ihm als Ausweg aus der Konfusion dienen.

3.4.1 Konfusion durch „Fehler"

Der Patient soll die Augen schließen und sich auf seine Hand konzentrieren, B berührt die Finger einzeln und bezeichnet sie mit: *„Sie spüren Ihren Zeigefinger, Ihren Daumen, den Mittelfinger, den Ringfinger"* usw. Dabei wird aber beim Ringfinger der kleine Finger berührt, gelegentlich richtige Bezeichnungen wechseln sich dann mit falschen ab.

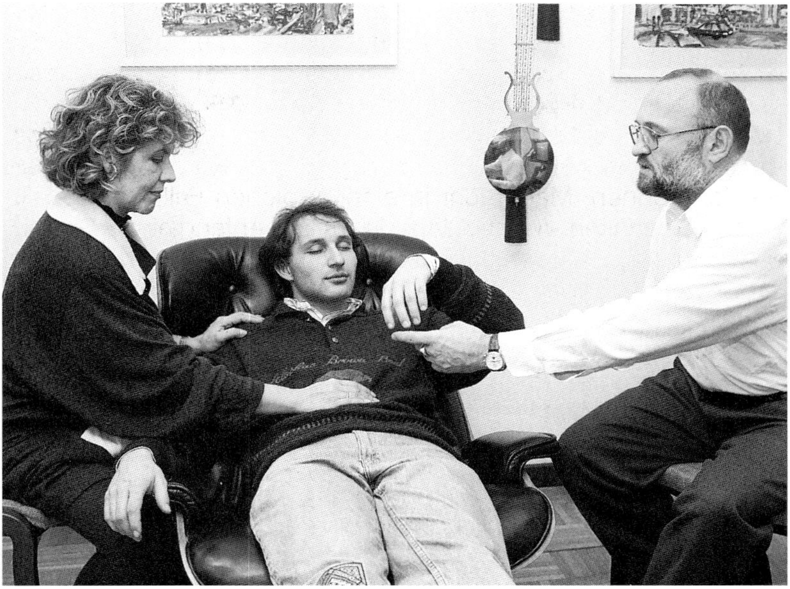

Abbildung 8 Konfusion durch Antippen des falschen Fingers

Dies verwirrt den Patienten, er denkt darüber nach, ob er es vielleicht tatsächlich falsch spürt oder ob der Hypnotiseur damit etwas bestimmtes bezweckt. Dadurch wird er nach innen hin orientiert. Die Konfusion wird noch verstärkt, wenn dabei eine Armkatalepsie induziert wird (siehe Abb. 8).

3.4.2 Konfusion durch absurden Auftrag, Blutungs- und Speichelkontrolle

Wir verwenden die Konfusionstechnik oftmals zur Blutungskontrolle während der Behandlung.
So fordern wir z. B. häufig während einer normalen Behandlung den Patienten zu seinem großen Erstaunen streng auf: „*Stellen Sie die Durchblutung in Ihrem (Ober/Unter)-Kiefer ab!*" Viele Patienten reagieren darauf mit Unruhe und kommentieren diesen

Befehl mit fragenden Augen. Wir wiederholen dann: *„Ja, genau, stellen Sie die Durchblutung jetzt sofort ab!“* Da der Patient normalerweise eine so strikte, befehlsmäßige Äußerung von uns nicht erwartet, geht er auf einen inneren Suchprozeß und fängt an, über diesen Befehl nachzudenken. Wenn er auf die Attacke, statt in Trance zu gehen, mit Unruhe reagiert, fügen wir eine Erklärung an: *„Sie wissen ja, daß Ihr Körper in jedem Körperteil die Durchblutung reguliert. Manchmal haben Sie kalte Finger und manchmal auch ganz heiße Hände. Sie wissen auch, daß diese Regulation nicht von außen vorgenommen wird, sondern daß Sie irgendwo in sich einen Absperrhahn haben, der die Blutzufuhr größer oder kleiner stellen kann. Natürlich wissen Sie nicht, wo dieser Absperrhahn bei Ihnen eingebaut ist. Aber Sie können einmal in sich hineinhorchen, ob Sie irgendwo eine Ahnung davon haben, wer in Ihnen die Durchblutung reguliert. Und ihm oder ihr sagen Sie bitte ganz höflich, daß es für die Behandlung besser ist, jetzt die Durchblutung im Oberkiefer abzustellen! Drehen sie einfach den Hahn weiter zu! – Und Sie müssen dazu gar nicht wissen, wie Sie das machen, Hauptsache ist, daß Sie es jetzt machen.“*

Übung

Probieren Sie diese Konfusionsinduktion morgen in Ihrer Praxis aus! Und lassen Sie sich überraschen, wie reduziert plötzlich die Blutungen sind! Wichtig ist, daß Sie den Patienten nach einigen Momenten der Konfusion loben und sagen: *„So machen Sie es prima! Es blutet schon viel weniger. Drehen Sie den Absperrhahn noch etwas weiter zu! – Denn Ihre Behandlung wird noch rascher und noch leichter vonstatten gehen, wenn Sie für die Dauer der Behandlung die Durchblutung vollends abstellen, weil wir dann besser sehen und schneller vorwärts kommen. – Ja, so ist es gut! Es blutet jetzt kaum mehr. Prima!“*

Entsprechend läßt sich durch die bestimmt gesprochene Suggestion *„Stellen Sie Ihren Speichelfluß ab, ... jetzt!“* der Speichelfluß kontrollieren.

Häufig treten dabei zunächst Speichelfontänen auf, die folgendermaßen gepaced werden: *„Gut, daß sich die Speicheldrüsen jetzt vollends entleeren, Ihr Mund wird jetzt dann gleich ganz trocken, ... völlig trocken wird Ihr Mund!“*

3.4.3 Konfusion durch Dissoziation

Unter Dissoziation versteht man das (gedankliche) Abspalten von Körper- und/oder Eigenschaftsteilen. Dieser Trennungsvorgang führt zur Aktivierung einzelner Hirnareale und zu verminderter Aktivität in anderen Teilen des Gehirns. Dies ist vor allem für die Schmerzbewältigung von Bedeutung.
Sehr verblüffend und Trance induzierend kann es z. B. sein, wenn der Therapeut den Patienten zwar mit „Sie" anspricht, aber übergangslos mit dessen Bauch oder dessen Händen per „Du" zu reden beginnt. Wenn die angesprochenen Körperteile spontan auf Suggestionen reagieren, können die weiteren Suggestionen etwa so lauten: *„Und ich bedanke mich bei Dir, Bauch, dafür, daß Du als Stellvertreter des Unbewußten so gut mit mir und ihm zusammenarbeitest, obwohl sein kritischer Verstand im Kopf noch nicht so weit ist. Und ich danke Dir, Hand, daß Du gerade so gezuckt hast, was ein typisches Zeichen für eine beginnende Trance ist. Und Sie können mit Ihrem kritischen Verstand das alles neugierig beobachten und dabei feststellen, wie angenehm es ist, sich tiefer sinken zu lassen.Wenn Du, Hand, als Stellvertreter des Unbewußten jetzt schon so gut mitarbeitest, dann wird auch der Kopf oben bald lernen, abzuschalten und sich angenehmeren Dingen hinzugeben als der kritischen Analyse dieser Situation."*
Bei der Konfusionsinduktion muß sehr genau beobachtet werden, ob der Patient sich nicht in eine unangenehme und angespannte Position abgeschoben fühlt. Deshalb ist es wichtig, diese Bemerkungen mit einem Augenzwinkern zu machen und das Ganze mit einer Prise Humor zu würzen. Oftmals ist es auch sehr verwirrend und Trance induzierend, wenn plötzlich in einer anderen Sprache weitergesprochen wird.

4 Vertiefungstechniken

Ist die Trance schon induziert und der Patient reagiert mit Entspannung, Augenschluß, Schlaffheit der Extremitäten, vertiefter Atmung usw., so ist die Trance oft noch nicht tief genug, um die erwünschten therapeutischen Maßnahmen (z. B. Anästhesie, Aufheben des Würgereizes) durchführen zu können.

4.1 Fraktionierung

Wenn Sie noch nicht viel Erfahrung mit der Hypnose haben, bietet Ihnen die Fraktionierung eine gute Vertiefungsmöglichkeit: Der Patient befindet sich in einer leichten Hypnose, Sie loben ihn und sagen ihm dann, daß er weiterhin so ruhig und entspannt im Stuhl liegen könne, daß er aber die Augen öffnen möge, um mit Ihnen zu reden. Dabei holen Sie sich das nötige Feedback, fragen ihn, was ihm geholfen hat, in Trance zu gehen und was ihn an einer weiteren Entspannung gehindert hat. Unter Berücksichtigung der so erfragten Information leiten Sie erneut eine Trance ein, indem Sie die Suggestion einflechten, daß der Patient nun schneller in Trance gehen werde, weil er dies eben mit jedem Mal etwas besser lernt. Sie verwenden dabei Ihre Informationen im Sinne des Pacing und Leading.
Gelingt ein Tiefergehen nicht, so holen Sie den Patienten wiederum zurück, befragen ihn erneut und leiten dann ein weiteres Mal eine neue Trance ein. Auf diese Art und Weise gewinnen Sie wertvolle Informationen über die individuellen Bedürfnisse dieses Patienten und können sozusagen eine maßgeschneiderte Induktion und Vertiefung durchführen.
Das Prinzip der Fraktionierung kann bildlich dargestellt werden an einer Treppe, die der Patient hinabsteigt, auf der er mit jedem erneuten Einstieg in die Trance eine Stufe tiefer gelangt. Man kann ihm einfach diese Treppe schildern und durch Zählen weiter hinuntergehen lassen. Jetzt kommt Ihnen auch zugute, daß Sie eine gründliche Anamnese erhoben haben: Sie wissen dann, in welchen Sinnesbereichen der Patient gut ansprechbar ist.

4.2 Wechsel in einen anderen VAKO-Bereich

Zur Induktion der Trance benutzt man den Hauptsinneskanal des Patienten, also z. B. für einen visuellen Typ entsprechende Bilder, für einen kinästhetischen Typ Änderungen in seiner Körperwahrnehmung, wie z. B. zunehmende Schwere.
Eine Vertiefung der Trance erreichen Sie durch Anregung der Modalitätsbereiche, in denen der Patient normalerweise nicht arbeitet. D. h., der Patient, der mit Schwerevorstellungen in Trance gegangen ist, bekommt zur Vertiefung jetzt auditive Suggestionen. Dies führt zu ungewohnten Gedankenverbindungen, es eröffnen

sich neue Bahnen in seinem Gehirn, und seine Möglichkeiten erweitern sich.

4.2.1 Submodalitäten

Die Modalitäten können jeweils in Submodalitäten differenziert werden: Im visuellen System kann das Gesehene durch Variation von Farbe, Kontrast, Tiefe, Fokus usw. verändert werden. Im auditiven System können Lautstärke, Tonhöhe, Klangfarbe usw. verändert werden. Im kinästhetischen System kann das Gefühlte z. B. in seiner Intensität, seiner Größe, seiner Temperatur verändert werden (Submodalitätsänderung) (Broichhagen 1988).
Wenn Ihr Patient ein Uhrenpendel betrachtet, können Vertiefung und Ruhe induziert werden, indem Sie das Pendel vor seinem inneren Auge immer größer werden und immer langsamer schwingen lassen.

4.3 Direkte Suggestionen

Je tiefer der Patient in Trance ist, desto eher befolgt er unkritisch direkte Suggestionen. Er wehrt sich nur dann dagegen, wenn sie gegen seine inneren Grundeinstellungen verstoßen, oder wenn er sie als eine Bedrohung empfindet. Es kann sogar sein, daß er die Suggestion allzu wörtlich nimmt. Wenn Sie z. B. sagen: *„Atmen sie noch einmal tief aus, noch tiefer! - Und jetzt tun sie einen letzten, tiefen Atemzug!“* so werden Sie Ihren Patienten wahrscheinlich aus seiner Hypnose herausreißen. Denn er bekommt eventuell nur mit: „...tun Sie Ihren letzten Atemzug!“.
Andererseits ist diese erhöhte Bereitschaft, in Trance direkte Suggestionen ohne bewußtseinskritische Überprüfung zu akzeptieren (Gheorghiu 1989), die einfachste Art der Trancevertiefung. Ist der Patient bereits in Trance, genügt es oft, ihm zu sagen: *„Gehen Sie jetzt tiefer, noch tiefer, immer tiefer, ganz tief“*, um eine Trancevertiefung zu erreichen.

4.4 Nutzung hypnotischer Phänomene

Sehr verstärkend wirken hypnotische Phänomene, die für den Patienten verblüffend sind und die er bisher für unmöglich gehalten hat. Oft hat der Patient erst dann das Gefühl, in tiefer Trance zu sein, wenn er erlebt, daß z. B. sein Arm vollkommen steif (kata-

leptisch) geworden ist und er ihn auch mit Anstrengung nicht bewegen kann. Deshalb operieren Showhypnotiseure auch so gerne mit der scheinbaren Willenlosigkeit ihrer Versuchspersonen. Die Demonstration der kataleptischen Brücke (wenn jemand starr nur am Nacken und an den Füßen auf je einen Stuhl aufgelagert ist) soll beweisen, daß übernatürliche Kräfte im Spiel sind. Daß dies auch völlig ohne Hypnose möglich – und zudem gefährlich ist, hat Kossak (1987) überzeugend vorgetragen. Deshalb sollte in der Anamnese erfragt werden, was den Patienten überzeugen würde, daß er in Hypnose ist.
Oft wird dann die Unfähigkeit, die Augen zu öffnen oder den Körper zu bewegen, als überzeugendes Zeichen von Hypnose (amerikan. convincer) erwartet. Grundsätzlich können alle hypnotischen Phänomene zur Trancevertiefung genutzt werden.
Tabelle 10 zeigt eine Übersicht über die dazu in Frage kommenden hypnotischen Phänomene.

Tabelle 10 Hypnotische Phänomene zur Trance-Vertiefung (in Anlehnung an B. Peter)

UTILISATION, UTILISATION, UTILISATION
FEEDBACK, FEEDBACK, FEEDBACK
SELBST SICHER SEIN

1. kinästhetische Phänomene	
a) Verstärkung subliminaler Bewegungen	b) Ermüdungsphänomene
c) Katalepsien und Paralysen	d) Levitationen und autonome Bewegungen
2. Altersregression	
3. Gedächtnisleistungen	
a) Hypermnesie	b) Amnesie
4. Halluzinationen	
a) positive Halluzinationen	b) negative Halluzinationen
5. Konfusion	
a) VAKO Wechsel	b) Doppelinduktion
c) Sprache (Fremd-, Pseudologik, Negationen)	d) Provokation
6. Monotonie, Wiederholung	
a) Arbeitsrhythmus, Lampe	b) Uhrticken
c) Klang der Stimme	

4.4.1 Kinästhetische Phänomene

a) Kleine Bewegungen, z. B. der Finger, können genutzt und z. B. für Ja/Nein-Signale eingesetzt werden.
b) Die Unfähigkeit, die Augenlider zu öffnen, zu reden oder den Körper zu bewegen.
c) Katalepsien und Paralysen
- plötzliches Hochreißen eines Armes mit Suggestion der Steifheit und Unbeweglichkeit;
- plötzliches Umwerfen des Oberkörpers bei einem sitzenden Patienten;
- plötzliches Umwerfen eines stehenden Patienten und Auffangen erst kurz über dem Boden, oft mit gleichzeitiger Drehung des Körpers beim Fallen;
- Suggestion der Steifigkeit des ganzen Körpers.

Bei Suggestionen, die den Patienten scheinbar in eine hilflose Situation bringen, wie z. B. *„Sie können ihren Körper jetzt überhaupt nicht mehr bewegen“,* ist Vorsicht anzuraten, da dadurch manche Patienten in Panik geraten. Sie befürchten, sie könnten dies nicht mehr aus eigener Kraft rückgängig machen.

d) Das Erlebnis, daß sich ein Arm von alleine anhebt und in dieser Stellung schwebend bleibt, ohne zu ermüden, ist für die meisten Versuchspersonen äußerst beeindruckend.

Das Gefühl zu schweben oder wie in einem Expreßlift hinunterzusausen, kann für manche Patienten der „convincer“ sein, andere dagegen zu einem Flüchten aus der Hypnose (und aus der Praxis) veranlassen.
Das Umwerfen der Versuchsperson vermittelt besonders den Eindruck von Gewalt und gehört nicht in den Rahmen der Medizin.

4.4.2 Altersregression

Die Rückführung in vergangene Lebensabschnitte (Altersregression) wirkt sehr stark Trance vertiefend. Normalerweise sind Kindheitserinnerungen verschüttet. In Trance können Erinnerungen an Kindheitserlebnisse jedoch in beeindruckender Vielfalt wieder aktiviert werden.

Wenn Sie mit Altersregression arbeiten, müssen Sie darauf achten, daß Sie den Patienten zu angenehmen und schönen Erinnerungen zurückführen.
Aus der Anamnese muß abgeklärt sein, ob der Patient Kindheit und Jugend in schöner Erinnerung hat.
Dennoch kommt es immer wieder vor, daß der Patient, von der Intensität seiner Erinnnerungen überwältigt, in Tränen ausbricht.
Deshalb sollte die Altersregression nur von erfahrenen und psychologisch ausgebildeten Therapeuten eingesetzt werden.
„Sie können jetzt im Alter zurückgehen, erinnern Sie sich an ein schönes Ereignis im letzten Jahr? Schön, und an eines, als Sie so etwa zwanzig waren, prima. Jetzt einnerst Du Dich an die Zeit, als man noch Du zu Dir gesagt hat, Du hast viel Spaß mit anderen Kindern. Erinnere dich jetzt einmal an die Eingangstür des Hauses, in dem Du aufgewachsen bist. Du mußt Dich noch etwas auf die Zehenspitzen stellen, um an die Türklinke zu kommen. Jetzt mach die Türe auf, gut so und geh ein Stück hinein. Riechst Du den typischen Geruch da hinter der Türe? Da kannst Du Dich ganz wohl und ganz sicher fühlen und Du kannst jetzt weiter gehen, wohin Du willst.“

4.4.3 Gedächtnisleistungen

a) Amnesie
Manche Patienten erwarten, sich nach der Hypnose nicht mehr an das erinnern zu können, was in der Hypnose vorging. Die entsprechende Suggestion müßte etwa so lauten: *„Alles, was Sie während der Hypnose erleben, versinkt wieder im Unbewußten, Sie werden sich nach der Hypnose frisch und erholt fühlen, wie nach einem langen Schlaf, und die Träume haben Sie schon vergessen, wenn Sie aufwachen.“*
Nach dem Zurückholen wird der Patient dann sofort durch eine Frage abgelenkt, z. B. *„Was haben Sie heute Abend noch vor?“*

Es muß sehr sorgfältig formuliert werden, denn es sind Fälle berichtet worden (Misra 1990), in denen durch ein „Sie erinnern sich nachher an nichts mehr“ ein anhaltender Gedächtnisverlust induziert wurde.

b) Hypermnesie
Sehr beeindruckt war ein sechzigjähriger Patient (und auch wir), als er sich an die Namen aller Mitschüler seiner ersten Volksschulklasse erinnern konnte.

4.4.4 Halluzinationen

a) Positive Halluzinationen
Die Vorstellung der Anwesenheit einer bestimmten helfenden Person kann die Behandlungsbereitschaft nachhaltig verbessern.
Zur Unterstützung der Heilung, z. B. nach einer Mentalislähmung, kann der Zustand und das Aussehen nach erfolgter Ausheilung halluziniert werden

b) Negative Halluzinationen
Dem Patienten wird suggeriert, daß er einen bestimmten Gegenstand im Raum nicht mehr wahrnimmt oder eine bestimmte Zahl vergißt, ein bestimmtes Wort nicht mehr hört, einen bestimmten Körperteil nicht mehr wahrnimmt.
Dies ist besonders für die Entwicklung von Analgesie und Anästhesie von Bedeutung. Farbenblindheit und Taubheit können suggeriert werden. Die sorgfältige Rücknahme der Suggestionen nach Beenden der Hypnose ist dabei besonders wichtig.

4.5 Monotonie

Monotonie und Wiederholungen, gleichmäßiger, ruhiger Sprachduktus, eventuell mit Melodiebögen, die nach unten gehen, können ebenfalls Tranceverstärkend wirken. Manche Hypnotiseure verlangen geradezu ein zwanghaftes, mehrmaliges Wiederholen jeder Suggestion. Sehr hilfreich ist als Hintergrundgeräusch der gleichbleibende Rhythmus eines Metronoms oder einer deutlich tickenden Uhr. Alle Behandlungsmaßnahmen sollten deshalb einen gleichmäßig ruhigen Rhythmus haben. Das intermittierende, tupfende Schleifen mit der Turbine und die regelmäßigen Züge der Curette sind hervorragend geeignet, indirekt Trance zu verstärken und aufrechtzuerhalten. Damit müssen entsprechend weniger Verbalsuggestionen gegeben werden.

4.6 Negationen

In der Hypnose werden Negationen nicht verstanden, weil das Denken in Trance dem bildhaften Denken des kleinen Kindes entspricht. Ja, man kann Negationen sogar benutzen, um genau das Gegenteil zu erreichen, z. B.: *„Gehen Sie jetzt noch nicht zu tief in Trance. Denken Sie jetzt nicht an Ihren schönsten Urlaubsort."* Deshalb ist es falsch, Formulierungen zu gebrauchen wie: *„Sie werden nachher nichts spüren, Sie werden keine Schmerzen haben."* Wenn Ihnen einmal eine negative Formulierung unterläuft, ist das jedoch kein Beinbruch. Wenn Sie erst einmal Rapport und eine entsprechende Trancetiefe erzielt haben, wenn die Summe Ihrer Aussagen die Trance unterstützt, werden kleine Schnitzer kein Problem verursachen. Wenn Sie in Unsicherheit geraten, erinnern Sie sich bitte an das Prinzip des Pacing und Leading und an die Möglichkeiten, Feedback einzuholen. Das wird Ihnen wieder neue Sicherheit verschaffen.

4.7 Vergrößerung/Verkleinerung

Extreme Vergrößerungen und Verkleinerungen sind zur Fokussierung der Aufmerksamkeit gut geeignet.
Z. B.: *„Gehen Sie jetzt weiter, tiefer in Ihre Entspannung, indem Sie sich eine wunderschöne, grüne Wiese vorstellen, auf der das Gras so weich ist wie ein ganz weicher Teppich, in den Sie bei jedem Schritt immer tiefer einsinken. Und Sie können jeden einzelnen Grashalm spüren, wie er sich langsam unter Ihrem Fuß umbiegt, nachgibt, ausweicht und wie er sich nach Ihrem Schritt wieder elastisch aufrichtet."* (Beobachten Sie, ob Ihr Patient gerne über eine grüne Wiese geht, holen Sie Feedback ein.)
„Und Sie spüren die Leichtigkeit Ihrer Hand, sie schwebt ganz leicht und frei, wie auf einer Wolke, und Sie können von weit oben gelassen auf die kleine Welt da unten schauen, der Alltag ist weit weg. Ein sanftes Schweben auf Ihrer Wolke, und das Geschehen da unten wird winzig, unwichtig".

4.8 Dissoziation

Aufspaltung in verschiedene Erlebnisebenen eignet sich nicht nur zur Trance-Induzierung, sondern auch zur Tranceverstärkung. *„Sie* *können sich jetzt vor Ihrem inneren Auge vorstellen, wie Sie quasi neben sich treten und sich selbst betrachten, wie Sie jetzt so daliegen, vollkommen gelöst, vollkommen entspannt. Und es kann ein Gefühl sein, als ob Sie frei von Ihrem Körper wären, als wenn Sie von ganz weit oben hinunterblickten und sehen, wie Sie da unten über Ihre Entspannungswiese schauen und sich dabei immer leichter und freier fühlen."*

Wichtig für die Schmerztherapie ist die Dissoziation von Körperteilen. Am einfachsten gelingt dies mit einem Arm oder einer Hand: *„Und während Sie weiter in Ihre Trance hineingehen, ist Ihr rechter Arm vollkommen steif und starr geworden. Sie können – jetzt oder später – Ihren linken Arm völlig vergessen. Und er fühlt sich jetzt ganz fremd an, als wenn er nicht mehr zu Ihnen gehören würde, so als ob er ganz schlaff herunterhängen würde, als wenn Sie sich den Nerv am Ellenbogen abgeklemmt hätten."*

4.9 Konfusion

Konfusionstechniken sind zur Trancevertiefung ebenfalls sehr geeignet. So kann man beim Zählen z. B. Zahlen überspringen oder wiederholen oder plötzlich rückwärts zählen. Ein bereits in Trance befindlicher Patient wird sich dann nicht klar darüber sein, ob er noch korrekt hat folgen können.

Dabei kann man z. B. beim Zählen zunächst normal beginnen, dann aber „Fehler" einfließen lassen, wie z. B. das Auslassen oder Wiederholen einer Zahl. *„Ich zähle jetzt von zehn bis eins und Sie können mit jeder Zahl Ihren Trancezustand vertiefen: Zehn, neun, acht, sieben, sechs, vier, sieben, sechs, fünf, acht, vier, drei, zwei, eins, gut so."*

Das Einstreuen von Fremdsprachen, das gleichzeitige Reden von zwei Hypnotiseuren, Ansprechen der linken Hand als rechte Hand, des Mittelfingers als Zeigefinger usw. bewirken Konfusion und Trancevertiefung.

4.10 Anker

Unter Anker verstehen wir die Verknüpfung eines bestimmten äußeren Reizes mit bestimmten Kognitionen, Emotionen oder/und Imaginationen.

So können Sie bei der Induktion immer wieder die Schulter des Patienten beim Ausatmen berühren. Wenn der Patient sich in einer schönen Entspannung befindet, wird ihm dann die Suggestion gegeben: *„Jedesmal, wenn Sie hier auf diesem Behandlungsstuhl liegen und meine Stimme hören und ich Ihre Schulter hier berühre, werden Sie ganz schnell wieder in so einen schönen Trancezustand zurückkehren können. Und stellen Sie sich Ihren Ort der Entspannung vor: Vielleicht einen Urlaubsort oder einen Ort in Ihrer Phantasie, an dem Sie sich vollkommen wohl, vollkommen sicher und vollkommen ruhig fühlen. Sehen Sie diesen Ort? Schnuppern Sie mal in der Luft, wie es da riecht, und geben Sie dem Ort jetzt einen Namen! – Haben Sie ihn? Schön! Und während Sie alle Kleinigkeiten der Behandlung vergessen können, merken Sie sich unbedingt den Namen Ihres Entspannungsortes, so daß Sie jederzeit, wenn Sie wieder in Trance gehen wollen, durch Erinnerung an diesen Ort und seinen Namen wieder in Hypnose gehen."*

Es ist gut, die Anker in allen VAKO-Bereichen zu setzen.

Durch wiederholtes Betätigen der Anker (Berühren der Schulter, Erinnern an den speziellen Duft, Nennen des Namens des Entspannungsortes, Vorstellen des Entspannungsortes) kommt es zu einer Trancevertiefung. Besonders bei längeren Behandlungen ist es gut, einen Entspannungsort geankert zu haben, mit dem sich der Patient in seiner Phantasie beschäftigen kann.

Auch eine bestimmte Klangfarbe der Stimme des Therapeuten, eine bestimmte Richtung, in die gesprochen wird, kann als Anker eingesetzt werden. Wenn ein Patient auf Ihrem Zahnarztstuhl schöne Erlebnisse in der Hypnose hat, wirkt der Stuhl als positiver Anker.

Tabelle 11 Positive Anker in der Zahnarztpraxis

freundliche Stimme am Telefon
persönliche Begrüßung
ruhige Atmosphäre
kurze Wartezeiten
schmerzfreie Behandlung
Vorgespräch in sitzender Positon
saubere Kleidung und Praxis
Erklärung aller Behandlungsschritte
Aufklärung über Zeit- und Behandlungsablauf
Eingehen auf Reaktionen des Patienten
Vermeiden von typischem Zahnarztgeruch
Anbieten von Entspannungsmöglichkeiten (Musik,Tonband)
Anbieten von Hypnose zur Angstfreiheit und Zeitverkürzung
Information über Dauer der Wartezeit
Anbieten von Getränk bei Wartezeit
Keine Behandlungsgeräusche im Wartezimmer
Neue Zeitschriften
Psychologisch richtige Farbauswahl der Räume

Kapitel V

Therapie in Hypnose

1 Indikationen

1. Heilzwecke
   Mit Hypnose können nahezu alle Krankheitsbilder, zumindest unterstützend, behandelt werden.
2. Verhaltensänderung
   Hypnose kann dann zur Verhaltensänderung eingesetzt werden, wenn ein Patient durch sein normales Verhaltensmuster erkrankt oder eine Behandlung beeinträchtigt.
3. Psychotherapie
   In Verbindung mit psychotherapeutischen Verfahren hilft die Hypnose, an unbewußte Ursachen und verschüttete Erinnerungen heranzukommen. Durch die Erschließung von Ressourcen (Möglichkeiten und Fähigkeiten, die der Patient bisher nicht genutzt hat) ermöglichen wir dem Patienten die verbesserte Nutzung seiner Selbsthilfemöglichkeiten.
4. Entspannung
   Zur Erholung und zur Unterbrechung von seelischen und körperlichen Verkrampfungen.
5. Konzentrationssteigerung
   Zur Verbesserung der Konzentration durch Aufmerksamkeitslenkung auf bestimmte Tätigkeiten, Gedanken oder Gefühle und Ausblendung von Unwesentlichem (Zeyer, Dürr, Revenstorf 1992).
6. Leistungssteigerung
   Durch Selbstsicherheitstraining, Imagination kommender Aufgaben (Revenstorf, Godeby, Erdt, Canavan 1993).

2 Kontraindikationen

Für ein so vielschichtiges, vielseitig einsetzbares Verfahren, wie es die Hypnose darstellt, müssen Kontraindikationen differenziert angegeben werden.
Absolut kontraindiziert ist nach unserer Auffassung die Anwendung von Hypnose, wenn sie zur Manipulation von Menschen mißbraucht wird. Ihr Einsatz für Belustigungszwecke schadet der medizinischen Anwendung.

2.1 Showhypnose

Prem Misra, Psychiater in einer Klinik in Glasgow, hielt auf dem fünften Europäischen Hypnose-Kongreß in Konstanz einen beeindruckenden Vortrag über „Hazards of Stage and Lay Hypnosis" (Misra 1990). Er schilderte sechzehn Fälle mit negativen Folgen von Laien- und Bühnenhypnose aus seiner Praxis.
Ein Teil der Versuchspersonen bei der Bühnenhypnose wurde nicht korrekt zurückgeführt, und es dauerte Wochen bis Monate, um die Patienten von den negativen Folgen der Hypnose wieder zu befreien. So verbrannte sich eine der Versuchspersonen nach einer Handschuhanästhesie, die auf der Bühne durchgeführt wurde, am folgenden Tag die Hand. Er hatte die Verbrennung viel zu spät bemerkt, da die Hand immer noch anästhetisch war.
Aufgrund von Altersregressionen, die zur Belustigung der Zuschauer durchgeführt wurden, kam es zu pathologischen Zuständen bei den Versuchspersonen. So wurde von einem Fall berichtet, der auf der Bühne durch das Signal „Händeklatschen" dazu gebracht wurde, sich auszuziehen. Dies führte zur Verhaftung der Versuchsperson, die sich aufgrund eines Händeklatschgeräuschs spontan auf der Straße ausgezogen hatte und sich durch diesen Anker wieder spontan in Trance versetzt fühlte.
Eine andere Versuchsperson wurde vom Bühnenhypnotiseur angehalten, vermeintliche Äpfel zu essen, die aber Zwiebeln waren, dieser Mensch kaute später täglich ein Kilo Zwiebeln und geriet dadurch ins soziale Abseits, weil er einen unerträglichen Geruch verströmte.
Eine Patientin bekam nach Beendigung eines plastisch-kosmetischen Eingriffes den posthypnotischen Auftrag, sie werde sich an nichts mehr erinnern, worauf die Patientin eine totale Er-

innerungsunfähigkeit hatte, die äußerst schwierig zu therapieren war

In der englischen Boulevardzeitung „THE SUN“ erschien am 9. Dezember 1993 ein Artikel über den Tod einer jungen Frau, die nach der Teilnahme an einer Hypnoseshow in Leyland, England, plötzlich verstarb. Der Showhypnotiseur hatte ihr bei der Veranstaltung suggeriert, sie erhielte einen Elektroschock von 10.000 Volt, wenn er sich mit den Worten „Gute Nacht“ an sie wenden würde.

Die Mutter des Opfers initiierte eine Kampagne gegen Bühnenhypnose (Campaign Against Stage Hypnotism, CASH) und wurde von der British Society of Medical and Dental Hypnosis bei ihren Bemühungen unterstützt.

Darüber hinaus berichtete Misra (1990) sogar von dem Suizid einer Versuchsperson nach der Teilnahme an einer Hypnosedemonstration.

Relative Kontraindikationen sind:

1. Anwendung bei unzureichender Diagnostik,
2. Anwendung im fachfremden Bereich,
3. Anwendung durch unzureichend Ausgebildete,
4. Anwendung bei unzureichenden Voraussetzungen.

2.2 Anwendung bei unzureichender Diagnostik

Medizinische Abklärung

Eine <u>medizinische Abklärung</u> in interdisziplinärer Zusammenarbeit mit den entsprechenden Fachgebieten muß <u>vor jeder</u> Hypnosetherapie erfolgt sein. Hypnose darf nur in Zusammenarbeit mit dem zuständigen Facharzt angewendet werden. Die Beseitigung von Symptomen ohne medizinische Diagnose ist ein Kunstfehler und kann fatale Folgen haben.

Der Berner Neurologe Prof. Mumenthaler berichtete uns (pers. Mitteilung auf der Bad Schönborner Schmerzkonferenz 1988) von seiner Erfahrung mit Hypnose: Als junger Assistenzarzt habe er in der Gynäkologie eine Frau mit Hypnose von starken Schmerzen befreit. Wochen später sei sie wieder mit einem weit fortgeschrittenen Karzinom eingeliefert worden. Seither warne er vor der Anwendung von Hypnose.

Unseren Einwand, daß wir nur nach fachärztlicher Abklärung Schmerztherapie mit Hypnose durchführen, beantwortete er mit der Frage: „Woher wissen Sie, daß der konsultierte Spezialist eine richtige Diagnose gestellt hat? Auch dem besten Neurologen unterlaufen Fehler, selbst wenn zwei, drei Fachleute konsultiert wurden, ist die Diagnose nicht sicher!"

Eignung des Patienten
Patienten, die unfähig zur Konzentration oder zum Aufbau von bildhaften Vorstellungen sind, stellen sehr hohe Anforderungen an die Flexibilität des Therapeuten.
So ist es uns in einigen Fällen bei älteren Menschen nicht gelungen, sie aus ihrer Dystrance (aus den Teufelskreisen, in den sie sich mangels geistiger Beweglichkeit befinden) herauszuholen, um sie in eine positive Hypnose hineinzuführen.

2.3 Anwendung im fachfremden Bereich

Hypnose kann sich gefährlich auswirken, wenn sie in Fachgebieten angewandt wird, in denen der Hypnotiseur nicht spezialisiert ist. So sollte sich der Zahnmediziner rein auf zahnärztliche Indikationen beschränken und der Versuchung widerstehen, in fremden Fachgebieten tätig zu werden.
Ein Kollege berichtete anläßlich einer Supervisionssitzung von einer Gefälligkeitsbehandlung bei einer Bekannten. Sie hatte ihn gebeten, durch Hypnose die Steißlage ihres Babys vor der Geburt zu verändern. Nach der Induktion kam es zu heftigen Bewegungen des ansonsten sehr ruhigen Kindes, eine Drehung kam jedoch nicht zustande. Bei dem folgenden Kaiserschnitt wurde dann festgestellt, daß sich das Baby selbst stranguliert hätte, wenn es sich weiter gedreht hätte.
Vorsicht ist besonders anzuraten bei Patienten mit psychiatrischen Krankheitsbildern. Nur der Fachmann kann entscheiden, ob Hypnose indiziert oder kontraindiziert ist (Alberts 1990). Ein Patient, der sich an der Grenze des Ausbruchs einer psychischen Erkrankung befindet (Borderliner), könnte eine Hypnose zum Anlaß nehmen, seine Selbstkontrolle vollends aufzugeben.

2.4 Anwendung durch unzureichend Ausgebildete

Hypnose ist, wenn sie sachkundig angewandt wird, eine der ungefährlichsten und zugleich wirksamsten Heilmethoden in der Psychosomatischen Medizin. Gefährlich kann die Anwendung von Hypnose nur werden, wenn der Hypnotiseur aufgrund ungenügender Ausbildung in schwierigen Situationen versagt. Diese können im Verlauf einer Hypnose zum Beispiel bei emotionalen Ausbrüchen des Patienten auftreten, wenn dann aus Angst die Hypnose abrupt abgebrochen wird oder der Patient selbst aus der Hypnose herausgeht und deshalb eine korrekte Rücknahme unterlassen wird.
Bei chirurgischen Eingriffen in Hypnose haben wir erlebt, daß der Kreislauf des Patienten sehr tief absackte. Durch die Aufforderung, den Puls wieder kräftiger schlagen zu lassen, konnte die Ohnmacht leicht verhindert werden. Gefährlich würde diese Situation nur, wenn sie nicht beobachtet und korrigiert würde.
Wenn der Patient nicht aus der Hypnose zurückkehren will und der Hypnotiseur die Versuchsperson ohne ausreichende Rückführung wegschickt, kann es zu Abwesenheitszuständen, Erinnerungslücken und zum Aufbrechen alter Traumata kommen.

2.5 Anwendung bei unzureichenden Voraussetzungen

Behandler
Ist der Behandler durch persönliche oder berufliche Probleme in einer schlechten psychischen und physischen Verfassung, sollte er zunächst für sich selbst Hypnose anwenden, bis er wieder in einer guten inneren und äußeren Verfassung ist. Vorher ist Hypnose mit einem Patienten nicht sinnvoll, da sich durch die vielen unbewußten Übertragungsphänomene die mangelnde Ruhe und der Streß des Behandlers auf den Patienten übertragen können.

Zeit
Genauso gilt, daß ein Patient, der mit den Worten „Ich habe nur 30 Minuten Zeit“ zur Hypnosesitzung erscheint, für eine Hypnosetherapie ungeeignet ist. Diesem Patienten muß zunächst Zeitökonomie beigebracht werden, damit er sich in die Entspannung fallen lassen kann.

In der zahnärztlichen Praxis besteht oft das Problem, daß durch unaufschiebbare Schmerzfälle die geplante Behandlungszeit nicht zur Verfügung steht. Wenn keine fähige Hypnoseassistentin weiterarbeitet, sollte in diesen Fällen lieber auf eine Hypnose-Intervention verzichtet werden, da Hypnose unter Zeitdruck länger dauert als mit ausreichender Behandlungszeit. Die Hypnose läßt sich nicht erzwingen, sie entsteht aus der Interaktion zwischen Behandler und Patient; der neurophysiologische Prozeß des Umschaltens auf den Trancezustand erfordert eine „zeitlose Atmosphäre".

3 Therapieansätze

Jede Hypnosebehandlung ist individuell und paßt nur selten genau in ein Schema. Um jedoch die Übersicht über die vielfältigen Therapiemöglichkeiten zu erleichtern, haben wir eine Systematik von acht unterschiedlichen Therapieansätzen differenziert, deren Hauptmerkmale im folgenden näher betrachtet werden sollen:

Tabelle 12 Therapieansätze

1. Ablenkung
2. paradoxe Intervention und Symptomverschreibung
3. Anleitung zur Selbsthypnose
4. direkter hypnotischer Befehl mit Hilfe von Suggestionen
5. indirekte Hypnosetechniken
6. Verhaltenstraining mit Hilfe hypnotischer Verfahren
7. Hypnoanalyse
8. Verfahren des Neurolinguistischen Programmierens (NLP)

Dem unter 8. aufgeführten Verfahren des Neurolinguistischen Programmierens ist das folgende Kapitel VI gewidmet, es wird in die Hypnosetherapie häufig mit einbezogen, arbeitet aber nur zum Teil mit Elementen der Hypnose.
Die vorgestellten acht Möglichkeiten zur Durchführung einer Hypnosetherapie stellen grundsätzliche Interventionsmöglich-

keiten dar, die je nach Situation und Fall frei kombiniert und variiert werden können. Es gibt immer mehrere Wege, ein Problem therapeutisch anzugehen. Die Kunst des Hypnotiseurs besteht darin, einen effektiven sowie einen für beide (A und B) angenehmen und sicheren Weg zu finden, das Problem des Patienten zu lösen.

3.1 Ablenkung

Diese einfachste Möglichkeit, einen Menschen suggestiv zu beeinflussen, wird von den meisten Zahnärzten eingesetzt. So ist es z. B. üblich, einen Patienten, der plötzlich zu würgen anfängt, aufzufordern, seine Füße anzuheben. Durch intensive Umorientierung auf einen anderen Reiz (Anstrengung, die Füße hochzuheben) kommt es zu einer Ablenkung vom Würgereiz. Der unerwartete und sehr bestimmt vorgetragene Befehl, die Füße anzuheben, bewirkt beim Patienten überdies eine Konfusion. Durch Konfusion ist eine Unterbrechung des reflexhaft ablaufenden Geschehens möglich. Eine Umorientierung auf einen neuen, intensiveren Reiz (Füße anheben) wird möglich.
Die vom Zahnarzt humorvoll, aber unerwartet vulgär gestellte Frage: *„Was kotzt Sie heute an? Lassen Sie es raus!"* unterbricht die angespannte Situation.
Das therapeutische Prinzip der Ablenkung wird in vielfältigen Varianten von Eltern angewandt, wenn es darum geht, einen brüllenden Sprößling zu beruhigen.

3.2 Paradoxe Intervention und Symptomverschreibung

Durch die Konfusion, die sich beim Patienten durch die paradoxe Intervention einstellt, kann eine schlagartige Induktionswirkung erzielt werden, besonders dann, wenn die Angaben des Therapeuten das Gegenteil von dem enthalten, was der Patient von ihm erwartet. Dies kann z. B. durch Symptomverschreibung ausgelöst werden.
Ein junger Mann, der uns wegen wiederholter Ohnmachtsanfälle während der Zahnbehanlung zur Hypnosetherapie überwiesen wurde, war nach der Aufforderung *„Werden Sie bitte jetzt gleich ohnmächtig!"* nicht mehr in der Lage zu kollabieren.

Unterbricht ein Patient die Behandlung durch häufiges Husten, Schlucken oder Ausspülen, fordern wir ihn auf, genau dieses zu tun: *„Schlucken (husten) Sie nur, bei uns dürfen Sie schlucken, sooft Sie wollen, hören Sie ja nicht mit dem Schlucken auf, wir haben uns schon Ihrem Rhythmus angepaßt."*
Bei akuten Schmerzen kann die Lenkung der Aufmerksamkeit auf den Schmerz zu einer spontanen Schmerzlinderung führen. *„Fühlen Sie Ihren Schmerz jetzt einmal ganz genau! Ist er nicht eigentlich schon ein wenig besser, gemessen an dem, was Sie befürchtet haben, wie schlimm es noch werden könnte, und überprüfen Sie jetzt noch einmal, im Vergleich zu vorher, als Sie Ihren Schmerz noch nicht so genau beachtet haben, wie es sich jetzt anfühlt."* (Kombination von Pacing, Konfusion und paradoxer Intervention). Der Patient setzt sich selbst durch die Befürchtung, der Schmerz könne gleich noch intensiver werden, unter Anspannung; und Anspannung steigert das Schmerzempfinden um eine Zehnerpotenz. Entspannung reduziert das Schmerzempfinden.

3.3 Anleitung zur Selbsthypnose

Die Anleitung zur Selbsthypnose hat den großen Vorteil, daß der Patient damit auf seine Selbstverantwortlichkeit hingeführt wird und lernt, sich selbst zu beeinflussen. Durch die Anleitung zur Selbsthypnose wird ein Abhängigkeitsverhältnis des Patienten zum Therapeuten vermieden.
Der Patient wird angeleitet (z. B. mit Hilfe von Tonbandprotokollen der Sitzungen), zu Hause selbständig zu üben. So kann die Anzahl der benötigten Sitzungen drastisch reduziert werden.
Der Patient erwirbt, indem er Selbsthypnose praktiziert, die Fähigkeit, sich auch in anderen streßerzeugenden Situationen selbst zu beruhigen. Er wird durch seine Fähigkeit zur Selbsthypnose auch in den Stand gesetzt, mit auftretenden Krankheiten anders umzugehen.
Er wird weniger Medikamente benötigen, weil er sich selbst annimmt und damit mehr auf seine Selbstheilungskräfte vertraut. Dabei ist in diesem Zusammenhang der Hinweis an den Patienten wichtig, zuerst differentialdiagnostisch klären zu lassen, ob und welche schulmedizinischen therapeutischen Maßnahmen ergriffen werden müssen, bevor er seine Krankheit mit Selbsthypnose

angeht. Das Verfahren der Selbsthypnose wird durch seine Ähnlichkeit mit dem Autogenen Training (das bei uns auf weniger Ablehnung stößt) oft eher akzeptiert als die Fremdhypnose. Im Gegensatz zum Autogenen Training wird die Selbsthypnoseanleitung von Anfang an auf die individuellen Reaktionen des Patienten abgestimmt. Dadurch ist eine erhebliche Zeitersparnis und Effektivitätssteigerung möglich. Jede Selbsthypnosebehandlung bedarf allerdings der therapeutischen Überwachung und Nachkontrolle. Der Patient muß verpflichtet werden, regelmäßig über die Ergebnisse seiner Selbsthypnoseübungen zu berichten, so daß Hilfen und Änderungen des Vorgehens mit ihm zusammen erarbeitet werden können. Eine Kombination von Selbsthypnose und Autogenem Training ist sinnvoll, wenn der Patient das Autogene Training schon beherrscht.

Die Hauptindikationsbereiche für die Selbsthypnose sind:
a) Streßreduktion
b) Entspannung während Langzeitsitzungen
c) Schmerzkontrolle
d) Würgereizkontrolle

Das Induktionsverfahren kann z. B. mit Hilfe der VAKO-Selbsthypnose (siehe Kap. II) oder einer Zählmethode (siehe Kap. IV) durchgeführt werden.
Die Vertiefung wird verknüpft mit dem gewünschten Ergebnis, z. B.: *„Wenn Sie in Ihrer Selbsthypnose eine Erleichterung Ihrer Streßbelastung (eine Reduktion Ihrer Schmerzangst, ein Nachlassen des Würgereizes) erreicht haben, aber darin noch weiter kommen wollen, müssen Sie tiefer in Trance gehen, indem Sie die Konzentration erhöhen auf die Dinge, die Sie tiefer in die Hypnose hineinbringen, z. B. indem Sie sich stärker auf das Zählen konzentrieren oder indem Sie die leichte Hand noch leichter machen, bis sie anfängt zu schweben.“*
Der Patient sollte das Prinzip der kleinen Schritte akzeptieren und befolgen: Er muß lernen, sich auch für kleine Fortschritte selbst zu loben. Es wird ihm erklärt, daß die Selbsthypnose (ähnlich wie das Autogene Training) eine Lernerfahrung darstellt und daß er im Gegensatz zur medikamentösen Therapie (bei der die Dosis ständig gesteigert werden muß) mit jeder Selbsthypnoseübung besser und schneller in Trance gehen wird und seine Be-

schwerden effektiver und angenehmer behandeln lernt. Als Beispiel für eine Anleitung zur Selbsthypnose haben wir die Sitzung eines Patienten mit Spannungskopfschmerz (S. 337) wiedergegeben.
Nachteil der Anleitung zur Selbsthypnose ist, daß der Patient selbst Energie aufbringen muß, um Fortschritte zu erzielen. Dies ist ihm bei Erschöpfungszuständen, Depressionen und starken Schmerzen nur schwer möglich. Deshalb wird die Selbsthypnose oft erst nach anfänglicher Fremdhypnose zur Stabilisierung eingesetzt.
Patienten, die mit Hilfe des Tonbands zu Hause Selbsthypnose üben, berichten übereinstimmend, daß sie seither wesentlich besser schlafen.
Manche sind besorgt, weil sie immer nur die ersten Sätze des Bandes mitbekommen und dann einschlafen, d. h. meist sofort tief in Trance gehen. Ihnen kann man versichern, daß damit die Suggestionen des Bandes direkt ins Unbewußte eindringen, ohne lange intellektuelle Auseinandersetzungen.

3.4 Direkter hypnotischer Befehl mit Hilfe von Suggestionen

Der Vorzug des direkten hypnotischen Befehls kann dann genutzt werden, wenn das Stichwort Hypnose eine teilweise an Wunderglauben grenzende Erwartungshaltung auslöst. Denn dieser Glaube an die Hypnose kann tatsächlich Berge versetzen. Daher wird die Hypnose oft als letzte Möglichkeit (ultima ratio) eingesetzt. Wenn Patienten mit einer solchen Erwartungshaltung kommen, wäre es falsch, diese Hoffnung von vornherein zu unterbinden. Es ist vielmehr anzuraten, auf das vorhandene Glaubenssystem im Sinne des Utilisierens einzugehen. Denn es sind immer wieder spektakuläre Heilungen mit Hilfe der Hypnose möglich. Wenn also ein Patient kommt und bei der Anamnese angibt: „Sie versetzen mich in Hypnose, und dann sind meine chronischen Schmerzen weg“, sollte man immer etwa so antworten: *„Ja, wenn Sie gut in die Hypnose gehen, ist dies absolut möglich. Es hängt davon ab, wie sehr Sie sich konzentrieren können und wie tief Sie dann in Trance gehen können.“*
Der große Vorteil der klassischen Hypnose ist, daß sie, wenn ein Patient darauf anspricht, außerordentlich schnell und hochwirk-

sam ist. Voraussetzung für das Funktionieren der direkten Hypnose ist die Bereitschaft des Patienten, die Autorität des Hypnotiseurs für die Behandlung zu akzeptieren. Dafür ist ein tiefes Vertrauen zum Therapeuten notwendig.
Für die Induktion werden die klassischen direkten Verfahren bevorzugt, z. B. die Anwendung der Blickfixation.
Diese Induktion kann, wenn sie bestimmt und sicher durchgeführt wird, innerhalb von wenigen Minuten zu einem tiefen Trancezustand führen. Gegebenenfalls werden Vertiefungstechniken angewendet, wie Zählen, und direkte Suggestionen, wie *„Gehen Sie jetzt noch tiefer in Ihre Trance!"*
Bestimmte Hypnosephänomene sollen dem Patienten demonstrieren, daß er in Hypnose ist und die direkten Suggestionen tatsächlich wirksam sind: *„Ihr Arm wird jetzt absolut steif, so steif, daß Sie ihn nicht mehr bewegen können. Versuchen Sie es! Sie werden merken, daß Sie keine Macht mehr über Ihren Arm haben. Er ist jetzt ganz steif. Meine Suggestionen werden jetzt tief in Ihrem Unbewußten verankert."*
Dies ruft beim Patienten die Überzeugung hervor, daß der Hypnotiseur seine überlegenen Fähigkeiten auch für eine Heilung einsetzen kann.
Sobald der Patient in einer mittleren bis tiefen Trance ist, werden für die therapeutische Nutzung direkte Suggestionen gegeben. Pro Sitzung sollten maximal zwei bis drei Suggestionen gegeben werden. Eine häufige Wiederholung der Suggestionen verbessert die Wirkung beim Patienten.
Die klassische, direkte Hypnose ist für nahezu jede Indikation einzusetzen. Je nach Verhältnis zwischen Therapeut und Patient kann man nahezu alle Krankheitsbilder damit behandeln. Wir verwenden direkte Hypnosetechniken dann, wenn es sich um akute Anlässe handelt, z. B.:
a) Blutungskontrolle
b) akute Schmerzen, z. B. bei Unfall
c) als „Notbremse" bei Zwischenfällen
d) wenn die Behandlung schnell gehen soll.

Symptomverschiebung

Bei direkten Suggestionen, bei denen die Ursachen der Erkrankung nicht weiter beachtet werden, kann es zu Symptomverschiebungen kommen: Ist es gelungen, den Kopfschmerz zu beseitigen, könnten dafür aber plötzlich andere Symptome, wie z. B. Magenbeschwerden auftauchen, wenn die eigentliche Ursache und Funktion des Kopfschmerzes nicht abgeklärt wurde. Diese Gefahr der Symptomverschiebung wird der direkten Hypnose zum Hauptvorwurf gemacht. Man kann aber auch in einer autoritären Hypnosesitzung dem Patienten den Auftrag erteilen, daß er z. B. in einem Traum Informationen über die Hintergründe seines Kopfschmerzes gewinnen solle, damit dann in der nächsten Sitzung die eigentlichen Ursachen des Kopfschmerzes aufgedeckt und bearbeitet werden können.

Sekundärer Krankheitsgewinn
Hat der Patient durch seine Beschwerden einen sekundären Krankheitsgewinn? Sind die Beschwerden für seine Stellung innerhalb der Familie, für seine Situation am Arbeitsplatz von Bedeutung? Bekommt er nur dann Zuwendung, wenn er krank ist?
Ob direkte Hypnose angewendet wird, hängt überwiegend von der Persönlichkeit des Hypnotiseurs und seines Patienten ab. Im Laufe der Zeit wird ein mehr autoritär arbeitender Hypnotiseur Patienten gewinnen, die seine Art der Hypnose als gut und richtig empfinden. Der indirekt orientierte Hypnotiseur wird hauptsächlich Patienten haben, die ihn eher akzeptieren, wenn er sie weniger autoritär behandelt.
Die direkte Hypnosetechnik, deren formaler Ablauf stets derselbe ist, hat den zusätzlichen Vorteil, daß die Patienten untereinander bereits die Hypnosevorbereitung treffen, indem sie sich gegenseitig erzählen: „Der leuchtet Dir in die Augen, und dann trittst Du weg und spürst nichts mehr.“ Dies erleichtert natürlich die Arbeit des Hypnotiseurs ungeheuer, weil eine entsprechende Erwartungshaltung schon da ist.
Daher gibt es Praxen, die ausgezeichnete Ergebnisse mit der kontinuierlichen Anwendung einer bestimmten direkten Hypnosetechnik vorweisen können. Nachteil der direkten autoritären Hypnosetechnik sind der Auseinandersetzungscharakter und das notwendige Machtgefälle zwischen A und B, was häufig Widerstand provoziert. Vorteil der direkten Anwendung von Hypnose ist ihre teilweise enorme Schnelligkeit und ihre Effektivität, wenn ein Patient gut darauf anspricht.

3.5 Indirekte Hypnosetechnik

Wenn ein Patient auf direkte Suggestionen mit Widerstand reagiert, d. h. den Suggestionen nicht folgt, liegt nach der klassischen Hypnoseauffassung ein Rapportverlust und mangelnde Autorität des Hypnotiseurs vor. Nach moderner Hypnoseauffassung liegt eher ein mangelndes Pacing vor, d. h. ein ungenügendes Verständnis bzw. Eingehen auf die momentane Situation des Patienten, so daß er sich nicht verstanden fühlt und deshalb auch nicht bereit ist, freiwillig mitzugehen. Milton Erickson (1985) hat meisterhaft gezeigt, daß gerade bei Menschen, die auf direkte Hypnose nicht ansprechen, mit Hilfe subtiler Methoden teilweise sogar noch verblüffendere, noch begeisterndere Ergebnisse zu erreichen sind. Die entsprechende Induktionstechnik leitet sich vom Pacing und Leading ab und nutzt die jeweiligen momentanen Äußerungen und Gefühle des Patienten. Sie kann durchaus auch in Form einer Zählmethode oder Lichtfixation ablaufen, wobei weniger betont wird, daß der Patient die Augen nicht mehr öffnen könne. Vielmehr wird z. B. gesagt:
„... und Sie können zulassen, dieses angenehme Bild zu genießen, das sich vor Ihrem inneren Auge einstellen wird, wenn Sie für einen Moment Ihre Augen schließen. Und Sie werden überrascht sein, daß das, was Sie jetzt anfänglich nur ungenau wahrnehmen, bald, wenn Sie tiefer gehen, zu einem faszinierenden Erlebnis wird, das Sie so angenehm empfinden, daß Sie wirklich zulassen (indirekte Suggestion des Augenschlusses), *daß Sie das, was Sie jetzt gerade vor Ihrem inneren Auge sehen, auch wirklich erleben."*
Dem kritischen Leser mag dies als inhaltsloses Gerede vorkommen. Es ist auch tatsächlich möglichst inhaltsfrei formuliert, damit der Patient es mit eigenen Inhalten füllen kann. Wenn ich zum Beispiel einem Patienten sage: *„Legen Sie sich jetzt an Ihren Strand. Er ist gelb und der Sand ist schön warm und Sie sehen das Meer"*, könnte es ja sein, daß dieser Patient das Gebirge vorzieht und einmal am Strand gräßlich von Sandflöhen gepiesackt wurde, so daß er sich bei dieser Vorstellung ganz sicher nicht entspannen kann. Wenn Sie diesem Patient sagen:
„Suchen Sie sich jetzt einen Ort der Entspannung, der drinnen oder draußen liegen kann, an dem Sie schon einmal waren, z. B. im Urlaub, oder einen Ort Ihrer Phantasie, an dem Sie sich ganz wohl fühlen! Schauen Sie sich an Ihrem Entspannungsort um! Wie

fühlt sich Ihre nähere Umgebung an? Sehen Sie die Farben, die Sie sehen! Und hören Sie auf die Geräusche der Umgebung!"
Diese absolut offen formulierten Suggestionen füllt der Patient mit Leben, indem er eigene Erinnerungen und Assoziationen zu dem Gesagten verwendet.
Dadurch erreicht man eine individuelle, für den Patienten wirksamere Suggestion als durch ein genau beschriebenes Bild. Eine radikale Abgrenzung zwischen direkter und indirekter Suggestion ist sowieso nicht möglich. In jeder Hypnose kommen Elemente sowohl der direkten, autoritären Hypnose wie auch der indirekten, permissiven (gewährenlassenden) Hypnosetechnik zum Tragen. Der Ungeübte muß sich bei der indirekten Technik immer wieder Rückmeldung einholen, da es sonst sein kann, daß er seine offenen Suggestionen mit eigenen Vorstellungsbildern anfüllt, die für ihn selbst logisch sind, die aber denen des Patienten zuwiderlaufen.
Die universelle Anwendbarkeit indirekter Hypnosetechniken, der weitaus geringere Widerstand eröffnet die eigentlich neuen Möglichkeiten der Hypnose. War die Hypnose früher nur bei wenigen Patienten (Autoritätsgefälle, Autoritätsgläubigkeit) anwendbar, so ist durch diese modernen Verfahren eine universelle Anwendbarkeit möglich. Ja, die besten Hypnosen finden dann statt, wenn weder der Hypnotiseur noch der Patient bemerken, daß Hypnose angewendet wird.

Übung
Überprüfen Sie Ihre eigene Art, mit Patienten erfolgreich umzugehen! Welche indirekten Hypnosetechniken wenden Sie schon längst an? Wie können Sie Ihre vorhandenen Fähigkeiten noch effektiver und mit weniger Streß für sich selbst zum Einsatz bringen? Lassen Sie zu diesem Zweck einmal eine Videokamera mehrere Stunden lang während Ihrer Arbeit mitlaufen, und suchen Sie die Stellen heraus, an denen Sie während Ihrer zahnärztlichen Arbeit mit Ihren Patienten in Kommunikation treten. Loben Sie sich für Ihre Fähigkeit, gut mit Patienten umzugehen!

Spezielle Vertiefungstechniken für die indirekte Hypnose sind z. B. Konfusionstechniken, Doppelinduktionen, nonverbale Techniken. Auch hier beruht der Erfolg der Hypnose auf der Mitarbeit des Patienten. Wichtig ist, daß jeder Fortschritt des Patienten entsprechend gelobt und als weiter in die Hypnose führend dargestellt wird.

3.6 Verhaltenstraining mit Hilfe hypnotischer Verfahren

Für Patienten, die Hilfe suchen, aber Hypnose als Therapiemöglichkeit strikt ablehnen, bietet sich die Möglichkeit des Verhaltenstrainings an. Wir respektieren, wenn ein Patient äußert, daß er aus weltanschaulichen oder religiösen Gründen keine Hypnose haben will. Gleichwohl sind Kenntnisse des Pacing und Leading, des Prinzips der kleinen Schritte usw. auch anzuwenden, wenn keine Trance induziert werden soll, der Patient aber Unterstützung braucht, um sich durch systematischen Abbau von Gewohnheiten selbst zu helfen. Dies trifft besonders zu bei Patienten mit chronischen Schmerzen, bei Patienten mit Würgereiz und bei Patienten mit falschen krankmachenden Angewohnheiten, die sich gesundheitsschädigend auswirken (Habits).

Hier wird natürlich keine Induktion vorgenommen. Der Patient erhält Instruktionen, wie er z. B. durch Ablenkung, also durch Konzentration auf andere Dinge, die Zeiten, in denen er Schmerzen empfindet, verkürzen kann. Oder er kann selbst mit Hilfe von Abdrucklöffeln zu Hause schrittweise üben, indem er diese immer weiter in den Mund einführt und immer längere Zeit dort beläßt. Auch dieses Verfahren bedarf der unterstützenden Führung durch den Behandler, der kleine Erfolge lobt, Rückschläge als absolut normal und menschlich kommentiert und zu neuen Versuchen aufmuntert. Dieses schrittweise Verhaltenstraining kann auch für häusliche Übungen zur Unterstützung einer Hypnosebehandlung mit herangezogen werden.

Vorteil dieser Methode ist, wie bei der Anleitung zur Selbsthypnose, die Einbindung des Patienten in die Therapie und seine Eigenverantwortlichkeit für Fortschritte. Nachteil der Methode ist, daß die vielfältigen Möglichkeiten der Hypnose ungenutzt bleiben müssen.

3.7 Hypnoanalyse

In der Hypnoanalyse wird der Patient durch Altersregression in frühere Lebensabschnitte zurückversetzt. Hierbei wird die Fähigkeit, in Hypnose auch verschüttete Gedächtnisinhalte hervorholen zu können, genutzt, um an den Beginn eines Fehlverhaltens, eines Traumas o. ä. heranzuführen. Durch Aufdeckung des ursprünglichen traumatischen Erlebnisses und anschließendes mehrfaches Durcharbeiten, durch wiederholte Suggestionen, etwa daß der Patient jetzt erwachsen sei und daß es sich um Erlebnisse aus der Vergangenheit handele, die heute keinen Einfluß mehr auf ihn haben, wird der Ankercharakter eines früheren traumatischen Erlebnisses gelöscht.
Hier wird von der Annahme der einmaligen Traumatisierung bzw. Teilkonditionierung ausgegangen, was von der momentanen Lehrmeinung in der Psychologie sehr angezweifelt wird. Es wird heute eher angenommen, daß permanent bestehende Einflüsse, wie Familiensituation und konstitutionelle Faktoren der Persönlichkeitsentwicklung, entscheidend für das Entstehen von psychischem Fehlverhalten sind.
Das Vorgehen der Hypnoanalyse entspricht vielfach den Erwartungen von Patienten, die wegen der Hypnosetherapie zur Behandlung kommen. Durch Darstellungen in der Presse haben viele die Vorstellung: „Sie versetzen mich in Hypnose, und dann wird aus meinem Unterbewußtsein alles hervorkommen, was schuld an meiner Erkrankung ist. Sie werden mir dies dann weghypnotisieren." D. h., viele Menschen glauben, daß die Gewohnheiten, die sie sich „weghypnotisieren lassen" wollen, mit einem einzigen bestimmten traumatischen Ereignis verknüpft sind, das wie mit einem Skalpell aus ihrer Seele herausgeschnitten werden könne (Bick 1983). Es empfiehlt sich, diese Einstellung des Patienten zu utilisieren und ihm in etwa zu antworten:
„Wenn Sie sich ganz stark auf das, was ich Ihnen sage, konzentrieren, werden Sie in eine so tiefe Hypnose fallen, daß diese Erlebnisse ganz von allein emporkommen. Und es wird Ihren Trancezustand sogar noch vertiefen, wenn Sie dabei Ihren Mund einfach reden lassen. Denn es ist eine verblüffende Erfahrung, zu beobachten, wie der Mund redet, ohne daß man dabei über das gesprochene nachdenkt. Konzentrieren Sie sich jetzt ganz auf das Wort 'Ja'! – Wenn Sie einwandfrei und klar 'Ja' denken, wird sich

der Zeigefinger Ihrer rechten Hand ganz von allein heben. Denken Sie 'Ja'! – Und Ihr Ja–Finger wird sich heben. – Konzentrieren Sie sich jetzt ganz auf das Wort 'Nein'! – Nein! Nein! Nein! – Wenn Sie 'Nein' denken, wird sich der Zeigefinger Ihrer linken Hand heben. – So ist es gut. – Wir werden jetzt im Alter zurückgehen. Konzentrieren Sie sich ganz auf das, was ich sage! – War das Ereignis, das die Ursache Ihrer Beschwerden (z. B. Zähneknirschen, Kopfschmerz, Würgereiz) ist, vor Ihrem 20. Lebensjahr? War das Ereignis vor Ihrem 10. Lebensjahr? (Ideomotorische Fingersignale bzw. unbewußtes spontanes Kopfnicken oder -schütteln beobachten!) *War das Ereignis, bevor Sie fünf Jahre alt waren? Gehen Sie jetzt in Ihrem Alter zurück bis zu diesem Zeitpunkt, an dem das Ereignis aufgetreten ist! – Sie können sich jetzt sehen, wie Sie als Kind von X Jahren aussehen. Schauen Sie sich selbst an! Beschreiben Sie Ihre Kleidung! Schauen Sie sich um! Beschreiben Sie Ihre Umgebung! Es werden immer mehr, immer neue Details dazukommen, je mehr Sie beschreiben, und Sie werden dadurch noch tiefer in Hypnose gehen. – Jetzt können Sie sich direkt an das Ereignis erinnern. – War eine Person beteiligt? Nennen Sie den Namen der Person!"* usw.
Wenn der Patient sich nicht genau erinnert, wenden Sie Vertiefungstechniken an unter Einflechtung der Suggestion, daß er sich in tieferer Hypnose an mehr Details erinnern werde. Alle VAKO-Bereiche sind einzubeziehen. Benutzen Sie die Namen, die dem Patienten für diese Zeit seines Lebens einfallen, um weitere Personen in seinem Gedächtnis aufleben und so die Vorstellungsbilder lebendiger werden zu lassen.
Ist das traumatische Ereignis herausgearbeitet, muß der Patient mehrfach das Ereignis durcharbeiten, solange, bis er dieses Erlebnis bewältigt hat.

Hierfür sollten Sie immer Dissoziationsstufen zwischenschalten, z. B.: *„Wenn Sie damals schon alle Fähigkeiten und Kenntnisse gehabt hätten, über die Sie heute verfügen, hätten Sie vollkommen anders reagiert und das Problem ganz elegant lösen können. Gehen Sie jetzt durch Ihr Erlebnis noch einmal durch mit allen Kenntnissen und Fähigkeiten, die Sie heute als Erwachsener haben. Und Sie werden sehen, daß Sie dann das Problem ganz leicht lösen werden. Gehen Sie jetzt mit Ihren Erwachsenenkenntnissen und –fähigkeiten Ihr traumatisches Erlebnis noch* *einmal von Anfang an durch, so oft, bis Sie es wirklich bewältigt haben und bis es durch Ihre heutigen Erkenntnisse zu einem guten Erlebnis für Sie geworden ist, in dem Sie sich durchsetzen konnten und in dem Sie das bekommen haben, was Sie bekommen wollten. – Wenn Sie dies erreicht haben, wird sich Ihr Ja-Finger von allein heben. Und Sie werden spüren, daß eine wichtige Veränderung in Ihnen vorgegangen ist."*

Wenn der Ja-Finger sich gehoben hat und der Patient Zeichen von Erleichterung zeigt, erfolgt noch einmal eine Kontrolle des Behandlungserfolges: *„Gehen Sie das Erlebnis jetzt noch einmal von Anfang an durch mit dem, was Sie jetzt gelernt haben. Und wenn Sie dann ganz sicher sind, daß Sie dieses Problem für die Zukunft bewältigt haben, dann wird sich noch einmal Ihr Ja-Finger ganz deutlich heben. Ja, so ist es gut! – Bedanken Sie sich bei Ihrem Unbewußten, daß es so schnell bereit war, mit uns zusammenzuarbeiten und dieses alte Problem zu lösen."*

Bei der Hypnoanalyse, wie auch bei der Altersregression, kann es immer wieder zu starken Gefühlsausbrüchen von seiten des Patienten kommen. Deshalb sollten diese Methoden nur von erfahrenen Ärzten mit einer abgeschlossenen psychotherapeutischen Zusatzausbildung durchgeführt werden. Eine Ausbildung in Gestalttherapie, Transaktionsanalyse, Psychoanalyse oder eine abgeschlossene Hypnoseausbildung (siehe S. 79–83) sind die Voraussetzung dafür.

Vorteil der Hypnoanalyse ist die intensive, verändernde Erfahrung, die der Patient durch das Durchleben alter Traumata erfährt. Die Hypnoanalyse nutzt optimal die Erwartungen der Patienten an das, was sie sich von einer Hypnose versprechen. Für die Hypnoanalyse sind mittlere bis tiefe Trancezustände notwendig und auch durch die dabei auftretenden starken Emotionen leicht erreichbar. Es muß ausreichend Zeit zur Verfügung stehen, den Patienten anschließend einwandfrei in den Wachzustand zurückzuführen. Er darf erst entlassen werden, wenn er sich in einem ausgeglichenen Zustand befindet.

Nachteil der Hypnoanalyse ist, daß meistens mehrere Sitzungen erforderlich sind und daß emotionale Ausbrüche vorkommen, für die der Therapeut eine souveräne Gelassenheit aufgrund seiner guten Ausbildung und seiner menschlichen Reife haben muß. Eine mit Erfolg durchgeführte Hypnoanalyse ist sowohl für den Patienten als auch für den Therapeuten ein schönes Erlebnis.

4 Voraussetzungen zur Ausübung von Hypnose

Jede Einflußnahme auf die Persönlichkeit eines Menschen muß gewissen ethischen Grundsätzen unterliegen. Da der Begriff Hypnose in der Öffentlichkeit immer noch mit negativen oder reißerischen Vorstellungen besetzt ist, ist diese Methode besonders sorgfältig nach ethischen Gesichtspunkten anzuwenden. Hier liegt auch die Forderung mancher Hypnosegesellschaften, z. B. der ISH (International Society of Hypnosis) begründet, nur Psychologen und Mediziner mit abgeschlossener akademischer Ausbildung zur Hypnoseausübung und als Mitglieder zuzulassen, da sie durch den hippokratischen Eid und ihre gründliche Ausbildung das nötige Rüstzeug haben, um in dieser Art und Weise auf andere Menschen Einfluß zu nehmen.
Wir sind der Meinung, daß der Standpunkt, Hypnose nur von akademisch ausgebildeten Menschen ausüben zu lassen, in der Zahnmedizin nicht haltbar ist. In der zahnärztlichen Praxis muß ein gewisser Bereich der Hypnosearbeit an geeignete Mitarbeiterinnen delegiert werden, um die Hypnose zeitökonomisch einsetzen zu können. Eine Mitarbeiterin kann sich die Zeit für eine ausführliche Anamnese nehmen, kann einen anderen Zugang zum Patienten bekommen, als der Zahnarzt.

4.1 Ethische Richtlinien ISH

Die ISH (International Society of Hypnosis) hat für ihre Mitglieder ethische Richtlinien für die Anwendung von Hypnose erarbeitet, die sinngemäß auch für die ihr zugehörigen nationalen Hypnosegesellschaften Gültigkeit haben (verabschiedet im August 1979).
Die International Society of Hypnosis (ISH) widmet sich der wissenschaftlichen Untersuchung und der klinischen Anwendung der Hypnose auf höchster professioneller Ebene. Die ethischen Richtlinien, denen sich ein Mitglied unterwerfen muß, wurden unter Berücksichtigung der in der Mitgliederschaft gegebenen beruflichen Vielfalt aufgestellt. Das Gefühl der Verpflichtung, sich den hohen persönlichen und beruflichen Anforderungen entsprechend zu verhalten, wird als selbstverständlich vorausgesetzt.

Abschnitt A: Ethische Richtlinien

Erste Richtlinie

1. Bei der Anwendung von Hypnose oder hypnotischer Techniken im klinischen wie auch im experimentellen Bereich soll ein Mitglied der ISH stets das Wohl des Patienten oder der Versuchsperson als oberstes Ziel seines Vorgehens erachten.
   (a) Die berufsständischen Richtlinien, denen der Arzt, der Zahnarzt, der Psychologe (mit akademischem Titel) oder das andere im entsprechenden beruflichen und wissenschaftlichen Feld tätige Mitglied unterliegt, sollen den Gebrauch sämtlicher hypnotischer Techniken in seiner Arbeit bestimmen.
   (b) Angemessene Sicherheitsvorkehrungen sollten immer dann eingehalten werden, wenn ein Patient oder eine Versuchsperson ungewöhnlichem Streß oder anderen Risiken ausgesetzt wird. Im Falle, daß Streß oder Risiko nicht ausgeschlossen werden kann, sollte die entsprechende Person bzw. Versuchsperson hierüber informiert werden und ihre Zustimmung geben. Die Einschätzung eines Risikos ist überaus schwierig, und falls Zweifel irgendwelcher Art vorliegen, sollte sich der Praktizierende mit kompetenten Fachkollegen beraten.

Zweite Richtlinie

2. Hypnose wird als Hilfsmittel anderer Formen wissenschaftlicher oder klinischer Vorgehensweisen betrachtet, woraus sich ergibt, daß das alleinige Vorhandensein der Kompetenz in der Anwendung hypnotischer Techniken nicht als Grundlage für eine professionelle oder wissenschaftliche Tätigkeit ausreicht.
   (a) In Anbetracht der Abhängigkeit hypnotischer Vorgehensweisen von anderen Qualifikationen verlangen die Anforderungen an die Mitgliedschaft in der ISH die der über die Hypnose hinausgehenden Kompetenz entsprechende Zugehörigkeit zu den anerkannten regionalen berufsständischen Organisationen im klinischen sowie im wissenschaftlichen Bereich. Das heißt, ein Arzt sollte der entsprechenden ärztlichen, ein Zahnarzt der zahnärztlichen und ein Psychologe der psychologischen Gesellschaft angehören etc.

(b) Abschnitt 2 (a) verlangt die Akzeptanz der ethischen und wissenschaftlichen Richtlinien einer verantwortlichen berufsständischen Organisation. Er impliziert nicht die Anerkennung oder Billigung einzelner, spezieller Methoden und Vorgehensweisen bestimmter Organisationen durch die ISH.

Dritte Richtlinie

3. Jedes Mitglied der ISH soll den klinischen und wissenschaftlichen Gebrauch der Hypnose auf den durch die Richtlinien seines Berufsstandes definierten Bereich beschränken.

Vierte Richtlinie

4. Hypnose sollte nicht zu Zwecken der Unterhaltung angewendet werden.
   (a) Kein Mitglied der ISH soll seine Dienste zum Zwecke der Unterhaltung der Öffentlichkeit anbieten oder mit Personen bzw. Institutionen, die in der Unterhaltungsbranche tätig sind, zusammenarbeiten.

Fünfte Richtlinie

5. Ein Mitglied der ISH soll die Ausübung hypnotischer Praktiken durch Laien nicht unterstützen.
   (a) Als Laie sei hier eine Person definiert, die nicht einem entsprechenden therapeutischen oder wissenschaftlichen Berufsstand angehört; das heißt, sie ist weder Arzt, Zahnarzt, Psychologe noch Mitglied eines anderen, anerkannten therapeutischen bzw. wissenschaftlichen Berufsstandes mit Nachweis über die Hypnose hinausgehender Kompetenzen.
   (b) Ein Mitglied der ISH soll keine Laien im Gebrauch hypnotischer Techniken unterrichten, denen es an Erfahrung in einschlägigen Wissenschaftszweigen oder Berufen mangelt. Vorlesungen und Vorträge, die Laien über Hypnose informieren, sind jedoch zulässig, sofern sie nicht Demonstrationen oder didaktisches Material enthalten, das sich auf die Induktionen eines hypnotischen Zustandes bezieht.
   (c) Ausnahmen werden bei Studenten und Auszubildenen der entsprechenden wissenschaftlichen Richtungen oder Berufe

gemacht. Während die ISH ausdrücklich anerkennt, daß die Hypnose keine unabhängige Wissenschaft oder Kunst ist, können die Techniken auf angemessene Art von Krankenschwestern und paramedizinischem Hilfspersonal unter unmittelbarer und direkter Überwachung einer Person verwendet werden, deren Ausbildung und Befähigungsnachweise eine Mitgliedschaft in der ISH gestatten und die sich den vorliegenden ethischen Richtlinien entweder direkt oder durch eine regionale assoziierte Gesellschaft verpflichtet fühlt. Besondere Übereinkünfte können für die Ausbildung dieser Krankenschwestern bzw. dieses paramedizinischen Personals nur gemacht werden, sofern mit den entsprechenden Personen Vereinbarungen getroffen wurden, direkt unter der Supervision eines ISH-Mitgliedes oder einer entsprechend den genannten Anforderungen ausgebildeten Person zu arbeiten.
(d) Unterredungen mit Laien, sofern es sich um Vertreter der Presse oder anderer Medien handelt, sind gestattet, um die Anzahl verzerrter und falscher Darstellungen der Hypnose in der Öffentlichkeit zu minimieren. Gespräche mit Laien, z. B. Zeitungs-, Radio- und Fernsehreportern, werden begrüßt, sofern diese dem Wohle der Gesellschaft dienen, indem sie verständige und wohlüberlegte Ansichten zu Themen der Hypnose vermitteln.

Sechste Richtlinie

6. Es wird anerkannt, daß ethische Richtlinien per se nicht sämtliche Praktiken und Vorgehensweisen, die als ethisch eingeschätzt werden, spezifizieren und alle als unethisch betrachteten erwähnen können. Aus diesem Grunde wird ein Verhalten in Übereinstimmung mit den ethischen Normen des Landes, in dem der Therapeut oder Wissenschaftler lebt, vorausgesetzt, und eine Verletzung dieser Normen (z. B. durch illegales oder ungebührliches Verhalten, das andere, die ebenfalls hypnotische Techniken verwenden, in Verruf bringt) kann für die ISH Anlaß sein, geeignete, wenn auch in den vorliegenden Richtlinien nicht näher spezifizierte Gegenmaßnahmen einzuleiten.

4.2 Hypnose in der BRD

Der Begriff Hypnose ist in der Bundesrepublik nicht geschützt. So liest man immer wieder Inserate in Tageszeitungen, in denen Hypnosebehandlung angeboten wird, z. B. zur Gewichtsreduktion oder zur Raucherentwöhnung, jeweils mit dem Zusatz versehen „keine Heilbehandlung", um damit nicht gegen das Heilpraktikergesetz zu verstoßen. Das heißt, mit diesem Zusatz „keine Heilbehandlung" kann jedermann eine Hypnosepraxis eröffnen, ohne eine entsprechende Ausbildung nachweisen zu müssen.
Wir meinen, daß nicht eine akademische Bildung, sondern eine qualifizierte Ausbildung in Hypnose die wesentliche Voraussetzung zur Anwendung von Hypnose sein sollte.
Der Respekt vor der Eigenbestimmung des Menschen wird in der Ausbildung im Rahmen der DGZH und M.E.G. vermittelt.Um sicherzugehen, daß Hypnose in einer den Menschen dienenden Art und Weise angewandt wird, sollte jeder, der mit Hypnose arbeitet, zur Supervision verpflichtet werden. Abgesehen von der Supervision ist es notwendig, die Hypnosearbeit unter folgenden Aspekten einer kritischen Selbstprüfung zu unterziehen.

4.3 Selbstprüfung

1. Wende ich Hypnose sach- und fachbezogen an?
   Hypnose sollte nur nach einer klaren Indikationsstellung, nach vorausgegangener Anamnese und mit einer klaren Zielvorstellung angewandt werden. Hypnose als Selbstzweck oder gar zur Belustigung ist abzulehnen.
2. Welche Gefühle habe ich bei der Anwendung von Hypnose?
   Stelle ich fest, daß Macht- oder auch Lustgefühle dabei eine wichtige Rolle spielen, ist es höchste Zeit, eine fundierte Supervision, evtl. auch Eigentherapie, in Anspruch zu nehmen. Selbstverständlich soll dabei nicht die Freude, anderen helfen zu können, und der Stolz auf eine erfolgreiche Behandlung geschmälert werden. Man sollte sich jedoch über die eigene Motivation im klaren sein.
3. Werden Patienten durch Hypnosebehandlung in unzulässiger Weise an den Behandler bzw. die Praxis gebunden? Um einer zu starken Bindung zuvorzukommen, betonen wir immer den Aspekt der Selbsthypnose bei unseren Patienten.

5 Supervision

Für jeden, der mit Hypnose arbeitet, sollte regelmäßige Supervision selbstverständlich sein. Dabei werden eigene Videoaufzeichnungen bzw. Tonbandprotokolle mit einem Supervisor durchgearbeitet, der eine psychotherapeutische Ausbildung sowie fundierte Hypnoseerfahrung besitzen sollte und seine Arbeit ebenfalls durch Supervision überprüft. Die vier wichtigsten Gesichtspunkte bei der Supervision in Bezug auf den Hypnotiseur sind dabei

1. Motivation
   - Was veranlaßt mich zu dieser Tätigkeit?
   - Was ist mein individueller Nutzen daraus?
   - Mit welchen Patienten arbeite ich hauptsächlich?
   - Wie kann ich meine Motive besser nutzen?

2. Übertragung
   - Warum sage ich dies in diesem Moment?
   - Warum nehme ich in diesem Moment Körperkontakt auf/nicht auf?
   - An wen erinnert mich dieser Patient/Patientin?
   - An welche Situation in meinem Leben erinnert mich dieser Patient/Patientin?

3. Integration
   - Ich erkenne mich selbst in meiner Handlung.
   - Ich versöhne mich mit meiner Selbsterkenntnis.

4. Zukunftsperspektive
   - Änderung meiner Arbeitsweise für ein effektiveres und befriedigenderes Vorgehen in der Arbeit mit Patienten.

Dieses Durcharbeiten kann für den Behandler zu wichtigen fachlichen und persönlichen Fortschritten führen. Sein Umgang mit sich selbst und mit seinen Patienten wird sich dadurch verbessern, und so ist Supervision auch unter dem Aspekt der allgemeinen Überprüfung der beruflichen und der Lebensziele zu verstehen.

5.1 Antreiber

Das Überprüfen, inwieweit die folgenden Antreiber den Berufsalltag bestimmen, hilft über Motivation und Ziele nachzudenken.

Tabelle 13 Antreiber (nach Toni Forster, pers. Mitteilung 1989)

1. Sei stark, zeig keine Schwäche.
2. Mach`s immer richtig, wenn du einen Fehler machst, verlierst du den Patienten.
3. Sei 100 % perfekt.
4. Streng dich noch mehr an.
5. Beeil dich, mach es noch schneller.

5.2 Durchführung der Supervision

Die Supervision kann – je nach Thema – in Einzelsitzungen, Kleingruppen oder fachbezogen, wie beispielsweise in der Zahnmedizin, auch in größeren Gruppen durchgeführt werden. Als nützlich dabei hat sich die Checkliste Supervision Hypnosetechnik (siehe unten) erwiesen, nach der einzelne Teilnehmer der Supervisionssitzung nur bestimmte Gesichtspunkte der dargestellten Hypnosesitzung überprüfen und sich speziell auf diese konzentrieren. Durch die anschließende gemeinsame Diskussion ist ein differenzierteres Aufarbeiten der Hypnosesitzung möglich. Supervision darf nie in schulmeisterliche Belehrung ausarten oder der Kritiksucht des Supervisors dienen; sie muß allen Beteiligten helfen, zu lernen und persönlich zu wachsen.

Die folgende Checkliste verwenden wir bei Supervisiosseminaren. Einzelne Teilnehmer konzentrieren sich auf Teilbereiche und referieren anschließend darüber.

Tabelle 14 Checkliste Supervision

Checkliste Supervision Hypnosetechnik

A Patient | B Behandler | C Supervisor

Antreiber:	(Womit hat sich B selbst unter Druck gesetzt?)
Anamnese:	(Wichtiges vergessen? Information nicht verwendet?)
Feedbacksystem:	(Wie wurde Feedback eingeholt?)
Suggestibilitätstest:	(Wie?)
äußerer Rahmen:	(Was war störend für die Trancearbeit?)
Rapport:	(Wie stellt B Rapport her? Wie hält er ihn aufrecht?)
Metaphern:	(Welche?)
Diagnose:	(VAKO? Direkte/indirekte Technik? Nicht sugg./schwer suggestibel? ZÄ-Diagnose)
Induktion:	(z. B. Fixation/Zählmethode)
Pacing:	(Was hätte B noch besser nutzen können? Yes set?)
Leading:	(Harmonische Übergänge? Wurden die Suggestionen befolgt?)
verbal:	(Formulierungen, Sprache, Rhythmus, Tonlage)
nonverbal:	(Körpersprache beachtet? Welche nonverbalen Informationen von A wurden genutzt und welche von B angewendet?)
Vertiefen:	(z. B. Treppe, Atmung, Levitation)
Trancearbeit:	(z. B. Präp., Kopfschmerz etc.)
posthypn. Suggestion:	(Diagnose/therapiebezogen, befolgt?)
Rückführung:	(Wie kam der Patient aus der Trance?)
Epikrise:	(Fall zufrieden abgeschlossen, fallspezifische Verbesserungen, grundsätzliche Verbesserungen)

Kapitel VI

Das Neurolinguistische Programmieren (NLP)

Zwischen NLP und Hypnose bestehen fließende Grenzen, da ein Teil des NLP sich aus der (Ericksonschen) Hypnose entwickelt hat. Die durch das NLP systematisierten und weiterentwickelten Hypnosetechniken fließen wieder in die Hypnose zurück.
Das Ziel des NLP ist, im Einklang mit sich selbst zu sein (Resonanz) und anderen die Möglichkeit zu eröffnen, in ihre eigene Resonanz zu kommen.
Das Neurolinguistische Programmieren ist eine Sammlung von Übungen und Techniken (Werkzeugen) zur Verbesserung der Kommunikation, die die Eigenkräfte des Menschen zur Entfaltung bringen sollen.
Es beruht auf den Untersuchungen des Sprachgebrauchs dreier überragender Therapeutenpersönlichkeiten (Fritz Pearls, Virginia Satir, Milton Erickson). Alle drei haben beeindruckende therapeutische Erfolge auch bei äußerst schwierigen Patienten erzielt. Sie gehören verschiedenen psychotherapeutischen Schulen an (Pearls: Gestalttherapie, Satir: Familientherapie, Erickson: Hypnosetherapie), doch bestanden auffallende Ähnlichkeiten in der Art und Weise, wie diese drei „Gurus" mit ihren Patienten gearbeitet haben.
Durch Analysen der von ihnen verwendeten Sprachmuster wurde versucht, die Metasprache (die Grundmuster, die hinter der Sprache stehen) zu erfassen. Dabei stellten sich verblüffende Gemeinsamkeiten in der Metasprache dieser drei genannten Therapeuten heraus. Durch Bandler und Grinder (1984) wurden diese therapeutischen Grundprinzipien lehr- und lernbar gemacht.
In Deutschland wurde NLP durch Thieß Stahl (1988) und Gundel Kutschera bekannt gemacht.

Die Kommunikations- und Beobachtungstechniken, die im NLP gelehrt werden, sind Gegenstand heftiger wissenschaftlicher Kontroversen. Den Begründern wird eine opportunistische, zynische, menschenverachtende und manipulatorische Grundeinstellung vorgeworfen.
Der Haupteinwand ist, daß mit Techniken gearbeitet wird, deren Richtigkeit mit wissenschaftlichen Methoden nicht bestätigt werden konnte. So konnte z. B. die Systematik des visuellen Kalibrierens in Untersuchungen von mehreren Autoren nicht bestätigt werden (Kossak 1989).
NLP-Seminare werden für jedermann angeboten, oft als Schulung für Manager und Verkäufer, als Wunderwaffe der Überlegenheit gegenüber Verhandlungspartnern.
Dieser Kritik haben sich die Protagonisten des NLP in den nächsten Jahren zu stellen. Ihre Erwähnung soll hier helfen, das Dargestellte kritisch zu überprüfen und zu verhindern, alles was in NLP Seminaren vermittelt wird, als neue Heilslehre kritiklos anzuwenden.
Nach unserer praktischen Erfahrung helfen uns NLP-Techniken, im Alltag viele Probleme effektiv zu lösen. Sei es als therapeutisches Handwerkszeug oder als Kommunikations- und Beobachtungsstrategie.

1 Grundlagen

1.1 Begriffsdefinition

Der Begriff Neurolinguistisches Programmieren setzt sich zusammen aus den Worten:
Neuro: Das griechischen Wort Neuron bedeutet Nerv. Es steht dafür, daß eine Erfahrung und die daraus entstehenden Verhaltensweisen auf den fünf Sinneskanälen (VAKO) weitgehend unbewußt aufgenommen und „gespeichert" werden.
Worte, Bilder, Töne und Gefühle sind nur Etiketten für die individuelle innere Erfahrung eines Menschen. Fragen Sie fünf ver-

schiedene Personen, was sie unter dem Wort Tisch verstehen und Sie werden fünf verschiedene Antworten bekommen. Stellen Sie den gleichen Personen die Frage, was Liebe oder Sicherheit bedeutet, ohne es für sich zu interpretieren, und lassen Sie sich überraschen.

Linguistisch: Steht für die Beschäftigung mit Sprachmustern. Es wird dabei untersucht, was beim Gebrauch von Sprache unbewußt oder bewußt weggelassen, vergessen oder versteckt wird (Betonung, Modalverben, Nominalisierung, Generalisierung, Tilgung).

Das Arbeiten mit der Linguistik dient dazu, zu der eigentlichen Ursache eines bestimmten Verhaltens zu gelangen, um bezüglich dieses Verhaltens grundlegende Änderungen in Gang setzen zu können.

Programmieren: Steht für die verschiedenen inneren Programme bzw. Denkprozesse, die entscheidend für unser zwischenmenschliches Verhalten sind. Wir haben diese Prozesse und Muster von unserer Umwelt übernommen, geübt und zu einem Teil unserer Identität gemacht.

Die Annahme von NLP besteht darin, daß diese einmal gelernten Denkprozesse oder Programme sowohl beibehalten als auch geändert oder neu programmiert werden können.

Physiologie: Unter Physiologie versteht man den äußerlich sichtbaren Ausdruck der inneren Gefühlsregungen, z. B. Hautfarbe, Atmungsfrequenz und -tiefe, Gesichtsausdruck und Körperhaltung (Molcho 1983). Die nach außen sichtbaren Zeichen innerer Prozesse sind die sich ändernde Physiologie: Veränderung der Atmung, der Körperhaltung, der Gesichtszüge, der Durchblutung, der Stimmlage (siehe Kalibrieren).

Ein Grundprinzip des NLP ist, den Patienten während der Therapie immer in einer guten Physiologie zu halten.

Der Patient muß also vergangene Schmerzen nicht immer wieder neu durchleben, sondern er wird befähigt, in einem für ihn angenehmen Zustand wesentliche Verhaltensänderungen vorzunehmen.

Ressource: ist ein positiver innerer Zustand, in dem mehrere Handlungsmöglichkeiten offen sind (das Gegenteil vom stuck state = festgefahrener Zustand, Blockierung).

Ebenso wie die moderne Hypnose geht das NLP von der Grundannahme aus, daß ein Mensch alle notwendigen Fähigkeiten und Anlagen (Ressourcen) hat, um sich für sein Fortkommen und zur Bewältigung seiner Probleme die nötigen Hilfen selbst zu geben. Nur Blockierungen in der Entwicklung, d. h. in der Vergangenheit des Menschen, verhindern den Zugriff auf diese vorhandenen Ressourcen. Durch die Therapie soll der Patient in die Lage versetzt werden, diese vorhandenen Ressourcen freizulegen und alte Verhaltensmuster durch neue zu ersetzen.

Die Kunst im NLP besteht darin, gezielt ressourcevolle innere Zustände (z. B. Ruhe, Sicherheit, Geborgenheit) zu finden. Dadurch, daß die positive Ressource die negativen Erlebnisse des Patienten verändert, bekommt er neue Verhaltensmöglichkeiten für die Situation. In der zahnärztlichen Praxis heißt das, dem Patienten seine Angst zu nehmen, durch Sicherheit zu ersetzen und ihm so die Möglichkeit zu geben, aus dieser Perspektive die Situation neu zu beurteilen.

1.2 Vorannahmen

Um mit Patienten effektiv arbeiten zu können, postuliert das NLP folgende Vorannahmen.

Wir haben alles, was wir brauchen, schon in uns.

Jeder Angstpatient ist in bestimmten Situationen ressourcevoll.

<u>Jedes Verhalten hat eine positive Absicht.</u>

Jeder Patient, der Angst hat, möchte sich z. B. vor Schmerz schützen.

Jeder tut das Beste in der jeweiligen Situation, was er/sie kann.

Durch Angst steht dem Patient nur ein bestimmtes geringes Verhaltensrepertoire zur Verfügung (stuck state).

Wir geben ein Verhalten erst dann auf, wenn wir ein besseres gefunden haben. Erst wenn der Patient Vertrauen (Sicherheit) *in sich* gefunden hat, kann er die Angst vor dem Zahnarzt überwinden.

Bei der Arbeit mit NLP wird davon ausgegangen, daß unsere in der Vergangenheit gemachte <u>Erfahrung Bilder</u> in unserem Unterbewußtsein hinterlassen hat (dasselbe gilt für Geräusche, Gerüche, Geschmäcker). Jedes dieser Bilder ist mit einem individuellen <u>Gefühl</u> verbunden und mit jedem Gefühl wiederum eine individuelle Physiologie (z. B. geneigter Kopf bei Trauer).

2 NLP-Therapie

Eine sehr einfache Möglichkeit, im normalen Gespräch mit Ressourcen zu arbeiten, bietet folgende Kurzintervention:

2.1 Kurzintervention

Nehmen Sie mit dem Patienten Kontakt auf, indem Sie Körperhaltung und Atmung gleichschalten (Rapport aufnehmen). Führen sie ihn durch VAKO in einen guten Zustand, in dem er über die nötigen Resourcen (inneren Fähigkeiten) verfügt, und fordern Sie ihn auf, bei gleicher Körperhaltung und Atmung über seine Ängste zu reden. Er wird sofort von diesem negativen Gefühl dissoziert sein und seine Ängste von „außen“ beobachten können. Somit können sie dem Patienten die Angst nehmen und ihm die Möglichkeit geben, für sich anders mit der Situation umzugehen. Diese Kurzintervention ist für Patienten geeignet, die sehr körperbewußt sind (Sportler) und bewußt die positive Körperhaltung beibehalten können.

2.2 Reframing

Die Verhaltensmuster, die verändert werden sollen, werden in einen neuen Bezugsrahmen (Engl. frame: Rahmen) gestellt. Das Vorgehen beim Reframing ist in Teil-Lernschritte gegliedert, der Patient wird schrittweise durch die Veränderungsarbeit geführt. Jeder Teilschritt wird durch alle VAKO-Bereiche geführt (Bandler & Grinder 1985; Stahl 1988).
Mit Hilfe des Reframing wird dem Patienten dazu verholfen, seine bisher negativ angesehenen Eigenschaften aus einem neuen Blickwinkel zu beobachten. Dies befreit ihn von der Zwanghaftigkeit seines Verhaltens. Die Anker, die dieses Verhalten auslösen, werden aufgedeckt, und anstelle des alten Verhaltens wird ein neues Verhalten erarbeitet.

2.2.1 Alte Verhaltensmuster aufdecken

So ist es zunächst einmal notwendig, die Zwanghaftigkeit im Ablauf eines alten Verhaltensmusters aufzudecken, z. B. in bezug auf den Würgereiz klarzumachen, daß dieses alte Verhaltensmuster so automatisch abläuft, daß der Patient durch seinen bloßen Willen diesen Ablauf nicht beeinflussen kann.

2.2.2 Diesen Teil der Persönlichkeit akzeptieren

Dieses vom Patienten meist abgelehnte, sogar gehaßte Verhalten X wird ihm als ein Teil seiner Person dargestellt, der zunächst einmal akzeptiert werden muß (z. B. auch ein chronischer Schmerz). Denn der Schmerz oder Würgereiz kommt in bestimmten Situationen absolut zuverlässig und kann vom Bewußtsein nicht verhindert werden. Das Verhalten X „kennt" die Auslöser (Anker), wann es aufzutreten hat.
Der Patient soll einen Zugang zu X herstellen, mit X in Kommunikation treten. Ein Ja-Signal macht die Bereitschaft von X deutlich, mit dem Patienten zu kommunizieren.

2.2.3 Gute Absichten erkennen

Der Patient lernt nun, zwischen diesem ursprünglich von ihm nicht akzeptierten Verhalten X (z. B. Würgereiz, Schmerz) und der dahinter liegenden guten Absicht zu unterscheiden (Schutz vor z. B. „Eindringen in den Mund", oder vor einer körperlichen Störung). In weiteren Lernschritten muß der Patient mehrere gute Absichten, die hinter diesem Verhalten stecken, herausarbeiten (z. B. Würgereiz als Schutz vor dem ungeliebten Zahnarztbesuch). Er muß lernen, daß seine „schlechten Gewohnheiten" keine schlechten Gewohnheiten sind, sondern daß er sie irgendwann einmal gelernt hat als notwendige und überlebenswichtige Reaktionen auf bestimmte Reize (z. B. Schutz vor dem Ersticken, Schutzfunktion des Schmerzes vor Verletzung).

2.2.4 Neues Verhalten einüben

Dann können neue Wege gefunden werden, die guten Absichten von X (der ursprünglich nicht akzeptierten Eigenschaft) durch noch effektivere und bessere Verhaltens-Strategien zu ersetzen. Um auf diese neuen Verhaltensmöglichkeiten zu kommen, wird der kreative Teil des Patienten angesprochen, daß er mit X zusammen Möglichkeiten findet, seine guten Absichten besser zu verwirklichen.

2.2.5 Future Pacing

Der voraussichtliche Zeitrahmen für die Veränderungsarbeit wird festgelegt.
Die Funktionstüchtigkeit des neuen Verhaltens gegenüber dem alten Verhalten in der Zukunft wird durchgespielt und überprüft (Future Pacing).

2.2.6 Ökologie-Check

Mit einem Ökologie-Check (Überprüfung, ob das neue Verhalten besser und effektiver und dem Gesamtsystem des Patienten besser angepaßt ist) wird überprüft, ob noch einwanderhebende Teile vorhanden sind. Z. B. ob diese Verhaltensänderung nicht nur eine Symptomverschiebung darstellt, sondern eine wirklich positive Änderung im Leben des Patienten bewirken wird.
Bei jeder Arbeit mit NLP wird die indiviuelle Realität des Patienten berücksichtigt. Es wird ihm bewußt gemacht, daß er die Möglichkeiten (Ressourcen) zur Umwandlung der Situation in sich hat und der Zahnarzt nur den Rahmen zu dieser Veränderung schafft (Eigenverantwortung).

2.3 Der Zielrahmen

Dieser ist in vier Schritte gegliedert:

1. Die Zielfindung
   - positive Formulierung
   - in eigener Referenz (Kontrolle)
2. Strategien
3. Submodalitäten
4. Kontext
5. Ökologie

2.3.1 Die Zielfindung

In jedem Gespräch mit Angstanamnese werden dem Patienten nach Aufnahme von Rapport folgende Fragen gestellt:

- Wie wollen Sie sich während der Behandlung fühlen?
- Wenn sie welche Qualitäten (Ruhe, Sicherheit...) haben, würden Sie sich ruhig und sicher fühlen.

Der Patient wird angeleitet, sein Ziel, wie er sich während der Behandlung fühlen möchte, positiv zu formulieren.

- Unsere Ziele bestimmen, worauf wir unsere Aufmerksamkeit richten.

Wenn der Patient sich vorstellt, KEINE ANGST mehr zu haben, bewegt er sich unbewußt auf Angst zu. Stellen sie sich mit aller Intensität einen blauen Topf NICHT vor. Die Orientierung auf ein neues Ziel, auf einen angenehmen Rahmen zu, fehlt.
Sowohl bei negativen als auch bei positiven Formulierungen wird immer auf die eigentliche Bedeutung des Ziels zugegangen. Das Unbewußte versteht „Nicht“ nicht.

DAS ZIEL WIRD IN EIGENER KONTROLLE FORMULIERT, d. h., der Patient kann selbst und aktiv an seiner Situation etwas ändern.

- Ich möchte mich ruhig und sicher fühlen.
- Ich will mich beim Zahnarzt entspannen.

Skizze 2 Zielscheibe, nach Gundel Kutschera

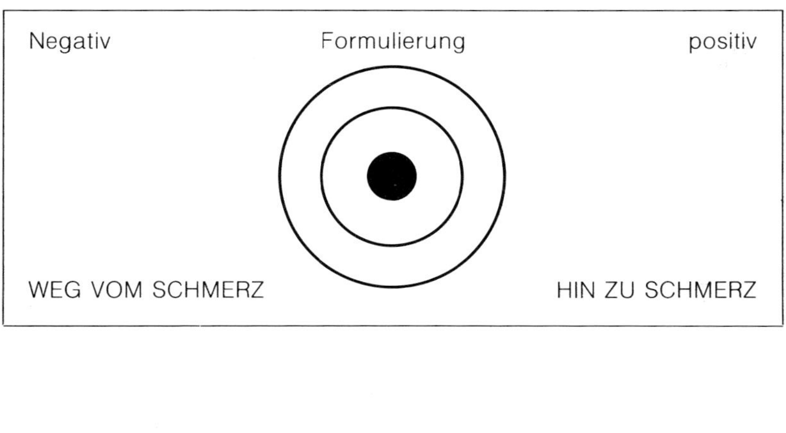

2.3.2 Strategien

Um den Patienten in das von ihm formulierte Ziel (sich ruhig und sicher fühlen) führen zu können, wird er gefragt, wann er sich zuletzt z. B. richtig ruhig und sicher gefühlt hat.
Zugangsmöglichkeiten zu den Gefühlen, in denen der Patient eine Lösungsmöglichkeit für sein Problem hat, bieten folgende Strategien:

a) Er sucht nach Bildern in seiner Vergangenheit, in denen er über die Ressource ruhig und sicher verfügt.
b) Er stellt sich vor, er hätte die Möglichkeit, sich ruhig und sicher zu fühlen und visualisiert ein Bild, in dem er diese Ressource hat.
c) Er stellt sich eine Person vor, bei der er selbst das Gefühl hat, daß sie ruhig und sicher ist.

Da die Vorgehensweise mit a) am einfachsten ist und keine fortgeschrittenen NLP-Techniken benötigt, soll nur sie beschrieben werden:
Der Patient wird „aufgefordert", in seiner Vergangenheit nach einer Situation zu suchen, in der er diese Ressource (ruhig und sicher) klar zur Verfügung hatte.
Dabei ist die Situation, die mit diesem Gefühl verbunden ist, völlig unerheblich (Urlaub, Arzt, Party, Büro, Tanzen).
Während der Patient in seiner Vergangenheit sucht, können die Augensuchmuster des Patienten wertvolle Information für Zugangshinweise liefern (Genauere Informationen dazu s. S. 201).
Bei der Frage: „Erinnern Sie sich an eine Situation, in der sie sich XY (ruhig und sicher) gefühlt haben?", gehen die Augen unbewußt nach oben links.
Lassen Sie den Patienten gezielt in diese Richtung schauen und Sie bekommen Information über das Bild, auch wenn der Patient anfangs sich an keine Situation erinnern kann.
Augensuchmuster machen die Informationen für den Patienten leichter zugänglich und geben dem Behandler Hinweise über Hauptrepräsentationssystem und Informationsspeicherung.
Durch guten Rapport lassen sich oftmals die Gedanken des Patienten erraten (Resonanz, Gegenübertragung), durch die Blickrichtung lassen sie sich in das richtige Repräsentationssystem übersetzen.

- Dieses „Gedankenlesen“ kann auch zur Induktion einer Trance verwendet werden.

Während der Patient von diesem ressourcevollen Erlebnis spricht, fragen Sie ihn z. B. nach der Farbe des Strandes, nach dem Rauschen des Meeres, nach dem Gefühl des Sandes, wenn er durch die Zehen rieselt und nach dem Geruch des Seetangs, gehen Sie die Modalitäten (VAKO) durch.
Interessieren Sie sich tatsächlich für das Ereignis!
Beobachten Sie die Kongruenz der Physiologie. Wenn das Erlebte mit dem Körperausdruck dieser Situation identisch wird, fangen Sie an, gezielt nach den Submodalitäten zu fragen.

2.3.3 Die Arbeit mit Submodalitäten

Submodalitäten sind Untereigenschaften der Modalitäten (VAKO). Erlebnisse (Bilder) haben beim Visualisieren eine ganz bestimmte Zuordnung im Raum. Ein Bild entsteht in einer gewissen Entfernung, in einer bestimmten Richtung und in definiertem Winkel zum Betrachter. Dieses Bild hat individuelle Farben, ist klar oder verschwommen, hell oder dunkel, hat eine Umrahmung, oder es bestehen fließende Grenzen zur Umgebung. Ebenso gibt es solche Zuordnungen im auditiven, kinästhetischen und olfaktorischen Bereich.

Übung
Finden Sie weitere eigene Submodalitäten! Lassen sie dem Patienten zwei verschiedene Situationen, die unangenehme Zahnarztsituation und den passenden resourcevollen Zustand, nacheinander vor seinem inneren Auge entstehen, und holen Sie die Submodalitäten bei jedem Bild einzeln heraus.

Bei der negativen Situation wird der Patient zur Dissoziation angeleitet, d. h., er stellt sich den Anfang der zahnärztlichen Behandlung auf einer Leinwand vor und sieht sich selbst auf der Leinwand agieren. Der Film läuft bis an die Stelle, an der der Patient sagt, daß das die „schlimmste“ Stelle ist, die der Hauptdarsteller „dort“ durchlebt. Nehmen sie dieses Bild.

Tabelle 15 Submodalitäten

SUBMODALITÄTEN
(Untereigenschaften von Modalitäten)

Visuell	pos. Erfahrung	neg. Erfahrung
Ort im Raum		
Entfernung		
Rahmen/Panorama		
Form des Rahmens		
Größe relativ zur Lebensgröße		
Klar/verschwommen		
Dissoziert/assoziert (sieht sich/sieht mit eigenen Augen)		
Bewegung (Rhythmus und Geschwindigkeit)		
Kontrast – Vordergrund/Hintergrund		
Farbe/schwarzweiß		
Auditiv		
Anzahl der Klang- und Tonquellen		
Entfernung und Ort im Raum		
Musik/Lärm/Stimme (wessen)		
Stereo/Mono		
Geschwindigkeit		
Rhythmus		
Deutlich/undeutlich		
Klangfarbe höher/tiefer		
Lautstärke laut/leise		
Modalverben darf/muß		
Kinästhetisch		
Ort (eine Stelle/überall)		
Still/Bewegung		
Druck		
Dauer		
Intensität		
Temperatur		
Feuchtigkeit		
Rhythmus		
Olfaktorisch		

Nach Exploration (Herausfinden) der Untereigenschaften wird das Bild der „schlimmsten“ Stelle vorgestellt und die Submodalitäten des positiven Bildes werden installiert; z. B. die schwarzweiße Farbe des negativen Bildes wird mit der Farbe des positiven Bildes eingetauscht, die laute schrille Stimme der Großmutter gegen die des leise plätschernden Wasserfalls usw.
Beachten Sie die Veränderung der Physiologie bei der Installierung der ressourcevollen Submodalitäten in das negative Bild. Führen Sie die Integration solange durch, bis der Patient beim negativen Bild vollen Ressourcezustand zeigt.

2.3.4 Der Kontext

Es wird genau definiert, wie oft und in welchem Kontext der Patient sein Verhalten zeigt. In diesem Fall bezieht sich das Verhalten des Patienten nur auf den zahnärztlichen Rahmen.

2.3.5 Die Ökologie

Im letzten Schritt des Zielrahmens wird nach dem Nutzen der Lösung gefragt. „Verändert sich meine Umwelt im Positiven oder im Negativen?“
Fragen Sie den Patienten, wie sein Leben sich verändern würde, wenn er sich in der zahnärztlichen Behandlung ruhig und sicher fühlen würde.
Es könnte z. B. sein, daß veränderte Zuwendung von Kollegen und Freunden, fehlendes Mitgefühl, das Gefühl, sich selber etwas zuzutrauen oder an seinem Schicksal selbst etwas ändern zu können, Hindernisse sein können, die eine Veränderung nicht immer dauerhaft machen, doch für die zahnärztliche Behandlung schaffen sich Zahnarzt und Patient einen ressourcevollen Zustand.

2.4 Stuck State und Separator State

Erlauben Sie sich jetzt eine kurze Unterbrechung, indem Sie sich strecken oder einmal tief Luft holen oder auch kurz aufstehen.
Damit haben Sie sich eine Pause und einen Separator State gegönnt!
Zwangssituationen, in denen man sich wie unbeweglich fühlt und

in denen die Flexibilität der Gedanken vollkommen blockiert ist, nennt man einen „stuck state".
Das Herausgehen aus einer so verfahrenen Situation nennt man einen „separator state". Hierbei kann das Eingreifen des ansonsten passiven Cotherapeuten sehr nützlich sein, sofern er sich nicht in den Stuck State hat einbeziehen lassen.
Beispiel: Wenn sich in unserer Praxis der Chef in einem Stuck State befindet, haben die Mitarbeiterinnen die Aufgabe, ihn durch einen vorgetäuschten Telefonanruf aus dem Zimmer zu lotsen, damit er nach einer Tasse Tee wieder zu sich kommt und mit veränderter Sicht der Situation ins Sprechzimmer zurückkehren kann.

Übung
Spielen Sie Situationen durch, in denen Sie sich schon einmal in einem Stuck State befunden haben, und erfinden Sie neue Möglichkeiten des Separator State.

2.5 Kalibrieren

Kalibrieren oder das Feineinstimmen der eigenen Sinne, um Veränderungen der Physiologie erkennen zu können, ist einer der wichtigsten Punkte bei der Arbeit mit NLP.
Um sich hierfür trainieren zu können, möchte ich Ihnen folgende Übung zur Hand geben.

2.5.1 Physiologieübung

Übung
Als Einblick in die Möglichkeiten des NLP schlagen wir eine Übung im Erkennen und im Umgang mit der Körpersprache vor. Diese Übung macht besonders viel Spaß, wenn viele Beobachter (C) dabei sind.
Übungsablauf:
1. Ihre Versuchsperson (A) soll an einen Menschen denken, den sie nicht leiden kann. Beobachten Sie und Ihre Mitspieler dabei Körperhaltung, Atmung, Hautfarbe usw. von A.

2. Dann führen Sie einen Separator State für A durch. Lassen Sie A aufstehen, lenken Sie A ab mit einem vollkommen anderen Thema. Der Separator State ist dann erfolgreich, wenn sich die Physiologie bei A verändert.
3. Im dritten Schritt soll die Versuchsperson an einen Menschen denken, den sie sehr gut leiden kann. Diese positive Person Y wird eine komplette Änderung der Körpersprache von A bewirken (positive Physiologie). Beobachten Sie diese Physiologie, wenn A an Y denkt!
4. Führen Sie wieder einen Separator State durch!
5. Jetzt stellen Sie Fragen nach X oder Y, die A nun in Gedanken beantworten soll. Eine Frage könnte z. B. lauten: „Wer ist älter, X oder Y?“
6. Durch Beobachtung der Physiologieänderung bei A können Sie erkennen, an welche Person A gerade denkt. Vergewissern Sie sich nach jeder Frage, ob Sie recht hatten oder nicht.
7. Stellen Sie weitere Fragen, z. B. „Welche Person, X oder Y, werden Sie als nächstes sehen?“ Oder: „Welche Person, X oder Y, ist größer?“

Durch diese Physiologieübung lernen Sie, den Wechsel der Physiologie zu beobachten. Sie können diese Übung mehrfach durchführen und sich dabei jeweils auf einen anderen Parameter, z. B. Atmung, Körperhaltung, Hautfarbe konzentrieren, um noch genauer beobachten zu lernen.
Man kann als X auch einen Problempatienten, als Y einen Lieblingspatienten nehmen.

2.5.2 Visuelles Kalibrieren (Augensuchmuster)

Zu den bekanntesten und umstrittensten NLP-Techniken gehört das visuelle Kalibrieren. Es geht von der Beobachtung aus, daß innere Denkprozesse sich in der Stellung der Augen niederschlagen, d. h. daß bestimmte Positionen der Augen Rückschlüsse darauf zulassen, was im gedanklichen Ablauf des Patienten gerade vor sich geht.

Visuelles Kalibrieren (Augensuchmuster)
gültig für Rechtshänder,

Augen oben

rechts

A stellt sich etwas vor
visuell konstruiertes Bild

links

A erinnert sich visuell
visuell erinnertes Bild

Augen in der Horizontalebene

rechts

rechts

auditiv konstruiert
A hört was neues

Mitte

träumender Blick
Pupille weiter
erinnertes/konstruiertes
Bild

links

auditiv erinnert
A hat schon mal
gehört

Augen unten

rechts

Kinästhetisch, Geschmack, Geruch
A fühlt (Sensation, Emotion)

links

Auditiv, interner Dialog
A beschäftigt sich mit Klang,
Geräusch

Skizze 3 Visuelles Kalibrieren, nach Bandler und Grinder (1984), gut beschrieben von Miller, P. (1990).

Diese Angaben der Augensuchmuster oder des visuellen Kalibrierens gelten für rechtshändige Menschen. Bei Linkshändern sowie bei umtrainierten Linkshändern (das können Sie daran erkennen, daß Sie den Patienten kurz die Hände falten lassen. Liegt der linke Daumen oben, handelt es sich um einen umtrainierten Linkshänder) gelten diese Regeln genau anders herum. Aus der Stellung der Augen kann auf den Modalitätsbereich geschlossen werden, in dem sich A gerade befindet.

Beschreibung der Augensuchmuster

Gehen also die Augen des Patienten nach rechts oben, handelt es sich um visuell konstruierte Bilder, gehen sie nach links oben, handelt es sich um wirkliche Erlebnisse, an die sich der Patient erinnert. Gehen die Augen nach der Mitte und rechts, handelt es sich um auditiv Konstruiertes, d. h. die Frage: „Wie würden sie am liebsten Ihren Namen ausgesprochen hören, was für ein Klang, was für eine Formulierung, was für eine Tonfarbe stellen Sie sich dabei vor?" wird die Augen nach seitlich rechts führen, während die Frage: „Welches ist Ihr Lieblingsmusikstück?" die Augen nach links seitlich führen wird, in der Erinnerung an ein auditives Erlebnis. Gehen die Augen des Patienten nach rechts unten, ist er im kinästhetischen Bereich. Dies passiert sehr häufig, wenn ein Patient Angst vor einem heftigen Schmerz hat, bzw. sich an ein entsprechendes Körpergefühl erinnert; auch Geruch und Geschmack gehören in die Augenposition rechts unten. Gehen die Augen des Patienten nach links unten, führt er ein inneres Gespräch mit sich selbst, einen internen Dialog, es können auch Klänge und Geräusche sein, mit denen er sich innerlich beschäftigt.

Aus dem folgenden Beispiel wird ersichtlich, wie sinnvoll die Augensuchmuster (Kenntnisse über die Augenstellung) für die Kommunikation mit den Patienten eingesetzt werden können.

Eine Patientin mit großer Zahnarztangst saß auf dem Stuhl und litt unter akuten Schmerzen, ausgehend von einem pulpitischen Molaren, und Sie bekundete, daß Sie seit Jahren nicht mehr zum Zahnarzt gegangen sei. Nur der Schmerz hätte sie auf den Stuhl getrieben, aber sie wolle am liebsten wieder davonspringen. Dabei gingen ihre Augen nach links oben und ich antwortete ihr: *„Jetzt sehen Sie genau die damalige schreckliche Szene wieder. Aber*

schauen Sie sich doch einmal hier um, sieht es hier nicht viel freundlicher aus?“ Aus dem Auswandern ihrer Augen nach links oben war ersichtlich, daß sie sich an ein visuelles Ereignis erinnerte, und es war leicht zu erraten, an welches. Den Patienten jedoch verblüfft dieses „Gedankenlesen“ außerordentlich. Deshalb ist es geeignet, einen guten Rapport herzustellen. Wir einigten uns dann darauf, zunächst einmal einzuspritzen. Aber schon beim Gedanken an die kommende Injektion gingen die Augen der Patientin nach rechts oben, und deshalb sagte ich ihr: *„Jetzt sehen Sie gerade eine riesige Spritze vor Ihrem inneren Auge“,* worauf sie mit ihren Augen nach links unten ging und ich ihr sagen konnte*: „Und jezt überlegen Sie sich gerade, woher ich weiß, daß Sie diese Gedanken hatten, und Sie haben darüber mit sich selbst innerlich gesprochen.“* Dies verstärkte die Konfusion der Patientin. Ihre Augen gingen nach oben weg, und sie fiel in eine spontane Trance.
Dies unterstützte ich mit den Worten: *„Und jetzt fühlen Sie, wie Ihnen ganz flau wird, so ähnlich wie kurz vor dem Einschlafen, und Sie können ruhig noch weiter weggehen, weil Sie dann noch weniger von dem, was wir tun, mitbekommen“.* Offensichtlich hatte ich die Spontan-Trance nicht richtig utilisiert, denn sie riß die Augen wieder auf und schaute nach rechts unten (kinästhetische Augenposition). Darauf konnte ich Ihr sagen:
„Und Sie haben jetzt Angst davor, daß der Piekser Ihnen weh tut, aber dafür haben wir einen kleinen Trick, halten Sie jetzt einmal den Atem an, und spannen Sie den ganzen Körper stark an, beißen Sie auch die Zähne zusammen, so ist es gut...und jetzt atmen Sie aus“. In diesem Moment erfolgte die Injektion, ohne daß die Patientin es mitbekam, da sie in einer starken Konfusion war, aus der sie sich in einen Trancezustand geflüchtet hatte.

Übung
Trainieren Sie das visuelle Kalibrieren mit einer Versuchperson, die zunächst nicht über Ihre Absicht aufgeklärt ist, und stellen Sie Fragen, die sich auf die verschiedenen Augenpositionen beziehen. Führen Sie eine Strichliste, aus der Sie ersehen können, wie oft Sie die Augenstellung richtig interpretiert haben.

2.6 Fragetechnik

Fragen ist besser als behaupten.

Warum?

1. In der Behauptung liegt der Stachel zum Widerspruch.
2. Der Partner hat nicht das Gefühl, daß er überredet wird.
3. Jeder Mensch liebt es, um Rat gefragt zu werden (Bedürfnis nach Achtung).
4. Der Partner wird aktiv zum Denken angeregt, zum Reden gebracht.
5. Die Wünsche, Motive und Einwände des Gesprächspartners werden offenbar.
6. Gezielte Fragen steuern das Gespräch in die gewünschte Richtung, bestimmen die Gesprächsführung und den Ablauf.
7. Die Übereinstimmung in den verschiedenen Gesprächsphasen ist kontrollierbar (Eigenkontrolle – Partnerkontrolle).
8. Positive Fragen lösen positives Denken aus.

Die Fragetechnik

Es gibt zwei Grundformen von Fragen: offene und geschlossene Fragen.
Woran erkennt man offene Fragen?
Offene Fragen beinhalten stets ein Fragewort. Fragewörter (Interrogativpronomina) sind Wörter wie: „Wer?", „Was?", „Wann?", „Wo?", „Warum?", „Wozu?", „Weshalb?", „Welche?", etc.
Welche Wirkungen haben „offene" Fragen?

Vorteile:

1. Offene Fragen „öffnen" den Gesprächsspielraum des Befragten.
2. Er kann sich frei und ungezwungen äußern.
3. „Ja-Nein"-Antworten sind unmöglich. Der Gesprächspartner kann nur im ganzen Satz antworten.
4. Meinungen, Wissensstand bzw. Wissenslücken und Interessen des Gesprächspartners werden deutlich.

5. Verständnisschwierigkeiten hinsichtlich des Sinns der Frage können schneller geklärt werden.
6. Auf offene Fragen antwortet der Gesprächspartner nur das, was er antworten möchte.
7. Offene Fragen entkrampfen die Gesprächsatmosphäre und fördern eine partnerschaftliche Kommunikation.

Nachteile:

1. Offene Fragen erfordern oft eine wesentlich höheren Zeitaufwand als geschlossene Fragen.
2. Offene Fragen können manchmal den Gesprächspartner überfordern (Ursachen: mangelnde Bildung, Hemmungen, etc).

Woran erkennt man geschlossene Fragen?

Geschlossene Fragen beginnen stets mit einem Verb oder einem Hilfsverb (Beispiele: Haben Sie ...?, Waren Sie...?, Konnten Sie ...?, Wußten Sie ...?).

Welche Wirkungen haben „geschlossene" Fragen?

Vorteile:

1. Geschlossene Fragen erfordern einen geringeren Zeitaufwand.
2. Die Antworten (z. B. auf Meinungsfragen) mehrerer Befragter lassen sich besser vergleichen.
3. Gesprächspartner mit mangelhaftem sprachlichem Ausdrucksvermögen fühlen sich nicht überfordert, weil sie nur kurze Antworten geben müssen.

Nachteile:

1. Geschlossene Fragen geben dem Gesprächspartner nicht die Möglichkeit, sich frei und ungezwungen zu äußern.
2. Der Gesprächspartner wird lediglich dazu bewegt, die Frageinhalte wiederzuerkennen und sie dann entweder abzulehnen oder zu befürworten.
3. Die Gefahr der Suggestivwirkung ist bei geschlossenen Fragen größer als bei offenen Fragen.

4. Mißverständnisse hinsichtlich des Sinns der Frage werden nicht sofort aufgedeckt.
5. Eine Fülle von aufeinanderfolgenden geschlossenen Fragen gibt dem Gespräch den Charakter eines Verhörs und macht möglicherweise den Gesprächspartner – insbesondere wenn er über eine höhere Bildung verfügt – aggressiv.

2.7 Das Milton-Modell

Wirkungsvolle NLP-Kommunikationsmuster angewendet auf die Praxis
von Cay von Brockdorff

Milton Erickson hat als bekannter Psychologe Sprach- und Verhaltensmuster entwickelt, die in ihrer unaufdringlichen Art oft die gewünschten Wirkungen hervorriefen. Neueste sozialpsychologische Erkenntnisse beweisen, daß Beeinflussungen, die vom Empfänger der Botschaften kaum oder gar nicht als Beeinflussungsversuch wahrgenommen werden, besonders wirkungsvoll sind. Umgekehrt formuliert: Je stärker die Absicht des Senders vom Empfänger gespürt wird, desto größer ist dessen Widerstand. Das Milton-Modell gibt den Benutzern die Möglichkeit, „auf kunstvolle Weise vage und unbestimmt zu bleiben“. Damit kann der Kommunikator Aussagen machen, die spezifisch klingen, aber doch allgemein genug sind, um das Erleben des Hörers adäquat zu begleiten, egal, um was es sich handelt.
Auf die therapeutische Arbeit übertragen heißt das: Der Behandler setzt gezielt Sprachmuster des Milton-Modells ein, um den Patienten in seiner inneren Vorstellungs- und Erlebniswelt auf die Vorteile der Behandlungsvorschläge in positiver Weise einzustimmen.

Die 10 wichtigsten Sprachmuster des Milton-Modells:

1. Nominalisierungen
2. Unbestimmte Verben
3. Unbestimmter Inhaltsbezug
4. Tilgungen

5. Verknüpfungen
6. Gedanken lesen
7. Anonyme Bewertung
8. Vorannahmen
9. Versteckte Fragen
10. Zitate

1. Nominalisierung

Nominalisierungen sind unspezifische Hauptwörter. Ob es sich um eine Nominalisierung handelt, stellt man fest, indem man fragt: „Kann man den Begriff in eine Schublade packen?"
Wörter wie Neugierde, Lernen, Wissen, Finanzierungsbedarf usw. sind Nominalisierungen.
Nominalisierungen sind sehr nützlich, denn sie gestatten dem Zahnarzt, vage zu bleiben, und verlangen vom Patienten, daß er die passenden Bemerkungen in seinem eigenen Erleben sucht. Der Arzt läuft nicht Gefahr, etwas zu sagen, was dem inneren Erleben des Patienten zuwiderläuft.

Beispiele:
- „Ich weiß, daß Sie bestimmte Ansprüche an die Behandlung stellen."
  (Kronen, Brücken, Zahnersatz)
- „Ich möchte, daß Sie sich einen objektiven Eindruck von unserer Leistungsfähigkeit machen."
- „Ihr Interesse wird belohnt werden."
- „Lassen Sie uns klären, welche Eigenschaften Sie von Ihrem Zahnarzt erwarten."
- „Das Wissen über die Vorzüge einer regelmäßigen Kontrolle durch uns ist sehr gestiegen!"

2. Unbestimmte Verben

Kein Verb erfaßt alle Einzelheiten der genannten Tätigkeit, aber ein Verb kann mehr oder weniger spezifisch sein. Wenn ein Arzt relativ unspezifische Verben benutzt, muß wiederum der Patient, um den Satz zu verstehen, die Bedeutung selbst einsetzen.

Wörter wie bewegen, verstehen, erinnern, wahrnehmen, tun, usw. sind relativ unspezifisch.
Wenn der Arzt sagt: „Ich möchte, daß Sie unsere Leistungsfähigkeit erleben", benutzt er das Verb sehr unbestimmt, denn er erklärt weder wie noch was der Patient erleben soll.

Beispiele:

- „Ich möchte, daß Sie spüren, wie leistungsfähig wir sind."
- „Schauen Sie sich einmal an, welche Vorzüge sich in unserer Ausführung (Zahnersatz) verbergen."
- „Natürlich können wir darüber reden, wie wir Ihre Zahnersatzwünsche erfüllen."
- Prüfen Sie einmal, was Ihnen an unserem Behandlungsvorschlag zusagt."

3. Unbestimmter Inhaltsbezug

Das bedeutet, daß der Inhalt, zu dem der Satz eine Aussage macht, nicht spezifiziert ist.
Aussagen mit unbestimmtem Inhaltsbezug machen den Patienten geneigt, den Satz, um ihn zu verstehen, einfach auf sich selbst zu beziehen.

Beispiele:

- „Es gibt bei Zahnärzten einfach Unterschiede."
- „Zahnarzt ist nicht Zahnarzt."
- „Jeder Zahnarzt setzt andere Prioritäten."
- „Behandlungsvorschläge lösen bestimmte Empfindungen aus."
- „Bei Zahnersatz gibt es heutzutage feine Unterschiede!"

4. Tilgungen

Diese Kategorie beinhaltet Sätze, in denen ein substantivischer Ausdruck völlig fehlt. Zum Beispiel: „Ich weiß, daß Sie neugierig sind."

In diesem Satz fehlt das Objekt völlig. Der Hörer weiß nicht, auf was er neugierig sein soll. Und wieder kann er die Leerstellen mit dem ausfüllen, was seinem Erleben nach relevant ist.

Beispiele:

- „Ich freue mich, daß Sie neugierig sind."
- „Ich finde es schön, daß Sie Informationen wünschen."
- „Ich freue mich, daß Sie interessiert sind."
- „Schön, daß Sie bei uns reinschauen."

5. Verknüpfungen

Der Zahnarzt benutzt Wörter, die eine Ursache-Wirkung-Beziehung beinhalten, und zwar zwischen etwas, was bereits der Fall ist, und etwas anderem, was der Zahnarzt beabsichtigt. Das legt dem Patienten nahe, so zu reagieren, als ob das eine tatsächlich das andere „verursacht".

Es gibt drei Arten von Verknüpfungen:
a) Bindewörter wie „und"
b) Wörter wie „während", „wenn", „indem", usw.
c) Wörter wie „bewirken", „verursachen", „zwingen", „erfordern".

Bitte beachten Sie:
Bei allen Verknüpfungsarten beginnt der Sprecher mit etwas, was bereits auftritt, und verbindet damit etwas, was er herbeiführen möchte. Er arbeitet am wirkungsvollsten, wenn er von der Stufe a) über b) zu c) übergeht.

Beispiele:

- „Während Sie die Vorteile abwägen, spüren Sie die Stärke der Behandlungsvorschläge dieser Praxis."
- „Während Sie unseren Behandlungsvorschlag nachvollziehen, erkennen Sie vermutlich, wie einfach Zusammenarbeit mit uns ist."
- „Die reibungslose Zusammenarbeit wird vermutlich verursachen, daß noch mehr von uns versorgt werden möchten."

6. Gedanken lesen

Man kann seine Glaubwürdigkeit als Zahnarzt festigen, indem man sich verhält, als ob man über das innere Erleben des Patienten Bescheid wüßte – solange man beim „Gedankenlesen" bei allgemein gehaltene Formulierungen bleibt.
Wenn man nicht dabei bleibt, besteht die Gefahr, daß man etwas sagt, was im Widerspruch zum Erleben des Patienten steht. Und dann verliert man den Einklang.

Beispiele:
- „Sie wollen wahrscheinlich mehr über unseren Behandlungsvorschlag erfahren?"
- „Sie möchten wahrscheinlich mehr darüber erfahren, wo für Sie die besonderen Vorteile dieser Praxis mit eigenem Labor liegen."
- „Sie sind bestimmt neugierig, was wir noch zu bieten haben!"

7. Anonyme Bewertung

Bewertende Aussagen, in denen die Person, welche die Aussage macht, ungenannt bleibt, sind anonyme Bewertungen.
Aussagen in Form anonymer Bewertungen sind eine ausgezeichnete Möglichkeit, Vorannahmen einzubringen.

Beispiele:
- „Es ist gut, daß Sie sich über das Leistungsspektrum dieser Praxis mit eigenem Labor informieren wollen."
- „Es ist wichtig, daß Sie uns sagen, was Sie von unserer (dieser) Praxis mit eigenem Labor erwarten!"
- „Es ist wichtig zu wissen, daß man in seinem Zahnarzt einen professionellen Partner gefunden hat!"
- „Es ist für jeden wichtig, mit echten Profis zusammenzuarbeiten, die etwas von Zahnheilkunde verstehen!"

8. Vorannahmen

Wenn man erkennen will, was als Vorannahmen in einen Satz eingeht, ohne offen erwähnt zu werden, so kann man den Satz verneinen und dann prüfen, was nach wie vor zutrifft.
Die einfachste Art von Vorannahmen sind die von der Existenz eines Phänomens.
In dem Satz: „Hans hat die Äpfel gegessen" wird vorausgesetzt, daß Hans und die Äpfel existieren. Wenn man den Satz verneint und sagt:"Nein, Hans hat die Äpfel nicht gegessen", wird nach wie vor nicht in Frage gestellt, daß Hans und die Äpfel existieren.
Vorannahmen sind höchst wirkungsvolle Sprachmuster, mit denen der Arzt das postulieren kann, was er nicht in Frage gestellt haben möchte. Im allgemeinen geht man dabei so vor, daß man dem Patienten etliche Alternativen anbietet, wobei jedoch die Reaktion, die man beabsichtigt, bei allen Alternativen als gegeben postuliert wird.

<u>Beispiele:</u>
(Bevor, nachdem, während, seit ... leiten Vorannahmen ein.)
- „Bevor Sie mir sagen, wie hoch der Eigenanteil sein darf, lassen Sie uns über den Befund reden."
- „Während Sie in aller Ruhe Ihre Gesundheitsanamnese ausfüllen, hole ich schon gern einmal einen Kaffee!"
- „Nachdem wir Ihr Röntgenbild analysiert haben, können wir jetzt die Details besprechen."

9. Versteckte Fragen

Auch Fragen können in eine komplexe Satzstruktur eingebettet werden.
<u>„Ich würde gern wissen, was Sie trinken möchten."</u>
Normalerweise werden die Patienten, die im Beispielsatz eingebaute Frage beantworten, ohne daß ihnen bewußt wird, daß diese Frage nicht direkt gestellt wurde. Der Angesprochene kann sich nicht weigern, die Frage zu beantworten, denn sie ist in eine Feststellung über das Interesse des Sprechers eingebettet.
Dies ist eine sehr behutsame und eingängige Möglichkeit, Informationen zu sammeln.

Beispiele:
- „Es würde mich interessieren, inwieweit Sie an einer fruchtbaren Zusammenarbeit mit dieser Praxis interessiert sind!"
- „Es ist interessant für mich zu erfahren, inwieweit Sie auf Sicherheit Wert legen."

10. Zitate

Dieses Sprachmuster entsteht, indem man irgendeine Aussage, die man dem anderen gegenüber machen will, so formuliert, als ob man darüber berichtet, daß es jemand anderer bei einer anderen Gelegenheit einmal gesagt habe. Zitate dienen dazu, eine Botschaft zu senden, ohne für den Inhalt die Verantwortung zu übernehmen. Da man ja offensichtlich von etwas spricht, was ein anderer an anderer Stelle gesagt hat, wird der Zuhörer oft auf die Botschaft reagieren, aber nicht bewußt wahrnehmen, worauf er reagiert oder wer für diese Botschaft verantwortlich ist.

Beispiele:
Der Zahnarzt zitiert einen Kollegen:
- „Eure Kronen sind wirklich super!"
- „Es ist ein positiver Aufstieg, wenn man von einem Feld-, Wald- und Wiesenarzt zu einem Könner wie mir überwechselt."

Zusammenfassung NLP

Diese Aneinanderreihung von NLP-Techniken führt nur dann zu dem gewünschten Resultat, wenn man sie mit Herz und Verstand anwendet. Zu diesen Bausteinen gehört als Fähigkeit des Arztes das Einfühlungsvermögen, die Toleranz und der Respekt vor „der inneren Welt" des Patienten. Auch in diesem Rahmen wirkt das Phänomen der Gegenübertragung, das bedeutet, daß die Persönlichkeit und der innere Zustand des Arztes direkt auf den Patienten einwirken. Deshalb ist es wichtig, daß er mit sich selbst in Resonanz ist, daß er nach seinen eigenen höchsten Werten lebt. Es ist unmöglich, jemandem Sicherheit, Ruhe und Vertrauen zu vermitteln, wenn man selbst unruhig und unsicher ist. Erst durch die eigene Resonanz wird diese Technik lebendig und bricht im zahnärztlichen Bereich die Angstbarrieren, mit denen viele Patienten in unsere Praxen kommen.

Kapitel VII

Spezielle Anwendungsbereiche der Hypnose

Wurde im vorangegangen Kapitel die Behauptung aufgestellt, daß nahezu alle Krankheitsbilder mit Hypnotherapie angegangen werden können, so sei hier an die allgemein bekannte Tatsache erinnert, daß der Wunsch und Wille des Patienten, gesund zu werden, eine notwendige Voraussetzung für den Heilungsprozeß ist. Die uralte Erkenntnis „Dein Glaube hat Dir geholfen", die „Geste des Handauflegens", die nicht nur in vergangenen Jahrhunderten von Priestern, sondern täglich von Müttern bei ihren Kindern vorgenommen wird, belegen die Notwendigkeit einer menschlichen, auf Kommunikation beruhenden Unterstützung der Heilung.
Als Negativbeispiel seien die Untersuchungen von Cheek (1981) erwähnt, der belegen konnte, daß Heilungsstörungen auftreten, wenn Patienten in Vollnarkose unbewußt negative Äußerungen der Chirurgen aufgenommen hatten.
Die moderne Medizin konnte z. B. durch die Entwicklung der Antibiotika, durch Ersatzmöglichkeiten wie Implantate und Prothesen kranken Menschen viel helfen. Allerdings stößt die Schulmedizin immer wieder an ihre Grenzen, dann nämlich, wenn psychische Faktoren die Heilung fördern bzw. behindern. Und nahezu allen Krankheitsbildern kann eine psychische Komponente zugewiesen werden. Schon deshalb sollte auf die Möglichkeit suggestiv-kommunikativer Unterstützung der Heilung mehr Wert gelegt werden.
Während in Kapitel V und VI die grundsätzliche Vorgehensweise bei der Hypnosetherapie besprochen wurde, soll nun der Einsatz der zahnärztlichen Hypnose in typischen Anwendungsbereichen dargelegt werden. Dabei entsprechen wir mit einem gewissen inneren Zwiespalt dem Bedürfnis nach „Rezepten", nach konkreten Vorschlägen für das hypnotherapeutische Vorgehen bei bestimmten Problemstellungen. Denn die bestimmte Hypnose für

das Problem X gibt es nicht. Das Vorgehen muß sich vielmehr aus der Anamnese und der Diagnosestellung ergeben. So ist z. B. bei einem zur Hypnotherapie überwiesenen Kind mit Zahnarztangst manchmal die Hypnotherapie der Angst seiner Eltern der (kausal) richtige Ansatz. Wir verzichten in diesem Kapitel auf die Wiedergabe von Therapie-Beispielen aus der Literatur und beschränken uns bewußt auf eigene Erfahrungen.

1 Behandlung von Kindern

Kinder sind im Umgang mit Trancezuständen sehr erfahren. Ein Großteil ihres Alltags spielt sich in Phantasiewelten ab, in die sie genauso leicht hinein- wie herausgehen. Gelingt es, dem Kind die Erfahrung zu vermitteln, daß es mit Hilfe von Trancezuständen das Zahnarzterlebnis angenehmer bewältigen kann, dann ist es sofort bereit, dementsprechende Anregungen anzunehmen.
Auf Seiten des Behandlers ist allerdings eine sehr hohe Flexibilität notwendig, da die Kinder ständig neue Variationen der Trancevorstellung brauchen (Mrochen, 1990).
Es ist wichtig, sie in allen fünf Sinnen so intensiv zu beschäftigen, daß ihre Aufmerksamkeit völlig absorbiert ist. Durch Überladung wird das Kind vom Geschehen im Mund dissoziiert.
Die wichtigste anamnestische Information ist die Frage nach dem Hobby des Kindes, die einfachste Induktion ist die entsprechende Aufforderung:
„Du gehst also gerne Reiten, dann geh jetzt Reiten! Wie heißt Dein Lieblingspferd? Reitest Du in der Halle? Wie ist der Geruch in dem Stall? Jetzt reite mal über harten Untergrund (während Rosenbohrer rattert), *halt die Zügel ganz fest* (wenn die Lehne umklammert wird)."
Der folgende Absatz 1.1 beschreibt einfache Möglichkeiten, behandlungswillige Kinder in Trance zu versetzen. Werden Kinder von Anfang an mit Hilfe dieser Techniken in Trance behandelt, werden sie immer gerne zum Zahnarzt gehen. Anders ist es bei traumatisierten Kindern mit schlechten Vorerfahrungen. Hypnose lebt von Vertrauen und Rapport. Bei behandlungsunwilligen Kindern bedarf es einigen Aufwandes, um diese Voraussetzung zu erarbeiten (siehe 1.2)

1.1 Spezielle Induktionstechniken bei der Behandlung von Kindern

Die bei uns am häufigsten verwendeten Induktionstechniken für Kinder sind:

1. Daumenfernsehen
2. Dissoziation mit Handpuppen
3. Zählmethoden
4. Regenbogentechnik
5. Wiegetechnik
6. Mund auf Augen zu
7. Erwachsenentonband

1.1.1 Daumenfernsehen

Die meisten Kinder sind gewohnt, Tonbandkassetten mit Märchen, Comics, Abenteuern anzuhören. Wir lassen das Kind eine Kassette auswählen, geben ihm selbst einen Walkman, damit es die Lautstärke bei Bedarf erhöhen kann, und verwenden folgende Induktion (Siehe Abbildung 9):

„Schau mal in Deinen linken Daumennagel, wenn Du die Hand so hin und her drehst, sieht er nicht aus wie ein kleiner Fernsehschirm? Toll, Du kannst es Dir sehr gut vorstellen. Und jetzt kannst Du in Deinem Daumenfernseher, wenn Du ganz genau in ihn hineinschaust, sehen, was Du vom Tonband hörst.
Siehst Du den Alf und was für eine Schnauze er hat und wie er angezogen ist? Wenn Du genau siehst, was Du hörst, merkst Du nichts von der Behandlung.
Und wenn Du doch noch ein bißchen was merkst, mußt du noch genauer in Deinen Daumenfernseher hineinschauen. Dann spürst Du nichts mehr, höchstens ein Kitzeln.“
Wenn das Kind in der Konzentration nachläßt, sagen wir sehr bestimmt: *„Du mußt noch genauer hineinschauen, siehst Du auch die Farben?“*
Dabei nehmen wir die Fernsehhand und halten sie ihm direkt vor die Augen, so daß diese leicht konvergieren. Es ist besser, die linke Hand des Kindes zu benutzen, da so der Zugang zum Mund nicht behindert wird. Die rechte Hand soll die Lautstärke so regulieren, daß das Bohrgeräusch übertönt wird.

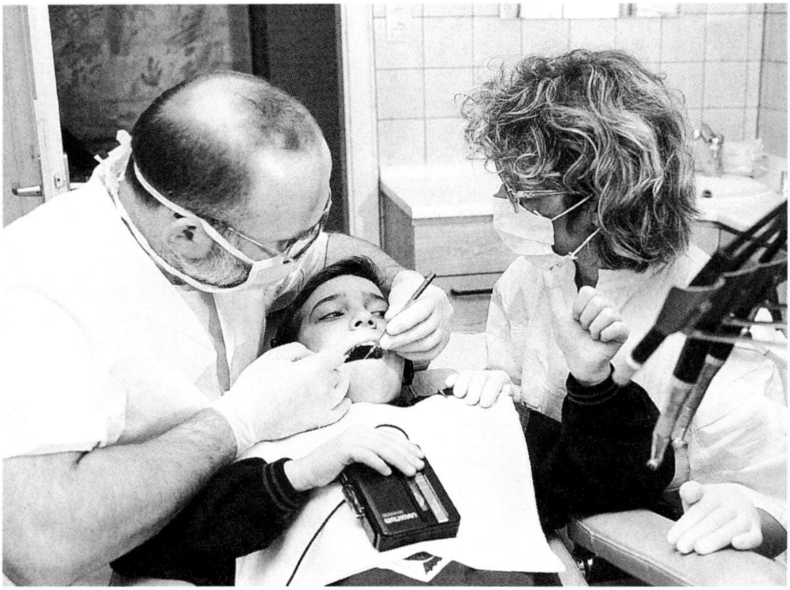

Abbildung 9 Kind beim Daumenfernsehen

Diese Methode bewährt sich deshalb, weil das Kind selbst beteiligt ist und weil es sein Lieblingsband aussuchen darf. Außerdem sind die Hände beschäftigt und die Behandlungsgeräusche durch die teilweise beachtliche Lautstärke des Tonbandes übertönt.

1.1.2 Dissoziation mit Handpuppen

Die beste Dissoziationsmöglichkeit ist durch Verteilung des pacing und leading auf zwei verschiedene Handpuppen gegeben. Das Kind schlüpft mit den Händen in zwei verschiedenfarbige Handpuppen. Die Puppe an der rechten Hand (z. B. brauner Bär) repräsentiert das, was das Kind emotionell und sensorisch empfindet (Pacing), die Puppe an der linken Hand (z. B. weißer Bär) tröstet und rationalisiert und bietet Bewältigungsmöglichkeiten an (siehe Abbildung 10).

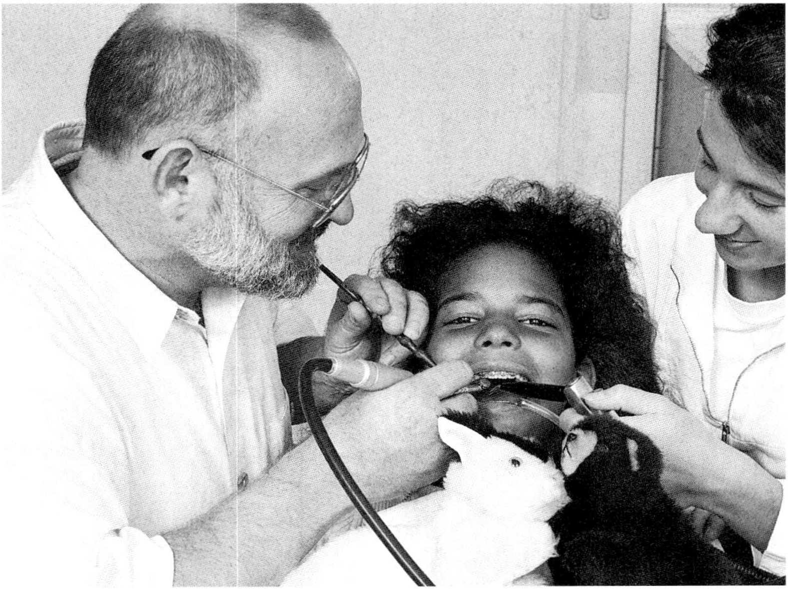

Abbildung 10 Kind mit Handpuppen

Hier muß der Behandler kontinuierlich das Geschehen kommentieren, z. B.:
„Der braune Bär sagt: Ich mag gar nicht gerne zum Zahnarzt, und das Licht ist hier so hell. Da sagt der weiße Bär: Das ist doch klar, daß das Licht so hell ist, sonst kann der Zahnarzt nicht genau arbeiten. Da sagt der braune Bär: Und jetzt ist da so viel Wasser im Mund, daß ich dauernd schlucken muß und keine Luft kriege; sagt der weiße Bär: Ach, Quatsch, die Helferin hat doch ihren Schlürfi, mit dem sie alles absaugt, das ist doch nur zum Kühlen, nicht zum Schlucken. Und jetzt tut es hier weh, sagt der braune Bär. Aber nur für einen kurzen Moment und es ist doch eigentlich mehr wie ein Kitzeln, sagt der weiße Bär, und dauert immer nur ganz kurz. Und paß einmal auf, brauner Bär, jetzt gerade spürst Du nichts, Du wartest aber, daß Du gleich doch wieder etwas spürst, laß Dir mal einen Tip geben: „Braune Bären machen immer einen langen

Winterschlaf und dabei träumen sie von der Sonne und von dem Summen der Bienen." Usw.
Aus Videoaufzeichnungen dieser Technik ist ersichtlich, daß die Kinder genau synchron zum Kommentar den braunen und weißen Bären bewegen und vom Geschehen im Mund dissoziiert sind.

1.1.3 Zählmethoden

Für manche Kinder reicht eine einfache Variante der Zählmethode, besonders wenn ihnen das Zählen noch schwerfällt. Sie werden aufgefordert zu zählen, mit der Bemerkung:
„Ich möchte einmal sehen, ob Du bis 50 zählen kannst, bevor ich den Zahn sauber geputzt habe. Ich fliege mit meinem Düsenjäger in Deinen Zahn und puste alles raus, was weich ist, und Du nickst bei 10 mit dem Kopf, bei 20, bei 30, und so weiter, damit der Düsenjäger weiß, ob er noch schneller fliegen soll."
In einer anderen Variante der Zählmethode hebt man den rechten Unterarm des Kindes senkrecht an und kündigt Katalepsie und damit verbundene Schmerzfreiheit an, die eintreten werden, wenn das Kind ganz schnell zählt.
Kinder lassen sich auch gerne auf Wettbewerbe ein: *„Kannst Du schon zählen und wie weit? Was, schon bis zwanzig, ich wette mit Dir, daß ich mit dem Bohren fertig bin, bevor Du auf zwanzig gezählt hast."* Bei älteren Kindern verwenden wir gerne die Zählmethode, bei der bei geraden Zahlen die Augen geschlossen werden, bei ungeraden die Augen geöffnet. *„Kannst Du auch so zählen: eins, zwei, die Augen zu, drei, vier, die Augen zu, fünf, Augen auf, sechs, Augen zu, usw.? Ich bin gespannt, wie lange Du so zählen kannst. Konzentrier Dich ganz auf das Zählen. Gut so. Weiterzählen, Augen auf, Augen zu."*

1.1.4 Regenbogentechnik

Diese Induktionstechnik für Kinder haben wir von unserem Schweizer Kollegen Rumley übernommen, der auf Kinderbehandlungen spezialisiert ist. Wir fragen das Kind:
„Hast Du schon mal einen Regenbogen gesehen?" „Ja." „Und weißt Du auch, wie die Farben des Regenbogens sind? Kannst Du Dir jetzt einen Regenbogen vorstellen? Aber diesmal ist es so, daß Du ganz nah an den Regenbogen hinkannst, und der Regenbogen

endet in einer Treppe, und die Treppe hat die verschiedenen Farben des Regenbogens, und Du kannst jetzt diese sechs Stufen dieser riesengroßen Regenbogentreppe hinuntergehen, mit mir zusammen. Die erste Stufe der Regenbogentreppe ist rot, wie eine Tomate in der prallen Sonne. Die zweite Stufe ist orange, wie eine Verkehrsampel, damit man das Tempo verlangsamt. Die dritte Stufe ist gelb wie ein Rapsfeld, das sich leicht im Wind bewegt, das ist die Hälfte des Weges, und die Farben werden immer schöner. Die vierte Stufe hat die Farbe Grün, wie eine frische grüne Frühlingswiese nach dem Regen. Die fünfte Stufe hat die Farbe Blau wie ein See, absolut ruhig und weit und breit ohne Wellen. Und die sechste Stufe, die tiefste Stufe, hat die Farbe Violett, wie ein Himmel nach dem Sonnenuntergang, immer dunkler im Abendfrieden, mit der Tiefe und Entspannung der Nacht, mit einigen glänzenden Sternen. Alle Muskeln sind locker und entspannt wie vor dem Einschlafen, und Du kannst Dir diese sechs Stufen der Treppe immer wieder vorstellen, und dabei wird Dein Körper so locker und so schön warm, wie er jetzt ist, und Du wirst ganz, ganz ruhig."

1.1.5 Wiegetechnik

Kinder, die sich nicht auf den Behandlungsstuhl legen wollen, nehmen wir (manchmal ziemlich fest) in den Arm und wiegen sie, mit auf dem Stuhl sitzend, hin und her. Dabei reden wir beruhigend auf sie ein, bis ihre Anspannung nachläßt. *„Das ist doch ganz normal, daß Du jetzt aufgeregt bist, laß Dich in den Arm nehmen, wir trösten Dich, ja, schrei's raus, bis Du Dich beruhigt hast, komm, wir schaukeln zusammen, hast Du eine Lieblingsschaukel?"* usw. Wenn das Kind ruhiger geworden ist, wird es mit einem *„Und jetzt fliegst Du hin"* plötzlich auf den Rücken geworfen, was zu einer Konfusionsinduktion führt. Dies muß natürlich mit einem Lachen geschehen, als spielerisches In-das-Bett-Werfen. Die meisten Kinder sind zunächst einmal so verblüfft, daß sie passiv daliegen. Damit ist Zeit genug für eine Injektion und für weiteres Vertiefen, z. B. mit der Zählmethode. Besonders wichtig (bei allen Kinderbehandlungen) ist ein fortwährender Körperkontakt, besonders auch von Seiten der Assistenz, z. B. an der Schulter.

1.1.6 Mund auf, Augen zu

Robert Schoderböck gab die einfachste und schnellste Induktionstechnik für Kinder an: Sie erfordert eine erhebliche Sicherheit beim Behandler und einen sehr guten Rapport zu den Kindern. Nach einer kurzen Begrüßung wird das Kind mit den sehr bestimmt gesprochenen Worten: *„Mund auf, Augen zu!"* in Trance versetzt. Dann wird eine Armkatalepsie induziert: *„Dies ist Dein Zauberarm, und der bleibt jetzt in der Luft stehen".* Danach wird sofort die Behandlung begonnen. Diese Induktion wirkt als Konfusionstechnik ähnlich wie die Wiegetechnik.

1.1.7 Erwachsenentonband

Bei Kindern, die das Daumenfernsehen und das Anhören von Märchentonbändern einfach langweilig finden, verwenden wir folgende Suggestion: *„Klar, für diese Märchengeschichte bist Du natürlich viel zu alt. Aber für Dein Alter habe ich einfach kein vernünftiges Tonband. Wir produzieren gerade eines, so mit Heavy Metal und Techno, aber das ist leider noch nicht fertig. Und dann habe ich hier noch das Erwachsenentonband, aber dafür bist Du noch nicht alt genug. Das ist per Sie und mit Entspannungsmusik, damit fängst Du wahrscheinlich noch nichts an. Aber wenn Du willst, kannst Du ja mal hineinhören. Probier´s halt mal aus und mach es so laut, daß Du mich nicht mehr hören kannst."* Die Kinder beweisen uns dann regelmäßig, daß sie sehr wohl mit dem Erwachsenen-Hypnosetonband etwas anfangen können.

Behandlung mit oder ohne Spritze

Die meisten Kinderzahnbehandlungen inklusive Milchzahnextraktionen können unserer Erfahrung nach bei Kindern ohne Zahnarztangst ohne chemische Anästhesie durchgeführt werden. Viele Kinder schätzen sogar, daß sie nach der Behandlung sofort wieder essen, reden und lachen können und nicht dieses doofe, pelzige Gefühl mit nach Hause nehmen müssen. Schmerzfreiheit wird erzielt durch Dissoziation, und mit allen vorher angegebenen Techniken ist dieses Ziel zu erreichen. Haben die Kinder untereinander Kontakt, empfiehlt es sich immer, eine bestimmte Induktionstechnik (z. B. Daumenfernsehen) anzuwenden und gelegentlich Kindern das Video ihrer erfolgreichen Zahnbehandlung mit nach Hause zu geben, weil sie sich dann gegenseitig in ihrer Hypnosefähigkeit trainieren und überbieten wollen. Traumatisierte Kinder, die andernorts starke Schmerzen ertragen mußten, sollten absolut schmerzfrei und mit Anästhesie behandelt werden. Dafür empfiehlt sich eine vorausgehende Oberflächenanästhesie mit Hilfe eines Oberflächengels mit Vanille- oder Erdbeergeschmack oder von Anästhesietabs (Firma VOCO). Sie sehen aus wie blaue Konfettis und hinterlassen nach zwei Minuten einen blauen Fleck auf der Einstichstelle. Sie haben sich als Zauberkonfettis ganz besonders bewährt und ermöglichen einen völlig schmerzfreien Einstich. Zur Injektion lassen wir die Kinder ganz tief Luft holen, dann die Luft anhalten, der Einstich erfolgt dann beim Ausatmen, meistens völlig unbemerkt, wenn in diesem Moment die Assistentin plötzlich von hinten ein funkelndes Kristallpendel vor den Augen des Kindes hin- und herschwingen läßt oder mit der Op-Leuchte blendet.

Eltern im Sprechzimmer?
Angstfreie und kooperative Eltern sind besonders bei sehr kleinen Kindern eine wichtige Unterstützung. Sie sollen möglichst am Fußende des Behandlungsstuhls Platz nehmen, können auch die Füße des Kindes berühren, sollen sich jedoch in keiner Weise in die Behandlung einmischen, da dies sonst den Rapport zwischen Behandler und Kind stört. Wenn die Eltern auf das Kind offensichtlich ihre eigene Zahnarztangst übertragen, ist es besser, sie im Wartezimmer Platz nehmen zu lassen, mit dem Angebot, daß sie anschließend eine Videoaufzeichnung der Behandlung ihres Kindes bekommen könnten. Ohne Eltern im Behandlungszimmer verhalten sich viele Kinder kooperativer und „erwachsener".

1.2 Behandlungsunwillige Kinder

Kinderbehandlung kann Streß auslösen oder Spaß machen. Beim behandlungsunwilligen Kind braucht es Zeit, Geduld und gute Mitarbeiterinnen. Kinder wollen ernst genommen werden. Nur mit Ehrlichkeit entsteht Rapport, denn falsche Versprechungen zerstören das Vertrauen. Behandlungsunwilligkeit resultiert aus Verhaltensstörungen, traumatischen Vorerfahrungen und gelernter Angst, Übertragungsangst (das Kind übernimmt Ängste anderer Menschen) und Behinderungen.

Die Leistungsorientierung fängt bei den Kindern schon teilweise im Kindergarten an. Ihre Wünsche werden zu schnell befriedigt, es gibt alles sofort. Die Kinder haben immer weniger das Gefühl, etwas selbst geschafft zu haben. Fernsehen und Video fördern die Passivität, und das Kommunizieren mit anderen Kindern wird immer weniger geübt. Sie spielen selten an der frischen Luft und die Möglichkeit, von anderen Kindern zu lernen, nimmt ab. Die Anzahl der hyperaktiven Kinder wächst. Ihre Bewegungen sind zuviel, zu schnell und zu kraftaufwendig. Heute beherrschen die Kinder ca. 10 Spiele, vor etwa 40 Jahren noch 100 Spiele. Spielen die Erwachsenen mit den Kindern?

Alleingelassene Kinder werden
- hyperaktiv
- unruhig
- ungeduldig
- nervös
- nörgelnd
- hektisch
- agressiv
- leicht frustriert
- leistungsorientiert
- später egoistisch

1.2.1 Therapeutische Hilfsmittel

Rapport herstellen mit Handpuppen
Um überhaupt Zugang zum behandlungsunwilligen Kind zu bekommen, bieten wir den Kindern oft etwas zu trinken an. Ist das Kind nicht von den Eltern wegzubekommen, wird mit Hilfe von Rocky (Waschbär-Handpuppe) Rapport hergestellt: Der Waschbär ist nämlich furchtbar ängstlich und versteckt sich zunächst in der Ellenbeuge des Behandlers. Da Rocky aber auch sehr, sehr neugierig ist, schaut er nach einiger Zeit aus seinem Versteck heraus, um dann blitzschnell wieder zu verschwinden. Dann wird er wieder neugierig und schnuppert schon ein wenig länger, bevor er sich wieder versteckt. Und nach einigen Anläufen begrüßt Rocky dann das Kind, versteckt sich aber sofort wieder, wenn das Kind die ausgestreckte Pfote nicht ergreift (Pacing der Angst). (Siehe Abbildung S. 217.)

Mundöffnung
Hat das Kind Rocky begrüßt, wird Rocky immer dann applaudieren, wenn der Mund aufgeht. Dies wird mehrfach getestet (geankert). *„Wenn Du auf dem Stuhl sitzt, bekommst Du Rocky selbst in die Hand und er wird immer dann applaudieren, wenn Dein Mund aufgeht. So, hier hast Du Rocky. Rocky, klatsch mal, dann geht der Mund von alleine auf. Und Du weißt ja, wenn Du Angst bekommst, versteckst Du Dich ganz schnell wieder, bis Du Dich wieder heraustraust. Rocky, jetzt mußt Du noch mehr applaudieren, ja, so ist's prima."* Das Kind wird nie direkt aufgefordert, den Mund weiter aufzumachen, sondern Rocky wird aufgefordert, mehr zu klatschen.

Notbremse
Die Möglichkeit, daß Rocky sich noch einmal versteckt, ist die Notbremse für das Kind für eine Behandlungsunterbrechung. Eine andere Möglichkeit ist die Erlaubnis, durch Anheben der linken Hand jederzeit die Behandlung unterbrechen zu können. Dies wird meistens vom Kind auch einige Male getestet. Eine weitere Möglichkeit ist die „Knienotbremse": Das Kind faßt das Knie des Zahnarztes und bekommt die Anweisung, so stark zu drücken bzw. auch zu kneifen, wie es nötig ist, daß es selbst nichts spürt. Manche Kollegen bauen sogar einen elektrischen Schalter ein, mit dem das Kind den Bohrer zum Stillstand bringen kann.
Wir halten uns strikt an unsere Vereinbarungen mit Kindern, dann ist auf Dauer jedes Kind zu behandeln.

Clown
Es gibt eine Fülle von geeigneten Handpuppen, und man kann die versammelten Handpuppen in einem Sack verstecken, den das Kind durchwühlen und sich seine Lieblingspuppe heraussuchen darf. Aus der Wahl der Puppe (z.B. Rabe, Schlange, Clown) lassen sich leicht diagnostische Rückschlüsse auf die Ängste des Kindes ziehen (siehe Mrochen et al., 1993; das beste Buch über Kinderhypnose: „Die Pupille des Bettnässers"). Die beliebteste Puppe in unserer Praxis ist ein ca. 80 cm großer Clown, bei dem eine Hand des Behandlers Zunge und Mund bewegen kann, die andere schlüpft in den rechten Arm des Clowns und der Clown darf natürlich in den Mund schauen und bohren. (Siehe Abbildung auf Seite 225.)

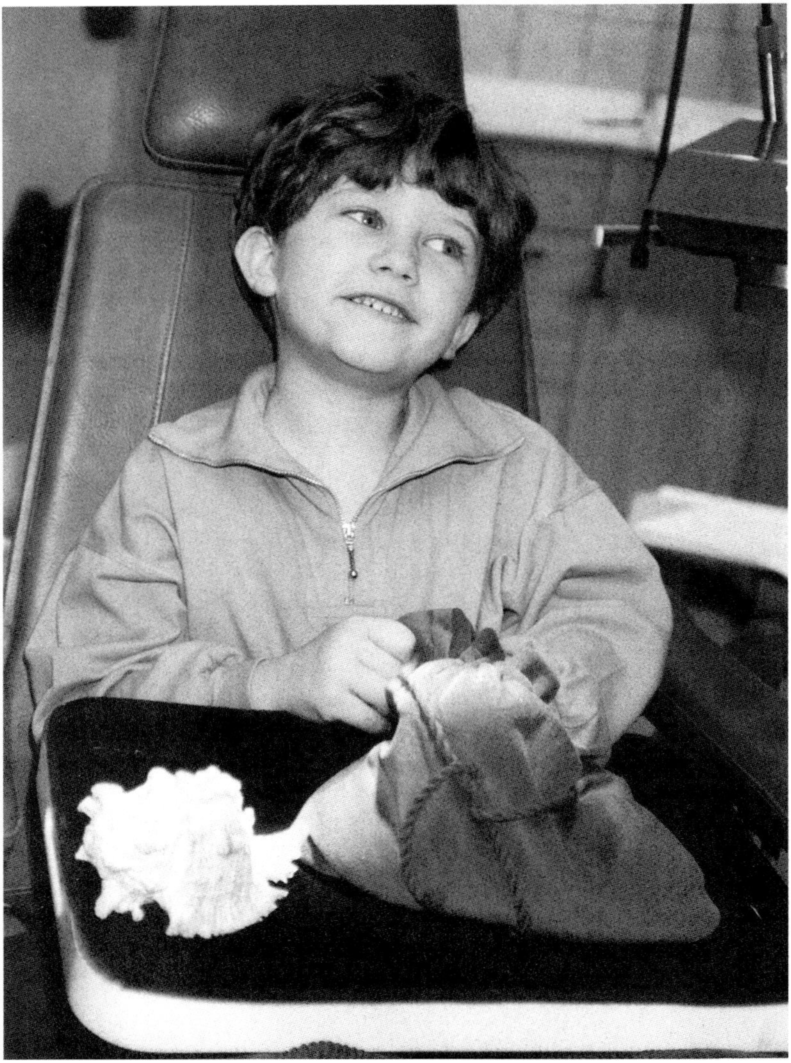

Linsensäckchen mit Überraschungen und Meeresmuschel

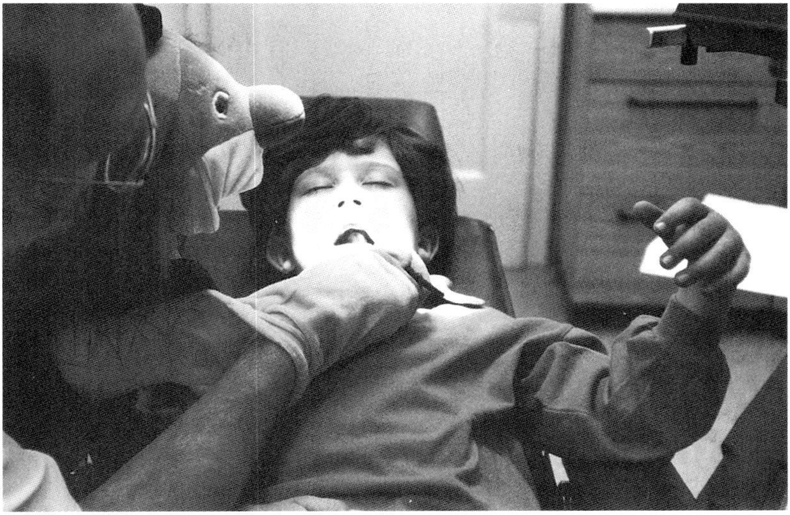

Der Clown darf immer in den Mund schauen.

Handpuppensammlung – welches Tier wählt das Kind aus?

Zaubern

Mit Hilfe von kleinen Zaubertricks (siehe Fachhandel) kann das Kind leicht fasziniert und von Angst dissoziiert werden. So kann in einer magischen Schachtel ein Geldstück verschwinden und wieder auftauchen. Und ein Zahnarzt, der ein Geldstück wegzaubern kann, kann auch Ängste wegzaubern. Besonders, wenn das Kind nach erfolgreicher Behandlung dann das Geldstück als Geschenk bekommt.

Video

Cheryl Lee Butz hat sich in ihrer Praxis in München auf Kinderbehandlung spezialisiert. Sie kombiniert Hypnose und Lachgassedierung. Diese Kombination ist nach ihrer Erfahrung weitaus effizienter, als die alleinige Anwendung einer der beiden Methoden. Zur Vorbereitung der Kinder auf ihre Behandlung hat sie ein Video produziert, in dem die Behandlungsabläufe in Form eines Märchens metaphorisch dargestellt werden. Sie sind eingebaut in eine spannende Geschichte, so daß die Kinder von diesem Film begeistert sind. Es kommen jedoch alle Behandlungsschritte und -geräusche vor. Damit kennt das Kind die Abläufe auf der unbewußten Ebene und ist von seiner Angst vor unliebsamen Überraschungen befreit.

Rhythmus und Klang

Mit Rhythmus wird dem labilen, hyperaktiven Kind Sicherheit vermittelt und seine Aufmerksamkeit konzentriert.

Man kann zum Beispiel verschiedene große und kleine Dosen mit Reis, Linsen, Nägeln, Sand, Gries füllen, und das Kind darf sowohl deren Klang als auch den eigenen Rhythmus vor der Behandlung ausprobieren. *(„Welche Dose willst Du während der Behandlung in der Hand behalten?“).* Das Kind soll langsam und schnell erleben, also das Tempo steigern, verlangsamen und während der Behandlung einen Rhythmus mit der Dose schlagen.

Krabbelsack

Ein flauschiges dunkelblaues Samtsäckchen wird mit Linsen gefüllt. Darin verbergen sich verschiedene Dinge in verschiedenen Formen und aus verschiedenen Materialien, z. B. Glasmurmeln, Tonwürfel, Rechtecke, kleine Plastikspielzeugautos, eine kleine Kerze, Muscheln, Steine usw. (Siehe Abbildung S. 224.)

„Während wir Deinen Zahn saubermachen, schlüpfst Du mit Deiner Hand in das Säckchen und suchst nach den versteckten Gegenständen. Deine Hand fühlt das Material und die Form, aber paß auf, es sind auch spitze Gegenstände im Krabbelsack. Nach der Behandlung bekommst Du einen Gegenstand mit nach Hause. Hast Du schon etwas in der Hand? Was ist das für ein Gefühl? Wie bewegt es sich? Kannst Du es hören? Hast Du schon den Gegenstand gefunden, den Du nachher mit nach Hause nehmen willst?" Beide Hände des Kindes sind beschäftigt: in Dingen wühlen konzentriert seine Aufmerksamkeit. Die Phantasie ist mit dem Erkennen der Gegenstände beschäftigt.

Meeresmuschel
Ein Tablett wird mit dunkelblauem Samt überzogen. Man legt eine große Muschel und eine Lupe auf dieses Tablett (siehe Abbildung S. 224). Die meisten Kinder werden neugierig auf die Muschel und haben das Bedürfnis, sie in die Hand zu nehmen. Sie dürfen dann die Muschel befühlen, die Farben erkennen und durch die Lupe betrachten.
„Erzähl mir mal, wie die Muschel aussieht, gefällt sie Dir, schau sie Dir nochmals genau an und halte sie an Dein Ohr. Hörst Du das Meer rauschen? Nachher, wenn wir Dich bequem zurücklegen, kannst Du die Muschel in der Hand behalten und neugierig sein, ob Du sie mit geschlossenen Augen genau vor Dir siehst. Siehst Du sie? Wo, in welchem Meer ist diese Muschel wohl geschwommen? Stell Dir vor, Du gehst Muscheln suchen an Deinem Lieblingsstrand und spürst den Sand unter Deinen Fußsohlen, wie er durch die Zehen rieselt und wie gut die Meeresluft Deine Nase berührt. Hörst Du die Wellen? Die Welle sammelt sich und wird größer und rollt dem Strand entgegen. Sie kommt und geht. Lasse Dich von den Wellen tragen und schaukeln ... hin und her ... rauf und runter ... wie auf einer Schaukel."
Bei Behandlungsschluß darf das Kind erzählen, was es erlebt hat. Loben, loben, loben. Außer Muscheln können auch Steine (schwere und leichte) auf das Samttablett gelegt werden.

Wenn das Kind schreit
Bei behandlungsunwilligen Kindern muß das Prinzip von Pacing und Leading besonders konsequent durchgeführt werden, z. B. indem man ein brüllendes Kind durch eigenes Lautwerden, aber

mit einem Lachen in den Augenwinkeln unterbricht, und es dann auffordert: *„Jetzt kommst Du wieder dran. Und jetzt schrei ich wieder, paß mal auf* (Der Behandler stößt einen möglichst lustigen Schrei aus). *Und jetzt bist Du wieder dran."* Dadurch wird das Schreien zu einem Spiel. Man nimmt das Kind hoch vom Stuhl und hüpft mit ihm durch das Zimmer. *„Hüpf und stampf, soviel Du kannst! Laß es raus. Du machst es sehr gut, noch lauter, noch höher springen! Neulich war ein Kind da, das noch viel höher springen konnte, bevor es seinen Zahn hergegeben hat. Gib´ dem Zahn einen Namen, den Du loshaben willst. Ach, Du willst den Zahn nicht hergeben. Natürlich ist das Dein Zahn, deshalb darfst Du ihn nachher auch selbst ziehen. Ich zeig Dir, wie es geht."*

Muster unterbrechen

Häufig haben Kinder schon mehrere Zahnarztversuche erfolgreich abgewehrt, indem sie geweint oder getobt haben oder einfach den Mund nicht aufmachen. Waren sie mit diesem Verhalten mehrfach erfolgreich, ist es notwendig, dieses Muster zu unterbrechen. Dazu wird das Kind einbestellt, vom Behandler freundlich begrüßt mit den Worten: *„Schön, daß Du vorbeikommst, ich will Dich heute nicht behandeln, aber hier hast Du ein kleines Geschenk."* Damit wird das Kind wieder entlassen, der Zeitaufwand ist minimal und nach zwei bis drei solcher Termine wird das Kind neugierig, wie denn die Behandlung bei einem so komischen Zahnarzt aussehen wird. Wenn das Kind dann ins Sprechzimmer hereingebracht wird, sitzt der Zahnarzt mit weit geöffnetem Mund im Behandlungsstuhl und das Kind darf bei ihm hineinschauen und mit einer Polierbürste polieren.

Lernen am Vorbild

An einem speziellen Kindernachmittag werden behandlungsunwillige Kinder zusammen mit Kindern einbestellt, die sich gut in Hypnose behandeln lassen. Die „Problemkinder" dürfen mit absaugen, die Halogen-Lampe halten und manchmal Milchzähne ziehen. Sie werden zu einem Wettbewerb aufgefordert, welches Kind sich als nächstes behandeln lassen darf.

Die anderen Kinder dürfen dabei sein, streicheln, ablenken und trösten. Während und nach der Behandlung werden die Kinder gelobt. Als Belohnung dürfen sie die Videoaufzeichnung ihrer Behandlung mit nach Hause nehmen.

Festhalten
Geht aus der Anamnese hervor, daß die Behandlungsunwilligkeit durch Festhalten während der Behandlung entstanden ist, darf das Kind nur freiwillig und ohne Festhalten behandelt werden. Es kann mehrere Sitzungen brauchen, bis zu diesen Kindern Rapport hergestellt ist.
Manche Kinder brauchen das Festhalten (Kinder, denen sonst nie Grenzen gesetzt werden). Voraussetzung dafür ist guter Rapport, ein Vertrauensverhältnis und liebevolle, fröhliche Stimmung des Behandlungsteams! Ein Trauma durch Festhalten entsteht nur dann, wenn gleichzeitig negative Emotionen (Zorn, Wutschnauben, Agressivität, Ungeduld) auf das Kind übertragen werden. Das Kind wird beim Festhalten gleichzeitig gestreichelt und humorvoll gepaced und geleadet. *„Deine Beine können ruhig strampeln, sie wollen davonlaufen, noch mehr strampeln, und dein Kopf und deine Schultern bleiben ruhig liegen. Wir helfen dem Kopf und den Schultern, ruhig liegenzubleiben, während deine Beine strampeln."*

1.2.2 Traumatische Vorerfahrungen der Kinder

Viele Kinder, die häufig bei Ärzten und in Krankenhäusern waren, haben bereits negative Erfahrungen gesammelt, die wie Anker wirken. Anker lösen (un)bewußt Erinnerungen an zurückliegende traumatische Erlebnisse aus, die damals erlebten Gefühle brechen wieder auf. Als Anker können (un)bewußt erlebte Gerüche, Geräusche, Bilder und Empfindungen wirken. Deshalb verwenden wir kein Material mit typischem Zahnarztgeruch, wie z.B. CHKM.

Fallbeispiel 1:
Lisa, ein sechsjähriges Mädchen, hatte nach mehreren Krankenhausaufenthalten als Negativanker die große Lampe im Operationssaal in Erinnerung. Diese Erinnerung kam in dem Moment zurück, als wir den Behandlungsstuhl in eine waagerechte Position stellten und Lisa die Behandlungsleuchte über sich hatte. Dies führte dazu, daß Lisa zu schreien anfing und sich nicht mehr behandeln ließ. Als wir den Behandlungsstuhl annähernd in Sitzposition stellten und auch die Lampe wegließen, wurde Lisa ruhiger und ließ sich auch behandeln.

Negativanker: Operationslampe, angeschnallte Arme, Liegeposition.

Fallbeispiel 2:
Peter, ein neunjähriger Junge, wurde bei anderen Behandlungsversuchen angebrüllt, geschüttelt und in Zwangsposition festgehalten. Wir konnten erst nach einigen Zahnarztbesuchen und durch Zuschauenlassen bei der Behandlung anderer Kinder eine Vertrauensbasis zu ihm herstellen. Er benötigte erst mehrere positive Erlebnisse, um sich dann schließlich selbst auf den Behandlungsstuhl zu setzen. Den guten Rapport bekamen wir durch Zuwendung: unsere beruhigende und leise Stimme, durch sanfte Berührungen und viel Lob. Er konnte durch Fingerhochheben selbst entscheiden, wann eine Pause gemacht werden sollte.
Negativanker: Laute Stimme, Schütteln, Festhalten.

Fallbeispiel 3:
Kevin, ein sechsjähriger Junge, hatte panische Angst vor weißen Kitteln. Für ihn war klar: Weißer Kittel - Doktor - Krankenhaus - Schmerz und Trennung von der Mutter. Um einen guten Kontakt zu ihm herzustellen, war es notwendig, im bunten Straßenhemd zu behandeln. Beim zweiten Behandlungstermin sind diese Verkleidungen oftmals nicht mehr nötig. In diesem Fall war die Nähe und die Berührung der Mutter sehr wichtig, deshalb setzten wir ihn auf ihren Schoß. Nach zwei Behandlungsterminen konnte Kevin dann alleine auf den Stuhl sitzen. Die Mutter saß neben ihm und hielt seine Hand.
Negativanker: Weißer Kittel, Doktor, Krankenhaus, Schmerz und Trennungsangst.

1.2.3 Übertragungsangst

Die dritte Hauptursache für Behandlungsunwilligkeit ist neben Verhaltensauffälligkeiten und traumatischen Erfahrungen die übertragene Angst anderer Kinder und/oder Erwachsener, die ihre eigene Angst den Kindern „einsuggerieren". Besonders phantasiebegabte Kinder lassen sich durch Horrorgeschichten und Negativsuggestionen über Zahnbehandlungen anstecken.

Angstübertragung durch die Eltern
Den Eltern ist oftmals nicht bewußt, daß Angstübertragung auch nonverbal erfolgen kann. Die Angst der Mutter oder des Vaters kann beim ersten Behandlungsversuch unbewußt auf das Kind übertragen werden: Wenn sich die Atmung und der Puls der Mutter im Sprechzimmer steigern, wird dies auf das Kind übertragen. Das Kind wird dann ebenfalls Adrenalin ausschütten (=Fluchtreaktion) und ist nicht mehr fähig zuzuhören. Die nonverbal vermittelte Angst der Mutter fixiert die Aufmerksamkeit des Kindes, es kann sich dadurch nicht auf uns konzentrieren. Wenn die Mutter in diesem Fall das Kind ins Behandlungszimmer begleitet, übernimmt das Kind nicht selbst die Verantwortung für sich, sondern gibt diese an die Mutter ab. Geht das Kind aber alleine in die Behandlung, fühlt es sich selbstverantwortlich und ist neugierig auf Ablenkungsmethoden, weil es einen Ausweg aus der Situation sucht.

Negativsuggestionen der Eltern
Unbewußt geäußerte Suggestionen, wie z. B. nonverbal übertragene Angst, sind besonders wirksam, weil sie, an der Bewußtseinskontrolle vorbei, direkt übertragen werden (Gheorghiu, 1989). Aber auch Sprache wirkt suggestiv, der Gebrauch von Negationen führt unfreiwillig zur Negativsuggestion.
Ein Baby reagiert hauptsächlich auf nonverbale Suggestionen wie Gesten, erhöhte oder reduzierte Muskelspannung der Bezugsperson, auf Stimme, Tonfall, Hektik oder Ruhe, Mimik, Puls, Angstschweiß, etc.
Später, wenn die Kinder mehr und mehr die Sprache beherrschen und die Bedeutung der Worte verstehen, reagieren sie auf ihren bildlichen und emotionalen Gehalt. Bilder erzeugen Gefühle. Jedes Wort wird mit einem Bild assoziiert und produziert das jeweilige Bild im Gehirn.
Allerdings gibt es Worte, die keine Bilder produzieren. Dies sind z. B. Negationen wie „nicht“ oder „kein“. Im übrigen können sich Erwachsene diesem „verbotenen Bild“ genauso wenig entziehen. (Denken Sie jetzt nicht an eine lila Kuh!)

Beispiele für Negativsuggestionen:
„Es wird ganz bestimmt nicht weh tun“. Das Kind hört nur: Es wird weh tun. „Schau Dir auf keinen Fall die Spritze an.“ Was passiert?

Das Kind wird erst recht versuchen, die Spritze anzuschauen, in seiner Phantasie stellt es sich natürlich eine riesengroße Spritze vor. „Du mußt gar keine Angst haben, Du mußt nicht weinen!“ Wenn nach diesen Worten ein Kind anfängt zu weinen und zu zittern, so ist das eine adäquate Reaktion auf diese „Suggestion“.

Bei Kindern erzeugen die Worte:
- „Keine Angst“ = Angst
- „entspannt“ = Spannung (für ent- gibt es auch kein Bild)

Je aufgewühlter, ängstlicher, verwirrter und unsicherer ein Kind ist, umso gravierender wirken sich die Negativsuggestionen aus.

Drohungen

Ein Kind lebt im Hier und Jetzt, Drohungen mit Problemen, die später auftreten werden, sind für das Kind nicht begreifbar. Die Argumente müssen sich immer im Präsens bewegen. Besonders nach mißglückten Behandlungssituationen neigen Eltern dazu, das Kind mit (versteckten) Drohungen disziplinieren zu wollen.

Beispiele:
- „Wenn Du nicht artig bist, bekommst Du eine Spritze!“
- „Wenn Du Deine Zähne nicht sauber putzt, tun sie Dir bald weh!“
- „Wenn Deine Zähne nicht sauber sind, kommt der Zahnarzt mit dem großen Bohrer!“

Die Eltern sind sich nicht im klaren, welche Ängste sie damit bei ihren Kindern erzeugen: Ihre Drohungen werden durch die kindliche Phantasie noch dramatisiert.

Beispiele für positive Suggestionen sind:
- „Du riechst aber gut nach dem Zähneputzen!“
- „Es ist normal, daß kleine Kinder Angst vor dem Zahnarzt haben. Wenn Du größer bist, wirst Du gerne hingehen.“ (Das kann schon in der nächsten Woche sein).
- „Wenn Du ganz ruhig liegst und bis zum großen Zeh ausatmest, merkst Du nur ein Kitzeln.“
- „Denk an etwas Schönes (Hobby), wenn Du beim Zahnarzt bist.“
- „Mach mit dem Zahnarzt ein Signal (Hand heben) aus, wenn Du eine Pause brauchst.“

1.2.4 Behandlungsablauf beim behandlungsunwilligen Kind

Vorbereitung behandlungsunwilliger Kinder
Ist von vornherein klar, daß ein Kind schwer behandelbar ist, führt die Hypnoseassistentin zunächst ein telefonisches Vorgespräch mit den Eltern. Sie erklärt den voraussichtlichen Zeitaufwand, die Kosten sowie unsere Vorgehensweise. Sie bittet die Eltern, daß sie vor der Behandlung den ausgefüllten Anamnesebogen (s. Anhang S. 298–301) an die Praxis schicken sollen. Dadurch müssen zunächst die Eltern selbst aktiv werden und wir können uns auf das Kind individuell einstellen. Der Anamnesebogen erfragt differenziert die Vorerfahrungen des Kindes, seine Vorlieben und Abneigungen und stellt eine Angsthierarchie auf. Auch die Ängste der Eltern werden abgefragt. Mit dem Anamnesebogen erhalten die Eltern eine „Vorbereitungsanweisung für die Eltern" (s. S. 302), mit deren Hilfe sie ihr Kind auf die Behandlung vorbereiten sollen. Der wichtigste Punkt darin ist: Belohnungsgeschenke streichen, denn die oftmals unangemessen großen Versprechungen für Behandlungsbereitschaft setzen das Kind noch stärker unter Druck. Kleine Geschenke bekommen sie in der Praxis nach erfolgreicher Behandlung vom Zahnarzt.
Das weitere Vorgehen ergibt sich aus der Auswertung der Anamnesebögen und Anwendung der oben beschriebenen Interventionen.

Zusammenfassung:
Vorgehen beim behandlungsunwilligen Kind

a) Telefonisches Vorgespräch mit den Eltern
1. Anamnese
2. Vorbereitungsanweisung besprechen und zuschicken
3. Behandlungskonditionen vereinbaren (Zeitaufwand, Kosten)

b) Erste Sitzung
1. Rapport herstellen zum Kind (bereits im Wartezimmer)
2. Anamnese mit dem Kind alleine
- „Wovor hast Du Angst?"
- „Was hat Dich gestört?"
- „Was ist Dein Hobby?"

Schwierige Kinder:
Musterunterbrechung
Behandlung durchspielen, erklären, wann sie was spüren, kitzeln, vertraut machen mit den Instrumenten.
Kindernachmittage mit
a) autogenem Training mit Geschichten (z. B. Insel, Berg, Wiese, Kuschelbett)
b) Behandlung von vielen Kindern
c) Assistenz bei anderen Kindern

alle Kinder:
Belohnung, Lob vom Behandler

3. Behandlung auf Video aufzeichnen
 – als Belohnung mit nach Hause geben

4. Luftanhalten vor Injektion üben

5. Hand heben für Unterbrechung (Notbremse)

Auch beim behandlungsunwilligen Kind muß der sekundäre Gewinn (wie bei chronischen Schmerzen) überprüft werden. So hatten wir ein Kind, dessen Vater sonst nie Zeit hatte, das aber mehrfach mit seinem Vater einen weiten Weg zum Hypnosezahnarzt zurücklegen mußte. Die beiden verbrachten dabei jedes Mal einen wunderschönen Urlaubstag. Es wurde mit Vater und Sohn vereinbart, daß sie angenehmere Anlässe für gemeinsame Freizeiterlebnisse finden können.
Letztendlich entscheidet auch bei der Kinderhypnose ein wesentlicher Faktor über den Erfolg: ob der Behandler bei seinem kleinen Patienten auch liebenswerte Aspekte findet und ihn spüren lassen kann, daß er ihn trotz aller Mühe liebt.

2 Habits

Angewohnheiten wie Daumenlutschen, Lippen- und Wangenbeißen, Schluck- und Saugparafunktionen und Bruxismus sind durch hypnotherapeutische Interventionen dauerhaft zu therapieren.

2.1 Selbstbeobachtung

Der erste Schritt, um eine unbewußt ausgeübte Parafunktion abzustellen, ist immer das Bewußtmachen dieser Angewohnheit (Schulte 1983). Bei Kindern (und bei vielen Erwachsenen) gelingt dies leicht durch die Videoaufzeichnung des Vorgesprächs und das anschließende gemeinsame Dokumentieren der Häufigkeit und Art der Parafunktion mit Hilfe einer Strichliste. Viele Kinder schweifen sehr schnell von der Aufzeichnung ab, sie weigern sich geradezu, sich selbst als Daumenlutscher oder Lippenbeißer wahrzunehmen. Durch entsprechendes Pacing können die Kinder aber zur Mitarbeit motiviert werden.
„Du willst jetzt gerade gar nicht anschauen, was Du mit Deinem Mund machst, aber nimm doch einmal diese Stoppuhr, damit wir messen können, was Du in der Zeit wie oft gemacht hast. Dafür ist es wichtig, daß Du ganz genau hier aufschreibst, wie oft Du es gemacht hast. Laß uns das nochmal von vorne zusammen anschauen, damit Du selbst siehst, was Du gemacht hast. Jetzt, wo Du das genau gesehen hast, kannst du auch selbst entscheiden, wann Du damit aufhören willst, oder ob Du jetzt schon damit aufgehört hast? Aber nimm Dir ruhig noch ein bißchen Zeit, das zu tun. Willst Du morgen damit aufhören, oder an Deinem nächsten Geburtstag, wenn Du schon viel, viel älter bist? Und was denkst Du, wirst Du dann statt dessen machen, was Dir noch viel mehr Spaß macht?“
Über diese und andere Methoden der Bewußtmachung kann ein Teil der Habits sehr einfach abgestellt werden.

2.2 Hypnotische Suggestion

Die zweite Möglichkeit ist die direkte hypnotische Suggestion. Nach der Induktion werden Suggestionen gegeben, die die Gewohnheit pacen und dann umfunktionieren, z. B.:

„Immer wenn die Unterlippe von Deinen Zähnen berührt wird, springt sie wie elektrisiert nach vorne, ganz von alleine. Anfangs dürfen die Lippen dann jedesmal einen Pfeifton loslassen, aus Freude, daß sie dem Zubiß entschlüpft sind.
Und wenn sich Deine Lehrer wundern, warum Du manchmal pfeifst, sagst Du, daß Dir das Dein Zahnarzt aufgetragen hat."
Das Kind wird aufgefordert, anstelle der Parafunktion eine neue, angenehmere Belohnung zu finden, die das Bedürfnis, das hinter der Gewohnheit steckt, noch besser befriedigt. Die Geschwister und Eltern sollen regelmäßig an das Pfeifen erinnern.
Zur Entwöhnung des Schnullers hat sich eine Vereinbarung bewährt:
„Du bist ja jetzt noch ein kleines Kind, und da brauchst Du den Schnuller, das ist doch klar, behalt ihn nur noch, solange Du so klein bist. Aber nächstes Jahr (oder: Ostern, Geburtstag u.a.), wenn Du schon zu den Großen gehörst, da wirst Du ganz von alleine den Schnulli wegtun, weil Du ihn dann gar nicht mehr brauchst. Du bekommst jetzt von mir dieses Fünfmarkstück, das bewahrst Du zu Hause auf, es wird Dich immer an unsere Vereinbarung erinnern. Du bringst es in einem Vierteljahr wieder mit. Wenn Du bis dahin schon aufgehört hast mit dem Schnuller, bringst Du mir alle Deine Schnuller mit und Du kannst dann das Fünfmarkstück dafür behalten."

3 Angst

3.1 Angstauslöser

Der Zahnarzt ist in seinem Berufsalltag mit allen Erscheinungsformen der Angst vom leichten Unbehagen bis hin zur Phobie konfrontiert (Schmierer 1988). Die normale Angst basiert auf negativen Erfahrungen, die ein Patient im Laufe der Zeit gemacht hat, beispielsweise wenn Äußerungen des Schmerzes und der Abwehr vom Behandler ignoriert oder lächerlich gemacht wurden. Häufig berichten Patienten, daß sie Zahnarztangst bekommen hätten, weil Schmerzfreiheit zugesichert wurde und es dann trotzdem sehr weh getan hätte. Dadurch baut sich ein zunehmendes Mißtrauen gegenüber den Aussagen des Zahnarztes auf.

Hübner (1994) schreibt: „Neuere nosologische Systeme wie das DSM-III (Diagnostic and Statistical Manual of Mental Disorders der American Psychiatric Association) oder das ICD 10 (International Classification of Diseases and Related Health Problems der WHO) trennen zwischen Phobischen Störungen und anderen Angststörungen. Die Gruppe der Phobischen Störungen unterteilt sich nochmals in die:

- Agoraphobien (agora = Versammlungs- oder Marktplatz): angstvolles Vermeidungsverhalten mit und ohne Panikstörungen in der Vorgeschichte (siehe unten);
- Sozialen Phobien: Angstzustände im Zusammenhang mit sozialen Situationen;
- Spezifischen (isolierten) Phobien: Es existiert eine spezifische, klar zu umschreibende Auslösesituation (z. B. Tierphobie, Blut- oder Injektionsphobie und somit auch Zahnbehandlungsphobie).

In die Gruppe der Angststörungen gehören:

- Panikstörungen: plötzlich, wie aus heiterem Himmel auftretende Angstanfälle;
- Generalisierte Angststörungen: „frei flottierende Angst", fast alle Gedanken kreisen um Gefahr;
- Mischformen zwischen Angst- und Depressiven Störungen.

Weiterhin zu den Angststörungen werden auch die Zwangsstörungen (zwanghaft auftretende Handlungs- oder Gedankenimpulse, die von der Person selbst als irrational erlebt werden), die Posttraumatischen Belastungsstörungen (real erlebtes und nachvollziehbares Trauma wird in der Krankheit wiedererlebt) sowie somatoforme Störungen (z.B. Hypochondrie) oder Dissoziative Störungen (Multiple Persönlichkeit) gezählt.
Die Zahnbehandlungsangst bzw. -phobie gehört somit zu der Gruppe der spezifischen Phobie.

Generell sind Phobien durch folgende Phänomenologie gekennzeichnet:

- ihre der situativen Gefahr unangemessenen starken Intensität;
- die Hilflosigkeit der Person, diesen emotionalen Zustand willentlich zu kontrollieren und zu bewältigen (d.h., der Patient weiß über die Irrationalität der Angst, leidet aber trotzdem darunter);
- die Initiierung von ausgeprägtem Vermeidungsverhalten.

Nach einem Bericht von Becker (1989) haben kleine Kinder vor der ersten Behandlung normalerweise gar keine oder nur wenig Angst. Nach der ersten, spätestens nach der zweiten und dritten Behandlung nimmt die Angst zu. Angst ist in diesem Fall das Ergebnis eines Lernprozesses, in dessen Verlauf mit der Zahnbehandlung immer unangenehme Erlebnisse verknüpft werden. Viele erwachsene Patienten mit Angst berichten von entsprechend traumatischen Erlebnissen, z. B. von Lachgas- oder Äthernarkosen in ihrer Kindheit, während der sie an Behandlungsstühle festgeschnallt wurden.

Übung
Stellen Sie zusammen mit Ihrem Team eine Tabelle der Anker für Zahnarztangst auf!
Vielleicht finden Sie noch einiges Wichtigere, als wir aufgelistet haben.

Tabelle 16 Angstauslöser in der Zahnarztpraxis

Lange Wartezeiten
Traumatisches Erlebnis bei Zahnbehandlung in der Vergangenheit
Zahnarzt mit Schweiß auf der Stirne, zittrig, hektisch grober Zahnarzt
unfreundliche Helferin
Kneifen von Lippe, Zunge
Geruch von CHKM, Desinfektionsmittel, Elektrotom, Körpergeruch
weiße Kittel (mit Blutflecken)
Licht, das die Augen blendet
Instrumente, Flaschen, Apparate, Bohrer im Blickfeld des Patienten
fehlende Ablenkung für Blick des Patienten (weiße Lamellen, Blick auf Neonlampen)
Geräusche aus Nachbarzimmer, aus Labor, Bohrergeräusche
Vibrationen des langsam laufenden Bohrers
volles Wartezimmer mit zerfledderten Zeitungen
Behandlung, obwohl die Spritze nicht wirkt
Langeweile bei Langzeitbehandlungen
mangelnde Information über Behandlung und Alternativen
mangelndes Eingehen auf den Patienten
falsches Aufklärungsgespräch über Komplikationen

3.2 Anamnesebögen für Angstpatienten

Als Hilfe für die Anamnese bei Angstpatienten wurden Anamnesebögen angegeben, die speziell die Angstanamnese erleichtern.

Tabelle 17 Gesundheitsfragebogen nach K. H. Kunzelmann/P. Dünninger 1989

Gesundheitsfragebogen

Die von Ihnen erbetenen Informationen helfen dem Zahnarzt, mögliche Zwischenfälle zu vermeiden. Die Beantwortung liegt deshalb in Ihrem eigenen Interesse. Alle Angaben von Ihnen unterliegen der ärztlichen Schweigepflicht.

Zutreffendes bitte ankreuzen: ( )

Sind Sie zur Zeit in ärztlicher Behandlung?	( ) Nein	( ) Ja
Nehmen Sie zur Zeit regelmäßig Medikamente?	( ) Nein	( ) Ja
Sind Sie empfindlich (allergisch) gegen bestimmte Stoffe oder Medikamente?	( ) Nein	( ) Ja
Sind bei Ihnen einmal Zwischenfälle während oder nach einer Zahnbehandlung aufgetreten (z. B. durch örtliche Betäubung)?	( ) Nein	( ) Ja

Haben oder hatten Sie eine der folgenden Erkrankungen?

Kreislaufbeschwerden	( ) Nein	( ) Ja
zu hoher oder zu niedriger Blutdruck	( ) Nein	( ) Ja
Herzerkrankungen	( ) Nein	( ) Ja
Lebererkrankungen	( ) Nein	( ) Ja
Zuckerkrankheit (Diabetes)	( ) Nein	( ) Ja
Lungenerkrankungen	( ) Nein	( ) Ja
Rheumatische Erkrankungen	( ) Nein	( ) Ja
sonstige Erkrankungen	( ) Nein	( ) Ja
Neigen Sie nach Verletzungen oder Zahnentfernungen zu länger anhaltenden Blutungen	( ) Nein	( ) Ja
Nehmen Sie blutgerinnungshemmende Medikamente (z. B. Marcumar)?	( ) Nein	( ) Ja
Haben Sie eine ansteckende Krankheit?	( ) Nein	( ) Ja

Bitte weisen Sie Ihren Zahnarzt auf eine mögliche Schwangerschaft hin!

Sie haben nachher einen Termin beim Zahnarzt. Wie haben Sie sich zu Hause beim Gedanken, zum Zahnarzt gehen zu müssen, gefühlt?

( ) wie immer (entspannt)
( ) ein wenig unbehaglich
( ) angespannt
( ) ängstlich
( ) so ängstlich, daß ich Schweißausbrüche bekam und mich regelrecht krank fühlte

Stellen Sie sich vor, Sie sitzen im Wartezimmer.
Wie fühlen Sie sich?

( ) wie immer (entspannt)
( ) ein wenig unbehaglich
( ) angespannt
( ) ängstlich
( ) so ängstlich, daß ich Schweißausbrüche bekomme und mich regelrecht krank fühle

Stellen Sie sich vor, Sie sitzen beim Zahnarzt im Behandlungsstuhl.
Wie fühlen Sie sich?

( ) wie immer (entspannt)
( ) ein wenig unbehaglich
( ) angespannt
( ) ängstlich
( ) so ängstlich, daß ich Schweißausbrüche bekomme und mich regelrecht krank fühle

Stellen Sie sich vor, Sie sitzen im Behandlungsstuhl, um den Zahnstein entfernen zu lassen. Während Sie warten, legt der Zahnarzt seine Instrumente bereit, mit denen er den Zahnstein im Zahnfleischbereich abkratzen wird.
Wie fühlen Sie sich?

( ) wie immer (entspannt)
( ) ein wenig unbehaglich
( ) angespannt
( ) ängstlich
( ) so ängstlich, daß ich Schweißausbrüche bekomme und mich regelrecht krank fühle

Name, Vorname

geboren am

Datum und Unterschrift

Tabelle 18 Angstanamnesebogen

Anamnesebogen für Angstpatienten

1. Wie lange haben Sie schon Angst vor dem Zahnarzt?
   Was ist Ihre erste (schlechte) Erinnerung an den Zahnarzt?
   Was ist dadurch passiert? Wie lange sind Sie nicht beim Zahnarzt gewesen?
2. Wie denken Sie, daß sie so ängstlich geworden sind?
   z. B. durch:
   - Geschichten anderer
   - lange, schmerzhafte Behandlungen
   - Angst vor Injektionen
   - Angst vor dem Bohren
   - Angst vor allen Instrumenten
   - Abneigung vor fremden Händen im Mund
   - nicht zu wissen, was kommen und was geschehen wird
   - unhöfliches oder hartes Auftreten des Zahnarztes
   - Abneigung gegenüber allen Ärzten
3. Wie äußert sich Angst bei Ihnen?
4. Haben Sie auch Angst, zum Allgemeinarzt zu gehen?
5. Was hat der Zahnarzt gegen die Angst getan?
6. Was hat der Arzt gegen die Angst getan (Hilfe gesucht beim Psychologen, Psychiater)?
7. Was haben Sie selbst gegen die Angst getan?
8. Haben andere Familienmitglieder auch Angst vor dem Zahnarzt? Vater, Mutter, Bruder, Schwester, (Ehe-)Partner, Kinder?
9. Wie oft putzen Sie Ihre Zähne?
10. Was erwarten Sie von Ihrem Gebiß? Was würden Sie am liebsten mit Ihren Zähnen machen?
11. Wollen Sie selbst noch etwas fragen?
12. Was denken Sie, ist Hypnose?
13. Was für Hobbys haben Sie?

(Quelle: Referenten der Universität Amsterdam, mündliche Mitteilung auf der Jahrestagung der ISH 1988 in Den Haag)

3.3 Angsttherapie

Das Grundproblem bei allen Angstpatienten ist Mangel an Vertrauen, sowohl in die eigenen Fähigkeiten als auch in die des Behandlers. Neues Vertrauen baut sich durch gute Erfahrungen schrittweise auf, wobei größere Ängste kleinere Schritte und so auf beiden Seiten viel Geduld erfordern.
Nicht immer sind schlechte Erfahrungen im medizinischen Bereich die eigentliche Angstursache. Häufig wird die Zahnarztangst einer tiefersitzenden Angst vorgeschoben, weil sie sozial akzeptiert wird.
Erreichen wir in zwei bis drei Sitzungen keine Behandlungsbereitschaft, überweisen wir den Patienten zum Psychotherapeuten.

3.3.1 Angst und hypnotische Anästhesie

Nach unseren Erfahrungen mit Zahnarztangst-Patienten ist es nicht ratsam, gleichzeitig Angstabbau und hypnotische Anästhesie anzustreben. Meist waren ja Schmerzen die Ursache für das Entstehen der Angst, und so ist es für das Aufbauen von Vertrauen zwischen Patient und Behandler wichtig, nicht gleichzeitig Analgesie erreichen zu müssen.
Bei den ersten Sitzungen sollte deshalb ein Patient mit Zahnarztangst absolut schmerzfrei behandelt werden, dann ist er auch später bereit, kleine Unannehmlichkeiten zu akzeptieren, ohne daß das Vertrauensverhältnis gestört wird.

3.3.2 Pacing und Leading

Die durch Negativerlebnisse wohlbegründeten Ängste können mit den Methoden des Pacing und Leading gut therapiert werden. Dabei wird durch schonende Behandlung und korrekte Information das Vertrauensverhältnis zwischen Arzt und Patient wiederhergestellt. Gleichzeitig lernt der Patient, wie er sich durch aktive Entspannung aus der Verkrampfung lösen kann.
Im Anhang, S. 319–330, ist die erste Sitzung mit einer Patientin mit Zahnarztangst wiedergegeben. Die Hypnose-Assistentin nimmt sich viel Zeit, Rapport herzustellen, die Anamnese durchzuführen und Ängste gegenüber der Hypnose abzubauen. Erst

nach diesem langen Vorgespräch kommt der Behandler dazu, und Trance wird in Form einer Dopppelinduktion sehr rasch induziert.

3.3.3 Leerhypnose und Vorbereitung

Bei Patienten, die schon jahrelang ihren Zahnarztbesuch aufgeschoben haben, ist eine Leerhypnosesitzung (d. h. eine Hypnosesitzung ohne zahnärztliche Behandlung zum Ankern des Entspannungszustandes) vor Beginn der zahnärztlichen Behandlung notwendig. So ist der Patient bei der ersten Sitzung sicher und kann das Tonbandprotokoll seiner Hypnosesitzung zum Üben mit nach Hause nehmen.

3.3.4 Selbsthypnosetraining

Mit diesem Tonband trainiert er zu Hause so lange, bis er zur Zahnbehandlung bereit ist. Er entscheidet selbst, ob er zusätzlich weitere Hypnosesitzungen braucht, um sich angstfrei behandeln lassen zu können. Bei manchen Patienten dauert es Wochen und Monate des Trainings, bis sie soweit sind. Wir verpflichten die Patienten, regelmäßig einmal pro Woche anzurufen, um über ihre Fortschritte informiert zu werden. Dabei werden auch Angebote zur erneuten Sitzung oder bei einem Therapeuten gemacht, wenn der Patient nicht vorankommt oder professionelle Hilfe braucht.
Manchmal wünscht ein Patient eine längerdauernde Hypnosetherapie bei uns, weil für sein soziales Umfeld „Zahnarztbesuche" akzeptabler erscheinen, als Besuche beim Therapeuten. In diesem Fall haben wir nach gründlicher Erörterung der Vorbehalte gegenüber einer Therapie bei einem Psychologen oder Psychiater auch über unser Drei-Stunden-Limit hinaus mit Patienten gearbeitet.
Dazu ist eine therapeutische Ausbildung Vorraussetzung.

3.3.5 Hypnoanalyse

Im Verfahren der Hypnoanalyse (vgl. Kap.V) wird der Patient mit Hilfe einer Altersregression an das erste Angsterlebnis herangeführt. Mit Hilfe von nonverbalen Ja/Nein-Signalen wird der entsprechende Lebensabschnitt aufgesucht, in dem die Angst erst-

mals auftrat. Der Patient soll sein Erlebnis schildern oder, wenn er nicht reden kann, innerlich durchgehen, bis er das Trauma wieder aus dem Unbewußten hervorgeholt hat.
Dann wird er aufgefordert, aus seiner heutigen, Erwachsenen-Erfahrung heraus den Angstauslöser herauszuarbeiten.
Diese Situation aus der Vergangenheit muß er so oft durchgehen, bis er sie als einen Teil seiner Geschichte begreifen kann, der abgeschlossen ist. Das Ja-Signal bestätigt, daß er jetzt als Erwachsener reagieren kann und daß er nicht mehr automatisch in das – damals adäquate – Verhalten zurückfällt.
Die Patienten, die wir von ihrer Zahnarztangst befreien konnten und die inzwischen gerne zur Behandlung kommen, gehören zu unseren dankbarsten Patienten. Auch unter dem Aspekt der Zeitökonomie ist hier der sinnvollste Ansatz zur Anwendung der Hypnose gegeben: Statt jahrelanger, frustrierender Ringkämpfe um einzelne „Bohrungen" kann in der Regel nach einer bis drei Hypnosesitzungen eine gründliche Gebißsanierung durchgeführt werden.

3.3.6 NLP Six Step Reframing

Bei Patienten mit Dentistophobie ist die Zahnarztangst als Projektion einer tiefsitzenden anderen Angst anzusehen. Nach dem Vorgehen des NLP Six Step Reframing (Änderung der inneren Einstellung über sechs Teilschritte) (Bander, Grinder 1985, vgl. Kap. VI) werden die Hintergründe der Angst bearbeitet, in einen neuen Bezugsrahmen gestellt und für eine Veränderung nutzbar gemacht.

3.3.7 Praemedikation

Bei schwer hypnotisierbaren Patienten hat sich die Praemedikation mit Lachgas oder Midazolam (Dormicum) ca. 30 Minuten vor Behandlungsbeginn bewährt. Nach dieser chemischen Anxiolyse genügt ein Entspannungstonband um tiefe Trance und Amnesie zu erreichen.

4 Würgereiz

Würgereizanfälle stellen sowohl für die Betroffenen als auch für die zahnärztliche Praxis eine erhebliche Belastung dar. Die unterschiedliche Intensität des Reizes erfordert eine darauf abgestimmte Therapie.

4.1 Ablenkung

Der physiologische Würgereflex, der beim Berühren der rückwärtigen Mundregion (Gaumensegel, Gaumenbogen, Zungengrund) auftritt, kann meist durch einfache Ablenkungsmanöver, wie Beine anheben lassen, den Patienten an seinem Ohrläppchen ziehen lassen, Luft anhalten lassen, überbrückt werden. Diese oft benutzten Ablenkungsmanöver sind im Sinne einer Konfusions-Induktion wirksam, da der Patient in diesem Moment Hilfe sucht und durch die unerwartete Intervention auf einen inneren Suchprozess geht, der ihn vom Reflex ablenkt. Auch das Einstechen einer Nadel in die Supramentalfalte (KG 24) funktioniert nicht nur als Akupunktur-Mechanismus, sondern auch als Schmerzreiz, der vom Würgeanfall ablenkt. Es ist sinnvoll, alle Akupunkturmaßnahmen suggestiv zu begleiten, z. B.: *„Ich werde Ihnen jetzt Akupunkturnadeln setzen, dann können Sie nicht mehr würgen, die Akupunktur hebt den Würgereiz auf."*

Vom physiologischen Würgereflex unterscheidet sich der angstbedingte Würgereiz. Viele „Würger" versuchen unbewußt, durch Würgereizanfälle der Behandlung zu entgehen. Sie zeigen dabei das Verhalten kindlicher Angstpatienten, indem sie an einem bestimmten Punkt der Behandlung die Vernunftkontrolle aufgeben und (unter spontaner Altersregression) mit panikartiger Abwehr reagieren. Diesen Patienten schlagen wir verschiedene Lösungsmöglichkeiten für ihr Problem vor:

- Anleitung zur Selbsthypnose
- Schrittweises Verhaltenstraining
- Hypnose-Induktion mit Anästhesie des Mundbereiches
- Handschuh-Anästhesie
- Six Step Reframing
- Hypnoanalyse

4.2 Anleitung zur Selbsthypnose

Wir begründen die Anleitung zur Selbsthypnose mit der Bemerkung, daß sie auch in anderen Situationen sehr hilfreich sein könne. Wir weisen den Patienten darauf hin, daß sich der Zahnarzt während der Behandlung auf sein Handwerk konzentrieren und der Patient sich deshalb selbst um seine Hypnose kümmern müsse. Die Zweifel des Patienten, dies selbst schaffen zu können, zerstreuen wir, indem wir die Selbsthypnose als eine Art Autogenes Training bezeichnen, das eigens auf ihn abgestimmt ist. Wir verwenden dafür gerne die VAKO-Zählmethode (vgl. Kap. IV). Von dieser Sitzung bekommt der Patient ein Tonband zum Üben mit nach Hause, mit der Auflage, bis zum nächsten Termin täglich die Selbsthypnose zu trainieren.
Während der Behandlung kann dann der Patient sein Tonband oder eine Entspannungsmusik anhören oder auch einfach die Augen schließen und seine Zählmethode durchführen.

4.2.1 Rückfall „pacen“

Wir erlauben ihm vor der Behandlung, daß sein Würgereiz sich anfangs durchaus noch einmal melden darf, daß er aber danach sofort wieder seine Selbsthypnoseübung aufnehmen soll. Im Verlauf der Behandlung wird er dann tiefer in die Trance hineingehen und seinen Würgereiz vollends vergessen.

4.3 Schrittweises Verhaltenstraining

Das Verhaltenstraining leiten wir mit einer Metapher über einen Würgereizpatienten ein, der noch viel stärker von diesem Problem betroffen war und den wir 1976 noch ohne Hypnose behandelt haben.
„Also die ersten drei Abdrücke waren für alle Beteiligten eine Tortur, beim vierten bis achten Abdruck lernte dieser Patient, daß er einen Abdruck überleben kann, was dazu führte, daß er weniger Angst hatte und so bessere Bewältigungsstrategien entwickeln konnte. Schon nach dem zehnten Abdruck war eine normale zahnärztliche Behandlung möglich. Mit dem zwanzigsten Abdruck war dann das Problem endgültig beseitigt.“

Wenn dann unser Würgereizpatient entsetzt fragt, wieviele Abdrücke denn bei ihm nötig seien, sagen wir, daß in der Regel bereits zwanzig Abdrücke ausreichen würden, um eine Sanierung durchzuführen. Damit können wir dazu überleiten, dem Patienten ein Trainingsprogramm vorzuschlagen.

4.3.1 Selbstverantwortung

Er soll anfangen, sich mit seinen Schwierigkeiten auseinanderzusetzen. Der Würgereiz ist nicht das Problem des Behandlers, sondern vielmehr das des Patienten. Wenn dies vom Patienten akzeptiert wird, ist das Problem auch zu lösen.
Das Trainingsprogramm sieht vor, daß der Patient täglich mehrfach übt, einen Kaffeelöffel, später einen mitgegebenen Abdrucklöffel, immer weiter rückwärts und über eine immer längere Zeitspanne in den Mund einzuführen. Anfangs soll er dabei den Atem anhalten, weil dann der Würgereiz weniger intensiv auftritt. Er soll sich dabei die Behandlungssituation möglichst deutlich in allen VAKO-Bereichen vorstellen. Dadurch wird er bereits nach ganz wenigen Abdrücken sein Problem bewältigt haben.
In der Praxis werden die ersten Maßnahmen im Mund ebenfalls mit Luftanhalten und behutsamem Einführen des Abdrucklöffels durchgeführt.

4.3.2 Notbremse

Dabei hat sich die Installation einer „Notbremse“ als besonders wichtig erwiesen: Durch Anheben der linken Hand kann der Patient die Behandlung (außer bei Abdrücken) sofort unterbrechen.

4.3.3 Symptomverschreibung

Bei den ersten Abdrücken wird dem Patienten erklärt, daß der Abdruck unter allen Umständen bis zum Abbinden im Mund verbleiben müsse, daß er aber ruhig würgen könne, er bekomme dafür extra eine Nierenschale in die Hand, so daß er sich überhaupt nicht beherrschen müsse, wir seien erfahren im Umgang mit Würgereizpatienten, und er solle alles herauslassen, was ihn „ankotzt“.

4.4 Hypnose-Induktion mit Anästhesie des Mundbereiches

Da Patienten mit Würgereiz meistens sehr unter ihrem Fehlverhalten leiden, ist die Motivation für die Hypnose auch bei kritisch eingestellten Patienten sehr hoch. Um die Angst sowohl vor der Hypnose als auch vor der zahnärztlichen Behandlung in den Griff zu bekommen, führen wir zunächst eine Leerhypnose durch, während der der Patient selbst bestimmen kann, wie tief er in Trance gehen möchte. Wir betonen, daß er sich jederzeit melden und die Hypnose unterbrechen könne. Die Induktion wird mit sehr viel Feedback aufgebaut; durch das Einholen der Zustimmung des Patienten bei jedem Teilschritt wird das nötige Vertrauen aufgebaut. Später wird auch für jede zahnärztliche Behandlungsmaßnahme das Einverständnis des Patienten eingeholt, um die Freiwilligkeit zu betonen. Dies ergibt einen Fraktionierungseffekt, durch den das Prinzip der kleinen Schritte in seiner beruhigenden Wirkung für den Patienten erlebbar wird.

4.4.1 Suggestionen in Leerhypnose

Wenn der Patient gut suggestibel ist, ist der Würgereiz mit einer beliebigen Induktionstechnik, gefolgt von Handschuh-Anästhesie und Übertragung auf den Mund- und Rachenbereich, am schnellsten zu beseitigen. Günstig sind Formulierungen wie *„den Mund zur Reparatur abgeben"*, *„jede Berührung ist jetzt angenehm"*, *„am Ort Ihrer Entspannung schmeckt alles so wunderbar, Sie genießen jetzt Ihr eisgekühltes Lieblingsgetränk"* (durch Feedback abklären; viele Würgereizpatienten mögen keine kalten Getränke, evtl. *„Ihr Lieblingseis"*).

4.4.2 Ankern bei Würgereiz

Nach erfolgreicher Behandlung wird der hypnotische Zustand geankert, z. B.:
„Immer, wenn Sie hier sind und meine Hand so auf Ihrer Schulter spüren, gehen Sie ganz schnell, ganz bequem wieder in diesen angenehmen Zustand, und Sie spüren alle Berührungen ganz angenehm, ganz sanft. Meine Stimme begleitet Sie an Ihren Entspannungsort und jeder Duft, jeder Geschmack wird Ihren tiefen Entspannungszustand noch verstärken."

4.4.3 Handschuh-Anästhesie

Hier werden die Methoden zusammengefaßt, die darauf abzielen, die Hand einer Versuchsperson unempfindlich, kalt, pelzig, anästhetisch zu machen. Dafür wird das Bild eines über die Hand gestülpten kalten Handschuhs suggeriert. Dieser Handschuh wird als so kühl beschrieben, daß er die ganze Hand gefühllos macht. Es empfiehlt sich, die Handschuh-Anästhesie an einer levitierten, d. h. an einer senkrecht stehenden bzw. schwebenden Hand zu induzieren, da eine Hand in dieser Stellung – physiologisch bedingt – mit der Zeit weniger durchblutet wird und so die Phänomene des Kribbelns, der geringen Durchblutung und der Kühle ohnehin auftreten. (Dieses Taubheitsgefühl ist den meisten Patienten vertraut; es tritt auch auf, wenn „das Mäuschen in den Ellenbogen fährt", d. h., wenn der N. ulnaris am Ellbogengelenk geklemmt oder gequetscht wird.)
Diese natürlich auftretenden Phänomene werden mit Kältesuggestionen verstärkt, sobald die Finger der levitierten Hand blasser geworden sind. Nach dem Prinzip des Pacing und Leading werden Beispiele wie „Hand in Eiswasser" oder „Schneeball in der Hand" suggeriert.
Den Kältesuggestionen entsprechend wird für die andere Hand des Patienten, die entspannt auf dem Bauch oder im Schoß liegt, ein gesteigertes Wärmegefühl suggeriert. Auch hier kommt dem Arzt die Physiologie zu Hilfe: Diese Hand ist ohnehin besser durchblutet und damit wärmer und sensibler als die levitierte Hand.
Über diese sensible Hand soll der Patient alles wegatmen, was ihn noch stört.
Die kalte, unempfindliche Hand soll ihr Anästhesiegefühl auf den Mund und Rachen übertragen, sie kann sich in der Zeit, bis sich das pelzige, fremde Gefühl auf den Mund übertragen hat, langsam auf den Mund zu bewegen. Wenn sie dann den Mund oder den Hals erreicht hat, ist der ganze Mund-, Hals- und Nackenbereich unempfindlich geworden.

4.5 Hypnoanalyse

Mit Hilfe hypnotisch induzierter Hypermnesie und der Altersregression führt die Hypnoanalyse den Patienten an den Beginn des traumatischen Erlebnisses zurück. So können die Ursachen dieses Verhaltens herausgearbeitet und schließlich durch Bewältigungsstrategien verarbeitet werden (Vgl. Kap.V).
Durch Kombination und individuelles Abstimmen der sechs Behandlungs-Möglichkeiten auf die Reaktionen des Patienten ist nahezu jeder Würgereizpatient zu behandeln. Bei hartnäckigen „Würgern" ist eine psychotherapeutische Behandlung mit Analyse der Kindheit, der familiären Situation, sexueller Traumata und Störungen erforderlich. Gerade frühkindlicher sexueller Mißbrauch steht oft hinter einem hartnäckigen Würgereiz.
Das Ausweichen auf die Vollnarkose ist nur bei nicht kooperativen Patienten notwendig, wobei in diesen Fällen nach erfolgter Sanierung ein umso größeres Problem beim Eingliedern und Akzeptieren von Zahnersatz auftreten kann.

4.6 NLP Six Step Reframing

Das NLP (vgl. Kap. VI) als intellektuelles Kind der Hypnose ist besonders für Patienten mit Vorbehalten gegenüber der Hypnose geeignet. Im Six Step Reframing führt der Patient (unter Anleitung für die einzelnen Schritte) seine Verhaltensänderung selbst durch. Der Rapport wird dadurch hergestellt, daß der Würgereiz zunächst als Teil des Verhaltensrepertoires des Patienten dargestellt wird, und zwar als ein der bewußten Kontrolle sich entziehender, also stärker vom Unbewußten bestimmter Verhaltensanteil, der sich auf einen bestimmten Reiz hin gegen alle Vernunft durchsetzt. Der Patient soll für seinen Würgereiz einen Namen finden, den er gerne loswäre, und die Stelle, an der er ihn zuerst spürt und wie er ihn spürt, genau beschreiben.
Der Punkt, unmittelbar bevor der Würgereiz als automatisch und unaufhaltsam ablaufendes Ereignis eintritt, wird in allen VAKO-Bereichen beschrieben und mit einem Namen versehen, der dem Patient spontan einfällt.
Manchmal sind es Eigennamen, deren Bedeutung damit bewußt wird, manchmal auch Namen wie „Kloß" oder „Vorwürg".

Dann soll der Patient fünf positive Aufgaben für seinen Würgereiz finden und mit ihm als einem wohlmeinenden, beschützenden Teil in Kommunikation treten, um andere Lösungswege gemeinsam zu erarbeiten. Nach dem Durcharbeiten der verschiedenen Prozeßschritte wird ein autodynamisches Fortschreiten der eingeleiteten Änderungsarbeiten angekündigt.
Ein Patient (32, Computerfachmann) hat sich erst ein Jahr nach dieser Sitzung wiedergemeldet, mit der Bemerkung, daß er jetzt die „Reset"-Taste gefunden habe, von der wir damals gesprochen hatten.
Danach war eine orale Rehabilitation problemlos durchführbar.

5 Kreislaufprobleme

5.1 Kollaps

Der Kreislaufkollaps ist nicht nur eine unbewußte Notlösung für junge Frauen, sondern ebenso häufig für Männer ein Weg, der unangenehmen Behandlung auszuweichen und gehäufte Aufmerksamkeit und Zuwendung auf sich zu ziehen. Eine sorgfältige Exploration der auslösenden negativen Anker in einem neutralen Raum hilft, die geeignete Therapie festzulegen.
So wurde uns ein junger Mann überwiesen, der in drei Praxen beim Anblick einer Spritze bzw. bei den ersten Bohrerumdrehungen kollabiert war. Er erzählte mit einem gewissen Stolz von der Aufregung, die er verursacht hatte, und kündigte an, daß er bei uns auch unverzüglich in Ohnmacht fallen werde.

5.1.1 Symptomverschreibung

Wir forderten ihn auf, dies sofort zu tun, weil wir dann ganz ungestört arbeiten könnten, und erklärten ihm, daß die Ohnmacht eine besondere Begabung sei. Damit könnte er sich die Zeit und die Kosten für eine Hypnose-Induktion sparen.
Die Symptome müssen dabei sehr sorgfältig beobachtet werden, ob sich tatsächlich die geplante paradoxe Wirkung einstellt. Die Bemerkungen dürfen nicht wie bei einer Induktion gesprochen werden, eher provokativ-lustig, etwa:

„Woran merken Sie zuerst, daß eine Ohnmacht kommt? Aha, am kalten Schweiß auf der Stirn und am Zittern, dann zittern und schwitzen Sie jetzt, noch mehr, noch mehr, jetzt werden Sie endlich ohnmächtig, dann können wir in Ruhe arbeiten, bei uns dürfen Sie in Ohnmacht fallen. Das ist eine Begabung, um die Sie viele Hypnosepatienten beneiden würden, einfach so das Licht ausknipsen, fallen Sie jetzt sofort in Ohnmacht."
Durch dieses Symtomverschreiben wurde seine Ohnmachtsneigung vollständig beseitigt. Er hat statt dessen gelernt, sich bei der Behandlung zu entspannen. Zudem hat er die nötigen konservierenden und chirurgischen Zahnbehandlungen sowie Blutabnahmen beim Hausarzt ohne Probleme bewältigt.

5.1.2 Pacing und Leading

Geht der Patient tatsächlich in Richtung eines Kollaps weiter, so ist die Sicherheit des Behandlers die wichtigste (nonverbale) Therapie. Auch hier werden die Symptome wiedergegeben, aber mit einfühlsamer Trance-Sprache und mit nachfolgendem Leading.

5.2 Hochdruck

Hochdruckpatienten haben auffallend häufig vor Zahnbehandlungen so hohe Blutdruckwerte, daß sie deshalb die Behandlung verschieben möchten. In diesem Fall wäre eine Symptomverschreibung sicherlich zu riskant. Wir erklären dem Hochdruckpatienten deshalb, daß mit Hilfe der Hypnose sehr leicht eine medikamentenfreie Blutdrucksenkung möglich sei und daß er während der bevorstehenden Behandlung lernen könne, seinen Kreislauf in Streßsituationen selbst zu kontrollieren. Es wird eine Entspannungshypnose mit ruhiger Bauchatmung, manchmal mit Musik induziert. Der Patient soll während der Behandlung seinen Ort der Entspannung erkunden, damit er später selbständig wieder in die Entspannung gehen kann.
Besonders wichtig dabei ist die Reduktion der Durchblutung im OP-Bereich, damit möglichst wenig eingespritzt werden muß.

6 Schmerz

Für die Kontrolle akuter Schmerzen, z. B. während zahnärztlichen Eingriffen, stehen uns wirksame und sichere Anästhetika zur Verfügung. Dennoch sind in Ausnahmefällen Eingriffe ohne chemische Anästhesie indiziert:
In Situationen, die eine pharmakologische Anästhesie nicht ratsam erscheinen lassen, wie z. B. bei Patienten mit allergischen Erscheinungen auf Lokalanästhetika, bei Anästhesieversagen und bei Risiko von Herz-Kreislauf-Reaktionen, wie z. B. Bluthochdruck, oder Ohnmachtsneigung.
Die wichtigste Indikation ist gegeben, wenn der Patient aus eigenem Entschluß eine Behandlung mit hypnotischer Anästhesie derjenigen mit „der Spritze“ vorzieht.
Eine relative Kontraindikation ist das Vorliegen einer Zahnarztphobie oder eines ausgeprägten Angstsyndroms im Hinblick auf den chirurgischen Eingriff. In diesem Fall ist zunächst eine therapeutische Vorbehandlung, z. B. mit Hypnose zum Abbau der Angst oder Phobie erforderlich, bevor eine sichere hypnotische Analgesie erreicht werden kann.
Kontraindikationen bestehen bei Patienten, die nicht konzentrationsfähig sind oder unter dämpfenden Drogen stehen, z.B. Sedativa, Alkoholabusus, usw. Patienten mit Borderline-Syndrom, manisch depressive oder agitierte Patienten, d.h. psychische Störungen mit psychotischem Charakter, sind nicht für zahnärztliche Hypnoseeingriffe geeignet. Es erfordert eine große Erfahrung und sehr viel therapeutisches Geschick, mit diesen Patienten hypnotisch zu arbeiten (Alberts, 1990).
Das Auswahlkriterium, welche Patienten für hypnotische Anästhesie geeignet sind, ergibt sich, indem das Vorgehen mit dem Patienten vor dem Eingriff besprochen wird.
Wenn der Patient sagt: „Ja, das traue ich mir zu! Ich möchte es gerne versuchen“, ist er höchstwahrscheinlich auch für einen Eingriff ohne chemische Anästhesie geeignet.
Es können alle im Bereich der Zahnmedizin vorkommenden Eingriffe wie Wurzelbehandlungen, Präparationen sowie paradontologische und oralchirurgische Eingriffe ohne chemische Anästhesie durchgeführt werden.
Die Schmerztherapie mit den gebräuchlichen pharmakologischen und funktionstherapeutischen Maßnahmen führt nicht

immer zu einem befriedigenden Behandlungsergebnis. Hier hilft Hypnose heilen. Mit der Entwicklung neuer, differenzierter Hypnosetechniken ist es möglich, Anästhesieversager zu kompensieren, die Dosis zu reduzieren, ja bei entsprechender Indikation ganz auf pharmakologische Anästhesie zu verzichten. Besonders zur Therapie von chronischen Schmerzen hat sich die Anwendung von Hypnose als hilfreich erwiesen. Je weniger pharmakologische Hilfsmittel wirken bzw. je größer ihre Langzeitnebenwirkungen sind, umso mehr muß sich die Therapie auf die psychologische Schmerzkontrolle verlagern. Innerhalb der psychologischen Verfahren bietet die Hypnose große Vorteile für die Behandlung von chronischen Schmerzen: Viele Menschen verbinden mit dem Wort „Hypnose" die Hoffnung auf eine mögliche „Wunderheilung". Ihre Erwartungshaltung in Bezug auf einschneidende Veränderungen bei ihren chronischen Schmerzen ist bei der Anwendung von Hypnose am größten. Hypnose wird als Therapieangebot des Zahnarztes eher akzeptiert als die Überweisung zum Psychologen oder Psychiater. Hypnose ist leicht erlernbar und in der Hand des ausgebildeten Hypnotherapeuten sicher in der Anwendung.
Von alters her werden in der Schmerztherapie Drogen und Beschwörungen eingesetzt. Bereits vor 4000 Jahren wurde der Mohnanbau kultiviert. In den frühesten Kulturzeugnissen werden die archaische Ekstase, die Heilsuggestion sowie der Tempelschlaf als heilende Tranceverfahren beschrieben (Jung, 1964). Mit den Fortschritten der chemischen Industrie (Synthetisierung des Procain 1905, Forth et al.,1985) kam es zu einem Überwiegen der pharmakologischen Therapie, inzwischen wird mit zunehmendem Umweltbewußtsein und zunehmender Kenntnis von Neben- und Wechselwirkungen (Kaiser, Schwender, Klasing, Pöppel, 1993) die Anwendung psychologischer Verfahren in sinnvoller Kombination mit den Pharmaka wieder gefordert (Zimmermann et al., 1986).
Kurzzeit-Schmerzausschaltung ist rasch und effektiv mit der pharmakologischen Anästhesie zu erreichen, je länger der Schmerz besteht, je chronischer er wird, umso mehr treten psychologische Verfahren in den Vordergrund.
In dem Buch von Miltner (et al.1987) sind die Möglichkeiten psychologischer Schmerztherapie zusammengestellt. Die gebräuchlichsten davon sind:

- Kognitive Schmerzbewältigungs – Strategien (d.h. zu lernen, mit dem Schmerz zu leben),
- Verhaltenstherapeutische Änderungen (Peter et. al., 1991) (z. B. von Gewohnheiten, die den Schmerz aufrechterhalten),
- Systemische Therapie (z. B.Veränderungen des Systems, in dem der Patient sich bewegt),
- Neurolinguistisches Programmieren (Stahl, 1988) (Verändern der Einstellung des Patienten zum Schmerz, Bahnen neuer Verhaltensprogramme),
- Entspannungsverfahren (Peter et. al. 1988) (z. B. Autogenes Training nach Schultz (Thomas, 1976), Jacobson Training (Jacobson, 1938), Meditation),
- Hypnose und (auto-) suggestive Techniken (Revenstorf, 1990; Kossak, 1989; Gabert-Varga, Schmid, Revenstorf, 1991; Schmierer, 1993).

Hypnose und (auto-)suggestive Techniken

Die Anwendung (auto-)suggestiver Techniken zur Schmerzkontrolle ist eine der ältesten Möglichkeiten, Schmerzen zu bewältigen. Wir bewundern Fernsehbilder, in denen indische Fakire sich spitze Gegenstände durch Wange und Zunge stoßen. Es ist offensichtlich, daß sie sich in einer tiefen (religiös induzierten) Trance befinden. Uns beeindruckt, daß sie sich in ihrer Trance nur wenig verletzen und offensichtlich keine Schmerzen empfinden. Die Berichterstatter betonen die Notwendigkeit jahrelanger Meditationspraxis und einer speziellen asketischen Lebensführung. (Larbig, 1982)
Wenn wir bei unseren Patienten chirurgische Eingriffe wie z. B. die operative Entfernung des Weisheitszahnes durchführen, stellen wir immer wieder fest, daß dafür keine lange Vorbereitung erforderlich ist. Es genügen häufig 15 bis 30 Minuten Zeit für die Hypnoseinduktion, dann kann der chirurgische Eingriff beginnen.

Voraussetzungen für Behandlung in Hypnose

Aus der Erfahrung von über zehn Jahren Hypnosetätigkeit mit einer Vielzahl von (auf Video dokumentierten) Eingriffen läßt sich folgendes feststellen:

In allen Menschen, unabhängig von der Kultur oder Rasse, ist die Fähigkeit angelegt, Trancezustände zu erfahren.

Die Voraussetzungen sind:

1. Die Motivation für den Eingriff.
2. Das Vertrauen in die Kompetenz des Hypnosetherapeuten.
3. Selbstvertrauen und Angstfreiheit, den Eingriff in Hypnose bewältigen zu können.
4. Konzentrationsfähigkeit auf die Anweisungen des Therapeuten.
5. Rechtshemisphärische, bildhafte Phantasie und Assoziationsfähigkeit.

Sind die vorgenannten fünf Vorraussetzungen erfüllt, kann mit Hilfe der Hypnose jeder chirurgische Eingriff ohne Anästhesie schmerzfrei bewältigt werden.
Tabelle 19 gibt einen Überblick über die Möglichkeiten der hypnotischen Intervention bei Schmerzen.

6.1 Hypnotherapie bei akuten Schmerzen

Grundsätzlich gilt die Regel: Je akuter der Schmerz (z. B. Unfallopfer), umso direkter die Intervention.
Voraussetzung für eine wirksame Schmerzkontrolle ist ein guter Rapport, der bei akuten Schmerzen durch ein *„Das muß ja gemein weh tun“* leicht herzustellen ist. Dann die Aufmerksamkeit vom Schmerz und vor allem von der Angst vor noch mehr Schmerz ablenken, z. B. durch die Faszinationsmethode, durch Körperkontakt, durch Führen der Atmung. Hier ist die höchste Motivation für eine hypnotische Intervention gegeben, deshalb sind direkte Suggestionen vorzuziehen:

„Ich kann Sie durch Hypnose von Ihrem Schmerz befreien. Konzentrieren Sie sich ganz auf meinen Blick, schauen Sie mir in die Augen, gleich wird Ihr Schmerz nachlassen, entspannen Sie sich, atmen Sie regelmäßig, gut so, schließen Sie jetzt die Augen und entspannen Sie noch mehr. Drücken Sie meine Hand, damit können Sie das Gefühl ableiten. Der restliche Körper ist immer mehr entspannt, gut so, Ihr Atem wird jetzt ganz ruhig...“

Tabelle 19 Übersicht über die Möglichkeiten der hypnotischen Schmerzintervention

- Rapport	durch Pacing: Das muß Ihnen sehr weh tun, Sie schon lange plagen"
- Analgesie	Suggestionen wie: taub, kalt, pelzig, ledrig, Handschuh gefühllos, wie eingeschlafen, holzig, leer, wie fremd
- Dissoziation	sich von außen betrachten, neben sich stellen, einen Körperteil als fremd empfinden, sich auf ein anderes Körperteil (z. B. Solarplexus) konzentrieren, einen Schalter umlegen, von rotem auf grünes Licht umschalten, Mutter achtet nur auf Kind und vergißt eigene Schmerzen, andere Ablenkungen, Links/rechts-Unterschied
- Verschiebung	Verlagerung nach peripher, z. B. den Schmerz auf den Nägeln brennen lassen
- Zeitverzerrung	Schmerzzeit verkürzen, schmerzfreie Zeit verlängern, Erinnerung an schmerzfreie Zeiten induzieren
- Qualitätsveränderung	statt stechend - kitzelnd statt bohrend - leichter Druck, Berührung
- Konfusion	Doppelinduktion, Ablenkung (was macht mehr Angst, z. B. imaginierter Löwe unterm Bett lenkt von Schmerzen ab); was tut der Schmerz Gutes für Dich
- Endomorphine	durch Beispiele Ausschüttung anregen, z. B. Jogging, Unfall
- posthypnotische Suggestion	Ich-Stärke ankern; immer wenn der Schmerz kommt, tief in den Bauch atmen; den Körper pelzig machen, in kaltes Wasser tauchen, Anker setzen für selbsthypnotische Schmerzfreiheit
- Schmerzkassetten	individuell für den Patienten hergestellt oder käufliche Kassetten

Dabei werden die Äußerungen des Verletzten als Pacing aufgenommen, z. B.:
„Ja, schreien Sie's raus, das hilft, und jetzt holen Sie tief Luft und atmen Sie alle Schmerzen aus."

6.1.1 Kopfschmerz

Nach einer Induktion mit Armkatalepsie und Handschuh-Anästhesie durch die Anwendung direkter Suggestionen wie z. B.: *„... und Ihr Kopfschmerz schwindet jetzt vollständig, so wie jetzt das Gefühl aus Ihrem rechten Arm verschwunden ist. Und wenn das Gefühl im rechten Arm nachher, wenn ich Sie aus der Hypnose zurückgeholt habe, wieder da ist, wird der letzte Rest Ihres Kopfschmerzes vollends verschwunden sein. Verlagern Sie Ihren Kopfschmerz in Ihren unempfindlichen rechten Arm! Leiten Sie ihn über die Fingerspitzen ab! Lassen Sie ihn noch für einen Moment auf Ihren Nägeln brennen, und dann, wenn ich Sie zurückgeholt habe, werden Sie ihn vollständig über den wiedererwachten rechten Arm hinausgeatmet haben."*
Eine andere einfache Möglichkeit, Kopfschmerzen zu vertreiben, ist die Submodalitätsänderung: *„Ist es o.k. für Sie, für einige Minuten das Gefühl, das Sie jetzt gerade in Ihrem Kopf haben, genau wahrzunehmen, es als den Ist-Zustand zu akzeptieren. Wenn Sie jetzt das Gefühl in Ihrem Kopf anschauen, ...welche Farbe hat es, ...aha, es ist also lila. Nehmen Sie sich Zeit, während Ihr Körper in Trance geht, das Lila sich in eine andere Farbe verändern zu lassen, eine angenehme, schöne, leichte, weite Farbe. Haben Sie schon eine Idee? In Himmelblau? Lassen Sie das Himmelblau sich immer weiter ausbreiten, bis alles Lila verwandelt ist in Himmelblau und spüren Sie, wie angenehm dabei Ihr Gefühl wird, angenehm, leicht und frei."*

6.1.2 Hypnose zur Schmerzausschaltung bei Behandlungsmaßnahmen

Indikation für eine hypnotische Anästhesie ist gegeben bei Lokalanästhetika-Allergie, bei Patienten mit Spritzenangst und bei Patienten, die auf eigenen Wunsch ohne Spritze behandelt werden wollen.

6.1.2.1 Rapport

Wichtigste Voraussetzung für das Gelingen eines Eingriffs in Hypnoanästhesie ist ein Vertrauensverhältnis zum Behandler und der gemeinsame Respekt vor dem bevorstehenden Eingriff.

6.1.2.2 Metapher

Nachdem der Patient über den Zusammenhang zwischen Anspannung und gesteigertem Schmerzempfinden aufgeklärt wurde, bekommt er Metaphern zur Schmerzdissoziation erzählt, also Situationen, in denen die Schmerzen durch Konzentration auf andere Dinge vergessen werden. Die Möglichkeit der Endorphinausschüttung wird an Beispielen erklärt.

6.1.2.3 Induktion mit Handschuh-Anästhesie

Die Induktionsart für eine Hypnoanästhesie ergibt sich aus der Anamnese, der Diagnose und der Situation des Behandlungsteams. Meist führen wir eine Handlevitation mit Handschuh-Anästhesie (vgl. S. 249) und Übertragung auf den Mund durch. Die levitierte Hand kann sich zum Mund hin bewegen, in der Zeit, die gebraucht wird, um das Gefühl aus der Hand auf den Mund zu übertragen. Das Gebiet, in dem gearbeitet werden soll, soll fremd, taub, pelzig, dumpf, unempfindlich, ledrig, dick, kribbelnd, kühl, wie vom Körper losgelöst sein. Formulierungen mit vielen Negationen (nicht schmerzhaft usw.) sind zu vermeiden.

Nach der Übertragung des anästhetischen Gefühls auf den Mund wird die Hypnose vertieft durch Heruntersinkenlassen der Hand auf den Schoß: *„Mit jedem Zentimeter, den Ihre Hand jetzt ganz langsam auf den Schoß heruntersinkt, wird sich das Gefühl im Mund noch intensivieren. Ein Gefühl, als ob eingespritzt wäre, völlig fremd, dick, pelzig. Wenn die Hand den Schoß erreicht hat, geht Ihr Mund von alleine auf, als Zeichen, daß er zur Behandlung bereit ist. Und Sie können sich vorstellen, daß Sie einen Gummikeil zwischen den Backenzähnen haben, der Ihren Mund ganz bequem weit offen hält. Sehr gut so, schieben Sie den Keil noch etwas weiter nach hinten. Ganz hervorragend. Und wenn Sie am Anfang noch etwas spüren, eine Berührung, einen leichten Druck, dann können Sie noch tiefer gehen, noch weiter weg gehen, in Ihr eigenes inneres Erleben, an Ihren Ort der Entspannung. Gut so.“*

6.1.2.4 Dissoziation

Je besser die Dissoziation, umso weniger wird Schmerz wahrgenommen. Deshalb sind unterschiedliche Empfindungen zwischen der linken und der rechten Körperhälfte sehr hilfreich. Dementsprechend wirken Vorstellungen wie: „den Mund zur Reparatur abgeben“, „den Schalter für Schmerzempfindungen abstellen“, „der Phantasie grünes Licht geben“. Durch gleichzeitiges intensives Erleben einer anderen, angenehmen Vorstellung (z. B. Urlaub, Fliegen, Lieben) wird die Aufmerksamkeit auf ein Ereignis konzentriert, das den Patienten von der Behandlungssituation entfernt.
Vorstellungen wie: „neben sich stehen und neugierig zuschauen“, „am Entspannungsort sich aufhalten“, „den Mund zur Reparatur abgeben“, helfen dem Patienten, sich vom Eingriff zu dissoziieren. Dissoziation ist die wichtigste Voraussetzung für Schmerzfreiheit.

6.1.2.5 Blutungskontrolle

Durch Suggestionen zur Blutungskontrolle regen wir eine Minderdurchblutung und Abkühlung im OP-Bereich an. Der Patient soll sich einen Absperrhahn vorstellen, mit einem großen Handrad, das er langsam zudreht. Die Durchblutung soll umverteilt werden, aus dem Kopf in den Körper. Die kleinen Blutgefäße sollen zufallen, Kälte, Blaßheit an den Lippen zeigen die Kälte im Mund an.

6.1.2.6 Utilisation

Alle Geräusche und möglichen Empfindungen werden utilisiert. Das Saugergeräusch wird zum Rauschen der Brandung oder zum Geräusch eines Urlaubsjets. Der Piekser des Skalpells wird zum Moskitostich. Durch Umdeutung der Schmerzqualität wird der Angst vor mehr Schmerz vorgebeugt, z. B. wird der Druck eines Instruments zur leichten Berührung, der Schnitt des Elektrochirurgiegeräts wird zum Kitzeln umgedeutet.

6.1.2.7 Feedbacksystem

Ein Feedback-System wird etabliert, z. B. wird der Patient aufgefordert, im Trancezustand den Mund ganz von alleine reden zu lassen, wenn er noch eine störende Empfindung hat. Dies wird ihn noch tiefer in Trance führen. Die levitierte Hand zeigt durch Absinken an, wann die Hypnosetiefe nachläßt.

6.1.2.8 Kombination von chemischer und hypnotischer Analgesie

Wirkt die hypnotische Anästhesie nicht genügend, kann durch Injektion von etwas Lokalanästhetikum zunächst Schmerzfreiheit erreicht werden, die dann im Verlauf der Behandlung durch bessere Entspannung in eine hypnotische Analgesie übergeführt wird. Die Kombination von Lokalanästhesie und Hypnose führt zu einer spürbaren Entlastung von Behandler und Patient. Kombiniert mit lokaler Durchblutungssenkung durch entsprechende Suggestionen, reicht in der Regel ein Viertel der üblichen Menge des Lokalanästhetikums.

6.1.3 Vor- und Nachteile der hypnotischen Analgesie

Bei manchen Patienten wird echte Anästhesie erreicht, bei anderen nur eine Analgesie, abhängig von der Trancetiefe und der Dissoziation.

Die Vorteile der hypnotisch induzierten Analgesie gegenüber einer Behandlung mit Lokalanästhesie sind:
- keine lästigen Nachwirkungen der Spritze; die Folge ist eine geringere Irritation des Koagulums;
- ein geringeres Gewebetrauma;
- bessere Wundheilung, da die Durchblutung aufrechterhalten wird;
- unmittelbarer Abtransport des Wundsekretes, dadurch geringere Schwellungen;
- insgesamt bedeutend weniger postoperative Beschwerden.

Die Behandlung wird schonender und langsamer durchgeführt, durch die Entspannung von Behandler und Patient wird starker

Hakenzug vermieden. Es wird ohne Behandlungsunterbrechung und in voller Konzentration gearbeitet. Durch die häufig auftretende Amnesie haben die Patienten den Eingriff oft schnell vergessen.

Nachteile der hypnotischen Analgesie
Nachteil des Arbeitens ohne Spritze ist der erhöhte Zeit- und Konzentrationsaufwand auf Seiten des Behandlers wie auch das Risiko des Mißlingens einer vollständigen Anästhesie. Es muß mit etwa dem doppelten Zeitaufwand und einer sehr viel höheren Belastung für den Behandler gerechnet werden (Schmierer, 1986).

Fallbericht

So hatten wir den Fall, daß ein Patient anrief und sich nach seiner Erklärung herausstellte, daß sein unterer verlagerter Achter akut geworden und schon leicht geschwollen war. Er bat uns darum, sofort einen Eingriff durchzuführen, denn er müsse bereits in zwei Stunden einen Vortrag vor vielen Zuhörern halten. Er wollte wissen, ob dies denn möglich sei. Wir konnten ihm sagen, daß bei Durchführung des Eingriffs ohne chemische Anästhesie anschließend ohne weiteres gesprochen werden könne und auch nicht mit Schwellungen oder anderen Nachbeschwerden zu rechnen sei. Die Entfernung eines tiefverlagerten, unteren Weisheitszahnes wurde innerhalb einer halben Stunde durchgeführt. Danach konnte der Patient ohne weiteres seinen geplanten Vortrag halten. Dies wäre mit chemischer Anästhesie sicher nicht möglich gewesen.

6.1.4 Posthypnotische Suggestionen

Durch posthypnotische Suggestionen zur Aufrechterhaltung der Schmerzfreiheit und der Kühle im OP-Gebiet kommt es selbst nach langwierigen operativen Eingriffen am Kieferknochen (Osteotomien) nur zu sehr geringen postoperativen Beschwerden (Schmierer 1986, 1987).

6.1.5 Konsequenzen für die Praxis und Ausblick

Patienten, bei denen wir Eingriffe ohne Anästhesie durchgeführt haben, wollen in aller Regel auch alle weiteren Eingriffe wieder ohne chemische Anästhesie durchführen lassen, weil sie die Erfahrung, in Hypnose behandelt zu werden, als ein äußerst intensives, das Selbstwertgefühl verbesserndes und über die Grenzen des normalen Lebens hinausführendes Erlebnis empfinden. Die intensive Zusammenarbeit bei einem Eingriff ohne chemische Anästhesie führt zu einem sehr guten Zusammengehörigkeitsgefühl zwischen Patient und Behandler und schafft so ein tiefes Vertrauen und gegenseitigen Respekt.

In Zusammenarbeit mit dem Institut für medizinische Psychologie der Universität Bochum wurden durch Henning Baberg in unserer Praxis Patienten während der Behandlung untersucht:

Die Änderung folgender Parameter wurde fortlaufend erfaßt und auf Diskette zur Auswertung gespeichert: Blutdruck, Puls, EKG, EMG an Stirn und Hand, Atmung (Brust und Bauch), Hautwiderstand. Vor und nach der Behandlung wurden Speichelproben genommen.

Es wurden Behandlungen ohne Entspannungstechniken, Behandlungen mit Unterstützung durch ein Hypnosetonband und Hypnosebehandlungen aufgezeichnet.

Bei den Hypnosebehandlungen wurde die parasympathische Reaktionslage deutlich: Die Pulsfrequenz sank erheblich, alle anderen Werte lagen ebenfalls unter den Werten vor Beginn der Hypnose. Mit Behandlungsbeginn und bei besonders intensiven Schmerzreizen stiegen die Werte an, blieben jedoch immer noch im parasympathischen Bereich. So stieg z. B. der Puls bei Behandlungsbeginn um etwa 10 Schläge pro Minute an und schwankte dann im Verlauf der Behandlung. Im Wachzustand stieg er dann wieder auf den Ausgangswert.

Aufgrund des hohen Zeit- und Energieaufwandes für die Praxis und der Notwendigkeit einer großen Erfahrung im Bereich der Hypnose wird sich die Behandlung ohne chemische Anästhesie sicher nicht weit ausbreiten. Für einzelne Fälle und für spezielle Probleme ist sie jedoch ein probates Hilfsmittel, um eine Vollnarkose zu vermeiden oder auch um unmittelbar nach dem Eingriff wieder schmerzfrei und ohne Schwellung zu sein.

In Kombination mit der chemischen Anästhesie, für den Angstabbau und zur Reduktion des Verbrauchs an Anästhesielösung ist Hypnose jedoch als streßminderndes Verfahren regelmäßig einzusetzen (Schmierer, 1992).

6.2 Hypnotherapie bei chronischen Schmerzen

Im Gegensatz zu den akuten Schmerzen ist die Anwendung von Pharmaka bei chronischen Schmerzzuständen zunehmend ins Zwielicht geraten. Je länger die Medikation andauert, umso höher werden die Nebenwirkungen und umso ineffizienter wird die Medikation. Es kommt zur Dosissteigerung und zunehmenden Gewöhnung, teilweise zur Medikamentensucht. Schließlich führt der chronische Gebrauch von Schmerzmitteln seinerseits zu erneuten Schmerzen, die erst durch Absetzen des Analgetikums zum Verschwinden gebracht werden können. Deshalb ist besonders bei chronischen Schmerzen und bei psychosomatischen Beschwerdebildern die Anwendung der Hypnose zur Schmerztherapie angezeigt.
Hypnose kann bei allen Schmerzzuständen im Bereich der Zahn- und Kieferheilkunde, z.B. bei Phantomschmerzen, bei Trigeminusneuralgien, bei psychogener Prothesenunverträglichkeit und bei Myoarthropathien angewandt werden.
An allererster Stelle steht die Forderung einer sicheren medizinischen Diagnose. Nur wenn eine eindeutige Diagnose besteht, die neurologisch, orthopädisch, HNO-ärztlich und internistisch abgesichert ist, kann und darf Hypnose zur Schmerzkontrolle eingesetzt werden. Bei unklaren Diagnosen könnte es durch das „Weghypnotisieren“ des Alarmsignals Schmerz zu einer Verzögerung der korrekten Diagnostik kommen und dadurch z. B. eine Krebserkrankung fehldiagnostiziert werden. Auf der anderen Seite besteht bei chronischen Schmerzerkrankungen das Phänomen, daß, je länger das Schmerzbild besteht, der Schmerz sich umso mehr verselbständigt und umso weniger seine nützliche Funktion als Alarmsignal erfüllt. Er wird zum Auslöser von weiteren Schmerzen, Teufelskreise entstehen. Durch Angst vor immer neuen Schmerzattacken entsteht eine höhere Anspannung des Patienten, die Erwartung neuer Beschwerden führt zu negativen Autosuggestionen. Dadurch, daß die Gedanken ständig um den Schmerz kreisen, tritt der Schmerz umso heftiger auf.

6.2.1 Anamnese

Die Anamnese bei einem Patienten mit chronischen Schmerzen ist der wichtigste Schlüssel zur Therapie.
Die Adlersche Anamneseliste ist eine wertvolle Hilfe für die Exploration bei chronischen Schmerzen.

Tabelle 20 Anamnesebogen nach Adler (1983)

Vorstellen, Begrüßen
Schaffen einer günstigen Situation (Rapport herstellen)
Landkarte der Beschwerden
Jetziges Leiden
1. Zeitliches Auftreten
2. Qualität (Lebensqualität beeinträchtigt)
3. Intensität
4. Lokalisation und Ausstrahlung
5. Begleitzeichen
6. Intensivierende/lindernde Faktoren
7. Umstände
Persönliche Anamnese
Familienanamnese
Psychische Entwicklung
Soziales
Systemanalyse
Fragen/Pläne

Die Abgrenzung, ob die Beschwerden mehr somatischer Natur oder mehr psychogenen Ursprungs sind, ist aus der Wortwahl des Patienten bei der Anamnese abzulesen. Werden lokale Beschwerden als die gesamte Existenz des Patienten beeinflussende unerträgliche Pein dargestellt, ist eine Projektion anderer Probleme anzunehmen. Sind die Schilderungen des Patienten mit medizinischen Fachausdrücken gespickt, klagt er über zahlreich erlittene ärztliche Kunstfehler, so muß nach dem sekundären Krankheitsgewinn gesucht werden (Müller-Fahlbusch 1990).

6.2.2 Fallbeispiel

Regelmäßige Migräne war die einzig wirksame Waffe einer Frau in einem langen Ehekrieg, um Ruhe vor dem autoritären Mann zu haben. Dieser sekundäre Krankheitsgewinn forderte eine unkonventionelle Lösung. Wir haben mit der Frau geübt, Migräne zu spielen, ohne dabei Schmerzen empfinden zu müssen.

Tabelle 21 Problempatient aus Freesmeyer (1992)

Problempatient

1. Lange Anamnese
2. Häufig wechselnder Behandler (Killerphänomen)
3. Diffuses und wechselndes Beschwerdebild
4. Ursache meist fixiert: falsche Unterkieferposition, falsch hergestellter Zahnersatz, Zähne zu groß, Zähne zu klein usw.
5. Erfolg erheischend: „Sie, Herr Doktor, werden es schon schaffen, die Beschwerden zu beseitigen!“
6. An Erfolglosigkeit glauben: „Es hat bisher, egal was man gemacht hat, nichts geholfen!“
7. Wechselnder Therapieerfolg, mal besser, mal schlechter, mal beschwerdefrei, ohne daß wesentliche Änderungen z. B. in der Unterkieferposition durchgeführt wurden.
8. Placeboeffekte zeigen große Wirkung.

Merke: Auch wenn viele Punkte bei einem Patienten zutreffen sollten, ist eine genaue Diagnostik notwendig, um organische Erkrankungen primär auszuschließen, denn, wer hat das Primat: die Henne oder das Ei!

6.2.3 Verschiedene Interventionsmöglichkeiten bei der Schmerzbehandlung

6.2.3.1 Schmerzskala

Zu Beginn einer Schmerztherapie ist es sinnvoll, den Patienten eine Schmerzskala zeichnen oder vorstellen zu lassen, auf der er eine Einteilung von Null (gleich „vollkommen schmerzfrei“) bis zu einhundert Prozent (gleich „absolut unerträgliche Schmerzen“) vornimmt.

Zu Beginn der Sitzung soll er seine momentane- Schmerzempfindung auf der Skala einordnen, z. B. 60 %. Danach läßt man den Patienten durch hartnäckiges Nachfragen seinen Schmerz äußerst exakt differenzieren:
„Sind Ihre Beschwerden dumpf, spitz, stechend, oder wie würden Sie die Schmerzen näher charakterisieren? Ist der Schmerz mehr an der Oberfläche, mehr in der Tiefe, abgegrenzt oder diffus, fühlt er sich heiß oder eher kühl an? Gibt es tageszeitliche oder andere Schwankungen in der Intensität, sind äußere Einflüsse, wie Wetter, Streß relevant? Haben Sie Ihrem Schmerz vielleicht schon einen Namen gegeben? Könnten Sie zwei Bilder zeichnen, die Sie einmal ohne und einmal mit Schmerzen darstellen?"
Nach dieser Befragung soll der Patient wieder angeben, wo er sich jetzt auf seiner Schmerzskala befindet. Häufig ist dabei eine Reduktion festzustellen. Um die Veränderbarkeit (und damit Beeinflußbarkeit) des Schmerzes zu verdeutlichen, kann man den Patienten auffordern, vorübergehend zunächst den Schmerz intensiver zu erleben, indem er sich die Symptome genau vorstellt. Dabei soll der Patient genau darstellen, welche Änderungen er als Intensivierung des Schmerzes empfindet, und er soll davon wieder eine genaue Beschreibung geben. Danach soll er erneut den Skalenwert angeben.
Die Skala dient auch dazu, zusammen mit dem Patienten festzulegen, welche Reduktion seiner Beschwerden er als deutliche Erleichterung empfinden würde. Damit wird ermöglicht, daß bereits eine Reduktion der Schmerzen als Erfolg anerkannt wird. So wird ein schrittweises Angehen der Symptomatik möglich.

6.2.3.2 Bilddarstellung

Manchmal bitten wir den Patienten, ein Bild zu malen, das seine Schmerzskala (s. o.) darstellt. Aus diesem Bild können aufschlußreiche Hinweise über das innere Erleben und das Bewerten des Schmerzes durch den Patienten gewonnen werden.

6.2.3.3 Anästhesiesuggestion

Als klassische Therapie von Schmerz ist die Induktion einer Handschuhanästhesie vorzunehmen. Die kalte, gefühllose Hand soll dann in der Zeit, die notwendig ist, um dieses Gefühl des

Nichtfühlens zu übertragen, ganz von alleine zu der schmerzhaften Stelle des Körpers wandern.
Durch posthypnotische Suggestion wird die Fähigkeit, bei Bedarf die Handschuh-Anästhesie zu entwickeln, verankert. Damit kann der Patient in Selbsthypnose die Schmerzstelle gefühllos machen.
Manche Schmerzen werden in der Vorstellung des Patienten eher durch Wärme gelindert (vorher abklären). In solchen Fällen geht die besonders warme Hand zur Schmerzstelle.

6.2.3.4 Ankern

In Trance wird der Patient an seinen Entspannungsort geführt. Völlige Beschwerdefreiheit, innere Ruhe und Heilung werden dort erlebt. Diese Vorstellungen werden durch die VAKO-Bereiche geführt. Dabei wird eine Stelle am Körper des Patienten (z. B. das Handgelenk) immer wieder berührt. Der Patient bekommt die posthypnotische Suggestion, daß er, wenn er selbst diese Stelle berührt, wieder Zugang zu diesen Ressourcen hat.
Zur Therapie von Schmerzen unterhalb des Kopfbereichs sind Vorstellungen wie das langsame Hineingehen in einen kalten, frischen See, Bach oder Pool geeignet. Mit jedem Schritt weiter hinein wird eine angenehme Kühle und Empfindungslosigkeit auftreten. Der Patient soll so langsam hineingehen, daß sich das Gefühl ganz von alleine entwickelt. Wenn er dann die Unempfindlichkeit soweit hat im Körper aufsteigen lassen, wie er es zur Schmerzfreiheit braucht, soll er ganz fest Daumen und Zeigefinger der rechten Hand zusammendrücken. Durch diesen Anker kann er jederzeit nach der Hypnosesitzung wieder die Vorstellung, in das kalte Wasser und in die Schmerzfreiheit zu gehen, herbeiholen.

6.2.3.5 Mischen von Ankern

Zunächst soll der Patient in Trance seinen Schmerzzustand empfinden. Dies wird an einer bestimmten Körperstelle und durch eine bestimmte Sprechrichtung/Klangfarbe des Hypnotiseurs geankert (negativer Anker). Die Physiologie des Patienten in diesem Zustand wird beobachtet.
Dann wird der gesunde, erholte, schmerzfreie Zustand aus einem früheren Lebensabschnitt oder an einem schönen Entspan-

nungsort beim Patienten induziert und an einer anderen Körperstelle, durch eine andere Stimmtönung/Stimmrichtung ebenfalls geankert (positiver Anker). Dies wird solange durchgeführt, bis der Patient eine schmerzfreie Entspannungsphysiologie zeigt. Der Schmerzzustand kann z. B. am Handgelenk, der Entspannungszustand an der Schulter des Patienten geankert werden. Wird die Schmerzstelle angesprochen, wendet der Therapeut die Sprechrichtung zum Handgelenk und benutzt eine helle Klangfarbe seiner Stimme. Wird der Entspannungszustand angesprochen, wendet sich der Therapeut zur Schulter, spricht mit ruhiger Stimme und berührt dabei leicht die Schulter.
Danach werden abwechselnd die beiden Anker betätigt und dadurch vermischt. Z. B.:
„Und Sie können dieses gute Gefühl, diesen entspannten Zustand auch mitnehmen, wenn Sie an diesen anderen Ort gehen. Und es ist ganz natürlich, daß Sie zunächst etwas von dort mitnehmen, wenn Sie wieder an Ihren Entspannungsort gehen. Verweilen Sie noch etwas an Ihrem Erholungsort. Und jetzt gehen Sie wieder an den anderen Ort, spüren Sie, wie Sie sich jetzt dort fühlen..." usw.
Zunächst ist zu beobachten, daß sich die beiden Physiologien vermischen. Dann stellt sich die Versöhnungsphysiologie ein, und das Betätigen des negativen Ankers löst keine negative Physiologie mehr aus.

6.2.3.6 Reise ins Körperinnere

Eine Veränderung der Sichtweise des Körpers ist für die Therapie von Schmerzen hilfreich. Der Patient wird in Trance versetzt und dann aufgefordert, sich vorzustellen, daß er immer kleiner wird. So klein, daß er durch eine Eintrittspforte, die er sich aussuchen kann, in seinen eigenen Körper schlüpfen kann.
„Lassen Sie sich jetzt durch Ihren Körper treiben, gehen Sie auf eine Reise durch Ihren Körper. Sie sind so klein, daß Sie ganz bequem überall hingelangen können. Lassen Sie sich überraschen, wo Sie überall hinkommen. Wo befinden Sie sich jetzt?
Es ist kein Zufall, daß Sie zunächst da hingekommen sind. Beschreiben Sie die Stelle genauer. Können Sie dort etwas verändern? Nehmen Sie die Hilfe an, die sich jetzt anbietet, finden Sie einen anderen Weg, um dahin zu kommen, wo Sie gebraucht werden..." usw.

Ein Kopfschmerzpatient fand einen ganzen Berg von Metall in seinem Kopf und benötigte Bagger und Lkws zum Abtransport. Nach dieser Sitzung war er von seiner Angst, einen unerkannten Krebs zu haben, geheilt und wünschte die Entfernung sämtlicher Amalgamfüllungen.
Seine Beschwerden besserten sich bereits, nachdem er aufgefordert wurde, täglich in Selbsthypnose mit dem Abräumen des Metallbergs weiterzumachen, und sie verschwanden nach der Amalgamsanierung vollständig.

7 Myoarthropathie und Bruxismus

Die Vorstellung (die wir auf einem Überweisungsschein fanden): „Bitte Kiefer in Hypnose einrenken" beweist, wie groß die Erwartungen bezüglich der Hypnose sind. Eine korrekte interdisziplinäre Vorbehandlung (Schmierer 1989) mit Positionierung und Rekonstruktion kann die Hypnose nicht ersetzen. Sie gibt allerdings die Chance, Teufelskreise zu unterbrechen und entspannt mit einem entspannten Patienten zusammenzuarbeiten.

7.1 Anamnese

Zunächst ist mit Hilfe der folgenden Kriterien abzuklären, ob primär organische oder nichtorganische Ursachen vorliegen. Bei Vorliegen überwiegend nichtorganischer Ursachen ist eine definitive zahnärztliche Therapie kontraindiziert.

7.2 Therapie von Myoarthropatie und Bruxismus

Sehr gute Heilungschancen bietet die Hypnotherapie bei allen Erkrankungen, deren Beschwerden durch Anspannung und Verkrampfung verursacht werden, so zum Beispiel bei Myoarthropathie.
Die Therapie von Bruxismus und Myoarthropathie wird von uns zusammengefaßt, da das unbewußte intensive Strapazieren der Kaumuskeln sowie der Haltemuskulatur des Nackens, des Halses und des Rückens den Hintergrund beider Erkrankungen bildet. Störungen im Kausystem sind bei nahezu allen Menschen dia-

Tabelle 22 Differentialdiagnose organische Ursache nach Adler 1983

organisch	**Merkmale**	**nicht organisch**
eindeutig umschrieben	Schmerzlokalisation	vage, unklar, wechselnd
Bild paßt	Schmerzschilderung	inadäquat, dramatisch
unabhängig davon	Schmerz und mitmenschliche Beziehung	damit verbunden
passend zum Schmerz, eindeutig	Affekte des Patienten, Zeitdimension (Schmerz)	inadäquat, dauernd da, etwa gleich intensiv
vorhanden	Abhängigkeit von Willkürmotorik	fehlt
plausibel	Reaktion auf Medikamente	nicht verständlich
psychisch betont	Ursache	organisch betont
einfach, klar, nüchtern	Sprache	intellektuell, Ärztejargon
ruhig aufmerksam	Affekte des Arztes	Ärger, Wut, einfühlend, Langeweile, Ungeduld, Lächeln, Hilflosigkeit, Verwirrung

gnostizierbar und wirken erst bei Vorliegen einer psychischen Komponente als Trigger für Parafunktionen. Schmerz und Parafunktion bilden einen Teufelskreis, da durch dauernde Überanspruchung der Muskulatur ein Sauerstoffdefizit bis hin zum Absterben einzelner Muskelareale (Myogelosen) entsteht. Die dadurch ausgelösten Schmerzen provozieren die Parafunktion in noch stärkerem Maße. Deshalb muß das primäre Ziel jeder Therapie ein Unterbrechen dieses Teufelskreises sein.
Erst wenn der Teufelskreis unterbrochen ist, kann die notwendige zahnärztliche Therapie eingeleitet werden. Den neuesten Stand der zahnärztlichen Funktionstherapie hat Freesmeier (1992) dargestellt.

Zwei grundsätzliche Ansätze sind möglich:

1. Weniger Schmerz = weniger Parafunktion
2. Weniger Parafunktion = weniger Schmerz

Die Therapie kann also primär (hauptsächlich im akuten Fall) auf hypnotische Schmerzkontrolle hinarbeiten, im anderen, chronischen Fall muß die fortwährende Muskelaktion unterbrochen werden, um dadurch sekundär Schmerzfreiheit zu erzielen.
Die Wahl der Therapie hängt einmal von der Anamnese, dann von der Suggestibilität und von der Hauptsinnesbegabung sowie von der Kooperationsfähigkeit des Patienten ab. Es wäre demnach falsch, eine einzige Möglichkeit der Hypnotherapie des Bruxismus einzusetzen.

7.2.1 Einstreutechnik

Ein Beispiel für eine Therapiesitzung mit Hilfe der Einstreutechnik bei Myoarthropathie ist im Kapitel IV (S. 142–145) wiedergegeben.

7.2.2 Hypnoanalyse

Wenn sich aus der Anamnese ergibt, daß der Patient erwartet, durch Hypnoanalyse dramatischer Kindheitserlebnisse an die Ursache seines Bruxismus zu kommen, sollte bei diesem Patienten die Hypnoanalyse angewendet werden.

7.2.3 Selbsthypnose/Massage

Leidet ein Patient unter starkem Streß und erheblichen privaten und beruflichen Belastungen, so ist die Anleitung zur Selbsthypnose mit der Auflage, sich täglich für sich selbst eine halbe Stunde Zeit zu nehmen, vernünftig. Bei Spannungen in der Partnerschaft kann es hilfreich sein, den Partner zur Massage der verspannten Muskulatur anzuleiten und ihn zur täglichen Massage zu verpflichten, um damit indirekt eine Annäherung der Partner anzuregen.
Einem Patienten, der schon lange chronische Schmerzen hat, geben wir eine Anleitung zur Selbsthypnose zum Zwecke der Schmerzkontrolle. Dafür am besten geeignet ist die VAKO-Selbsthypnosetechnik (siehe Kapitel II, Seite 67). Ist in dieser Sitzung eine Armlevitation zu erreichen, lassen wir ihn über die Handschuh-Anästhesie die Schmerzstelle unempfindlich machen.

7.2.4 NLP-Techniken

Besonders bei Patienten mit hohem sekundärem Krankheitsgewinn bieten sich die verschiedenen Reframing-Techniken an, gilt es doch nicht nur das Symptom wegzubekommen, sondern auch eine befriedigendere neue Lösung für den sekundären Gewinn herauszuarbeiten.

7.2.5 Posthypnotischer Auftrag

Da ein Großteil der Parafunktionen unbewußt durchgeführt wird, arbeiten wir sehr häufig mit Kombinationen der verschiedenen angesprochenen Methoden und benützen meistens die Möglichkeit des posthypnotischen Auftrags, um den Teufelskreis der Parafunktion, besonders beim nächtlichen Zähneknirschen, zu unterbrechen.
Der Patient bekommt den posthypnotischen Auftrag, daß er jedesmal, wenn er nachts mit den Zähnen preßt oder reibt, aufwachen wird. Er soll dann seine Faust ganz kräftig ballen, um dem Bedürfnis nach Abreaktion seiner aufgestauten Aggressionen nachzukommen. Auf diese Weise wird er sehr schnell ermüden und umso besser weiterschlafen. Die Zähne können dadurch

nachts ausruhen und er wacht morgens völlig entspannt auf. Später kann er das Faustballen auch im Halbschlaf und nach einiger Zeit auch im Schlaf durchführen. Er braucht nur für die erste Zeit, bis er gelernt hat, die Zähne ganz locker zu lassen, für das Faustballen aufzuwachen. Wenn der Patient in der nächsten Sitzung berichtet, daß er nicht aufgewacht sei, wird der posthypnotische Auftrag noch einmal wiederholt, ohne die Aufforderung aufzuwachen, weil dies schon gar nicht mehr nötig ist. Der Patient soll aber darauf achten, wie er sich morgens fühlt, ob seine Hände angestrengt sind und ob sein Kiefer locker ist.

7.2.6 Schrittweises Verhaltenstraining

Das schrittweise Verhaltenstraining, das darauf abzielt, das Knirschen durch Bewußtmachen der Parafunktion zu reduzieren, ist dann angezeigt, wenn der Patient sich der Zusammenhänge zwischen muskulärer Hyperaktivität und Schmerz nicht bewußt ist. In diesem Fall ist die Selbstbeobachtung nach Schulte durchzuführen (Schulte 1983). Hierzu wird eine Strichliste geführt, die Datum und Uhrzeit festhält, um Schwankungen in der Tageszeit oder zwischen Wochentagen und Wochenende darzustellen.

7.2.7 Muskelentspannungstraining mit Kassetten

Der Einsatz von entsprechenden Tonbandkassetten hat sich bei Patienten mit chronischen Muskelverspannungen zur Initialtherapie bewährt. Der Myoarthropathiepatient, der neu und als Schmerzpatient eine Erstversorgung braucht, kann nicht immer sofort mit einem Zeitaufwand von einer bis zwei Stunden behandelt werden (für Anamnese, klinische Funktionsanalyse, Anleitung zur Selbstbeobachtung, zur Massage und zu einer ersten Hypnosesitzung). In diesem Fall bitten wir ihn, zunächst ein Tonband auszuwählen und anzuhören. Z. B. von Arndt Stein: „Den Schmerz besiegen", oder von Hildegard Klipstein: „Stop" (s. S. 304). Sind die Beschwerden danach gebessert, soll er sich das Band im Buchhandel besorgen.
Wenn er diesen Rat befolgt, wird er die Erfahrung machen, daß seine akuten Beschwerden sehr schnell abklingen, ohne jegliche Medikation. Dies wird ihm deutlich machen, daß er die Erkrankung selbst wirksam beeinflussen kann und daß unsere Behauptung

zutrifft, daß es sich um eine relativ harmlose Muskelverspannung handelt.
Kommt er jedoch zum nächsten Termin und gibt an, keine Zeit gehabt zu haben, um sich das Buch zu kaufen, ist klar, inwieweit bei ihm mit einer konstruktiven Mitarbeit zu rechnen ist.

7.2.8 Metaphern

Als Metapher kommt neben der Mühlsteinmetapher (vgl. Seite 140) die Geschichte von Sisyphus in Frage, der wie alle Gewichtheber nur mit starkem Zusammenbeißen der Zähne seinen schweren Stein den Berg hochrollen kann.
Will er dann einmal innehalten und loslassen, fällt der Stein wieder in die Tiefe, und er muß sich erneut zähneknirschend anstrengen, wieder dieselbe Strapaze in Angriff zu nehmen.

7.3 Beispielhafter Ablauf einer Behandlung von Myoarthropathie

Erste Sitzung

Anamnese, Befund, klinische Funktionsanalyse

Wenn ein neuer Patient mit der gesicherten Diagnose „Myoarthropathie" zu uns kommt – meistens per Überweisung –, wird in der ersten Sitzung die Anamnese und der zahnärztliche Befund erhoben sowie eine klinische Funktionsanalyse durchgeführt. Es wird festgestellt, seit wann die Beschwerden bestehen, wie oft sie auftauchen, wo sie lokalisiert sind und wie sehr der Patient darunter leidet. Die Notwendigkeit einer chiropraktischen / physiotherapeutischen Behandlung wird abgeklärt.

Vorgespräch

Anschließend führen wir ein Vorgespräch mit dem Patienten nach den Techniken der indirekten Hypnose: Durch eingestreute Suggestionen wird dem Patienten indirekt suggeriert, daß er lernt, seine Erkrankung als eine im Grunde harmlose Störung zu betrachten, die er sich selbst zufügt und die er selbst auch beeinflussen kann. Oftmals ist es erforderlich, eine versteckte Krebsangst oder auch Suizidabsichten aufgrund einer langen Schmerzvorgeschichte durch indirekte Suggestionen zu zerstreuen.

Anleitung zur Selbstbeobachtung

In der ersten Sitzung wird außerdem mit dem Patienten die Selbstbeobachtung nach Schulte (1983) durchgeführt. Er bekommt eine Anleitung zur Selbstbeobachtung mit Vorschriften, wann, wie oft und wo er diese durchführen soll.

Schmerztagebuch

Der Patient soll aufschreiben, wann welche Schmerzen auftreten: Tag, Zeit, Schmerzqualität und -lokalisation.

Zweite Sitzung

Selbstbeobachtung

Spätestens eine Woche nach der ersten Sitzung muß die zweite Sitzung erfolgen. Der Patient wird über seine Selbstbeobachtung befragt, ob er sie durchgeführt hat, ob es Häufigkeitsgipfel gibt und welche Parafunktionen er durchführt.

Schienenvorbereitung

Zahnmedizinisch werden die Vorbereitungen für die Herstellung einer Schiene getroffen, d.h. Bißnahme, Abdrücke sowie Festlegung der Position und Art der Schiene.

Schmerzskala

Dann wird dem Patienten der Vorschlag gemacht, die zahnmedizinische Therapie durch gleichzeitige Hypnosetherapie psychologisch zu ergänzen. Er soll sich eine Schmerzskala von Null bis Einhundert vorstellen. Null bedeutet vollkommen schmerzfrei und Hundert absolut unerträgliche Schmerzen. Dann muß er seine momentane Schmerzbefindlichkeit auf der Skala einordnen. Anschließend wird er aufgefordert, seinen Schmerz durch Konzentration zu verstärken und in der Schmerzskala höher zu gehen. Damit erlebt er die selbstinduzierte Veränderbarkeit seines Schmerzes.

Hypnosevorgespräch

Danach werden ihm das Vorgehen für die Hypnosetherapie sowie auch die Kosten und Bedingungen erklärt. Jetzt wird er wieder gefragt, wo er sich nach diesem Gespräch auf seiner Schmerzskala einordnet. Sehr häufig ist ein Abfall unter den Ausgangswert am Ende der Sitzung festzustellen.

Dritte Sitzung

Schiene

In der dritten Sitzung wird die Schiene eingesetzt, es wird festgelegt, wie oft und wie lange die Schiene getragen werden muß, außerdem, wie man die Schiene gebrauchen und reinigen muß. Bei Positionierungsschienen bitten wir den Patienten, die Schiene 24 Stunden am Tag zu tragen und trainieren mit ihm das richtige Einsteigen in die Impressionen der Schiene.
Relaxierungsschienen soll er bei Streß tagsüber und immer nachts tragen.

Selbstbeobachtung

Wir fragen ihn wieder nach der Selbstbeobachtung und ob er damit Fortschritte gemacht hat. Der momentane Wert auf der Schmerzskala wird festgehalten.

Erste Hypnosesitzung

Danach folgt eine erste Hypnosesitzung von etwa 45 Minuten Dauer, in der er eine Anleitung zur Selbsthypnose bekommt.
Die Hypnose wird individuell durchgeführt, ist aber so strukturiert, daß davon ein 30-minütiges Tonbandprotokoll dem Patienten mit nach Hause gegeben werden kann und er so seine eigene individuelle Anleitung zur Selbsthypnose hat.

Anleitung zur Selbsthypnose

Er bekommt dann den Auftrag, täglich einmal eine halbe Stunde Selbsthypnose zuhause durchzuführen und sich mit Hilfe des Tonbands zu entspannen. Es wird ihm erlaubt, das Tonband unmittelbar vor dem Einschlafen zu benutzen und gesagt, daß es unerheblich sei, wenn er während des Anhörens einschlafe, weil dann die Suggestionen besonders gut in sein Unbewußtes eindringen können. Neben dem Auftrag, täglich Selbsthypnose mit Hilfe des mitgegebenen Tonbands zu trainieren, soll er weiterhin die Selbstbeobachtung durchführen und die Schiene regelmäßig tragen.

Schmerzskala

Nach der ersten Hypnosesitzung wird wieder der Wert auf der Schmerzskala festgelegt. Sehr häufig empfinden die Patienten nach der Hypnosesitzung keinerlei Beschwerden mehr.

Vierte Sitzung

Schiene

In der vierten Sitzung wird kontrolliert, ob der Patient die Schiene getragen hat, sie wird überprüft und gegebenenfalls eingeschliffen. Bei Positionierungen muß überprüft werden, ob der Patient ohne Schiene bereits in die Schienenposition in seiner normalen Funktion hineinfindet. Er muß intensiv darauf hingewiesen werden, daß die Schiene zu einer Umprogrammierung seines neuromuskulären Systems führen soll und daß dies umso besser gelingt, je mehr er sich aktiv daran beteiligt.

Selbsthypnosekontrolle

Dann wird der Patient gefragt, wie oft er die Selbsthypnose durchgeführt hat. Wenn er angibt, daß er keine Zeit gehabt habe, die Schiene zu tragen oder die Selbsthypnose durchzuführen, ist über eine weitere Behandlung zu diskutieren. Entweder liegt ein sehr hoher sekundärer Krankheitsgewinn vor und der Patient will unbewußt seine Beschwerden nicht loswerden, oder er hat seine Selbstverantwortlichkeit für die Schmerzen noch nicht begriffen. Manche Patienten denken, daß sie sich die Schmerzen weghypnotisieren lassen können. Dies ist zwar manchmal möglich, aber wenig wünschenswert, weil es sonst nur zu einer Symptomverlagerung kommt, denn jeder Schmerz hat seine Aufgabe innerhalb eines Lebens, und es wäre grundfalsch, von außen einfach einen Schmerz zu beseitigen, ohne daß der Patient mit Hilfe des Schmerzes seine individuelle Erfahrung und seinen individuellen Wachstumsprozeß durchlaufen hätte. Nur gemeinsam mit dem Patienten ist es möglich, die positiven Aspekte seiner Krankheit herauszuarbeiten und sein Verständnis für die Bedeutung des Krankheitserlebnisses zu schulen.
Danach wird mit dem Patienten besprochen, ob er weitere Hypnosesitzungen wünscht. Gleichzeitig wird ihm gesagt, daß wir maximal drei bis fünf Hypnosesitzungen durchführen. Wenn mehr

Hypnosesitzungen erforderlich sein sollten, würden wir ihn zu einem Psychotherapeuten oder Psychologen überweisen. Damit ist der Behandlungsumfang bezüglich hypnotherapeutischer Intervention von unserer Seite her definiert und der Patient ist zu Konzentration und Mitarbeit motiviert.

Zweite Hypnosesitzung

Wenn weitere Hypnosesitzungen durchgeführt werden sollen, ist eine nochmalige, gründliche Anamnese erforderlich. Der Patient wird über die Kindheit, seine Familie, seine Partnerbeziehung und seinen Beruf befragt, um Informationen über einen möglichen sekundären Schmerzgewinn zu bekommen und herauszufinden, welche Aufgabe seine Erkrankung innerhalb seines Systems hat. Dann wird die zweite Hypnosesitzung mit der Induktion einer Tiefenhypnose durchgeführt.

Posthypnotischer Auftrag

In dieser wird dem Patienten der posthypnotische Auftrag gegeben, jedes Mal, wenn er Parafunktionen durchführt, aus seinem Schlaf aufzuwachen bzw. aus seinen Alltagshandlungen herauszugehen und ganz kräftig die Faust zu ballen, um dem Bedürfnis nach muskulärer Abreaktion Rechnung zu tragen.

Massage

In dieser Tiefenhypnose wird der Patient auch häufig von uns im Schmerzbereich gründlich massiert. Dies ist unter Hypnose sehr viel besser möglich, weil dabei die Myogelosen intensiv durchmassiert und ausgepreßt werden können, was im Wachzustand wegen der hohen Schmerzen kaum möglich wäre. Der Patient bekommt bei Partnerproblemen den Auftrag, sich einmal pro Tag von seinem Partner massieren zu lassen.

Massageanleitung

Wir trainieren mit dem Partner die Durchführung dieser therapeutisch indizierten, täglichen Massage. Dadurch kommt es zu einem neuen Kontakt zwischen den beiden und einer Möglichkeit, Konflikte entweder auszutragen oder zu beseitigen.

Schmerzskala

Als weitere Hausaufgabe bekommt der Patient den Auftrag, seine Schmerzskala bildlich darzustellen. Er soll eine Zeichnung oder ein Gemälde seiner Schmerzskala anfertigen.

Fünfte Sitzung

Schienenkontrolle

Dritte Hypnosesitzung

Schmerzskala

In der fünften Sitzung wird dieses Bild der Schmerzskala besprochen. Der Patient wird im Sinne der Gestalttherapie (Perls, 1973) aufgefordert, sein Bild aus der Perspektive des Bildes heraus selbst zu erleben und die Gefühle bei den einzelnen Bildinhalten zum Ausdruck zu bringen. Neben der Arbeit mit der Schmerzskala kann in einer dritten Hypnosesitzung im Zustand tiefer Hypnose die Hypnoanalyse begonnen werden.

Hypnoanalyse

Hier wird der Patient im Alter bis zu den Ursprüngen seiner Schmerzzustände zurückgeführt. Dabei kommt es häufiger zu emotionalen Ausbrüchen, zur spontanen Erinnerung an mögliche oder phantasierte Ursachen seiner Probleme, z. B. Erlebnisse frühen sexuellen Mißbrauchs oder Erstickungsgefahr beim Trinken an der Mutterbrust. Diese alten traumatischen Erlebnisse werden mit dem Patienten solange aus der Sicht seines heutigen Erwachsenendaseins durchgegangen, bis er sie emotional und rational bewältigt hat. Sodann wird er aufgefordert, die positiven Aufgaben seines Schmerzzustandes herauszuarbeiten und neue Möglichkeiten zu finden, wie er diese positiven Aufgaben auf andere Art und Weise noch besser erfüllen kann.
Durch die gleichzeitige zahnmedizinische und psychotherapeutische Arbeit entsteht ein intensives Vertrauensverhältnis zwischen Patient und Arzt.
Schwankungen im Befinden des Patienten können so betreut und aufgefangen werden, der richtige Zeitpunkt für eine erforderliche Rehabilitation kann so festgelegt werden.

Durch die Kombination von zahnärzlicher und psychologischer Behandlung können sowohl die mechanisch-anatomischen wie auch die seelischen Ursachen der Erkrankung wirksam und rasch therapiert werden. Geht die Behandlungsbedürftigkeit im psychologischen Bereich über den Umfang von drei bis fünf Sitzungen hinaus, überweisen wir den Patienten zur psychotherapeutischen Behandlung an einen Facharzt oder Psychologen. Meistens jedoch ist durch diese ganzheitliche Behandlungsweise eine rasche Heilung möglich.

8 Aphten und Ulcera

Patienten, die häufig von Aphten geplagt werden, geben wir anhand der „Strand"-Metapher eine Anleitung zur Selbsthypnose. Wir fordern den Aphten-Patienten auf, im Geist einen Spaziergang am Strand zu machen. Dort soll er Löcher in den Sand graben, die seine Mundgeschwüre – was Anzahl, Größe, Tiefe und Form betrifft – versinnbildlichen. Jedes Loch, das der Patient gräbt, entspricht einer Aphte bzw. einem Ulcus in seinem Mund. Der Patient kann seine Sandgebilde mit Muscheln ausschmücken oder mit Gegenständen verzieren, die er eigens dafür mitgebracht hat; er kann mit dem Finger Muster in den Sand tupfen – was immer er möchte und was ihm passend erscheint. Nach getaner Arbeit setzt sich der Patient an den Strand und beobachtet, wie seine Sand-"Geschwüre" allmählich von der steigenden Flut abgetragen werden: Zuerst lecken vereinzelte kleine Wellen wie Zungen an den Vertiefungen, verschwinden, kommen wieder, größer diesmal, und hinterlassen ein bißchen Wasser in den Löchern. Je stärker die hereinkommenden Wellen werden, desto mehr ebnen sie den aufgeworfenen Sand um die Löcher ein; die Vertiefungen werden allmählich aufgefüllt, bis das ablaufende Wasser den Sand eingeebnet hat; der Strand ist wieder glatt und sauber wie zuvor.
Mit dieser Selbsthypnose-Übung, die der Patient täglich zu Hause durchführt, werden seine Selbstheilungskräfte mobilisiert. Durch die tägliche Vorstellung des Strandes konzentriert sich der Patient indirekt auf seine Erkrankung, beschäftigt sich aber nicht negativ damit (in dem Sinne: ist die Erkrankung immer noch nicht weg). Die Sandgebilde, die dem Patienten einfallen, stellen seine Aphten

in positiver Form dar, sie sind aber etwas Vorübergehendes, das auch seine schönen Seiten hat (Annehmen der Erkrankung).
Das Bild der Wellen, die alles verschwinden lassen, versinnbildlicht die Durchblutung, die für die Heilung verstärkt werden muß.

9 Warzen

Bei anderen Erkrankungen kann neben der Steigerung der Durchblutung manchmal auch die Verringerung der Durchblutung angezeigt sein. So ist z. B. bei Warzen die Durchblutung so weit zu drosseln, bis die ausgetrocknete Warze abfällt.
Um Warzen wirkungsvoll „besprechen" zu können, empfiehlt es sich, an die überlieferten Traditionen anzuknüpfen. Es muß ein magisches Ritual gefunden werden, das auf die Persönlichkeit des Patienten zugeschnitten ist, und es muß eine bestimmte Frist gesetzt werden, in der das Immunsystem die Warze erfolgreich beseitigen kann. *„Sie wollen sich Ihre Warzen weghypnotisieren lassen? Und Sie wissen, daß dies möglich ist? Früher machten das die Hexen und es gehörte dazu eine Vollmondnacht, eine schwarze Katze und ein Friedhof. Was denken Sie bis wann und wie Sie Ihre Warzen weghypnotisieren wollen? Wann ist das nächste wichtige Ereignis in Ihrem Leben (Prüfung, Geburtstag, Reise)? Bis zu Ihrem Geburtstag in drei Wochen wollen Sie die Warzen also weghaben. Gut, die Zeit wird ausreichen. Wenn Sie jetzt sofort die Blutzufuhr zu den Warzen abstellen, spüren Sie, wie es kribbelt, sehen Sie, wie die Haut blasser wird, Sie machen das ganz hervorragend. Drehen Sie die Blutzufuhr noch etwas zurück, damit die Warzen sich lösen und abfallen können, und geben Sie jeder einzelnen Warze einen Namen, den Sie loshaben wollen. Und wiederholen Sie jeden Abend vor dem Einschlafen diese Namen und geben Sie diesen Namen in Ihrer Phantasie einen gewaltigen Tritt. Halten Sie die Minderdurchblutung so lange aufrecht, bis die Warzen vor Ihrem Geburtstag verschwunden sind, und freuen Sie sich darauf, so viel auf einmal loszuwerden."*

10 Krebs

Ähnliche Strategien werden auch zur Krebstherapie eingesetzt: Der Patient imaginiert (teilweise mit Hilfe von Videos) seine Abwehrzellen und ihre Kämpfe mit den Krebsgeschwüren (Simonton 1982; Lenk 1990).
Es werden Suggestionen zur Minderdurchblutung gegeben *(Hungern Sie den Krebs aus. Wenn er keine Blutzufuhr mehr hat, stirbt er ab.)* Sehr wichtig bei Krebspatienten ist die Stärkung ihres Selbsterhaltungstriebes und die Überwindung der Angst vor dem Tod und dem Leiden vorher. Der Patient muß ermuntert werden, den Kampf gegen den Krebs aufzunehmen, aus seiner Angststarre herauszukommen und sich mit all seiner Energie dem Aufbau seiner Gesundheit und Körperabwehr zu widmen. (Das Transkript einer Sitzung ist im Anhang auf Seite 351 ff. wiedergegeben.) Selbstverständlich wäre es unverantwortlich, einem Krebspatienten von der schulmedizinischen Behandlung abzuraten. Mit Hypnose kann man jedoch diese Behandlung hervorragend unterstützen, seine Abwehrkräfte stärken und ihn in schwierigen Phasen der Behandlung begleiten (Spiegel, 1993). Training in Schmerzkontrolle und Selbsthypnose sind in jedem Falle hilfreich.

11 Prothesenunverträglichkeit

Voraussetzung für eine hypnotherapeutische Behandlung der Prothesenunverträglichkeit ist ein funktionell und ästhetisch einwandfreier Zahnersatz. Solange technische oder ästhetische Mängel nicht behoben sind, ist die Anwendung von Hypnose kontraindiziert.
Bereits während der Vorbehandlung, vor der definitiven Versorgung, sind durch Anwendung von Hypnose die Umstellungsschwierigkeiten positiv zu beeinflussen.
Wenn Prothesen funktionell einwandfrei sind und dennoch vom Patienten nicht angenommen werden können, stecken dahinter meist unbewußte negative Vorstellungen zu der Herausnehmbarkeit des Zahnersatzes. Den herausnehmbaren Zahnersatz hat der Patient meist als Kind in Verbindung mit Krankenhaus oder

gar Totenbett erlebt. Die im Wasserglas schwimmende Prothese, die er als Kind bei den Großeltern erlebt hat, schafft einen unbewußten Anker für Prothese gleich alt, gleich krank.
Diese Selbstsuggestionen führen zu der unbewußten Reaktion: „Ich kann diese krank- oder gar todkrankmachenden Dinger unmöglich in meinen Mund einsetzen, da sträubt sich ja der gesamte Organismus."
Durch Aufklären über diese alten Anker und durch Setzen neuer positiver Anker wie gutes Aussehen, Faltenglätten, beißen können, auch wieder aggresiv sein können, wieder einen aufrechten Gang bekommen, der Körper kommt wieder ins Lot, wird eine positive Einstellung zum neuen Zahnersatz hergestellt.

11.1 Druckstellen

Wir führen bei Totalprothesenträgern häufig Bißhebungen durch, die in der ersten Phase meistens zu einer reaktiven Parafunktion führen, da die Muskulatur sich an die neue Bißhöhe erst gewöhnen muß. In dieser Zeit treten – durch die Parafunktion bedingt – auch verstärkt Prothesendruckstellen auf, die nicht von der Prothesenbasis herrühren, sondern von der übersteigerten muskulären Aktivität. In dieser Phase ist es sehr wichtig, den Patienten auf diese Tatsache vorzubereiten und ihn in der Umgewöhnungsphase durch Entspannungstraining und durch positive Suggestionen im Hinblick auf sein späteres besseres Aussehen und seine wiederaufgerichtete Körperstatik zur Mitarbeit zu bewegen (durch richtige Bißhöhe werden die eingefallenen Schultern wieder aufgerichtet) (Schmierer, zit. Slavicek 1990).
Hilfreich für diese schwierige Phase ist auch eine gründliche Dokumentation, so z. B. das Erstellen einer Fernröntgenanalyse, anhand der dem Patienten deutlich gemacht werden kann, daß die angestrebte neue Bißhöhe seiner Anatomie und seiner Physiologie entspricht, und es sich nur darum handelt, die etwas schwierige Umgewöhnungszeit von zwei bis sechs Wochen zu überbrücken. Hat er sich erst einmal an die neue Bißhöhe gewöhnt, wird er bei Wiedereinsetzen seiner alten Prothese erschrocken feststellen, um wieviel Jahre älter ihn diese alte Bißlage gemacht hat, und er wird von der Behandlung entsprechend überzeugt sein.

Druckstellen, die von muskulärer Überaktivität herrühren, sind also mit Hypnose zu behandeln. Druckstellen, die von Konstruktionsmängeln der Prothese herrühren, werden besser zahnärztlich therapiert.

11.2 Indirekte Suggestionen durch verbale und nonverbale Kommunikation

Die sorgfältige Kontrolle der verbalen und nonverbalen Kommunikation vor und während der Anfertigung von neuem Zahnersatz ist die beste Möglichkeit, Probleme bei der Eingliederung zu vermeiden.
Unbedachte Äußerungen bei der Vorbesprechung, wie „Nehmen Sie Lösung X, dann sehen Sie nicht so eingefallen im Gesicht aus", bestärken die Angst des Patienten, mit der neuen Prothese einen entscheidenden Schritt ins Greisenalter zu gehen.
Beim Eingliedern begünstigen ängstliches, unsicheres Manipulieren des Zahnarztes, gereizter Umgang mit der Helferin, oder Bemerkungen wie „Mal sehen, was das Labor diesmal zustandegebracht hat" die Erwartung eines Mißerfolges.
Wenn dann noch der Patient mit der „Suggestion" verabschiedet wird „Ich weiß nicht, ob Sie sich daran gewöhnen können; wenn es weh tut, kommen Sie unverzüglich in die Praxis, es wird sonst nur noch schlimmer", folgt zwangsläufig ein dauerndes Probieren, ob es nicht schon weh tut.
Dieselbe Information enthält der Satz: *„Es ist normal, daß Sie sich anfangs noch etwas eingewöhnen müssen; wenn Sie Fragen haben, rufen Sie uns bitte an."*
Bereits bei der Vorbesprechung muß geklärt werden, ob der Patient unrealistische Erwartungen bezüglich des Verjüngungseffektes durch seine neue Prothese hat. Das Mitbringen von Fotos aus der frühen Jugend kann ein Hinweis darauf sein. Diesem Patienten kann man entgegnen:
„Sie wollen die Zähne Ihrer Jugend wiederhaben? – Kein Problem, das läßt sich leicht machen, allerdings müssen Sie vorher noch eine Fee finden, die Sie in dieses Alter zurückzaubert, dann passen die Zähne auch dazu. Wir möchten Ihnen gerne neue Zähne machen, die so zu Ihnen passen, wie Sie jetzt sind, damit Sie wieder ganz fröhlich lachen und Ihre Zähne zeigen können."

Bei der Anfertigung des Zahnersatzes müssen Erfolgserwartung und Sicherheit übertragen werden; Befürchtungen des Patienten müssen ernstgenommen und ausgeräumt werden, bevor der neue Ersatz eingegliedert wird.

Der Behandler muß für sich selbst klären, ob er die Suggestion, die ihm ein Patient gibt (z. B.: „Daran werde ich mich nie gewöhnen"), nicht unbewußt oder gar bewußt als absolut zutreffend akzeptiert hat. Dann muß zunächst einmal der Behandler durch einen „separator state" (vgl. Kap. VI, S. 198) aus dieser Trance heraus, um zu klären, ob er sich selbst überhaupt eine Erfolgschance in diesem Fall gibt.

Die Bereitschaft eines Patienten, sich „mit Hilfe einer Entspannungsmethode, ähnlich dem Autogenen Training" helfen zu lassen, ist ein wichtiges Entscheidungskriterium für uns, ob wir einen Fall übernehmen können. Solange der Patient glaubt, seine Prothesenunverträglichkeit habe nichts mit ihm selbst zu tun, sondern sei ein Problem des „Zahnklempners", ist die Aussicht auf einen Behandlungserfolg gering.

In diesem Fall ist oft durch provokative Fragen, wie z. B. „Auf wen sind Sie allergisch" (bei gleichzeitig freundlicher Zuwendung) eine Änderung der Einstellung zur Problematik erreichbar.

Ist die Bereitschaft für eine hypnotherapeutische Intervention gegeben, kann auch das notwendige Vertrauen in eine Besserung geschaffen werden. Zeiten der depressiven Gemütslage können (in Zusammenarbeit mit einem Therapeuten) durch regelmäßige Sitzungen überbrückt werden. Ist das Tief überwunden, bestehen sehr gute Aussichten auf eine befriedigende Lösung (Müller-Fahlbusch 1990).

Die hypnotherapeutische Arbeit hat ihren Schwerpunkt in der Imagination des gesunden Zustandes, der erreicht werden soll, in der Aufbauarbeit eines positiven Selbstgefühls und in der Schmerzkontrolle. Dem Fall entsprechend werden Interventionstechniken zur Würgereizkontrolle, zur Angstbewältigung und zur Gewohnheitskontrolle angewendet.

12 Bißnahme

Falsche Bisse führen häufig zu Schwierigkeiten zwischen Zahnarzt und Zahntechniker bzw. Zahnarzt und Patient. Der richtige Biß entscheidet über das spätere Wohl- oder auch Mißbehagen mit den neuen Zähnen.
Wichtigste Voraussetzung für den richtigen Biß ist die Entspanntheit des Behandlers. Wenn er verkrampft am Kiefer des Patienten herumzerrt, kann kein korrekter Biß zustande kommen. Deshalb sollte zunächst der Zahnarzt überprüfen, ob er selbst locker ist. Dann sollte er darauf achten, daß der Patient bequem sitzt, und ihn auffordern, seinen Kiefer zu entspannen, ihn so richtig bequem herunterhängen zu lassen, wie an einem langen Gummiband. Der Arzt weist den Patienten darauf hin, daß er prüfen soll, ob seine Füße mit der ganzen Fußsohle den Boden berühren. Wenn er wirklich den Kontakt zum Boden hat, wird er bald feststellen, daß die Füße zu kribbeln anfangen werden, desgleichen die Hände, die entspannt im Schoß liegen.
Durch Überladung mit Suggestionen, die vom Mund ablenken, sowie durch eingestreute Entspannungssuggestionen wird der Patient vom Geschehen „Bißnahme" auf „Entspannung" und „sich bequem Fühlen" hingeführt, ohne daß dabei das Wort Hypnose zu fallen braucht.

13 Tinnitus

Tinnitus (Ohrgeräusche, Ohrenklingeln) ist in der Bevölkerung weit verbreitet. Viele Menschen fühlen sich durch das dauernde oder gelegentliche Geräusch im Ohr erheblich beeinträchtigt bis massiv gequält. Aufgrund der weiten Verbreitung hat sich die deutsche Tinnitus-Liga in Wuppertal (DTL Postfach 349, 42353 Wuppertal) gebildet, die Auskünfte erteilt und Therapien empfiehlt. Berichte, daß Tinnitus Anlaß zum Suizid gewesen sei, konnten in einer retrospektiven Studie von Lewis, Stephens und McKenna (1994) nicht bestätigt werden. In ihrer Untersuchung zeigte sich jedoch bei Tinnituspatienten eine hohe Prävalenz anderer psychischer Störungen und vor allem von Depressionen (in 70% der Fälle).

Im Bereich der zahnärztlichen Hypnose kann besonders denjenigen Patienten geholfen werden, bei denen Tinnitus mit einer Kiefergelenkserkrankung einhergeht und bei Streß deutlicher auftritt. In einer amerikanischen Kontroll-Studie (Parker und Chole, 1995) wurde bestätigt, daß Tinnitus signifikant häufig zusammen mit Myoarthropathien und Vertigo auftritt. Mason und Rogerson (1995) fanden eine Besserung der Beschwerden bei 68% der Patienten, die mit drei Hypnosesitzungen wegen Tinnitus behandelt wurden. Im Vergleich zwischen Verhaltenstherapie und Hypnose fanden Kaye et al. (1994) eher Erfolge bei Anwendung von Verhaltenstherapie und individuellem, auf die Symptome abgestimmtem Vorgehen.

13.1 Diagnostik

Grundsätzlich sollte eine HNO-ärztliche Diagnostik erfolgt sein, um Malignome und Funktionsstörungen des Gehörorgans ausschließen zu lassen und notwendige ohrenärztliche Maßnahmen vorab durchführen zu lassen. Zusätzlich ist eine physiotherapeutische Untersuchung und Therapie der Wirbelsäule, der Rücken- und Nackenmuskulatur sowie der Kaumuskulatur angezeigt. Eine mögliche Ursache des Tinnitus ist die Retrokaudalposition des Condylus mit Reizung des Nervus auricolotemporalis und petrotympanicus. Bei Parafunktionen wird der Condylus nach rückwärts gezerrt, das retroartikuläre Gewebe gereizt und es kommt zum Tinnitus - häufig auch in Kombination mit Drehschwindel (Vertigo) (Freesmeyer 1992). Deshalb sollte vor einer Hypnosesitzung eine klinische Funktionsanalyse mit Provokationstests durchgeführt werden.

13.2 Therapie

13.2.1 Funktionstherapie

Bei Vorliegen einer typischen Funktionsstörung (Retrokaudallage, Kiefergelenkskompression, lateroretrusive Parafunktion) ist parallel zur Hypnosetherapie eine funktionstherapeutische Behandlung mit Positionierung der Kiefergelenke in eine anteriore Position und Reduktion der Parafunktionen erforderlich (Freesmeyer, 1992; Bumann, Groot Landeweer, 1990). Physiotherapeutische Maßnahmen, wie Dehnung und Lockerung können separat, oder auch - schmerzfrei - im Verlauf der Hypnosesitzungen durchgeführt werden

13.2.2 Hypnosetherapie

13.2.2.1 Zieldefinition

Vor der Hypnose soll mit dem Patienten gemeinsam das Behandlungsziel definiert werden. Dazu hat sich die Einführung einer „Tinnitusskala", ähnlich der Schmerzskala bewährt, die zur Einschätzung des momentanen Störungsgrades sowie des Behandlungsverlaufs dient. Als realistisches Ziel für die erste Hypnosesitzung kann eine Reduktion der Beschwerden um die Hälfte angesehen werden. Der Patient soll zunächst sein Beschwerdebild annehmen und damit entspannt leben lernen. Dann kann nach dem Prinzip der kleinen Schritte der Wert auf der Skala allmählich reduziert werden.

13.2.2.3 Veränderbarkeit erleben

Zunächst fragen wir den Patienten, ob er sein Geräusch willkürlich steigern kann. Dazu soll er auf seiner Skala für einige Minuten um 10 bis 20 Prozent höher gehen. Häufig können dabei die auslösenden Parafunktionen beobachtet werden. Er lernt damit, daß er selbst seine Beschwerden verändern kann. Wenn er die Intensität willkürlich steigern kann, kann er sie auch reduzieren, er weiß nach diesem Experiment oft auch, wie er dies bisher erreicht hat.

13.2.2.3 Anamnese

So ist ein natürlicher Übergang zur Anamnese geschaffen. Beginn (gleichzeitiger zahnärztlicher Eingriff, Schleudertrauma, Ohrerkrankung?), Häufigkeit, Intensität, Verlauf (Zunahme am Wochenende?) und Belastung durch den Tinnitus werden erfragt. Dabei gibt es viele Gelegenheiten für eingestreute Suggestionen (mit leicht veränderter, langsamerer Sprechweise): *„Ja, das ist häufig so, das bessert sich oft spontan, das hat eine gute Prognose, oh, das ist ganz normal."* Damit verringert sich die Angst des Patienten, eine schlimme, unheilbare Erkrankung zu haben. Die bisherigen Therapieversuche und bereits vorhandene Kompensationsmaßnahmen des Patienten werden als Schritte auf dem Weg zur Beschwerdefreiheit gelobt und utilisiert. *„Sie können also bereits Ihren Tinnitus reduzieren, indem Sie sich entspannen und ihn damit automatisch weniger beachten. Wenn Sie jetzt gleich in der Hypnose lernen, wie Sie sich jederzeit rasch entspannen können, werden Sie immer ruhiger und entspannter."*

13.2.2.4 Metapher

Die Hypnosesitzungen führen wir gerne in unserem Hypnoseraum durch, in dem eine laut tickende Uhr mit Sekundenpendel ein konstantes Hintergrundgeräusch liefert. Nach einiger Zeit wird der Patient in der Anamnese gefragt, ob er das Ticken der Uhr im Hintergrund wahrgenommen habe, was meist nicht der Fall ist. Wird er darauf aufmerksam gemacht, fällt ihm auf, daß es sich um ein sehr lautes konstantes Geräusch handelt, das er vorher in seiner Wahrnehmung ausgefiltert hatte. Dies ist eine erste Metapher für die Fähigkeit des Gehirns, bestehende Geräusche auszublenden. Damit kann dem Patienten deutlich gemacht werden, daß seine Reaktion auf ein Geräusch subjektiv beeinflußt werden kann. Das heißt, er kann entweder seine Wahrnehmung auf das Geräusch immer mehr konzentrieren, und sich so in Autoaggression hineinsteigern, oder aber er kann lernen, das lästige Geräusch zu vergessen.

13.2.2.5 Induktion

Oft gelingt eine beiläufige Tranceinduktion, die sich allmählich aus der Konversation während der Anamnese, durch eingestreute Suggestionen, durch ein Verlangsamen und Ruhigerwerden der Sprache mit Loben von Trancezeichen natürlicherweise einstellt. Wenn nötig, wird zusätzlich eine auf den Patienten zugeschnittene Induktion durchgeführt.
Bereits in der Induktionsphase wird die Suggestion wiederholt, daß er Geräusche selektiv erfassen und bestimmte Geräusche einfach ausblenden kann. Dazu wird seine Aufmerksamkeit noch einmal auf das Ticken der Uhr gelenkt und ihm daraufhin suggeriert, daß sie demnächst völlig in seiner Wahrnehmung verschwinden wird.

13.2.2.6 Feedbacksystem

Als nächster Schritt wird ein Signalsystem zum Unbewußten eingerichtet. Zum Beispiel kann für beide Arme Katalepsie induziert werden. Als Ja-Signal werden die Arme sich zur Mitte hin bewegen, als Nein-Signal nach außen. In einer anderen Variante ist der rechte Arm der Ja-Arm, der linke Arm der Nein-Arm. Bei „Ja" geht der Ja-Arm nach oben, bei „Nein" der Nein-Arm. Dementsprechend kann auch mit Fingersignalen gearbeitet werden. Dann wird mit Ja/Nein-Fragen weiter gearbeitet: *„Unbewußtes, bist Du einverstanden, mit uns über das Hören zu kommunizieren?"* Kommt das Einverständnis des Unbewußten, wird die Frage gestellt *„Unbewußtes, hast Du schon Wege gefunden, wie der Kopf da oben das Geräusch, das früher lästig war, loswerden kann?"* Kommt wieder ein Ja-Signal, *„Unbewußtes, bist Du bereit, dies dem Bewußten mitzuteilen?"* Kommt wieder ein Ja-Signal, wird der Patient aufgefordert, in Trance die Mitteilung des Unbewußten zu beschreiben: *„Sie können Ihren Mund einfach reden lassen, das wird Ihren Trancezustand noch vertiefen, der Mund redet und Sie schlafen immer tiefer."* Die Angaben des Patienten werden ihm wiederholt und als Suggestion mehrfach zurückgegeben.
Kommt ein Nein-Signal, erhält der Patient die Suggestion *„ Sie können sich überraschen lassen, wann und in welcher Art und Weise Ihr Unbewußtes Ihnen klar machen wird, daß Sie jetzt völlig ruhig sein können."* Daran können sich weitere Metaphern anschließen, z.B. über das beruhigende Geräusch eines Gebirgsbaches oder der Brandung im Urlaub, wie viele Menschen, die in der Stadt, oder in der Nähe eines Bahndammes leben, nach einiger Zeit diese Geräusche völlig ausblenden, wie Ehepartner oder Kinder lernen, die schon oft gehörten Geschichten zu überhören. Die in der Anamnese erworbenen Informationen werden utilisiert, in einen persönlichen Zusammenhang gebracht und in ineinander verwobenen Geschichten angeboten.
Um die Trance zu vertiefen und den Patienten zu überzeugen, daß er in einer tiefen Hypnose ist, lassen wir den Patienten verschiedene Phänomene erleben. Eine (die dominante) Hand kann hypersensibel, die andere völlig vom Körper dissoziiert werden, damit selektive Körperwahrnehmung trainiert wird. Die sensible Hand kann zu automatischem Schreiben veranlaßt werden, was die Botschaften des Unbewußten zu Papier bringt, ganz ohne

Kontrolle des Bewußten. Sie kann Buchstaben, ja Sätze schreiben, die Aufschluß über die Ursachen und guten Absichten des Geräusches geben. Sie kann ein Symbol zeichnen für das Geräusch und das Symbol dann verändern. Suggestionen zur Amnesie dessen, was in der Trance erlebt wurde, ermöglichen ein weiteres Verarbeiten der Tranceerlebnisse im Unbewußten und helfen dem Bewußten, sich von der dauernden Beschäftigung mit dem Geräusch zu lösen.

13.2.2.7 Anleitung zur Selbsthypnose und posthypnotische Suggestion

Die Teile der Trancearbeit, die als Anleitung zur Selbsthypnose geeignet sind, werden auf Tonband mitgeschnitten, mit Suggestionen zur Entspannung, zum Entspannungsort, mit einem Anker für sekundenschnelles Abstellen des Geräuschs, so als ob ein Radio abgestellt würde (z.B. durch kurzes Vorschieben des Unterkiefers), mit Suggestionen, daß Geräusche vergessen werden können, ausgeblendet werden können, mit der posthypnotischen Suggestion, daß der Patient mit jedem Mal, wenn er das Band hört, sich besser entspannen und das Geräusch immer seltener und leiser wahrnehmen wird, bis er irgendwann feststellt, daß er das Band (und das Geräusch) nicht mehr braucht. Der Patient bekommt den Auftrag, dieses Band ganz regelmäßig zu hören, so lange, bis er gelernt hat, sich in allen Situationen schnell zu entspannen und sein Tinnitus vollends verschwunden ist.

13.2.2.8 Dehypnose

Für die Dehypnose wird die Aufmerksamkeit wieder nach außen gerichtet, oft mit der gleich anschließenden Frage: „Was denken Sie, wie lange hat es gedauert?“ Wenn der Patient eine Zeitverkürzung angibt, kann von einer entsprechenden Amnesie ausgegangen werden. Die Posthypnose wird im halbwachen Zustand noch einmal wiederholt: „Sie können alles unwichtige vergessen, Ihr Unbewußtes wird sich darum kümmern, während Sie ganz ruhig langsam wach werden und gelegentlich sich recken und strecken und Ihren Unterkiefer kurz vorschieben. Wenn Sie das

Bedürfnis haben, etwas zu sagen, können Sie das jetzt, oder später tun, lassen Sie sich ruhig Zeit".
Nur wenn der Patient das Bedürfnis hat, kann er über seine Erfahrung berichten, manchmal ist er euphorisch, weil er während der ganzen Trance sein Geräusch nicht mehr wahrgenommen hat, eventuell kann er zur Abschlußdokumentation nach der momentanen Stufe auf seiner Skala gefragt werden. Er soll auf jeden Fall nach einer Woche anrufen und Bericht erstatten.

13.2.2.9 Nachkontrolle

Kommt kein Feedback von seiten des Patienten, ist es notwendig, von der Praxis aus anzurufen und nachzufragen, wie seine Erfahrung mit der Hypnosesitzung gewesen ist. Manchmal ist noch eine zweite und dritte Sitzung erforderlich, aber in aller Regel ist dann das Symptom so weit in den Hintergrund getreten, daß es den Patienten nicht mehr stört bzw. daß er es gar nicht mehr wahrnimmt.

Anhang

DGZH
Deutsche Gesellschaft für Zahnärztliche Hypnose (DGZH) e.V.

Dr. Albrecht Schmierer
Präsident der DGZH

Esslingerstr. 40
70182 Stuttgart
Tel.: 07 11 /2 36 06 18

Stuttgart, den

Einverständniserklärung

Ich, ______________________, wohnhaft ____________________________________

bin mit einer Videoaufzeichnung meiner Behandlung einverstanden.

Ferner erkläre ich mich damit einverstanden, daß diese Aufzeichnungen eventuell zur Patientenaufklärung oder als Fortbildungsunterlage verwendet werden.

ja O nein O

Unterschrift: ______________________________

Dr Albrecht Schmierer
Zahnarzt

Esslinger Sraße 40
70182 Stuttgart
Telefon 07 11/24 40 81

Dr. Albrecht Schmierer - Esslinger Straße 40 - 70182 Stuttgart

Stuttgart, den

Honorarvereinbarung Hypnosetherapie

Die Kosten für die Entspannungstherapie/Hypnose betragen

für die 1. Sitzung DM ________

und für weitere Sitzungen
pro Therapiestunde (45 Min.) DM ________

Ich bin darüber aufgeklärt worden, daß eine Übernahme dieser Kosten durch Erstattungsstellen nicht gewährleistet ist.

gezeichnet ____

Anamnesefragebogen für die Kinderbehandlung und Vorbereitungsanweisung für die Eltern

Liebe Eltern,

dieser Antwortbogen dient der Vorbereitung einer angenehmen Zahnbehandlung Ihres Kindes bei uns. Bitte füllen Sie diesen Bogen aus und schicken Sie ihn uns vor der Behandlung zu, damit wir uns auf Ihr Kind einstellen können. Selbstverständlich werden Ihre Angaben vertraulich behandelt. Sie können auch einzelne Fragen unbeantwortet lassen.

Name des Kindes: ______________________________

Kosename des Kindes: ______________________________

Geburtsdatum: ______________________________

mein Kind geht in	Kindergarten	O	Schule	O
	andere	O		
mein Kind geht in	Musikschule	O	Ballett	O
	Sport	O	andere	O

Angstanamnese

1. Haben Sie als Eltern Angst? (allgemein, Zahnarzt)

____

____

2. Hat das Kind Angst? (allgemein, vor was?)

____

____

Ängste Ihres Kindes speziell beim Zahnarzt:

Bitte stellen Sie eine Angsthierarchie auf. Numerieren Sie die Ängste durch, die größte Angst bekommt die Nr. 1, die geringste die letzte Nr.

— Geräusch
— Schmerz
— Berührung
— Spritze
  — Pieks
  — Anblick
  — Gefühl während
  — Gefühl hinterher
— Weißer Kittel
— Helles Licht, OP-Leuchte
— Instrumente
— Praxisgerüche
— Geschmack
— Behandlungsstuhl
— Liegeposition
— Sitzposition

3. Vorerfahrung beim Arzt:
  — welcher?
  — Klinik — was, wie lange?

____

____

____

Beim Zahnarzt:

— Trauma durch
a) Schmerz
b) Festhalten
c) Spritze
d) Falsche Versprechungen
  („Es tut überhaupt nicht weh!“)
e) Negative Sprache
  („Du brauchst keine Angst zu haben!“)
  („Stelle Dich nicht so an!“)
  („Du bist ungezogen!“)
f) ____________________

4. Bedürfnisse Ihres Kindes

____

____

____

____

Ressourcenanamnese

5. Die Welt Ihres Kindes:
   Bitte numerieren Sie die Vorlieben Ihres Kindes durch. Die wichtigste bekommt Nr. 1.

— Lieblings-Comic ____________________

— Lieblings-Märchen ____________________

— Lieblings-Helferfigur ____________________

— Lieblings-Beschäftigung ____________________

— Lieblings-Spiel ____________________

— Lieblings-Sport ____________________

— Lieblings-Getränk ____________________

— Lieblings-Essen ____________________

— Lieblings-Nachtisch ____________________

— Lieblings-Farbe ____________________

— Lieblings-Tier ____________________

— Lieblings-Kuscheltier (mitbringen) ____________________

— Lieblings-Buch ____________________

— Lieblings-Musik ____________________

— Lieblings-Kleidung ____________________

— Lieblings-Freund ____________________

— Lieblings-Schulfach ____________________

— Lieblings-Hobby ____________________

— Lieblings-Audiocassette (z. B. Biene Maja, etc.) – bitte unbed. mitbringen

____

6. Kuschelecke, Traumplatz

Hat Ihr Kind einen sicheren Ort, an den es sich zurückzieht, um sich wohl und sicher zu fühlen? (z. B. Baumhaus, Kinderbett, Urlaubsland, Ferienort, Zelt)

___

7. Therapeutische Vorgeschichte

War Ihr Kind schon in Therapie? Z. B. wegen Schlafstörungen, Bettnässen (Anschrift/Telefonnummer des Therapeuten). Welche Therapie (z. B. AT etc.)

___
___
___
___
___

8. Was sind Ihre Erwartungen, Erfahrungen mit Hypnose?

___
___
___
___
___

Liebe Eltern,

bitte schicken Sie diese vier Seiten ausgefüllt vor der Behandlung Ihres Kindes in unsere Praxis. Die nächste Seite gibt Ihnen einige Tips, wie Sie Ihr Kind vorbereiten können

Vorbereitungsanweisung für die Eltern

1. Die Belohnungsgeschenke streichen.

2. Negationen in Verbindung mit Zahnarzt möglichst vermeiden.

3. Den Kindern soll klar gemacht werden, daß sie Negativerzählungen von anderen über Zahnarztbesuche nicht ernst nehmen sollen, und man sollte diese Erzählungen zu Hause mit den Kindern besprechen.

4. Den Behandlungsablauf mehrere Male durchspielen, eventuell malen lassen.

5. Positive Zielorientierung: „Kannst Du Dir vorstellen, wie Du Dich fühlst, wenn die Behandlung vorbei ist."

6. Ressourcen finden: „Suche ein Erlebnis, mit einem guten Gefühl, als Du Dich sicher und stark gefühlt hast und ganz mutig warst." (z. B. Musikinstrument, Fußball oder Ballett.)

7. Name für die Ressource: „Gib diesem guten Gefühl einen Namen, dann kannst Du mit diesem Namen beim Zahnarzt das gute Gefühl herbeizaubern."

8. Die Eltern sollen sich selbst nur positiv über ihre Zahnarzterfahrungen äußern, fehlen ihnen positive Erfahrungen, sollten sie lieber nichts sagen.

9. Wenn die Eltern bereits eigene Hypnoseerfahrung haben, sollen sie über das angenehme Hypnoseerlebnis erzählen.

10. Die Kinder darin bestärken, alleine ins Behandlungszimmer zu gehen.

Absagebrief

Dr. A. Schmierer, Esslinger Str. 40, 70182 Stuttgart

An

Stuttgart, den

Sehr geehrte

Die von Ihnen gewünschte Behandlung kann ich leider nicht übernehmen. Die Therapie eines so langjährigen und vielschichtigen Beschwerdebilds, an dem Sie leiden, erfordert eine außerordentlich intensive Behandlung.
Mit der mir für den Einzelfall zur Verfügung stehenden Zeit und Kraft kann ich Ihren Ansprüchen nicht gerecht werden. Sicher wird Sie diese Antwort enttäuschen, aber sie erspart Ihnen die noch größere Enttäuschung eines weiteren fehlgeschlagenen Behandlungsversuchs.
Auf der beiliegenden Liste finden Sie Namen von qualifizierten Kollegen, die sich in anerkannten Fortbildungsveranstaltungen in klinischer Hypnose weitergebildet haben. Wir empfehlen Ihnen, mit mehreren Therapeuten Kontakt aufzunehmen, um die für Sie richtige Wahl zu treffen.
Von diesen erhalten Sie auch entsprechende Informationen über die voraussichtliche Behandlungsdauer, die anfallenden Kosten sowie die Möglichkeit der Kassenabrechnung, etc.
Darüber hinaus möchten wir Sie darauf hinweisen, daß in den Medien vielerorts ein Bild von Hypnose und Hypnotherapie vermittelt wird, das nicht der Wahrheit entspricht. Hypnose ist trotz aller Vor(ur)teile kein Wundermittel, das über Jahre hinweg bestehende Symptome und Beschwerden in wenigen Sitzungen und noch dazu quasi „im Schlafe" lösen könnte.
Wie in anderen verantwortlich durchgeführten Therapien bedarf es gerade auch in der klinisch orientierten Hypnotherapie einer angemessenen Zeit und der aktiven Mitarbeit seitens des Patienten.
Zu Ihrer Information empfehlen wir das Buch: Hypnose, von B. und W. Bongartz, RoRoRo 990, ISBN 3 499 191334.
Wir wünschen Ihnen, daß Sie den für Sie richtigen Therapeuten finden.

Mit freundlichen Grüßen

Dr. Albrecht Schmierer

Anlage: Therapeutenliste

Beispiele für Tonbänder und CDs

Sun Singer / Paul Winter 1983. Living Music Records P.O. Box 72, Litchfield CT 06759 LD. 0003.
CD Strichcode Nr. 1048-80003-2

Licht/Inkarnation Sattva Art Musik SKV 22 CD.
Producer Oliver Serano-Alve, 1987, München 089 / 53 31 12

Inside The Great Pyramid / Paul Horn Kuckuck Verlag München 1983 060/61 089 / 33 20 78. / 1976 by Paul Horn Vancouver Island Prod. LTD. / Distribution in USA & Canada Celestial Harmonies P.O. Box 673 Wilton, Connecticut 06897

Healing/Spiritual Environment Nightingale Records 319
Mysterium of sounds and silence Anugama – Werner Hagen
1989 by Meistersinger Musikproduktion 8550 Forchheim

Eins mit der Natur / Arnd Stein 1986. Verlag für Therapeutische Medien, Iserlohn, Musik zum Entspannen und Träumen (Burmann/Stein) Gesellschaft für Stereo-Tiefensuggestion
Best. Nr. S-2288-A

Serenade in B flat KV 361 „Gran Partita“ / W. A. Mozart. Sir Neville Marriner, Academy of St. Martin in the Fields, Philips 412 726-2 London, 1984

Klarinettenkonzert und Konzert für Flöte und Harfe / W. A. Mozart. Karl Böhm, Wiener Philharmoniker, Deutsche Grammophon 413552-2

M. Buntrock: Meer GB Music Vertrieb: mentales, Kruppstr. 82, 45145 Essen

Stein, A.: „Den Schmerz besiegen“, Dr. Arnd Stein Verlag für therapeutische Medien, ISBN 3-89326-153-2

Klippstein, H.: „Stop! Spannungs-Kopfschmerzen lösen“ Iskopress Hamburg 1991

„Beim Zahnarzt ohne Streß“, CD oder MC, Dr. Albrecht Schmierer, direkt zu beziehen bei Hypnos-Verlag, Esslingerstr. 40, 70182 Stuttgart

Tonbandtranskripte

Inhalt:
1. Hypnose während Behandlung I
   Hypnose während Behandlung II
2. Vorgespräch, Anamnese und Doppelinduktion bei Zahnarztangst
3. Hypnose vor chirurgischer Behandlung
   Hypnose nach chirurgischer Behandlung
4. Anleitung zur Selbsthypnose bei Myoarthropathie
5. Ablauf einer Doppelinduktion
6. Hypnose zur Unterstützung einer Kranken mit der Diagnose Melanom an der Schläfe

Die folgenden Transkripte sollen beispielhaft wiedergeben, wie wir Hypnosetonbänder formulieren und einsetzen.
Sie sollen Ihnen als Anregung für Ihre eigenen Bänder dienen.

1. Hypnose während Behandlung I und II

Diese Bänder (Laufzeit ca. 2mal 45 Minuten) werden während der Behandlung eingesetzt. Die Behandlung kann unmittelbar oder besser nach ca. zehn Minuten beginnen. Die Sprache ist mit einer ruhigen Hintergrundmusik unterlegt.
Zweck: Der Patient soll von der Behandlung abgelenkt und in einen angenehmen Entspannungszustand versetzt werden.
Wirkung: Reduktion von Streß, weniger Anästhesielösung.

2. Vorgespräch, Anamnese und Doppelinduktion bei Zahnarztangst

Zweck: Vorgehen bei dem ersten Termin eines Patienten mit Zahnarztangst.
Wirkung: Der Patient läßt sich ohne Verkrampfung behandeln.

3. Hypnose vor chirurgischer Behandlung
Hypnose nach chirurgischer Behandlung

Dieses Band (Laufzeit ca. 45 und ca. 12 Minuten) wird auf dem Behandlungsstuhl vor und nach dem chirurgischen Eingriff vom Patienten angehört.
(Nach Ross, D., Ph.D. Medical Hypnosis Seminars).

Zweck: Vorbereiten des Patienten auf einen chirurgischen Eingriff, Trance-Induktion, Entspannung, Blutungskontrolle, posthypnotische Suggestionen für Schmerzfreiheit und gute Heilung.
Wirkung: Patient ist während Chirurgie entspannt, bessere Heilung, weniger Nachbeschwerden.

4. Anleitung zur Selbsthypnose bei Myoarthropathie

Dieses Band (Laufzeit ca. 45 Minuten) wurde während der Hypnotherapiesitzung mitgeschnitten. Der Patient soll das Band zu Hause täglich für Selbsthypnoseübungen benützen.
Zweck: Eigenkontrolle der Parafunktion, regelmäßige Entspannung.
Wirkung: Weniger Parafunktion, besserer Schlaf.

5. Ablauf einer Doppelinduktion

Wiedergabe einer Doppelinduktion, die Hypnose wird durch zwei Therapeuten gleichzeitig induziert. Anfangs sprechen beide abwechselnd, später gleichzeitig. Diese Passagen sind im Druck nebeneinander wiedergegeben.
Zweck: Sehr schnelle und hochwirksame Induktionstechnik, besonders geeignet für intelligente Versuchspersonen, die Zweifel an ihrer Hypnotisierbarkeit haben.
Wirkung: Durch Überladung Konfusion, beide Gehirnhälften werden angesprochen, der weiblich-assoziative, beschützende und der männlich autoritär-rationale Aspekt der Hypnose wird gleichzeitig angeboten.

6. Hypnose zur Unterstützung einer Kranken mit der Diagnose Melanom an der Schläfe

Transkript einer Sitzung (45 Minuten) mit einer Patientin, die nach der Diagnose Melanom in Depression, Apathie und Suizidgedanken gefallen war. Sie hatte ihren Lebenswillen aufgegeben, nachdem die Hautveränderung in 14 Tagen von fünf auf 20 Milimeter angewachsen war.
Zweck: Wiederherstellung des Lebenswillens, Entspannung vor dem chirurgischen Eingriff, Aktivierung der Selbstheilungskräfte.
Wirkung: Die Patientin sagte nach der Sitzung, sie fühle sich erholt, erleichtert und stark genug, den Kampf aufzunehmen.

Hypnose während der Behandlung I

Dieses Tonband soll Ihnen helfen, sich während der Behandlung bei uns wohler zu fühlen, ... indem Sie einfach dem, was ich Ihnen sage... zuhören, oder auch, indem Sie sich auf die Musik im Hintergrund konzentrieren, oder indem Sie Ihren eigenen Gedanken nachgehen und das, was Sie hören, nur wie eine Art Hintergrundgeräusch benützen. ...Wie das gleichmäßige Rauschen eines Wasserfalls, ... das es Ihnen ermöglicht, frei und unbeschwert Ihren Gedanken nachzugehen... auf die sie sich in Ihrem Inneren jetzt konzentrieren können... Und lassen Sie sich einige Anregungen geben..., wie Sie sich jetzt auf das konzentrieren können, was Ihnen hilft, sich in Ihrem Körper wohlzufühlen. Lassen Sie sich von der Behandlung in Ihrem Mund ablenken, ... indem Sie sich auf Ihren Körper konzentrieren, vom Kopf an abwärts. Und zunächst einmal Ihren Körper in einen immer angenehmeren Zustand bringen. Überprüfen Sie, ob Sie wirklich bequem daliegen..., gut so, schön... und Sie können so ihren Körper entspannen, auch wenn dabei in Ihrem Mund gearbeitet wird. Konzentrieren Sie sich ganz auf Ihren Körper, vom Kopf an abwärts, indem Sie sich von dem, was im Mund gemacht wird, distanzieren, indem Sie sich vorstellen, Sie hätten Ihren Mund zur Reparatur abgegeben... Und mit Ihrem Körper begeben Sie sich in eine ganz andere, schöne Situation des zunehmenden Wohlfühlens... Achten Sie auf Ihre Atmung, und um den Kontakt mit Ihrem Atem herzustellen, können Sie jetzt einmal tief Luft holen... und die Luft etwas anhalten... und dann frei... den Atem ausströmen lassen... Sehr gut... Noch einmal tief einatmen, ... schön..., jetzt noch etwas anhalten... und dann wieder ausatmen... und jetzt frei den Atem gehen lassen, etwas tiefer als normal. Achten Sie jetzt darauf, daß Sie bis in Ihren Bauch hinunteratmen. Und Sie können es kontrollieren, indem Sie eine Hand auf ihren Bauch legen. Und spüren Sie, wie sich Ihre Hand beim Einatmen hebt, ja so ... und beim Ausatmen senkt, genau. Schön so. Und überlassen Sie es einfach Ihrer Hand, den Atem zu kontrollieren, dabei können Sie etwas tiefer als normal atmen: Bis zu den Zehenspitzen hin ausatmen ... tiefer... noch tiefer... ganz tief. Und Sie können sich vor Ihrem inneren Auge vorstellen, wie Ihre Füße, wenn Sie jetzt so daliegen, sich anfühlen. Ob Sie gerade kalt sind oder warm, ob ein Unterschied ist zwischen links und rechts. Vielleicht können Sie eine einzelne Zehe besonders gut spüren, wenn Sie jetzt so bis zu Ihren Füßen hin ausatmen. Frei und tief aus dem Bauch heraus, ruhig und regelmäßig. Und es kann sein, das Sie dabei bemerken, daß einer Ihrer beiden Füße kleine Bewegungen macht, wie von alleine, oder daß Sie eine bestimmte Zehe besonders gut spüren ... und konzentrieren Sie sich einfach auf all das, was aus Ihrem Körper an Signalen zu Ihnen kommt. Es kann sein, daß eine der Zehen anfängt, sich pelzig anzufühlen, daß so ein gewisses Kribbeln in Ihren Füßen auftritt... Ein Gefühl, so als ob feiner Sand aus Ihren Zehenspitzen herausrieseln würde. Feiner weicher, warmer Sand, der aus Ihren Zehenspitzen herausrieselt und es Ihnen ermöglicht, sich in Ihren Füßen ganz wohl zu fühlen, so daß Sie langsam schwerer werden.

Eine wohlige, müde Schwere, die in den Füßen ihren Anfang nehmen kann... die Sie auch in anderen Teilen Ihres Körpers vielleicht schon spüren und die es Ihnen möglich macht, sich noch etwas bequemer zurechtzulegen. Wenn Sie dabei noch irgendwo in Ihrem Körper etwas stört, falls sich zum Beispiel Ihr Rücken meldet, dann beachten Sie dieses Gefühl Ihres Körpers und reden Sie mit diesem Teil Ihres Körpers,... und respektieren Sie dieses Gefühl als ein Gefühl, das momentan da ist und das von Ihnen wahrgenommen werden will und das respektiert sein will, damit es dann einige Zeit später, ohne daß Sie noch daran denken, einfach wieder verschwindet und Sie sich noch wohler und zunehmend entspannter fühlen, während Sie weiter ruhig und tief in Ihren Körper atmen und den Atem bis zu den Füßen ausgehen lassen, und so können Sie beobachten, wie das Schweregefühl sich langsam weiter ausbreitet: Von den Füßen... auf die Unterschenkel ..., die breit aufliegen,... ganz entspannt und weich, so daß die Unterschenkel zunehmend weicher, wärmer und schwerer werden, und Sie brauchen selbst nichts dazutun. Sie können diese angenehmen Gefühle sich einfach entwickeln lassen, ganz von alleine, und beobachten, wie Wärme und Entspannung in Ihrem Körper sich ausbreitet, wenn Sie so schön ruhig atmen... und alles, was in Ihrem Körper passiert, besonders gut wahrnehmen und dabei die Behandlung in Ihrem Mund zunehmend ignorieren. Lassen Sie das schöne, warme Schweregefühl weiter in Ihrem Körper sich ausbreiten, in die Oberschenkel, in Ihr Becken, daß es sich warm anfühlt und wohl und entspannt, in Ihr Gesäß, und lassen Sie es hineinströmen in Ihren Rücken da, wo Sie aufliegen. Spüren, wie schön es ist, getragen zu werden, so daß Sie sich selbst gar nicht mehr halten müssen, daß Sie sich einfach einsinken lassen können... und spüren, wie angenehm es ist, warm und wohl und entspannnt dazuliegen und den Atem fließen zu lassen und die Muskeln in den Beinen und im Rücken weicher werden zu lassen. Und achten Sie einmal auf Ihre Hände, wie Sie locker und ruhig daliegen... Wie kühl Ihre Fingerspitzen geworden sind... und diese angenehme Kühle in Ihren Fingerspitzen können Sie noch deutlicher fühlen, wenn Sie sich vorstellen, daß ein leiser Lufthauch über Ihre Hände hinwegstreicht, eine kühle Abendbrise. Ja, so, schön. Und Sie wissen ja, wenn Ihre Hände sich kühler anfühlen, sind sie weniger durchblutet, und wenn sie kühler und kälter geworden sind, werden Sie auch zunehmend unempfindlicher. Und vielleicht fühlen sie einen Unterschied zwischen der linken und der rechten Hand. Vielleicht ist die eine wärmer und die andere kälter und Sie können den Unterschied dadurch, daß Sie ihn bemerken und ihn sich selbst wiedergeben, wiederspiegeln, verstärken und deutlicher werden lassen. Und es ist in Ordnung, wenn dabei kleine Bewegungen auftreten in Ihren Händen und wenn diese Phänomene neu für Sie sind..., dann seien Sie neugierig, dieses zu erleben... als eine Information darüber, daß Sie selbst die Regulationen Ihres Körpers beeinflussen können, indem Sie sich darauf konzentrieren..., und indem Sie die Hand noch kälter werden lassen, wird sie auch zunehmend pelziger sein, unempfindlicher. Fast wie eingeschlafen, so wie Sie es aus dem Winter kennen, daß Sie mit kalten Händen kaum etwas spüren. ...Und diese Kälte und Unempfindlichkeit, die Sie in Ihrer Hand jetzt deutlich haben werden lassen, können Sie auf Ihren Mund übertragen und auch im Mund die Durchblutung für die Dauer der Behandlung reduzieren. ... Ihn kühler machen... und damit weniger sensibel, immer unempfindlicher. Stellen Sie sich Ihr Lieblingsgetränk vor, in dem einige Eiswürfel sind, so daß Sie es jetzt genießen und schmecken und dabei die Kälte in Ihrem Mund sich weiter ausbreitet, so wie die Hand kühl ist, wird auch der Mund kühl und dadurch wird die Anästhesie viel länger anhalten. Weil das Mittel nicht so schnell abtransportiert wird, und durch die geringere Durchblutung im Mund werden Sie weniger empfindlich, und die Arbeit wird besser und schneller vonstatten gehen, und deshalb lassen Sie es noch etwas kälter werden, indem Sie einfach den Hahn abdrehen, den Absperrhahn, der die Blutzufuhr für Ihren Mund reguliert, damit übersichtlich und schnell gearbeitet werden kann, und Sie brauchen nicht zu wissen, wie Sie das machen... Es genügt, daß Sie die Durchblutung abstellen..., denn irgendwo ist eine Instanz, die die Durchblutung in Ihrem Körper in jeder Minute reguliert, und Sie können sich darauf verlassen, daß Sie durch Ihre Mitarbeit dies beeinflussen können. Sie können diese ganzen Phänomene noch deutlicher werden lassen, wenn Sie jetzt tiefer gehen..., indem Sie sich eine Treppe vorstellen, so wie Sie sich jetzt vor Ihrem inneren Auge darstellt, ...daß Sie das Material der Treppe sehen, ...das Geländer, ...die Umgebung, ...die Beleuchtung, ...die Geräusche, die um diese Treppe herum sind ... Und auch riechen können Sie, wie es da im Bereich der Treppe riecht, und Sie können sich vorstellen, daß mit jedem Schritt, den Sie die Treppe hinabgehen, Sie etwas entspannter noch, noch tiefer, ...mehr wohl und mehr gelöst sind.

Eins, ... zwei, ...drei, immer weiter hinab Ihre Treppe, vier, ... fünf, ... sechs, tiefer hinunter in ein wunderbar schönes Wohlbefinden hineingleitend,... sieben,... acht, immer weiter hinab,... neun,... zehn, hinunter. An Ihren Ort der Entspannung, wo Sie alles andere vergessen können, an dem Sie sich einfach nur wohlfühlen, ...an dem Sie den Duft der Umgebung einsaugen, ...an dem Sie Ihren Blick in die Umgebung schweifen lassen und die Farben wahrnehmen und das, was Sie sehen, immer deutlicher sehen. Und es ist dieser Ort, der Ihnen so vertraut ist und an dem Sie sich besonders wohlfühlen und wo Sie dieses gute Gefühl in Ihrem Körper haben, und Sie können hören, was alles an Ihrem Ort der Entspannung zu hören ist. Die Geräusche der Luft, die Geräusche der Umgebung,... eine Melodie, die in Ihnen auftaucht,... ein Geräusch in Ihrem Körper, das Ihnen anzeigt, wie schön entspannt Sie sind. Und Sie können an diesem Ort Ihre Entspannung spüren, spüren, wie wohl Sie sind in Ihrem Körper, wie entspannt Ihr Nacken ist, wie Ihre Schultern locker und entspannt sind, wie Ihre Muskeln weich sind..., wie glatt Ihre Kopfhaut ist, so glatt wie die Oberfläche eines Sees, der blau und ruhig daliegt... und Sie können selbst weitergehen, in einen entspannteren Zustand, indem Sie dieses Zahlenspiel machen und einfach zählen. Eine Zahl nach der anderen, dabei die Gedanken frei schweifen lassen und sich zu jeder Zahl eine kleine Geschichte einfallen lassen, indem Sie jede Zahl sehen. Groß oder klein, an eine Tafel geschrieben oder mit den Zehen in den Sand, ...indem Sie die Zahl fühlen... und indem Sie die Zahl hören, wie sie als Echo aus dem Gebirge zurückkommt, und man kann eine Zahl auch aus Teig kneten und backen und dann genüßlich verspeisen, und Sie können sich ein ganzes Backblech voll knuspriger, goldbrauner Zahlen vorstellen und eine nach der anderen nehmen, befühlen, daran schnuppern, hineinbeißen und dabei die Zahl hören... Und wenn Ihre Gedanken dabei abschweifen, ist es in Ordnung, aber wenn Sie wieder einen Anlaß brauchen, sich mehr zu entspannen, eine kleine Hilfe, sich noch wohler zu fühlen, dann können Sie jederzeit zu den Zahlen zurückkehren und einfach weiterzählen,... und es macht nichts, wenn Sie dabei eine überspringen oder wiederholen. Die Zahlen sind nur dafür da, daß Sie weiter machen... mit Ihrer Entspannung und eine angenehme Phantasie entwickeln, sich Vorstellungen geben, wie Sie sich wirklich ganz wohl fühlen, wie Sie sich selbst in diesem schönen Zustand halten und warm und wohl dabei fühlen...

Und Sie können einfach der Musik weiter zuhören, oder sich Ihre eigene innere Musik dabei machen, und wir können Ihnen auch eine andere Musik geben, weil Sie jetzt gelernt haben, Ihre eigenen Gedanken einfach frei weiter gleiten zu lassen ... und Sie müssen nur darauf achten, daß die Gedanken angenehm sind, daß Sie sich dabei weiter entspannen und daß Sie sich in Ihrem Körper ganz wohl fühlen, vollkommen wohl und entspannt.

Innerlich frei und leicht und es genießen, diese Zeit zu haben für sich, so wie Sie vielleicht eine Sauna genießen können, oder ein Buch, oder einen schönen Spaziergang im Wald... Wie Sie es genießen können, wenn Sie in der Sonne liegen und die Wärme auf Ihrer Haut spüren. Erinnnern Sie sich an alle angenehmen Dinge in Ihrem Leben, an denen Sie Freude haben, und beschäftigen Sie sich mit den Dingen, die Sie bald wieder einmal so schön erleben wollen, ...und Ihr Körper wird sich immer wohler fühlen... bei diesen schönen Gedanken... und Sie werden sich nach der Behandlung erholt fühlen, erfrischt wie nach einem Schlaf..., und es wird eine sehr angenehme Erfahrung für Sie sein, wenn Sie jetzt dann, wenn dieses Band zu Ende gegangen ist, entweder einfach so weiter träumen, oder eine andere Musik anhören, die es Ihnen leicht macht, sich weiter so wohl zu fühlen

oder sich auf das gute Gefühl in Ihrem Körper konzentrieren..., und alle Veränderungen, die Sie in Ihrem Körper und in Ihrem Mund jetzt durch die Entspannung empfunden haben, können Sie nach der Behandlung wieder rückgängig machen, dann, wenn der Stuhl hochgeht und Sie langsam, in der Zeit, die Sie dafür brauchen, sich wieder zurückorientieren werden, dann wird das Gefühl in Ihrem Körper sich auch wieder normalisieren..., und lassen Sie sich dabei ruhig alle Zeit, die Sie brauchen, bis Sie sich wieder vollkommen normal und hellwach fühlen... und Sie dürfen trotzdem anschließend nicht gleich mit dem Auto fahren. Gestatten Sie sich noch eine Pause, einen kleinen Spaziergang. Bewegen Sie Ihren Körper nachher, wenn die Behandlung abgeschlossen ist, und dann soll die Durchblutung vollkommen normal werden, so daß eine ganz rasche Heilung einsetzt..., und weil Sie jetzt so schön entspannt sind, können wir wunderbar und ohne daß etwas unnötig verletzt wird, arbeiten... und die Arbeit geht schnell vonstatten, und Sie werden überrascht sein, wie wenig Sie nach dieser Behandlung spüren..., und wie gut Sie sich hinterher fühlen und wie einfach es eigentlich ist, solch eine Behandlung so angenehm hinter sich zu bringen. Und vielleicht können Sie das, was Sie heute gelernt haben, auch ein anderes Mal für sich nutzbar machen, denn es ist so einfach:
Legen Sie sich bequem hin, fangen Sie an, in den Bauch tiefer zu atmen, entspannen Sie Ihren Körper der Reihe nach, lassen Sie die Gedanken frei fließen, und beobachten Sie die Signale Ihres Körpers,... schön, so ist es gut.

Hypnose während der Behandlung II

Es ist eigentlich ganz normal, wenn Sie sich zu diesem Zeitpunkt bei so einer zahnärztlichen Behandlung noch etwas unruhig in Ihrem Körper fühlen und sich Ihre Gedanken machen, was wir alles mit Ihnen vorhaben und wie lange es dauern wird, und ob Sie etwas spüren werden, und es ist eine ganz natürliche Reaktion, daß man sich zunächst einmal anspannt... in der Erwartung dessen, was da kommen wird, und es ist schon schwierig, jemanden so nah an sich heran zu lassen, aber in Ihrem Kopf wissen Sie ja, daß Sie es dafür tun, daß Sie nachher wieder lachen können und Ihre schönen Zähne zeigen, und daß

Sie hinterher keine Schmerzen mehr haben... und dieses unbewußte Sich-etwas-Verklammern am Stuhl, dieses schnellere Atmen in dieser Situation, ist eine ganz natürliche Sache, die wir von unseren Vorfahren gelernt haben, ...die immer, wenn Gefahr gedroht hat, auf dem Sprung sein mußten, und wenn da plötzlich ein Vogel oder ein anderes wildes Tier in der Nähe war und aufflog oder seine Geräusche gemacht hat ...und unbekannte Geräusche in der Gegend waren, mußten unsere Vorfahren jederzeit in der Lage sein, plötzlich auf und davon zu springen oder sich dem Gegner zu stellen ... und diese Reaktion haben wir übernommen... und immer, wenn etwas losgeht, vor dem wir zumindest unbewußt eine gewisse Angst haben, wird Adrenalin ausgeschüttet, geht der Puls schneller... und wir machen uns bereit, davonzulaufen, und wenn wir es nicht können, halten wir uns fest ... und je mehr wir uns anspannen ... je mehr wir uns verkrampfen, ... umso deutlicher spüren wir, was geschieht.

Und je mehr wir uns entspannen ... und je lockerer unsere Muskeln sind ... und je ruhiger unser Atem geht, umso weniger können wir spüren von dem, was da vor sich geht, und deshalb lassen Sie sich anleiten, Ihren Körper jetzt mehr und mehr ... immer ruhiger und entspannter werden zu lassen, und Sie können dabei der Musik zuhören... Sie können auf meine Stimme hören oder Sie können alle Geräusche, die Sie so nebenher mitbekommen, ... dazu verwenden, sich immer wohler in Ihrem Körper zu fühlen ... und Sie können Berührungen spüren, an Ihrem Kopf, an Ihrer Wange, aber Sie können auch spüren, wie Ihr Rücken und Ihr Gesäß auf dem Stuhl aufliegt, ...wie Ihre Beine und Füße so daliegen und Ihre Hände lockerer werden lassen, die Schultern weich, ... und Sie können Ihre Augen schließen ... und sich vor Ihrem inneren Auge Bilder entstehen lassen ,... die zu all dem passen, und Sie können das, was Sie hören, benützen, um sich an sehr schöne und angenehme Bilder zu erinnern... Malen Sie sich Ihren Urlaubsort aus, den Lieblingsurlaubsort, von dem Sie schon immer geträumt haben, und lassen Sie sich alle Freiheit, all Ihre Phantasie zu benutzen, um sich wirklich dorthin zu erinnern oder vorauszudenken, wo Sie einmal ganz besonders wohl sich gefühlt haben werden, damals, in der Zukunft, als Sie an dem wunderschönen Strand lagen, ... mit dem salzigen Duft des Meeres, ... daß die Luft so köstlich gerochen hat, ... und was es dort zu essen gab... All die schönen Genüsse, die man sich auf der Zunge zergehen lassen konnte, das Trinken nicht zu vergessen, und wie Sie es genossen haben und wie Sie es jetzt genießen können in Ihrer Erinnerung, während Sie Ihren Körper immer mehr entspannen... Und Sie können diese Entspannung systematisch machen, und Sie fangen an, unten an den Füßen, fühlen Sie, wie es sich anfühlt, wenn feiner Sand durch die Zehen rieselt, wie er unter Ihren Schritten nachgibt, ... sanft abfedert, wie warm er ist und wie schwer dabei die Füße werden ... und diese Schwere kann sich weiter ausbreiten... Und es kann sein, daß Sie dabei Geräusche in Ihrem Körper wahrnehmen, ein kleines Brummen aus ihrem Bauch, und es ist ein Entspannungszeichen, und Sie können alle Geräusche, die Sie nebenher noch hören, einbauen in Ihr schönstes Urlaubserlebnis, ... und das Geräusch des Saugers kann der Wind sein, der über Sie hinwegstreift und Ihre Stirne kühlt, ...und es kann ein exotischer Vogel pfeifen, und Sie können das Geräusch des Bohrers umwandeln in diesen exotischen Vogel, oder Sie können sich auf ein Motorrad setzen und damit den Strand entlangfegen und das Holpern und Rütteln spüren ... und sich dabei festhalten am Lenker in Ihrer Phantasie, ... und alle Geräusche und Berührungen können Sie in diesen schönen Urlaubsort mitnehmen und dazu verwenden, sich noch mehr zu entspannen... Ihre Beine schwerer werden zu lassen, ... fühlen Sie ihre Füße, ... Ihre Unterschenkel, ... Ihre Oberschenkel, ... wie Sie so daliegen, ... nichts zu tun ,... nur den Körper sich ganz wohl fühlen lassen ... Und Sie können Ihre Beine schwerer werden lassen... schwerer... und schwerer ... und immmer schwerer ... noch schwerer, ... ganz schwer ... und es ist ein sehr angenehmes Gefühl, zu spüren, wie der Körper schwerer wird ... das Becken schwer ... noch schwerer ... immer schwerer das Becken ... ganz schwer und warm ... strömend, warm auch im Bauch ... und suchen Sie jetzt den schwersten Punkt Ihres Körpers, ... der Rücken schwer, ... schwer wird der Rücken ... immer schwerer ... ganz schwer... Und die Schwere kann sich ausbreiten in die Schultern, ... in die Arme, ...langsam über die Schultern in die Oberarme, ... die Unterarme, in die Hände ... schwer ... Arme und Schultern schwer ... Arme, Schultern , Hände schwer, ... immer schwerer, ... noch schwerer, ... ganz schwer,... ja,... Und konzentrieren Sie sich auf die Ruhe Ihres Atems ... lassen Sie ihn tief hinunter bis zum Bauch ausströmen, ... ganz entspannt fließen lassen, ... so daß es Sie atmet,... in ruhigen tiefen Atemzügen ... und Sie können sich dazu das Pendel einer alten Uhr vorstellen, ... vielleicht eine Uhr, die Sie einmal bei einem alten Menschen in der Wohnung gesehen haben ... vielleicht bei den Großeltern ... oder in einem landeskundlichen Museum ... So eine Uhr, deren Pendel in der Sekunde einmal schwingt ... stellen Sie sich dieses ruhige Pendel dieser Uhr vor und lassen Sie es einfach schwingen ... so, wie Sie es jetzt vor Ihrem inneren Auge sehen können ... und der Atem wird ganz ruhig ... und all die Muskeln in ihrem Körper werden weich und *locker und entspannt ... Muskelfasern weich und locker wie gekochte Spaghetti ... und Sie können ruhig Ihren Spaß haben in dieser Zeit und sich auch an lustige und angenehme Dinge erinnern ... wie Sie einmal zugeschaut haben ... und sich unheimlich dabei gefreut haben und so ganz aus innersten Herzen gelacht haben ... und Sie wissen ja, man kann sich so leicht ablenken, ... wenn das, woran man denkt, einfach schöner ist, ... wichtiger, angenehmer, ... und Sie brauchen uns nachher nicht zu erzählen, woran Sie gedacht haben, die Hauptsache ist, daß dieses Ihr inneres Erleben so schön ist ... so schön, ... daß Sie sich in Ihrem Körper ganz warm und wohl fühlen, ... und Sie können sich vorstellen, daß Sie ihren Mund zur Reparatur abgegeben haben, ihn einfach weggegeben haben und selbst kritisch betrachtend vor sich hin stehen ... und sich anschauen, wie Sie so daliegen, ... den Kopfhörer, ... und einfach ruhig sind, ... geschehen lassen und dabei Ihren eigenen Gedanken nachgehen, ... die Sie aus dieser Zeit oder aus diesem Raum herausführen, ... weit weg ... in angenehme Länder ... zu angenehmen Tätigkeiten, und suchen Sie sich die raus, die Sie am allerliebsten tun, ... und lassen Sie Ihrer Phantasie dabei alle Freiheit, ... es sich wunderschön auszumalen, ...wirklich jedes Detail wahrzunehmen... Und daß Sie sich selbst dabei sehen, die Umgebung, in der Sie sind, ...sie wirklich genau wahrnehmen mit allen Einzelheiten, ... und ob noch jemand dabei ist... Die Farbe der Haut, der Augen, die Wärme im Körper, ... das angenehme Gefühl im Körper, ... und die Ruhe, ...einfach nichts zu tun, ... ganz entspannt ... sich tragen lassen, ... und je mehr Sie sich tragen lassen, umso leichter können Sie sich fühlen, ... und es kann sein, daß Sie sich fühlen, als ob Sie auf einer Wolke schweben ... wie in einem schönen Traum, ... alles von weit oben sehen, ... die kleinen Menschen und die kleine Landschaft da unten so weit weg von Ihrem Wohlbefinden,*

... und betrachten Sie von da oben, ... aus Ihrer Distanz, ... froh und entspannt, ... was da unten so alles vor sich geht, und es muß Sie überhaupt nicht in Ihrer schönen, wunderschönen Wolke weiter interessieren, was da unten vor sich geht, ... denn es ist so strahlend hell da oben, ... alles so weich, so leicht, so angenehm entspannt, ... und die Farben um Sie herum, ... vielleicht ein gelbes Rapsfeld, ... das Orange der Dächer ... oder das Grün der Wälder, das sich weit ausdehnt, ... und am Horizont übergeht in das Blau des Himmels ... und noch weiter weg ... ins Violett, ... schön... Und Sie brauchen nicht jedem meiner Worte zuzuhören, ... nehmen Sie alles, was Sie hören, als ein angenehmes Hintergrundgeräusch ... wie das Rauschen eines Wasserfalls, ... wenn Sie in einer guten Luft erholsam schlafen ... und irgendwo in der Ferne das beruhigende Geräusch des Wassers ist, ... das Ihren Schlaf trägt, begleitet ... und Sie so angenehm und schön träumen läßt, ... und alles können Sie benutzen, auch die Berührungen, ... denn sie sind lieb gemeint, diese sanften Berührungen ... und sie haben einen guten Zweck, und sie werden Ihnen helfen, sich noch wohler zu fühlen, ... und alles was Sie schmecken und riechen, kann Sie an angenehme Dinge erinnern, ... an einen angenehmen Geschmack und an einen guten Duft, ... ja, ... und Sie können mithelfen, ...daß die Behandlung rasch und bequem vonstatten geht, indem Sie auch Ihren Kopf, Ihren Nacken, Ihren Mund einfach locker lassen, ... ganz weich machen, ... so weich wie ein Kuscheltier... Spüren Sie, wie Ihre Kopfhaut glatt wird und Ihre Stirn wie die glatte Oberfläche eines ruhigen Sees, ... dessen Uferlandschaft Sie sich selbst ausmalen können, ... und Sie können die Stelle im Mund, an der gearbeitet wird, kühl und pelzig machen, indem Sie da die Durchblutung abstellen... Es gibt da irgendwo ein Handrad, das Sie zudrehen können, ein großes Absperrventil, das Sie mit beiden Händen fassen und Schritt für Schritt zudrehen... Und mit jeder Umdrehung stellen Sie die Durchblutung in Ihrem Mund noch ein bißchen mehr ab ... eins ... zwei ... drei ... vierte Umdrehung ... fünf ... noch mehr abstellen ... sechs ... alles kalt werden lassen ... sieben ...kalt und unempfindlich ... acht ... einfach die kleinen Blutgefäße zufallen lassen, noch mehr ... zehn ... ganz kühl und unempfindlich, und Sie können sich vorstellen wie Sie in einer wunderschönen, warmen Badewannne liegen, ... und Ihr Körper ruht in dem warmen Wasser, ... und Sie hören das Wasser tropfen und atmen die

Feuchtigkeit und die Wärme und schauen den Tropfen zu, wie sie noch vereinzelt sich vom Wasserhahn lösen, ... hineinfallen in Ihr Badewasser und kleine Wellen auslösen, die sich immer weiter ausbreiten, ... und vielleicht haben Sie einen schönen Badezusatz in das warme Wasser getan, ... dessen Duft Sie einatmen können ... und dessen Pflege Sie auf der Haut spüren, ... wie ein weicher Balsam umfängt es Sie, ... und Sie können Ihrer linken Hand erlauben, ... sich etwas aus dem Wasser zu heben, ... und dieses Geräusch hören, das dabei entsteht... und spüren, wie die feinen Härchen an Ihrer linken Hand sich flach legen, wenn das Wasser an Ihnen herunterläuft... und wie schnell die Hand kühl wird, wenn sie aus dem warmen Wasser herausragt, ... und genießen Sie diese Kühle an ihrer linken Hand, ... denn diese Kühle können Sie übertragen auf Ihren Kopf, Ihre Stirn, Ihren Mund, ... und achten Sie mal auf die Finger Ihrer linken Hand, ... jetzt, ... den kleinen Finger, ... Zeigefinger, ... den Daumen, ... wie ein leichtes Kribbeln das zunehmende Pelzigwerden der Hand anzeigt, ... wie die Hand unempfindlich werden kann, ... wenn sie aus dem warmen Badewasser herausragt... Und es kann Ihnen helfen, sich wirklich schön in diesem Badewasser zu erholen und zu entspannen, während Ihr Kopf und Ihre Hand aus dem Wasser herausragen... und angenehm kühl... und immer unempfindlicher, pelziger, ruhiger, ... ja... Und während Sie ihre Hand einfach tun lassen was sie tun möchte, ... und Sie brauchen sich wirklich nicht um sie zu kümmern... Und Sie können ja nach einiger Zeit kurz überprüfen, was Ihre Hand wirklich tut... Konzentrieren Sie sich ganz auf Ihre andere Hand, auf die rechte, ... und lassen Sie die bei diesem Geräusch immer wärmer werden, ... weil sie noch im Wasser ist... und das Blut in der rechten Hand kräftig pulsieren, ... damit die linke immmer weniger durchblutet wird, ... während die rechte immmer mehr durchblutet wird, immer wärmer und sensibler wird, ... und Sie können sich vorstellen, daß Sie durch die rechte Hand alles ausatmen, was Sie noch stört, ... und daß die linke wie mit einem eisigen Handschuh überzogen, vollkommen taub wird, ... so ein Gefühl, als ob sie ganz fremd wäre, nicht mehr zu Ihnen gehören würde, ...und dieses Gefühl können Sie auf Ihren Mund übertragen, ... denn er kann von der Hand lernen, ... und wenn Sie dieses Gefühl jetzt ganz genau spüren, diesen Unterschied zwischen links und rechts, dann können Sie diesen Unterschied immer deutlicher werden lassen, ... immer kühler, ... immer wärmer, ... immer pelziger, ... sensibler, ... immer leichter, ... immer schwerer... Und es ist schon ein aufregendes Erlebnis, diesen Unterschied immer deutlicher zu spüren, und Sie können Ihrer linken Hand erlauben, sich irgendwo einen ganz bequemen Platz zu suchen, ... an dem sie sich wirklich wohlfühlt und dabei noch unempfindlicher wird, ... damit die rechte noch wärmer werden kann, ... denn sie ist Ihr Blitzableiter, durch sie können Sie alles ausatmen, und die linke hilft Ihnen, immer weniger zu empfinden, ... und wenn Sie einmal später, zu Hause, mit einem Schmerz fertig werden wollen,... dann merken Sie sich jetzt ganz genau, wie sich Ihr Körper anfühlt, und bitten Sie Ihren Körper um ein Zeichen, ... irgendwo, ein Gefühl, ein kleines Geräusch, ein Bild, das Ihnen jetzt vor Augen kommt, ... und geben Sie diesem Zeichen jetzt einen Namen, damit Sie jederzeit, wenn Sie sich diesen Namen innerlich sagen, wieder in diese schöne Entspannung zurückgehen können, und den Unterschied zwischen links und rechts deutlicher werden lassen können, indem Sie sich hinlegen und tief in den Bauch atmen und einfach geschehen lassen, daß der Körper schwerer wird und dieser Unterschied auftritt, ... wenn Sie den Namen nennen, ...und wenn Sie dieses Gefühl im Körper wieder haben, das Sie jetzt haben, ... dann können Sie die linke Hand dahin gehen lassen, wo Sie den Schmerz spüren, ... und es wird sein als ob er sich in Luft auflöst, nachdem Sie ihn nochmals genau zur Kenntnis genommen haben ... und ihm Ihren Respekt und Ihre Referenz erwiesen haben,... lassen Sie ihn mit Hilfe der linken Hand einfach hinausfließen, ... indem Sie sich in eine Wiese legen, ... auf einen schönen weichen Teppich und in den Himmel träumen... und alles nach oben hinausfliegen lassen... mit Hilfe Ihrer linken Hand, während Sie den Duft der Gräser riechen und die vielen Geräusche um Sie herum hören, ... wenn der Grashalm am Grashalm reibt... und ein kleiner Marienkäfer darauf entlang läuft, ... ja... Und Sie können sich Ihre Wiese selbst ausmalen, ... was Sie dort alles sehen und auch die Umgebung der Wiese... und sich immer wohler fühlen, ... schön, ... und die Ruhe genießen, die sich in Ihrem Körper eingestellt hat, ... und Ihren Träumen nachgehen, ... die ganz von alleine kommen und gehen können, ... damit ein anderes Bild sich einstellen kann... Und Sie können die Zeit nützen... und dabei ganz vergessen, wie die Zeit ver-

geht... Und es kann sein, daß alles sich sehr kurz anfühlt, ... daß Sie gerne noch länger geträumt hätten, ... denn wie in einem Traum können Sie, wenn Sie so schön entspannt sind, die Zeit einfach vergessen,... und Sie können die angenehmen Momente lang werden lassen, ... und wenn Sie etwas zu bewältigen haben, diese Zeit ganz schnell verstreichen lassen,... um wieder die angenehmen Momente wirklich zu genießen, ... und Sie können in dieser Zeit sich wirklich Zeit nehmen, um die Zeit zu vergessen, ... indem Sie an Zeiten denken, für die sie sonst keine Zeit haben, ... und es kann vor dieser Zeit sein oder nach dieser Zeit sein, ... und es kann in der Vergangenheit sein, oder es kann auch in der Zukunft sein,... und Sie haben alle Freiheit, Freizeit, ... Zeit, die Sie nützen können, um wirklich angenehme Gedanken zu denken, ... schöne, positive Dinge zu entwickeln, ... in schönen alten Erinnerungen zu kramen... und es einfach zu genießen, Zeit zu haben.

Vorgespräch, Anamnese und Doppelinduktion bei Zahnarztangst

A: Patient *B: Behandler* *C: Hypnose-Assistentin*

C: *Ich sehe, daß Sie noch ganz schön angespannt sind.*
A: Sieht man das?
C: *Ja, das sieht man.*
A: Wo?
C: *In den Beinen, in den Händen, an den Füßen. Wie fühlen Sie sich? Verkrampft oder locker?*
A: Verkrampft schon. Ja, es ist so, wenn man Schiß hat.
C: *Haben Sie schlechte Erfahrungen gemacht beim Zahnarzt?*
A: Ja, das ist schon so. – Meine Mutter hat mich immer mitgeschleift.
C: *Die Mutter hat Sie immer mitgeschleift zum Zahnarzt?*
A: Ja, ich wäre am liebsten abgehauen.
C: *Einfach das Gefühl gehabt, jetzt kann ich hier nicht länger bleiben, jetzt muß ich die Flucht ergreifen, bevor er anfängt? War das ein hilfloses Gefühl in dem Moment? Wahrscheinlich, oder?*
A: Ja.

C: *Ein Ausgeliefertsein?*

A: Ja.

C: *Es ist auch blöd, wenn man so daliegt und das Gefühl hat, man hat keine Möglichkeit auszuweichen.*

A: Ja. Meine Freundin ist z. B. vom Stuhl runtergesprungen...

C: *Manche Leute erzählen Horrorgeschichten.*

A: Ja, das stimmt schon.

C: *Das ist so, daß der Patient kommt – und Angst hat, das ist eigentlich normal. Jeder Patient hat etwas Herzklopfen. Aber viele Behandler machen es falsch, daß sie auf die Angst des Patienten nicht eingehen; aber die nehmen sich vielleicht zu wenig Zeit, mit dem Patienten ruhig zu sprechen.*

A: Ja, das verstehe ich schon.

C: *Und ich finde, Sie dürfen ruhig Angst haben. Und das auch sagen. Ich finde es ganz wichtig, wenn man es mitteilen kann, daß man Angst hat.*

A: Ja.

C: *Man merkt dann ein bißchen, wie die Hände schwitzig werden.*

A: Ja, das stimmt.

C: *Und wie das Herz klopft.*

A: (Patientin lacht zustimmend.)

C: *Und irgendwo da oben drin ist so ein richtig schönes Druckgefühl im Körper.*

A: Ja, das stimmt. Ich habe mir überlegt, ob ich überhaupt kommen soll oder einfach sagen soll, ich bin krank.

C: *Das nützt nichts. Ich finde, wenn wir das schaffen und im Mund etwas machen können, das stärkt unheimlich das Selbstwertgefühl.*

A: Ja, ich glaub das auch.

C: *Ihr Selbstbewußtsein wächst dadurch ein bißchen, und Sie wissen: „Ich kann das ja jetzt!" Und ich glaube, bisher hat Ihnen nur niemand gesagt, wie Sie es sich angenehmer machen können beim Zahnarzt. Und auf meinem Zettel steht, daß wir heute Hypnose machen sollen: Ich möchte Sie einfach mal mit dem Stuhl hinlegen und mit Ihnen im Liegen reden über die Hypnose.*

A: Ja.

C: *Haben Sie unsere Fernsehsendung gesehen?*

A: Nein, ich nicht, meine Mutter.

C: *Da hat die Mutti gesagt: „Geh dort hin! Die behandeln in Hypnose und die kriegen das schon hin."*

A: Ja, von Hypnose nur einmal. Ich habe ja elf Löcher ... Unter Hypnose, ich weiß nicht, was ich mir da vorstellen soll.

C: *Ich glaube, ich muß es erst einmal erklären. Vielleicht haben Sie schon einmal eine Showhypnose gesehen...*

A: Wie ist das? Spürt man da nichts?

C: *Haben Sie schon einmal eine Showhypnose gesehen?*

A: Nein.

C: *Also, dann haben Sie überhaupt keine Vorstellung. Hypnose ist eigentlich eine Form der Entspannung, d. h. wir üben mit dem Patienten Atmung, daß die Atmung ruhig wird, daß das schnelle In-die-Brust-Atmen ruhiger wird. Ich erkläre, was die Bauchatmung ist. Durch die Bauchatmung wird der Körper ruhiger und die Muskulatur entspannter. Und das übe ich nachher mit Ihnen. Und dann, wenn Sie sich entspannt haben – manche sagen, das ist ja überhaupt keine Hypnose, manche erwarten, daß sie bewußtlos werden, ja? Das ist aber nicht richtig. Bei einer Hypnose bekommt man alles mit. Man hört alles. Wenn man die Augen aufbehalten möchte, geht das. Man kann dann auch alles wahrnehmen im Raum. Man ist also voll dabei und kann selbst bestimmen, wie weit man in die Entspannung hineingehen möchte. Der eine sagt: „Ich habe mich ganz schwebend gefühlt." Der andere sagt: „Ich habe mich ganz angenehm schwer gefühlt." Diese Gefühle können auftreten, daß man sich so richtig wie vor dem Einschlafen fühlt. Dieses Schweregefühl oder Leichtigkeitsgefühl spürt man vielleicht sonst vor der Einschlafphase – manchmal, wenn man sehr müde ist: „Oh, jetzt sich in das Kissen hineinwühlen - schlafen, schlafen, schlafen, Ruhe haben wollen." Die Hypnose ist ein schlafähnliches Gefühl, wobei Sie über die Tiefe selbst entscheiden können, ob Sie also einschlafen oder voll wach dabei sein wollen. Ob Sie hören wollen, was wir sagen, was wir tun, was wir erklären, das alles können Sie selbst bestimmen. Soweit mal das, was ich immer gerne den Patienten vorher erkläre. Nicht, daß ich Ihnen den Befehl gebe: „Sie schlafen jetzt!", sondern daß Sie es selbst bestimmen können, und daß es Ihre Leistung ist, d. h., Sie müssen aktiv mitmachen. Wenn man immer Angst hat, auch wenn man schon ruhig atmet, dann blockieren Sie sich und kommen nicht in einen so tiefen Entspannungszustand. Und wir zwingen keinen Patienten. Ich denke, so wie es heute wird, so tief, wie Sie sich heute entspannen wollen, können Sie entscheiden, ob wir etwas tun sollen, ob wir eine Füllung machen können. Sie haben einen ganz zerstörten Zahn.*

A: Ja, ich weiß.

C: Es wäre wichtig, daß wir Ihren Körper von diesem Herd befreien. Es wäre das wichtigste, daß wir Ihnen heute diesen Zahn ziehen. Und da wird eingespritzt, so daß man nichts spürt. Manche machen es auch ohne Einspritzen.

A: Ja, ich weiß noch nicht, ob ohne oder mit.

C: Aha.

A: Also, inzwischen habe ich vor Spritzen nicht mehr so Angst.

C: Es gibt einen Trick beim Einspritzen, so daß Sie den Pieks kaum spüren. Können Sie sich erinnern, daß Sie schon einmal einen Mückenstich hatten?

A: Ja, aber wenn es pelzig ist, das ist mir sehr unangenehm.

C: Klar, aber das verfliegt auch wieder.

A: Ja klar.

C: Wenn man einspritzt, hat man wirklich die Gewähr, daß man nichts spürt. Ich kann mich auf die Entspannung voll konzentrieren. Wenn man nicht einspritzt, dann muß man schon sehr aktiv mitarbeiten, so daß man dann während des Zahnziehens keine Schmerzen hat. Das muß der Patient machen. Wir leiten dazu an...

A: Ich weiß dann nicht, ob man Angst hat. Tut es dann weh? Oder? Ich kann mir das gar nicht vorstellen.

C: Das probieren wir nachher einfach. Ich würde sagen, wir spritzen nur ganz wenig ein. Vielleicht reicht eine kleine Dosis, so daß es nachher ganz schnell wieder wach wird. Und je ruhiger Sie nachher sind, umso langsamer verarbeiten Sie die Spritze. Wenn einer aufgeregt ist und einen schnellen Puls hat, dann hält so ein bißchen Medikament kaum. Da muß man ganz viel einspritzen. Und das können wir verhindern. Wir können es auch gern ohne Spritze machen.

A: Ich weiß ja nicht, wie das ist. Ich habe schon ein paar gefragt, wie es beim Zahnarzt läuft, und denen macht es nichts aus.

C: Manche legen sich hin und gehen in Trance. Und Trance ist ein entspannter Zustand, wo Sie in Gedanken woanders sind. Und das möchte ich Ihnen jetzt sagen, wie Sie es auch machen können.

A: Ja, o. k. - Ja, mir ist es egal, was man macht.

C: Aha.

A: Es gibt ja bestimmt auch schon Löcher, die schon lange drin sind.

C: Das kommt auf zwei, drei Wochen nicht an. Es wäre auch Blödsinn, den ganzen Mund auf einmal zu machen. Ich finde schon, daß wir das Wichtigste zuerst machen, und daß wir dann Schritt für Schritt vorgehen. Wenn wir jetzt heute etwas länger Entspannung machen, dann können Sie nächstes Mal schon beim Hinunterlassen des Stuhles in die Entspannung hineingehen, weil Sie wissen, ich werde nicht festgehalten, ich kann jederzeit „Halt!" sagen, „Aufhören!". Sie können mitbestimmen. Es ist nicht so, daß Sie ein kleines Kind sind, das hilflos im Stuhl liegt und festgehalten wird, sondern Sie sind frei, Sie können jederzeit sagen: „Ich habe genug!" Oder einfach nur den Finger heben, und wir machen nächstes Mal weiter.

A: Ja?

C: Das ist für Sie einmal die Information, daß Sie mitbestimmen können, daß wir Sie als erwachsene Person behandeln und Sie nicht als kleines hilfloses Kindchen daliegen und in den Stuhl geprügelt werden. So ist es früher wahrscheinlich abgelaufen.

A: Ja, so war's schon.

C: Unsere Patienten kommen sehr gerne her, sie sagen, bei Ihnen kann ich mich erholen. Wir geben Anleitung, wie die Behandlung angenehm sein kann.

A: Ja.

C: Und ich glaube, Sie müssen heute Ihre erste Erfahrung machen, wie angenehm es sein kann, und vielleicht ist Hypnose überhaupt nicht notwendig.

A: Ja, ich meine, es muß halt mal wieder sein. Ich war jetzt seit fünf Jahren nicht beim Zahnarzt.

C: *Sie möchten einfach auch Ihre Zähne behalten.*

A: Ja.

C: *Und schöne Zähne haben.*

A: Das ist schon wichtig. Aber es ist mit der Zeit nicht so gut, denn ich habe zweimal mittags Schule und einmal Nachhilfe, und Tanzkurs habe ich heute noch.

C: *Was für einen Tanzkurs machen Sie denn?*

A: Den Grundkurs, Walzer, Rumba etc.

C: *Und macht das Spaß?*

A: Total. Meine Mutter hat gemeint: „Konzentriere dich nur auf deinen Tanzkurs..."

C: *Und Sie tanzen gerne?*

A: Ja, total.

C: *Und Sie bewegen sich gerne auf Musik? Das ist toll! Ich mache Bauchtanz.*

A: Ja?

C: *Auch heute, heute abend.*

A: Auch Sport oder so, ich mache das echt brutal gern.

C: *Schön. – Das hilft mir jetzt schon sehr, wenn wir beide jetzt eine Entspannung machen, daß Sie sich da hineindenken können. Der Witz ist nämlich nur, daß man lernt, sich abzulenken und an was anderes zu denken und in Gedanken sich sagt: „Jetzt gebe ich den Mund zur Reparatur hier ab und gehe irgendwo in Gedanken ganz woanders hin, ganz weit weg."*

A: Die Geräusche sind das schlimmste für mich.

C: *Für Sie, aha. – Welches Geräusch ist denn am schlimmsten für Sie?*

A: Wenn man bohrt. (Die Patientin ahmt das Geräusch nach.)

C: *Die Erschütterung am Kopf – und weil das alles am Kopf sehr laut ist...*

A: Vielleicht nimmt man da einen Walkman oder so, oder Musik oder so...

C: *Das wollte ich Ihnen vorschlagen, wir haben sogar CD-Platten da und sehr große Kopfhörer, die den ganzen Lärm abschirmen. Dann hört man gar nicht mehr viel von dem Geräusch. Aber ich möchte auch ganz gerne Ihnen beibringen, wie Sie mit den Geräuschen besser fertig werden, falls einmal kein Walkman da ist, oder keine Geräuschkulisse, die Sie ablenkt, daß Sie es alleine* machen können.

A: Ja. – Kinder, die im Tagheim oder so sind, die lernen das ja auch besser, wenn die so mit sich selbst klar werden. Und nicht so hohe Ansprüche zu haben, ... wenn man mit Geschwistern oder so zusammen ist oder im Kindergarten - da lernt man das nicht so.

C: Hat die Mutti auch Angst vor dem Zahnarzt?

A: Nee, mein Onkel, nur mein Onkel, der hat total verschimmelte Zähne.

C: Und der hat Horrorgeschichten erzählt?

A: Nee, am Anfang hat er sehr Angst gehabt, aber jetzt ist er gegangen. Und jetzt, ich glaube, zwei richtige Zähne bleiben ihm noch.

C: Das ist schade, nicht wahr, wenn dann alles andere heraus muß?

A: Ja, so langsam wird das teurer, dieses Zeug. Deshalb hat er es wahrscheinlich gemacht. Auf jeden Fall, als ich dem seine Zähne so gesehen habe, habe ich gedacht, warum habe ich bis jetzt noch keine Füllungen bei mir machen lassen. Wenn ich dann vom Zahnarzt weggehe, habe ich überhaupt keine Angst. Wenn ich dann hier bin und rieche und höre...

C: Aber hier ist nicht der typische Zahnarztgeruch.

A: Doch, ein bißchen.

C: Ein bißchen, aha?

A: Also, ich meine, bei uns beim Zahnarzt hat man es schon meilenweit gerochen.

C: Dieses Medikament verwenden wir hier nicht in der Praxis, das so den typischen Zahnarztgeruch abgibt. Wir haben ein anderes Medikament, das genauso hilft, das aber nicht diesen schrecklichen Zahnarztgeruch hat.

A: Das ist brutal, wenn man es schon riecht, wenn man reinkommt.

C: Also, es ist der Geruch bei Ihnen, das Geräusch beim Zahnarzt. Und wie fühlen Sie sich hier in der Praxis, wenn Sie hier sind bei uns?

A: Also, ein bißchen aufgeregt bin ich schon, also, aber...

C: Ja, ich finde auch, das würde ich als normal bezeichnen.

A: Ja.

C: O.k. - Ist es für Sie o.k., wenn ich Sie zurücklege?

A: Das macht mir gar nichts.

C: *Nein?*

A: Wenn man so mit der Hacke, oder was das da ist...

C: *Das ist eine Sonde. Haben Sie sich diese schon einmal angeschaut? Ich zeige sie Ihnen einmal.*

A: Wo der Zahnstein oder sowas weggemacht wird...

C: *Das ist überhaupt nicht schlimm. – Schauen Sie einmal, wir haben diese Instrumente: Damit wird eine Füllung reingemacht. Ich kann Ihnen das mal erklären, wie das funktioniert. Also das Grundbesteck besteht aus Spiegel, Pinzette und der Sonde. Und mit der Sonde fahren wir über die Zahnoberfläche. Das gibt so ein Kratzgeräusch. Ich mache das mal auf Ihrem Fingernagel. Und damit wollen wir überprüfen, ob die Zähne Karies haben und weich sind. Wenn irgendwo Karies ist, dann fällt man rein mit der Sonde, als ob ich in Erde rühre - weich. Und wenn der Zahn hart ist, dann klappert es ein bißchen. Und deshalb fährt man mit der spitzen Sonde am Zahn entlang, so wie ich es hier auf Ihrem Fingernagel mache. Da kriegt man nicht unbedingt Angst. Mit der Pinzette nimmt man ein Wattekügelchen und desinfiziert damit den Zahn oder trocknet den Zahn - je nachdem. Und den Spiegel brauchen wir, um alle Seiten des Zahnes zu sehen. Und bei der Lampe, da können Sie sich vorstellen, es sei die Sonne. Wir bringen Ihnen bei, wie Sie das alles umdeuten können. Und das hier, was man im Schwäbischen Hämmerle nennt, das wird vorne an ein Handstück gesteckt.*

A: Sind das verschiedene Größen?

C: *Ja, die gibt es in verschiedenen Größen, je nach Lochgröße. Und das wird hier angerüttelt. Da entsteht auch noch ein Rüttelgeräusch. Eine Kapsel, in der das Amalgam enthalten ist, wird eine gewisse Zeit geschüttelt. Dabei verbinden sich diese Pülverchen, und mit dem Hämmerle wird es trocken in das Zahnloch geklopft.*

A: Und was ist die Plombe?

C: *Die Plombe besteht aus Amalgam. Sie ist in einer Plastikkapsel drin. Das kann ich Ihnen auch mal zeigen. Ich finde es immer wichtig, daß man es jemandem, der Angst hat, auch einmal zeigt.* (Es wird der Vorgang der Füllung erklärt.) *Vorher muß man natürlich den Dreck ausräumen, die Karies also. Ich zeige* Ihnen, wie man das macht.

A: Macht das Geräusche?
C: *Ja, das macht Geräusche. Das ist klar. Das sind ja ganz kleine Motoren, schauen Sie mal hier! Hier ist ein Mini-Motor drin, und mit dem Fußhebel da unten auf dem Boden schaltet man ihn an. Und das Stück, das man zum Kariesausbohren aufsetzt, zeige ich Ihnen jetzt. Das schauen Sie sich mal an.*

(Dr. Schmierer (B) kommt hinzu.)

Ich zeige gerade, wie man eine Füllung macht.
B: *Das ist aber toll.*
C: *Das ist so ein Rosenbohrer. Sie können ihn mal berühren, wie es sich vorne anfühlt. Und mit dem räumt man die Karies aus. Und dadurch wird dieses berühmte Geräusch verursacht - und diese Vibration, die Ihnen so unangenehm ist. Und da helfen wir Ihnen einfach, dies umzudeuten.*
A: Ja.
B: *Schön.*
C: *Jetzt habe ich ihr auch mal gesagt, was Hypnose ist, und daß es vielleicht sogar auch so geht - einfach, indem wir uns Zeit nehmen. Sie ist immer geflüchtet beim Zahnarzt und aufgesprungen. Und jetzt hat sie sich zur Behandlung entschlossen.*
B: *Wahrscheinlich hatte sie zum Flüchten allen Anlaß.*
A: Nee, so schlimm war's auch nicht. Aber ich habe schon ein bißchen Muffe davor.
C: *Weil die anderen Ihnen Schauermärchen erzählt haben.*
B: *Schauermärchen über das Einspritzen oder was?*
A: Das Einspritzen, das habe ich schon gar nie machen lassen, weil ich es für nicht so gut gehalten habe. Da wäre ich erst recht davongelaufen.
B: *Und Sie wollen gerne ohne Spritze.*
A: Ja, wenn dann ohne.
B: *Schön. - Wie geht es der Mundhygiene?*
C: *Ich habe noch nicht in den Mund geschaut. Wir haben uns jetzt einfach mal nur unterhalten.*
A: Wie lange dauert das denn so, das... ?
B: *Das was?*

A: Alles zusammen, was man da alles heute so macht?
B: Heute: insgesamt vielleicht noch so eine Stunde.
A: Hm, o.k.
B: Ja, sollen wir es ganz schnell machen. Wäre das besser?
A: Nee, lieber nicht.
B: Wenn wir das gemütlich machen, ist es besser.
C: Wir könnten es einfach versuchen, indem wir zusammen eine kleine Induktion machen und ihr dann Musik geben.
A: Also ich will lieber keine Spritze. Das ist mir lieber.
B: Ist die Spritze so schlimm für Sie?
C: Das Pelzige, sagt sie, ist das Schlimme, das pelzige Gefühl.
A: Der Zahn, kommt der gleich raus, oder?
B: Jetzt guck ich erst mal rein, dann seh ich das am besten. – Ich laß Sie jetzt noch ein Stückchen tiefer, weil Sie sich im Liegen viel besser entspannen können. Jetzt möcht ich erst einmal ein bißchen reinschauen. – Schön.
C: Wenn Sie wollen, sagen wir Ihnen alles an, was wir tun.
B: So sieht das schon viel, viel besser aus. (Bezogen auf Mundhygiene, auf die bei der ersten Konsultation hingewiesen worden war.)
C: Ja.
B: So ist das gut... Jawohl... Der Zahn ist schon lang so drin, den kann man auch noch eine Weile drinlassen, aber im Endeffekt muß er irgendwann heraus.
A: Na klar.
B: Und nun müssen wir uns überlegen: Was machen wir zuerst? Machen wir zuerst den Zahn heraus oder zuerst Füllungen? Was machen wir zuerst?
A: Ich weiß es nicht.
B: Wir können ja mal anfangen mit einer Füllung. Und dann können wir immer noch weitermachen, ja?
C: Wenn Sie wollen, können Sie die Beine nebeneinander legen, so daß sich die Muskeln besser entspannen können.
B: So, jetzt fangen wir an, gemeinsam zu schnaufen (schwäbisch für atmen).
C: Und zwar versuchen wir, ganz tief in den Bauch zu atmen, so daß sich der Bauch hebt beim Einatmen. Sie können auch das Hosenknöpfchen aufmachen, damit der Bauch mehr Platz hat.

B: *Ein bißchen tiefer als normal schnaufen.*

C: *Und ganz langsam ausatmen, doppelt so lang wie einatmen. Einatmen bis in den Bauch und doppelt so lang ausatmen. Sie können durch die große Zehe ausatmen. Das ist doch manchmal eine ganz kluge Vorstellung, ja?*

B: *Und dann nebenher mir in die Augen gucken, auch wenn das ein bißchen anstrengend ist. Und nur mir in die Augen gucken.*

C: *Und den Atem frei fließen lassen.*

B: *Und immer weiter so.*

C: *Und Sie merken, daß Sie beim Einatmen Spannungen im Körper haben, und beim Ausatmen alle Spannung der Muskeln locker lassen. - Und das Ganze ist ganz schön aufregend, nicht wahr, und anstrengend für die Augen. Es kann sein, daß die Augen am Anfang etwas unruhig werden, daß man nicht so richtig weiß, wo man hinschaut. Und das ist ganz normal. - Jetzt können Sie auch versuchen, den Mund locker zu lassen. Der kann sich leicht öffnen. (Patientin lacht.)*
Es ist lustig manchmal.
Da kann man lachen.

A: Ja, das ist echt schlimm. (Lacht wieder)

C: *Ja, es kann sein, daß ein Punkt verschwimmt und wieder klar wird. (Die Pupillen der Patientin haben sich zusammengezogen und wieder geweitet.) Das sind alles Phänomene, die ganz normal sind, wenn man in die Entspannungsphase hineingeht, die Sie das nächste Mal schon kennen werden. - Die Augen, die Sie sehen, können einmal weiter weggehen wie ein Zoom und wieder auf Sie zukommen, ganz nahe an Ihr Auge. Und es kann sein, daß im Unterlid sich vermehrt Tränenflüssigkeit ansammelt und daß die Augen anfangen zu brennen. Sie können anfangen, mit dem Punkt zu spielen. Das kann ganz lustig sein, indem Sie weiterhin tief in den Bauch atmen und durch alle Poren ausströmen lassen und sich hier geborgen und wohl fühlen, sich sicher fühlen. - Und Sie können feststellen, wie sich Ihr Körpergefühl mittlerweile verändert hat gegenüber vorher, als Sie reingekommen sind. Und Sie können, wenn Sie es zulassen wollen, daß die Augenlider zugehen, sie zufallen lassen. Im Schließen der Augenlider sich tiefer in den Stuhl hineingleiten lassen! (Das Praxistelefon klingelt.) Wobei die Geräusche hier im Raum dies noch unterstützen können, daß Sie noch tiefer in die Entspannung gehen können. Und indem Sie weiterhin tief in den Bauch atmen, können Sie mit jedem tiefen Atemzug den rechten Arm wärmer machen und schwerer und den linken Arm kälter und leichter. Rechter Arm schwerer, linker Arm kälter und leichter. Und Sie können sich vorstellen, daß Sie den kälteren Arm noch kälter werden lassen und den anderen Arm noch wärmer und schwerer.*

B: Und Sie können mir immer noch in die Augen schauen, ganz gleichmäßig, bis die Augen ganz müde geworden sind. Ja, ganz fest konzentrieren.

Nach dieser Induktion wurde eine Füllung in hypnotischer Anästhesie gelegt. In weiteren Sitzungen wurde die Bereitschaft, „mit Spritze" zu arbeiten, erreicht, der zerstörte Zahn wurde entfernt und die Behandlung abgeschlossen. Heute kommt die Patientin ohne Angst in die Sprechstunde.
Der große Zeitaufwand, der notwendig ist, um das Vertrauen der Patientin neu aufzubauen, ist nur durch die Mitarbeit der Hypnose-Assistentin realisierbar.

Hypnose vor chirurgischer Behandlung

a) Hypnose vor chirurgischer Behandlung. Tonband-Transkript ca. 45 Min.
b) Hypnose nach chirurgischer Behandlung. Tonband-Transkript ca. 12 Min.

(Übersetzt nach Ross, D., Ph.D.-thesis, Medical Hypnosis Seminars)

„Mit Hilfe dieses Tonbandes werden Sie nun ein Entspannungstraining durchführen, das Ihnen helfen wird, sich auf die vorgesehene Behandlung vorzubereiten:
Bitte setzen Sie sich zunächst so bequem wie möglich hin, damit Sie alle Anspannungen, die Sie jetzt noch in Ihrem Körper bemerken, nach und nach verlieren können.

Atmen Sie jetzt tief ein und halten Sie den Atem an. Bemerken Sie die Spannung in Ihrer Brust? Jetzt atmen Sie tief aus und fühlen Sie die Entspannung. Noch einmal: Atmen Sie tief ein und halten Sie den Atem an. Jetzt lassen Sie alle Luft auf einmal hinaus, und fühlen Sie wieder die Entspannung in Ihrer Brust und in Ihren Beinen. Fahren Sie jetzt fort, leicht und unbeschwert zu atmen, nur ein wenig tiefer, als Sie normalerweise atmen, und horchen Sie sorgfältig auf das, was ich Ihnen jetzt sagen werde. Je weiter wir fortfahren, umso mehr werden Sie sich entspannen können, umso mehr werden Sie sich wohlfühlen, und Sie werden wahrscheinlich staunen, wie leicht sich dieser Zustand der Entspannung und des Wohlbehagens einstellt. Suchen Sie zunächst nun einen Punkt an der Wand Ihnen gegenüber, einen Punkt, der etwas oberhalb Ihrer Augenhöhe liegt. Fokussieren Sie Ihre ganze Aufmerksamkeit und Konzentration auf diesen Punkt, während ich weiter zu Ihnen rede. In einem oder auch zwei Augenblicken werden Sie einige interessante physiologische Effekte feststellen können. Während Sie weiterhin den von Ihnen ausgewählten Punkt fixieren, werden sich Ihre Augenmuskeln etwas anstrengen. Und die Augen werden darauf durch die verstärkte Produktion von Tränenflüssigkeit reagieren. Während Sie den Punkt an der Wand gegenüber fixieren, wird diese Mehrproduktion von Tränenflüssigkeit einige interessante Änderungen in dem, was Sie sehen, bewirken. Sie werden vielleicht einige oder auch alle der folgenden Effekte feststellen können: Ihr Blick könnte anfangen unscharf zu werden. Oder Sie können den Punkt, den Sie anblicken, fokussieren und plötzlich beginnt er vor den Augen zu verschwimmen. Dinge am Rande dessen, was Sie anschauen, können dann anders ausschauen. Vielleicht sehen Sie Änderungen in Licht und Schatten, Änderungen in der Struktur, oder die Wand könnte beginnen zu pulsieren, gerade so als ob sie mit Ihnen zusammen atmen würde. Sobald Sie sich eines oder einiger dieser interessanten visuellen Effekte bewußt werden, kann der Zeigefinger Ihrer rechten Hand sich geradezu von alleine etwas anheben, ohne daß es Sie in Ihrer Konzentration stören müßte, dem Erlebnis dieser interessanten visuellen Effekte zu folgen, daß der Blick anfängt unscharf zu werden, daß Objekte am Rande Ihres Blickfeldes verschieden

erscheinen oder daß die Wand beginnt zu pulsieren, oder daß im Rhythmus Ihres Atems plötzlich der fixierte Punkt mitschwingt. Lichtänderungen können auftreten, Änderungen der Oberflächenstruktur. Sobald Sie auch nur einen dieser Effekte bemerken, erlauben Sie Ihrem rechten Finger, sich etwas anzuheben.
Während Sie nun weiterhin diese interessanten visuellen Effekte betrachten, können Sie sich gleichzeitig auf Ihre Hände konzentrieren. Während Sie gleichzeitig und gleichmäßig ruhig weiteratmen, bis zu Ihrem Bauch hinab atmen. Wenn Sie nun Ihre Konzentration auf Ihre Hände richten, werden Sie interessante Gefühlsveränderungen vielleicht in Ihrer rechten Hand, vielleicht in Ihrer linken, vielleicht auch in beiden Händen feststellen. Und Sie werden diese Veränderungen auf dem Rücken Ihrer Hände oder vielleicht auch in den Fingern empfinden. Ein Gefühl der Leichtigkeit, ein Zunehmen der Wärme, vielleicht ein Prickeln oder das starke Gefühl von Schwere. Ein Prickeln, Leichtigkeit, sehr oft eine Änderung von Temperatur, wärmer, kälter. Manchmal schwerer.
Sehr oft ein angenehmes Gefühl des Prickelns, so als ob feiner Sand aus Ihren Poren herausrieseln würde. Sobald Sie dieses fühlen, entweder in der einen oder in der anderen Hand oder auch in beiden, können Sie Ihren Augen erlauben, sich jetzt zu schließen. Lassen Sie sie jetzt zufallen und gestatten Sie ihnen, in die angenehme Konzentration Ihres Körpers einzusteigen. Und mehr und mehr entspannt mit jedem Ausatmen hinabsinken. Atmen Sie gleichmäßig, angenehm und friedlich.
Atmen Sie all Ihre Spannung aus. Die Muskeln der Unterarme werden mehr und mehr entspannt und weich und lang, so angenehm. Die Muskeln Ihrer Oberarme und Schultern entspannen und lassen nach. Sie entspannen alle Muskeln in Ihrem Nacken, lassen alle Muskeln auf Ihrem Kopf so glatt werden wie die Oberfläche eines Sees an einem wunderbaren warmen Sommertag. Lassen Sie die Muskeln Ihrer Stirn entspannen. Nachlassen. Lassen Sie mehr und mehr die Spannung aus Ihrem Körper in jedem Atemzug herausatmen, und die Muskeln Ihrer Stirn entspannen sich, werden locker. Jeder der kleinen Muskeln um Ihre Augen kann nachlassen in seiner Spannung. Die Muskeln der Wangen werden weich und entspannt. Die Muskeln der Zunge werden weich und entspannen sich.
Mehr und mehr angenehm entspannt und friedlich werden Sie

diesen natürlichen Prozeß ganz von alleine geschehen lassen. Die tiefe Entspannung wird Sie tiefer und tiefer hinabführen. Sehr ruhig, sehr angenehme Gefühle wie das Fliegen auf einer kleinen weißen Wolke. Nichts ist zu tun, außer zuzulassen. Die Muskeln Ihres Unterkiefers entspannen sich. Sie lassen nach. Lassen Sie Ihren Unterkiefer Schwere fühlen. Lassen Sie zu, daß sich die Lippen wie von alleine trennen.

Schicken Sie die Entspannung in Ihren Rücken und in Ihre Brust. Lassen Sie nach. Atmen Sie mit jedem Ausatmen die Spannung hinaus. Und wenn sich Ihr Körper jetzt noch einmal angenehm zurechtsetzen will, damit er tiefer in den Stuhl sich sinken lassen kann, lassen Sie ihn so sich zurechtsetzen, während Sie gleichmäßig weiteratmen, mit jedem Atemzug die Spannung ausatmen. Durch einen Finger ausatmen, durch die Fußzehen ausatmen. Gerade so als ob Sand durch Ihre Zehen, Ihre Finger rieseln würde. Die Muskeln Ihres Bauches lassen an Spannung nach, sie entspannen sich. Lassen Sie es zu, und erlauben Sie Ihrem Körper, tiefer und tiefer hinab in den Stuhl zu sinken.

Entspannen Sie alle Muskeln ihres Gesäßes. Sinken Sie mehr und mehr hinunter in den Stuhl, so als wenn Sie in eine dicke weiße Wolke hineinsinken würden und dieser Wolke erlauben, Sie so angenehm und friedlich hinwegzutragen. Entspannen Sie alle Muskeln Ihrer Hüften, Ihrer Unterschenkel, Ihrer Knie, Ihrer Füße, Ihrer Zehen. Ihr ganzer Körper ist so locker und entspannt wie bei einer weichen Stoffpuppe. Und Sie können weiter noch tiefer entspannen mit jedem Ausatmen. Erlauben Sie jedem Atemzug hinauszugehen, mit jedem Herzschlag mehr und mehr zu entspannen. Ein friedvolles Dahinfließen. Die Welt kann so weit weg sein, als ob Sie durch das falsche Ende eines Fernglases blicken würden, so weit weg und unwichtig. Alles, was im Moment wichtig ist, ist Ihre eigene Zunahme an Entspannung und Frieden, Ihr eigenes Gefühl von Komfort und Sicherheit.

Und Sie können Ihre Position jederzeit ändern, und Sie können jederzeit auf Fragen antworten, während Sie genauso angenehm und entspannt und tief in Ihrem eigenen Gefühl der Ruhe und der Ausgeglichenheit verharren. So entspannt, wie Sie jetzt bereits sind. Und Sie können noch tiefer hinabsinken in die Entspannung, während ich hinabzähle von zehn zu eins, indem sich die Entspannung bei jeder Zahl verdoppelt. - Zehn. Erlauben Sie einem sehr natürlichen Prozeß der tiefen Entspannung, Sie mehr und mehr in sich hineinzuführen. Mehr friedvoll, mehr entspannt. - Neun. Mehr und mehr angenehm. - Acht. - Sieben. - Indem Sie sich selbst gestatten dahinzugleiten, nichts ist wichtig außer Ihrem zunehmenden Gefühl, angenehm und friedlich in sich zu ruhen. - Sechs. Noch tiefer. - Fünf. Der halbe Weg ist erreicht, indem Sie mehr und mehr mit jedem Ausatmen hinabsinken. - Vier. Und Sie können meine Stimme sehr nahe an Ihren Ohren hören, während Sie tiefer und tiefer in einen noch friedlicheren Zustand hinabsinken, in einen Zustand geistiger Ausgeglichenheit, indem Sie Ihren Geist in den Raum hinausfliegen lassen. - Drei. Und Sie hören jederzeit meine Stimme, egal wie tief entspannt Sie sind. - Zwei. Tief entspannt. Nichts kann Sie stören, nichts kann die tiefe Entspannung, die sich von alleine fortsetzen und vertiefen wird, stören. - Eins. Vollkommen entspannt jetzt.

Fühlen Sie Ihren Körper. Fühlen Sie, wie vollständig entspannt er nun ist, warm und entspannt, entspannt und wohl, so wohl– wohler und entspannter, als Sie jemals zuvor waren. Sie sind jetzt so entspannt, daß Sie nichts spüren. Sie fühlen sich so ruhig, so sicher, so friedvoll.

In kurzer Zeit werden wir mit der Behandlung beginnen, und Sie werden merken, daß Sie genau so entspannt sind und so wohl und tief ruhig wie jetzt. Sie werden vielleicht überrascht sein, wie entspannt Sie sich dabei fühlen. Sie werden wahrscheinlich noch mehr absinken können, als Sie jetzt schon sind. Und das wird sehr angenehm für Sie sein. Sie werden imstande sein, die Entspannung mehr und mehr und mehr zu vertiefen. Sie werden sich auf Ihre tiefe Entspanntheit konzentrieren und auf das, was ich Ihnen jetzt sagen werde:

Konzentrieren Sie sich jetzt auf Ihren Mund. Bemerken Sie, wie taub er sich anfühlt, taub und unempfindlich, besonders in dem Gebiet des Mundes, in dem nachher gearbeitet wird. Der Mund wird jetzt, während ich zu Ihnen rede, mehr und mehr taub, mehr und mehr unempfindlich, gerade so, als ob er gar nicht mehr Teil Ihres Körpers wäre. Er kann sich jetzt schon so anfühlen, wie er sich sonst erst nach dem Einspritzen anfühlt. Und während Sie weiterhin tief und langsam atmen, werden Sie feststellen, daß der Mund mehr und mehr unempfindlich wird – wie nach einer Spritze. Und je länger die Zeit voranschreitet, um so mehr wird die Empfindlichkeit abnehmen. Und je mehr die Empfindlichkeit des Mundes abnimmt, umso mehr werden Sie selbst sich wohl-

fühlen, ruhig werden und so friedlich, weil Ihr Mund mehr und mehr pelzig, mehr und mehr unempfindlich wird.
Später, wenn ich in Ihrem Munde arbeite, werden Sie vielleicht etwas Druck oder auch etwas Berührung feststellen. Aber Druck und Berührung werden Sie nicht in Ihrer Entspanntheit stören. Ruhe und Entspanntheit. Später, wenn die Behandlung abgeschlossen sein wird und wenn die Spritzen abgeklungen sein werden, werden Sie sich so angenehm wie jetzt fühlen. Sie werden kaum feststellen, daß die Spritze abgeklungen ist, weil Sie sich so wohl, so angenehm, so friedlich fühlen. Sehr friedlich.
Merken Sie, wie angenehm und entspannt Sie jetzt werden. Mehr und mehr entspannt, je länger die Zeit vergeht, umso ruhiger und tiefer. Und während Sie nun tief entspannt sind, können Sie einem anderen Teil Ihres Gehirns, einem tieferen Teil Ihres Gehirns helfen, einige neue Möglichkeiten zu entdecken, die Ihnen auch in der Zukunft nützliche und angenehme Ruhe bescheren werden. Dieser tiefere Teil Ihres Gehirns hat eine so erstaunliche Kontrolle über die verschiedensten Körperfunktionen. Ihr Unterbewußtsein reguliert Ihren Herzschlag, verdaut die Nahrung, reguliert die Atmung, läßt Ihre Brust sich zusammenziehen und ausdehnen, scheidet aus, erinnert. Das Unterbewußte ist der Regulator aller unbewußten Dinge. Dieser tiefere Teil des Gehirns, das Unterbewußte, das sich in der großen Entspannung eröffnet hat, hat Ihnen schon immer gedient, hat Sie beschützt, hat Ihnen geholfen. Und ohne Ihr Bewußtsein, ohne den bewußten Teil Ihres Gehirns, ohne daß Sie irgend etwas denken mußten, hat Ihr Unterbewußtsein stets für Sie gearbeitet und Sie beschützt. Bemerken Sie, wie gut Ihr Unterbewußtsein Ihnen geholfen hat, Ihre Muskeln zu entspannen. Sie sind weit mehr entspannt und angenehmer, als wenn Sie sich wach befänden. Dasselbe Unterbewußtsein macht Ihren Mund schwer, die Zunge pelzig, mehr und mehr unempfindlich in den Gebieten des Mundes, in denen später gearbeitet wird. Vielleicht werden Sie erstaunt sein, daß dieses Unterbewußtsein so viel Kontrolle übernehmen kann. So wird es den Blutstrom in dem Bereich des Mundes reduzieren und abstellen, in dem nachher gearbeitet wird.

Hypnose nach chirurgischer Behandlung

Nachdem die Behandlung jetzt abgeschlossen ist, schließen Sie bitte wieder Ihre Augen und erlauben Sie Ihrem Unterbewußtsein, sich auf das zu konzentrieren, was ich Ihnen jetzt sagen werde:

Die Behandlung ist nun abgeschlossen. Und Sie haben sie ganz, ganz hervorragend überstanden. Ihr Unterbewußtsein kann Ihnen auch nach Abschluß der Behandlung weiterhin helfen, Ruhe und Frieden, Entspannung und Ausgeglichenheit jederzeit zu vermitteln, auch wenn Sie wieder voll bei Bewußtsein sind.

Ihr Unterbewußtsein wird Sie über den ganzen Heilungsprozeß unterstützen und dafür sorgen, daß er schnell und problemlos vonstatten geht. Sie werden finden, daß alles, was in Ihrem Mund vorgenommen wurde, schnell und nur mit einem Minimum an Schwellung, mit einer kleinen, geringfügigen Schwellung, soweit es natürlich und notwendig ist, abheilt. Sie werden diese Schwellung kaum feststellen. Sie werden feststellen, daß alles sehr leicht und angenehm abheilt und daß Sie nur eine ganz geringfügige Beeinträchtigung Ihres Allgemeinbefindens in den nächsten Tagen haben werden. Sie werden überrascht sein und wahrscheinlich sehr angenehm überrascht sein, wie schnell und wie angenehm der Heilungsprozeß ablaufen wird, mit einer so geringen Schwellung, daß Sie kaum etwas von einer Schwellung bemerken werden.

Nach einiger Zeit, wenn Sie ganz wach und bereit sind, nach Hause zu gehen, mit dem guten Gefühl, daß die Behandlung angenehm und entspannt verlaufen ist, und so einwandfrei und erfolgreich abgeschlossen werden konnte, werden Sie feststellen, daß es sehr angenehm ist, diese tiefe Entspannung beizubehalten, auch wenn Sie hinterher bei vollem Bewußtsein sind - sehr angenehm und sehr entspannt, so daß Sie kaum feststellen werden, wie die Anästhesie langsam abklingt.

Jetzt können Sie sich noch einmal in die tiefe Entspannung abgleiten lassen, in dem guten Gefühl, daß Ihr Mund bereits mit der Heilung begonnen hat, während Sie sich sinken lassen, abgleiten lassen - so angenehm, so tief und angenehm wie heute nacht im Schlaf, die Tiefe und Entspannung. Die Ruhe und der Frieden werden Sie begleiten, und Sie werden einen ruhigen Nachtschlaf haben, von Träumen unterstützt. Die Schwellung wird klein bleiben, und Sie werden morgen früh frisch und erholt aufwachen. Sie werden in dem angenehmen Zustand, in dem Sie jetzt sind, bleiben. Die Heilung wird schnell verlaufen, leicht verlaufen, so daß Sie kaum etwas davon mitbekommen werden. Wenn Sie jetzt nach Hause gehen, dürfen Sie unter keinen Umständen selbst Auto fahren. Sie sollten sich zu Hause sofort hinlegen und in einen tiefen Heilschlaf verfallen. Dieser Schlaf wird Ihnen helfen, daß Sie keine Nachbeschwerden haben und die Heilung problemlos vonstatten geht. Die ganze Energie, die Sie durch die große Entspannung während der Behandlung und jetzt angesammelt haben dadurch, daß Sie sich entspannt haben, diese Energie wird jetzt zurückströmen in Ihre Arme und Beine, und Ihr Körper wird sich munter fühlen, so daß Sie mit einem tiefen Einatmen die Augen jetzt aufschlagen können und sich erholt und munter fühlen und sich freuen, daß Sie alles gut überstanden haben."

Anleitung zur Selbsthypnose bei Myoarthropathie

Eine vierzigjährige Patientin wurde zur Hypnosebehandlung wegen Bruxismus überwiesen. Sie sagte, daß sie - als Ingenieurin - sehr skeptisch bezüglich der Hypnose sei und eigentlich nichts von dem Hokuspokus halte. Als letzten Versuch sei sie zu uns gekommen, weil sie starke Schmerzen habe und nicht mehr schlafen könne.

Dieses Tonband ist jetzt für Sie eine Möglichkeit, Selbsthypnose zu üben. Legen Sie sich bequem hin, die Arme liegen am Körper. Die wichtigste Regel für die Selbsthypnose in der Art, wie wir Sie Ihnen jetzt beibringen, ist, daß Sie alles zulassen, daß Sie einfach jetzt im Moment mir zuhören, aber auch nebenher mitbekommen, daß da andere Geräusche sind: das Ticken der Uhr, die Geräusche auf der Straße, die Sie zulassen können. Also einfach das so annehmen. Und wenn bei Ihnen zuhause nebenher mal ein großer Lärm ist, dann ist er halt da, aber nicht so arg wichtig. Und dann gibt´s da noch Geräusche, die von Ihnen kommen, das könnte sein, daß Sie sich im Moment Ihre eigenen Gedanken nebenher machen und den Sätzen zuhören, die Sie sich selber sagen oder auch, daß Sie Geräusche aus Ihrem Körper hören

können, daß Ihr Puls jetzt etwas kräftiger schlägt als vorher. Aber vielleicht können Sie das auch besser fühlen, und es ist ganz normal zu Beginn von so einer Sitzung, da ist man ein bißchen aufgeregt und gespannt, was passieren wird, und dann fängt der Puls etwas kräftiger zu schlagen an wie vorher, und Sie können jetzt nochmal überprüfen, wo in Ihrem Körper Sie das am deutlichsten spüren können. Ob es mehr unten ist oder in der Mitte, ob es die Stelle ist am Herzen? Ich spür´s in den Füßen, ist es ein Kribbeln? ... hm.. ganz unten in den Füßen, hm, ... schön, ... im linken komischerweise mehr als im rechten... Die linke Körperhälfte ist mit der rechten Gehirnhälfte koordiniert, hm... Und die rechte Gehirnhälfte ist zuständig für Trancezustände, ... hm... Und deshalb ist es kein Zufall, wenn Sie im linken Fuß zuerst dieses Kribbeln spüren.
Nachdem Sie gemerkt haben, gefühlt haben, daß der Puls deutlicher wird, ist hinterher ein Kribbeln gekommen, und das ist auch eine ganz normale physiologische Reaktion. Und Sie sollten immer, wenn Sie die Selbsthypnose üben, ganz sorgfältig überprüfen, was Sie spüren, z. B. jetzt, wenn Sie jetzt gleich gegenüber vorher vergleichen, wie sich Ihre Füße jetzt anfühlen, gegenüber zwei Minuten vorher... ich fühle den linken Fuß schwerer wie den rechten... und das was Sie fühlen, ganz deutlich wahrnehmen, indem Sie sich sagen, jetzt spüre ich meinen linken Fuß schwerer. ... Sie brauchen das nicht so umständlich zu formulieren, einfach wirklich genau wahrnehmen, ... im Grunde genommen ist das eine Anleitung zum Wachsein, ... zum Ganz-genau-Registrieren, was im Moment ist, denn das Beobachten hat den Effekt, wenn man spürt, der linke Fuß ist schwerer, daß er dann noch schwerer wird... wenn man sich auf eine bestimmte Wahrnehmung stark konzentriert, wird dieses Phänomen selber sich verstärken... und Sie können dabei tiefer in den Bauch einatmen, so daß sich der Bauch hebt beim Einatmen... und senkt... beim Ausatmen... aber nehmen Sie all unsere Worte nur als Anregung, nicht als Befehl, den Sie befolgen müssen, als Vorschläge, wie man sich selber in eine Selbsthypnose hineinbegeben kann, ... und Sie können den Atem fließen lassen, wenn Sie wollen, ... so daß das Ausatmen etwas länger dauert, wie das Einatmen... und da wir nicht nur hören und Körpergefühle wahrnehmen, sondern auch sehen, ... achten Sie einmal auf das, was Sie sehen, was Sie jetzt gerade anschauen, ... und Sie können

den Blick wechseln und woanders hinschauen ,... vielleicht auf den schwarzen Punkt an der Decke ,... es ist aber nicht so wichtig, daß man auf den Punkt schaut und solche Mätzchen macht, ... es muß überhaupt nicht sein. Sie haben die ganze Zeit, während wir über Ihre Füße gesprochen haben, über die Atmung gesprochen haben oder über das, was Sie hören, Ihren Blick eigentlich ziemlich genau auf der gleichen Stelle gehabt... hm, ... nur Ihre Augen sind immer wieder zugefallen, öfter wie normal... und es war bei der Konzentration auf andere Gefühlsbereiche sicher vernünftig, dem Blick nicht so viel Aufmerksamkeit zu schenken... Sie können jederzeit etwas sagen, wenn Sie was sagen wollen... hm, ... ich weiß jetzt nicht, ob ich ganz passiv sein soll oder nicht, ... wie Sie mögen, ... wie Sie mögen, denn Sie sollen auch, wenn Sie gerade keine Lust haben zu antworten, einfach so daliegen und nichts tun. Wir wollen Sie auffordern, einfach das zu tun, was Sie gerade gerne tun... hm, ... und deshalb ist es auch o.k., wenn Sie jetzt mal einen unserer Vorschläge nicht befolgen wollen... und lieber was anderes machen, was Ihnen in dem Moment sinnvoller erscheint, ... um sich besser entspannen zu können, ... ich möchte es mit den Augen noch mal aufnehmen. Sie haben vorher die ganze Zeit in eine Richtung geschaut und die Augen haben sich oft geschlossen und das ist so eine Möglichkeit, daß man in eine bestimmte Richtung schaut und dabei eigentlich überhaupt nicht sieht, was man sieht, ... obwohl man doch sieht, was man sieht... mhm... und das ist ein Weg, sich zu entspannen, aber um diese Anleitung zur Selbsthypnose weiterzuführen, ist es gut, wenn Sie auch mal Ihrem Sehen wirklich ganz genau Aufmerksamkeit schenken und den Rest vergessen... für einen Moment... und sich einfach sagen, ich sehe das, was Sie jetzt gerade sehen... am Anfang der Selbsthypnose... und auch die Änderungen dessen, was Sie sehen, wenn Sie es so anschauen... manchmal machen kleine Kinder ein Spiel, daß sie irgenwie in die Ferne schauen und dann sich amüsieren, wenn das plötzlich unscharf wird oder zu pulsieren anfängt, ... ich weiß nicht, ob Sie früher als Kind mal so ein Spiel gemacht haben mit den Augen, ... eigentlich nicht, ... es kann ganz lustig sein, wenn Sie es mal probieren, ... mhm ... aber es muß nicht jetzt sein, ... mhm... und man kann auch innere Bilder haben, obwohl man da jetzt diesen Vorhang anschaut, kommen einem zu dem, was gerade im Kopf verarbeitet wird, innere Bilder, z. B. als wir über Ihren linken schweren Fuß geredet haben, haben Sie wahrscheinlich ein inneres Bild von Ihrem linken schweren Fuß gehabt... man stellt sich irgendwie so ein Rohr vor ,... mhm... irgendwie, wie man von innen rein schauen würde, ... um das wirklich wahrnehmen zu können, haben Sie ganz von alleine die Augen zugemacht, weil sie es sich dann besser vorstellen können, ... mhm, ... und diese Anleitung zur Selbsthypnose ist ein Weg, in kleinen Schritten die Wahrnehmung von außen nach innen zu lenken, ... und zwar in der Art und Weise, wie es für Sie selber genau richtig ist, und deshalb gehen wir ganz behutsam vor, ... daß wir Ihnen nicht irgendwelche Dinge vorschlagen, die überhaupt nicht zu Ihnen passen... und deshalb auch die Aufforderung, daß Sie sagen können oder sich melden können, oder wenn Sie nachher eigentlich zu faul sind, um was zu sagen, können Sie einfach den Kopf ein bißchen schütteln lassen, dann wissen wir, daß das ein Vorschlag ist, der nicht so paßt, ... mhm... oder den Kopf nicken lassen, dann wissen wir, daß es gut paßt, ... und ich habe mir vorgestellt bei der Hypnose, daß man, sagen wir, mit geschlossenen Augen besser zum Ziel kommt, ich weiß nicht, ob das stimmt?... Genau das haben Sie im Moment gemacht, als Sie von dem Rohr gesprochen haben, sind Ihre Augen zugegangen und dann haben Sie das Rohr gesehen, ... mhm, ... d.h., innere Bilder, die Konzentration nach innen geht besser bei geschlossenen Augen, besser,... mhm,... aber ich würde nicht, wie ein klassischer Hypnotiseur, Ihnen sagen: Augen zu und sie gehen jetzt nicht mehr auf... mhm... mhm... ich weiß, Sie sind eine sehr erwachsene Frau und eine selbständige Frau, und Sie würden sich nicht von jedem dahergelaufenen Mann sagen lassen, Augen zu, das machen Sie nur dann, wenn es Ihnen gefällt, mhm... aber um sich besser auf innere Bilder konzentrieren zu können, ist es wirklich günstiger, die Augen geschlossen zu haben, ... was ist wichtiger, wenn ich jetzt die Augen schließe, mal so, ... machen Sie es so, wie Sie es empfinden... mhm. ... Dann laß ich Sie auf, ja, ... ich bin kein guter Lehrer, ich geb keine klaren Anweisungen... mhm, ja... ich möchte Ihnen Selbsthypnose beibringen, und dafür ist es wichtig, daß Sie selbst Ihre eigenen Anweisungen im Laufe der Zeit herausfinden, und vielleicht werden Sie nach ein-, zweimal Üben gleich die Augen zumachen... oder auch das Erlebnis haben, daß es unheimlich interessant sein kann, die ganze Zeit *eine bestimmte Stelle einfach so mit Traumaugen anzuschauen, und Sie erleben, wie sich das, was man sieht, verändert... wenn man`s anschaut, ... und wenn Ihre Augen dann das Bedürfnis haben, sich zu schließen, dann lassen Sie sie zufallen, ... weil es auf Dauer anstrengend ist, sich zu entspannen bei offenen Augen, ... und der erste Schritt dieser Selbsthypnoseübung ist, daß Sie Ihren Körper in eine sehr schöne, angenehme Entspannung hineinbringen... Es gibt noch einen Sinnesbereich, den wir noch nicht angesprochen haben, ... und das ist das Riechen und Schmecken, ... und das ist im Moment ein sehr wichtiger Bereich, ... und wenn ich weiß, nur wenn wir beide uns riechen können, dann können Sie sich auch wirklich soweit fallen lassen, daß Sie in einen angenehmen Trancezustand reingehen... mhm... Das hört sich ulkig an... ha. .ha. .ha, ...und es ist sehr wichtig, daß Sie sich selbst riechen können, ... oder die Umgebung, in der Sie die Selbsthypnose machen,... oder Kollegen am Arbeitsplatz... Das Riechen ist der älteste Teil des Gehirns... mhm... und unsere ganzen archaischen Verhaltensweisen, die so total unbewußt einen hinterrücks überfallen, und man wundert sich, warum hast du denn das gemacht, ... die hängen mit diesen ganz alten Strukturen zusammen, ... und nur um ein Beispiel zu geben, ... vielleicht können Sie sich an den Geruch des Zimmers erinnern, in dem Sie als junges Mädchen am liebsten waren, ... dies kann ich wirklich nicht, ... können Sie sich an das Zimmer erinnern... ja, ... und stellen Sie sich vor, wenn Sie sich darin umschauen, ... wie`s eingerichtet war... wenn Sie`s sich vorstellen können, können Sie Ihren Kopf nicken lassen, das ist bequem... wie die Wände waren, ... welche Möbel drin waren... mhm... wie der Fußboden war... können Sie sich an die Geräusche des Fußbodens erinnern... Und wenn Sie sich daran erinnern, dann ist es kein Zufall, wenn Sie so ein bißchen tiefer wie normal schlucken müssen... so wie wenn ein kleiner Kloß im Hals wäre, ... weil man in einen leichten Trancezustand gehen muß, um sich an solche weit zurückliegenden Dinge erinnern zu können... Und wenn Sie sich also das Geräusch des Bodens vorstellen können... und die Möbel... und die Wand, ... dann können Sie sich vielleicht auch selber anschauen, ... wo Sie in dem Zimmer am liebsten waren,... und wenn Sie sich selber schauen können, ... vielleicht was Sie in dem Moment anhaben, ... irgend ein Detail... aus diesem Raum, aus dieser Zeit, ... irgend etwas*

Schönes von damals, ... ich seh den Schrank, in dem ich die Spielsachen hatte, ... *aha, ...* ein schöner fachgearbeiteter Schrank, ... *schön, ... fallen Ihnen einzelne Spielsachen ein, wenn Sie durch die Glastüre schauen jetzt?...* Die Glastüren waren in bunt... *aha, ...* ich kann daraus nicht sehen ... *aja... das ist toll... und dahinter waren die Spielsachen...* dahinter waren die Spielsachen... Puppen und Kleider, ... *und wenn Sie sich jetzt mal vorstellen, den Schrank aufzumachen, ... können Sie da einen bestimmten Geruch wahrnehmen, der in diesem Schrank drin ist, ... der Ihnen entgegenkommt, wenn Sie den Schrank aufmachen...* Das kann ich nicht... *aha... oder einen Geschmack, den Sie dabei in Ihrem Mund haben... der mit dieser Zeit ihres Lebens zu tun hatte, den Sie damals besonders gern gehabt haben... Manchen fällt dabei Kinderschokolade ein... mhm...,* hat's bei uns nicht gegeben in dieser Zeit... Nein, dies kann ich nicht, ... *und fällt Ihnen bestimmt das Geräusch auf, wenn Sie an dem Schrank waren...* also, ich hab das Knirschen vom Fußboden gehört... *mhm, schön...* es war so ein Parkettfußboden... *mhm..., es ist ganz schön, mal so einen kleinen Ausflug in die Vergangenheit zu machen, ... und achten Sie drauf, daß Sie sich immer an die angenehmen Dinge erinnern, ... an die Dinge, die schön waren, ... das tut man viel zu selten...mhm... und Sie haben sicher sehr schöne Erinnerungen aus dieser Zeit... auch meinetwegen an das Haus, ... in dem Sie aufgewachsen sind, ... wie die Türen ausgesehen haben, ... als Sie so klein waren, daß Sie sich noch strecken mußten, um die Klinke zu erreichen... mhm..., und wenn das mit schönen Erinnerungen verbunden ist, dann lohnt es sich, da gelegentlich mal einen kleinen Ausflug hinzumachen, ... und nehmen Sie sich alle Zeit, diesen Ausflug weiter zu gehen mit einem Teil Ihres Kopfes. Unser Gehirn ist außerordentlich leistungsfähig und es kann mehrere Dinge zugleich tun, ... und ein Teil Ihres Kopfes kann solche angenehmen Ausflüge tun ... während ein anderer kritischer beobachtender Teil sich quasi neben Sie stellt... und Sie weiter genau anschaut, ... wie Sie daliegen, ... mal Ihre Atmung beobachtet... die sehr schön ruhig und gleichmäßig im Bauch ist, ... lange tiefe Atemzüge helfen, sich besser zu entspannen, ... und dieser beobachtende Teil, der da neben Ihnen steht, soll Ihnen einfach schildern, ... wie Ihr rechter Arm jetzt daliegt, ... wie Ihr linker Arm daliegt, ... wo Sie jetzt Ihren Puls spüren, ... der immer noch etwas kräftiger ist wie normal, ...*

mit dem Daumen?... Schön... Jetzt in der rechten Hand so ein Kribbeln, ... sehr schön, ... und Sie können das Kribbeln noch etwas deutlicher werden lassen, ... wenn Sie sich drauf konzentrieren... mhm... schön... und das ist das Grundprinzip der Selbsthypnose... Dinge zunächst einmal wirklich wahrzunehmen, ganz deutlich sich selbst wiederzugeben... und Sie dadurch zu verstärken, ... im Laufe der Zeit lernen Sie es, in eine gezielte Richtung zu beeinflussen, ... aber wirklich auf Ihrem Weg... nicht so wie im autogenen Training nach „Preußischer Vorschrift“, ... und das ist stark in beiden Händen... schön... nach dem Kribbeln, ... wenn Sie das noch intensiver werden lassen, das entspricht der Veränderung der Durchblutung, das ist physiologisch, dann stellt sich manchmal ein gewisses Pelzigkeitsgefühl ein, ... ja, das spür ich, ... *meistens beginnt's in den Fingerspitzen... mhm.., und oft ist auch ein Unterschied in der Leichtigkeit bzw. Schwere zwischen den beiden Händen, daß sich eine leichter anfühlt und eine schwerer, ...* mhm, die rechte ist schwer ,... *schön... es ist meistens die rechte schwerer und die linke leichter... mhm... und Sie können einfach, wenn wir die weiteren Schritte machen, ganz nebenher... mit einem andern Teil in Ihrem Gehirn... diese beiden Hände weiter beobachten... und dieses pelzige Gefühl von den Fingerspitzen aus sich noch ein bißchen ausbreiten lassen... und die rechte Hand schwerer werden lassen und die linke leichter... meistens ist dann die rechte auch die wärmere Hand... mhm..., und je leichter die linke wird, um so kühler wird sie und um so pelziger... mhm... es geht etwa soweit, daß sie ganz von alleine hochgeht, ein Stück weit von der Lehne sich löst, einfach weil sie sich so leicht fühlt, ... und Sie können spüren, wie sich's anfühlt, wenn sie sich von dem Bezug der Lehne löst, ... so, wie wenn Sie mit dem Mikroskop angestarrt werden, wie diese feinen Verklebungen zwischen der Feuchtigkeit der Hand, diese Anziehungskräfte da sind, aber auch dieses Leichtigkeitsgefühl... mhm... und je schwerer die rechte Hand wird, ... um so wirklicher können Sie die Leichtigkeit der linken empfinden... es einfach mal erleben, wie es ist, wenn eine Hand wirklich leicht sich anfühlt, ...* nun spür ich sie wirklich, ... *schön..., und Ihre rechte Hirnhälfte weiß, was dabei passiert... wenn's leichter wird... und dies alles hat nicht unbedingt direkt mit Zähnepressen zu tun... aber zu erleben, wie es ist, wenn sich eine Hand leicht fühlt... und einfach entgegen der Schwerkraft... so ein Gefühl entwickelt...*

wie wenn ein Luftballon am Handgelenk befestigt würde, ... ganz sanft die Hand noch ein bißchen anheben... oder eine kleine Wolke... diese Tendenz, sich zu heben, unterstützt, ... während hier der rechte Arm wirklich schwer ist... und es ist nur, daß Sie's wirklich ganz genau spüren, ... ja, ich spür's ganz genau... *und nebenher auch auf das hören, was Sie zu sich selber sagen... denn es ist wahrscheinlich ein neues Phänomen, dies zu erleben... mhm... und es ist immer mit einem heftigen Sprachgewitter im rationalen Gehirn verbunden... mhm,* das ist ja eigenartig, daß man sich was tut, was einem niemand anders sagt, und plötzlich hab ich nicht das Gefühl, ich... *Sie haben das selbst gemacht... mhm... ich weiß, wenn ich Ihnen sagen würde, Sie müssen jetzt bum, bum, bum, bum... es ist ganz logisch, daß ein vernüftiger Mensch sich darauf nicht einläßt,... ich möchte, daß Sie lernen, sich auf das, was Sie fühlen, ganz genau einzulassen... auf das, was Sie sehen... vor Ihrem inneren Auge... ganz genau einziehen lassen... Ihre inneren Gespräche wirklich wahrzunehmen... und dabei in einen sehr schönen Trancezustand gehen, der wacher ist als wach, als der normale Bewußtseinszustand. Es ist eine Art Überwachheit... mit einer totalen Konzentration auf sich selbst... Denn eigentlich hat es jeder Mensch verdient, daß er sich mal nur sich selbst widmet... wenigstens für eine halbe bis dreiviertel Stunde am Tag... und Sie können dabei sehr intensiv Ihre Erfahrungen machen... und dabei einfach schrittweise vorgehen... und spüren, wie die Hand wieder ein bißchen runtergeht, und zulassen, daß sie sich so verhält, wie es ihr bequem ist... und es kann sein, daß Sie ein anderes Mal andere Phänomene erleben, ... z. B., daß Ihr Bauch ein Geräusch macht, und das sind alles Zeichen des Unbewußten, ... daß es bereit ist, mit Ihrem Bewußtsein in Kommunikation zu treten, ... und dafür ist es hilfreich, wenn Sie in einen leichten Trancezustand hineingehen, ... weil dann die vielen Bedenken des rationalen Denkens eher ausgeschaltet werden können, ... aber es ist schon in Ordnung, wenn Sie dabei immer noch beobachten und mitbekommen, daß meine Frau hier Ihre Sachen vollends verstaut, bevor Sie geht... es ist so wichtig, daß Sie bei der Selbsthypnose in einer beschützten Umgebung sind, so wie Sie es sich bei sich zu Hause schaffen können, ... und sicher sind, daß Sie ungestört sind... und daß Sie wirklich Ihren Gedanken freien Lauf lassen können, ... wobei dabei eine gewisse Disziplin notwendig ist, ...*

und deshalb schlage ich Ihnen Systematik vor für die Selbsthypnose, die Sie einhalten können oder auch nicht, ... weil sonst verliert man sich manchmal in Gedanken und schläft einfach ein, das ist dann auch in Ordnung... aber im speziellen Fall, diesem Phänomen, daß Ihre Kaumuskeln ganz schön hartnäckig sind und immer wieder sich anspannen, ohne daß Sie es eigentlich bewußt wollen, und dem Phänomen näher zu kommen, ... ist es gut, wenn Sie in eine mittlere Trancetiefe gehen, und dazu gibt's einfach die Möglichkeit, tiefer wie normal zu atmen, diese langen tiefen Atemzüge, bis zum Bauch, ... und den Körper schwerer werden zu lassen, vielleicht die eine Hand leichter ,... und dann ganz konsequent diese Beobachtung, die ich jetzt so pauschal angesprochen habe, durchzuführen, ... und zwar, daß Sie sich viermal vergegenwärtigen, was Sie jetzt im Moment hören... vier verschiedene Dinge, die Sie jetzt gerade hören, ... dieses Ticken der Uhr... *mhm... Sie brauchen es jetzt nicht im einzelnen zu beschreiben... mhm..., weil dann, wenn Sie zu Hause mit dem Band arbeiten, werden es wieder andere Dinge sein, ... und es soll einfach zunächst Ihre Aufmerksamkeit auf das Hören richten, ich geb Ihnen jetzt einfach Beispiele, ... mhm... ich höre der Stimme zu, ... oder wie Sie sagten, das Ticken der Uhr... und so ein diffuses Rauschen in der Luft, das immer da ist, wenn man wirklich hört, ... und hören Sie auch in sich hinein, ... ob Ihr Körper irgendwelche Geräusche macht... so Geräusche aus dem Bauch sind ein Zeichen, daß sich auch die unbewußte Muskulatur des Magens und des Darmes entspannt, ... dadurch kommt es zu Flüssigkeitsströmen und dieses Flüssigkeitsströmen klingt so, wie Sie es gerade gehört haben, ... daß Sie also als ersten Schritt viermal sich ganz deutlich machen, was Sie hören... jetzt gerade... und als zweiten Schritt... vier Dinge spüren, fühlen, während Sie weiter tief atmen, ... überprüfen, ob Sie diesen Unterschied in der Schwere der Hände, ... und es kann sein, daß es dann nachher noch deutlicher wiederkommt... oder daß etwas anderes auftaucht, ... es kann auch mal sein, daß zufällig ein Muskel zuckt, ... so wie wenn sich eine innere Spannung entlädt, ... und es ist in Ordnung, das passiert auch bei vielen Menschen beim Einschlafen... mhm... daß Sie sich viermal sagen: Ich spüre einen Unterschied zwischen den Händen... oder ich spüre, wie mein Körper einfach so daliegt... denn Sie brauchen ihn gar nicht zu halten, er wird getragen von der Unterlage... und dann überprü-*

fen, ob Sie irgendwo im Moment noch eine Anspannung fühlen, ... die Kopfhaut glatt ist, ... die Wangen weich, ... oder das, was Ihnen in dem Moment an Gefühl deutlich wird, was auch immer es ist... vier Dinge, die Sie fühlen, ... und als nächstes vier Dinge, die Sie sehen, ... wenn Sie vor Ihrem inneren Auge... sich sehen können, wie Sie jetzt daliegen, ... mit einem sehr entspannten Ausdruck im Gesicht, ... nur um die Augen noch eine leichte Anspannung, ... weil Sie gerade sehen, ... und sich jetzt die nächsten inneren Bilder anschauen, die Sie haben, ... und Sie brauchen nicht bewußt zu wechseln, die Kanäle zu wechseln, ... schauen Sie einfach das an, was jetzt gerade vor Ihrem inneren Auge ist, ... dann widmen Sie sich ganz diesem inneren Bild, ... und Sie wissen selbst, daß es nicht eine halbe Stunde da bleiben wird, sondern daß es sich wieder ändert... und dann schauen Sie`s bitte genau an... es kann auch mal eine ganze Szene sein... es ist, wie wenn Sie da oben den Fernsehschirm bei sich anschauen würden, es kann was aus der Kindheit sein, ... das, was im Moment für Ihr Unbewußtes wichtig ist, Ihnen ins Bewußtsein zu bringen, das sehen Sie jetzt vor Ihrem inneren Auge, ... und Sie schauen es einfach an, ohne Bewertung, nehmen sich selbst wahr ,... und es ist alles gut, ... weil es aus Ihnen herauskommt, ... weil es Ihr eigenes ist, ... und es ist kein Zufall, was Sie im Moment sehen, ... und wenn Sie vier Dinge gesehen haben, ... dann gehen Sie zum nächsten Schritt, ... und diesmal nur jeweils drei... dreimal hören... und es kann wieder was Neues sein, oder daß Ihnen dasselbe auffällt wie vorher, ... aber der Inhalt wird sich ändern, ... und es ist wie ein Zwiegespräch mit Ihrem Unbewußten, ... manchmal ist es schwer, sich auf das Hören zu konzentrieren und gleichzeitig fühlen, daß die Hände sich bewegen, ... und wichtig ist, daß Sie auf Ihr inneres Gespräch hören..., das, was Sie sich im Moment selbst zu sagen haben,... und es wird noch viel deutlicher werden, wenn ich nicht dabei bin,... aber gehen Sie zunächst schrittweise weiter, drei Dinge, die Sie hören, ... und dann genug vom Hören für den Moment, ... dann wieder drei Dinge, die Sie fühlen, ... und jetzt können Sie fühlen, wie sich Ihr linker Daumen anfühlt, ... und einmal versuchen,... auch Ihren Mund zu fühlen... und wie sich das Schlucken dabei anfühlt, ... und es kann sein, daß, wenn Sie grad am Fühlen sind, ... Sie ganz deutlich die Kirchenglocken draußen hören und das ist nicht schlimm, Sie haben alle Freiheiten, ... es *ist nur ein Vorschlag, wie Sie weiter, immer weiter schrittweise sich auf Ihr Innerstes konzentrieren können, ... wie Sie die Dinge da außen als ganz unwichtig, als weit weg... und Sie wirklich diese unendliche Zeit für sich selber haben, ... denn im Trancezustand, sowie im Traum gibt es keine Zeit, ... und Sie können in kurzer Zeit... Stunden, ja Jahre erleben, ... und Sekunden können sehr, sehr lange sein, ... und wenn Sie dann drei Dinge gefühlt haben, ... wie Sie Ihre Arme bequemer hingelegt haben, ... dann kommen wieder drei Dinge, die Sie sehen... vor Ihrem inneren Auge, ... vielleicht sehen Sie das Schwingen der Glocken, ... und wenn Sie das sehen, dann sind das bestimmt Glocken, zu denen Sie einen Bezug haben, ... und was da noch alles damit zusammenhängt... auf dieser Reise nach innen, ... und dann zweimal, ... zwei Dinge, die Sie hören, ... zwei Dinge, die Sie fühlen, ... und es ist in Ordnung, wenn sich auch mal Ihr ganzer Körper dabei leicht anfühlt, ... so eine Art Achterbahngefühl, ... man kann deshalb Spaß dran haben,... und alles, was Sie dabei spüren, ist in Ordnung... und kann sehr, sehr angenehm sein, ... und dann zweimal, was Sie sehen, ... und Sie können meine Stimme hören, ... und die Situation hier einfach als Hintergrund für Ihre eigenen Dinge nehmen, ... so wie das Rauschen eines Wasserfalls... oder das Geräusch der Stadt draußen, das immer da ist, ... das aber unwichtig wird, ... je wichtiger Ihre eigenen Dinge werden..., und dann frei bestimmen, auf was Sie beim Fühlen aufmerksam werden, Hauptsache, es fühlt sich sehr, sehr gut an. Und dann im letzten Durchgang dieser Selbsthypnose... bewußt werden, was innen ist, was Ihnen Ihr Unbewußtes an Information sendet, genau..., das, was Sie jetzt gerade sehen, und höre genau zu, linke Hand, genieße dieses Schweben, diese Leichtigkeit, das Gefühl totaler Entspannung, ... und schmecken Sie diesen Geschmack, der dazugehört. Und Sie können diese Selbsthypnose jeden Abend durchführen, vor dem Einschlafen, ... und es macht nichts, wenn Sie dabei bald einschlafen und nicht mehr alles bewußt anhören, weil Sie im Schlaf dann direkt mit Ihrem Unbewußten zuhören, und sich selbst dann sagen können, Zähne und Kiefer locker, der ganze Körper vollkommen entspannt und gelöst, ... wunderbare Traumbilder, ... und Zähne und Kiefer locker, der ganze Körper vollkommen entspannt und gelöst, ... dieses Aroma, ... und Zähne und Kiefer locker, der ganze Körper vollkommen entspannt und gelöst... immer ruhiger und entspannter.*

Die Patientin hat berichtet, daß sie zu Hause nie imstande gewesen sei, das Band länger als eine halbe Minute im Wachzustand anzuhören, sie sei jedesmal sofort eingeschlafen und hätte seither keine Schlafprobleme mehr. Die Beschwerden (durch Bruxismus verursacht) seien seither wie weggeblasen.

Ablauf einer Doppelinduktion

Anfangs reden B und C abwechselnd. C fängt an, B redet mehr rational, C mehr emotional, da B rechts am Patienten sitzt, C links. Das linke Ohr ist mit der rechten Gehirnhälfte koordiniert (emotional, phantasievoll), das rechte mit der linken Gehirnhälfte (logisch, rational).

C: *Es ist ganz normal, daß Sie jetzt noch Ihr Herz schneller schlagen fühlen.*

B: *Hypnose ist eine Konzentration nach innen.*

C: *Und Sie sind neugierig, welche neue Erfahrung Sie jetzt machen.*

B: *Und am besten fangen Sie mit dieser Konzentration bei Ihrem visuellen Sinn an, schauen Sie den Punkt, den Sie gerade anschauen, weiter ganz genau an,*

C: *und nehmen Sie genau wahr, wie sich jetzt Ihr Körper anfühlt.*

B: *Es ist gut, daß Sie sich so gut konzentrieren können, auch wenn es Sie etwas anstrengt, bleiben Sie mit Ihren Augen auf diesem Punkt, gut so.*

C: *Sie können jetzt noch einmal überprüfen, was Sie tun können, um sich noch komfortabler zu fühlen.*

B: *Bei diesem Fixieren eines Punktes treten physiologischerweise ganz bestimmte Phänomene auf, jetzt sehen Sie den Punkt unscharf*

C: *und jetzt fängt Ihr Punkt zu pulsieren an.*

Jetzt beginnen B und C, gleichzeitig zu reden und A kommt in Konfusion, da er beiden Behandlern folgen möchte. Da ihm dies nicht möglich ist, zieht er sich in sich selbst zurück und geht in Trance.

B: Und Sie können jetzt Ihre Augen schließen und zulassen, daß Sie einmal mehr nach links und dann wieder mehr nach rechts zuhören.	*C: Und wahrnehmen können wie es ist, eine männliche und eine weibliche Stimme zu hören.*
B: Dabei ist es ganz normal, daß Sie mit Ihrem bewußten Verstand nicht alles mitbekommen. Lassen Sie Ihr Unbewußtes entscheiden, was für Sie wichtig ist.	*C: Und Sie unseren Rhythmus benützen können, Ihren eigenen Rhytmus zu finden,*
B: Und Sie können zulassen, daß vor Ihrem inneren Auge jetzt Bilder auftauchen, sehr schöne Bilder von Ihrem Entspannungsort.	*C: und spüren Sie, wie Sie im Rhythmus mitschwingen können oder die Regungslosigkeit genießen.*
B : Sie können jetzt tiefer in die Hypnose hineingehen, indem Sie Ihren Ruheort noch genauer anschauen, während ich zähle, und mit jeder Zahl gehen Sie tiefer in Ihre Hypnose.	*C: Holen Sie mit jedem tiefen Atemzug mehr und mehr Ruhe und Entspannung in Ihren Körper*
B: Zehn, gehen Sie tiefer ...	*C: und fühlen Sie die Schwere in Ihren Beinen,*
B: neun, ...	*C: lassen Sie die Beine angenehm schwerer werden,*
B: acht, noch tiefer, ...	*C: noch schwerer,*
B: sieben, ...	*C: immer schwerer,*
B: sechs, immer tiefer, ...	*C: ganz schwer,*
B: sieben, noch tiefer, ...	*C: und die Schwere breitet sich über den ganzen Körper aus,*
B: neun, gut so, ...	*C: und Sie fühlen sich dabei geborgen und wohl,*

B: fünf, den halben Weg,	*C: und es ist nicht wichtig, daß Sie jedem unserer Worte genau zuhören,*
...	
B: vier, immer tiefer,	*C: wichtig ist, daß Sie in sich hineinhören,*
...	
B: drei, noch tiefer	*C: denn alles, was Sie jetzt noch hören, ist angenehm für Sie,*
...	
B: zwei,	*C: und hören Sie das Geräusch aus Ihrem Bauch, gut so Bauch!*
...	
B: eins, ganz tief und schnuppern Sie ein, die Luft an Ihrem Entspannungsort und genießen Sie den guten Geschmack in Ihrem Mund.	*C: Dein Geräusch ist ein Ja-Signal des Unbewußten, gib das Geräusch noch C: ... gib das Geräusch noch einmal, Unbewußtes. Ja, gut so.*
B: Und dieses tiefe Schlucken hilft Ihnen, sich ganz diesem Genuß hinzugeben, hier an Ihrem Ruheort.	*C: Ruhe ... Stille*
B: innerer Friede, ... Ausgeglichenheit...	*C: Ruhe...Stille...*
B: Getragen werden, Leichtigkeit in der linken Hand, Schwere in der rechten.	*C: schön...so...*

Der Patient ist jetzt in einer tiefen Trance, jetzt kann mit direkten Suggestionen weitergearbeitet werden, um z. B. eine Handschuh-Anästhesie zu induzieren. Dabei kann die Hypnoseassistentin (C) die Hypnose allein weiterbegleiten, während B die zahnärztliche Behandlung durchführt. Auch die Rückführung und die posthypnotischen Suggestionen werden dann von C alleine vorgenommen.

Hypnose zur Unterstützung einer Kranken mit der Diagnose Melanom an der Schläfe

Schau, daß die anderen Dich in Ruhe lassen für vielleicht so eine halbe oder dreiviertel Stunde. Damit Du wirklich für Dich sein kannst, und dann ist es wichtig, daß Du in der Zeit, die Du verbringst mit dem Tonband, Dich ganz auf das Band konzentrierst. Wobei es nicht so schlimm ist, wenn Du nicht genau zuhörst. Es kommt nicht darauf an, jedes von den Worten anzuhören, die ich Dir sage. Wichtig ist, daß Du Dich auf das Band konzentrierst und auf das, was dahinter ist, hinter dem, was ich Dir sage. Natürlich kann es sein, daß am Anfang oder auch während Du das Band abhörst, mal Geräusche sind von außen, daß Du Stimmen hörst oder irgendwas, irgendwo eine Klospülung oder was es alles gibt. Und das, was außen ist, wird, je länger Du das Band hörst, je besser Du Dich konzentrierst, umso unwichtiger. Und überprüf noch mal, daß es Dir warm und gemütlich ist und daß Du ganz bequem daliegen kannst. Wenn man nach innen geht, wenn man in Hypnose geht, dann ist es ganz wichtig am Anfang, wie man atmet. Um in den Zustand der Hypnose zu kommen, verwende am Anfang bitte eine bestimmte Art zu atmen. Hol mal ganz, ganz tief Luft und dann halte den Atem an und jetzt erst ausatmen, ganz weit ausatmen und anhalten, wieder einatmen, tief einatmen und jetzt anhalten, noch anhalten, dann ausatmen und Pause, dann erst wieder einatmen. Immer zwischen dem Einatmen und dem Ausatmen eine kleine Pause machen, und mach das ein paar mal. Einatmen, anhalten und dann ganz ausatmen, bis Du ganz leergeatmet hast, und dann anhalten und dann wieder richtig einatmen. Mach das so lange, bis Du es vergißt, auch jetzt, wenn ich weiterrede. Atme in der Art, daß Du immer eine kleine Pause zwischendrin hast. Am Anfang spürst Du, daß Dir Deine Brust eng ist, daß Du nicht sehr gut einatmen kannst. Und wenn Du es eine Weile gemacht hast mit der Pause dazwischen, dann spürst Du, daß Du freier wirst, daß Du mehr Luft bekommst, und während ich weiter zu Dir spreche, mach diese Art zu atmen solange, bis Du es irgendwann vergessen hast. Und während Du so weiter atmest, als nächstes, hör auf meine Worte. Aber hör auch auf Dich. Hör, ob Dein Körper irgendwelche Geräusche macht. Oftmals hörst Du Dich gähnen, oft hörst Du ein Geräusch aus Deinem Bauch, und vielleicht kön-

nen es Deine Hände sogar fühlen, daß Dein Bauch Geräusche macht. Wenn Du so ein Geräusch aus Deinem Bauch hörst, dann freue Dich darüber, denn es ist schon jetzt am Anfang ein unbewußtes Entspannungszeichen, so eine Reaktion der Entspannung, weil, wenn sich der Körper entspannt, dann kommt es zu solchen Geräuschen aus dem Bauch, weil die unwillkürlichen Muskeln, schön so, die unwillkürlichen Muskeln im Bauch sich dann lockern. Dein Darm, Deine Eingeweide werden weicher, lockerer, und dadurch kommt es zu Flüssigkeitsströmungen im Bauch und zu Geräuschen. Und Dein Bauch hat schon angefangen, sich zu entspannen, gut so Bauch, danke für Dein Geräusch, und der Körper wird sich auch schnell entspannen. Du wirst schnell müde und deshalb ist es nicht wichtig, daß Du jedes Wort hörst. Spür einfach die Müdigkeit, wie sie in Dir aufsteigt, und gestatte Dir auch einzuschlafen, denn es ist nicht wichtig, daß Du mit Deinem Bewußtsein alles mitbekommst. Wichtig ist, daß sich Dein Unterbewußtsein öffnet, daß sich meine Worte ganz tief in Dein Unterbewußtsein einprägen, und es ist gut, wenn Du dabei schläfst. Du kannst schlafen, tief und fest. Dann werden meine Worte umso besser in Dein Unterbewußtsein eindringen. Schön so, Bauch, und freue Dich über jedes Geräusch, das Du spürst. Und für manche Menschen ist das ein bißchen komisch, solche Geräusche zu hören. Aber es ist der beste Kontakt zu Dir selbst, den Du ganz schnell hast. Um zu spüren, daß sich Dein Körper entspannt. Und immer dann, wenn Deine Gedanken abschweifen und wenn Dein Kopf anfängt zu zweifeln und sich Sorgen zu machen, dann fang sofort wieder an, so zu atmen wie am Anfang. Sowie Du Dich dabei ertappst, daß Deine Gedanken negativ werden, daß Du Angst hast, Sorgen hast, atme mit Pausen dazwischen. Das ist ja ganz normal im Wachzustand. Aber jetzt, wenn Du Deine Hypnose einleitest, Deine Gedanken abgleiten, dann fang wieder an, so zu atmen wie am Anfang, und dann mußt Du Dich etwas konzentrieren auf die Atmung, alles andere ist unwichtig. Zwischen den Atemzügen kurz immer eine Pause machen. Solange bis Deine Gedanken wieder leicht sind und Du entweder aufhörst zu denken oder Dir schöne Gedanken machst. Positive Gedanken. Und sag Dir ständig, auch dann, wenn Du nicht in Hypnose bist: „Es wird mir von Tag zu Tag besser gehen. Es wird mir von Tag zu Tag besser gehen.“ Und während Du das zu Dir selbst sagst, so wie eine Schallplatte, die immer wieder in dieselbe Rille zurückspringt, wie wenn Du das dauernd im Hintergrund hören könntest: „Es wird mir von Tag zu Tag besser gehen." Du könntest es dauernd hören im Hintergrund, auch wenn ich etwas anderes sage, solange Du überhaupt denkst. Bis Du tief und fest schläfst. Befehle einem Teil von Deinem Gehirn, nur an diesen Satz zu denken. „Es wird mir von Tag zu Tag besser gehen." Und spür die Wärme, die sich langsam über Deinen ganzen Körper ausbreitet. Die Wärme, die kommt, wenn Du fühlst, daß meine Hände über Deinen Körper gehen und ich über Deine Aura streiche. Und Du kannst es Dir die ganze Zeit, während Du denkst, es wird mir besser gehen, vorstellen, wie zwei Hände ganz langsam von oben über Deinen Körper entlang gehen und Dir Wärme geben und Lebenskraft. Zwei Hände, die ganze Zeit, während Du in Hypnose bist und während Du wiederholst: „Es wird mir von Tag zu Tag besser gehen." Spürst Du zwei Hände über Deinen ganzen Körper von oben nach unten langsam darüber gehen? Und Du spürst, wie es Dir langsam immer wärmer wird. Schön so, Bauch. Immer wenn Du Dein Geräusch machst, dann kriegst Du Deine Zustimmung. Als Stellvertreter des Unbewußten sagst Du ja zu dem guten Gefühl, das jetzt langsam kommt. Es wird mir von Tag zu Tag besser gehen. Und zwei Hände streichen über Deinen Körper ganz langsam von oben nach unten und hüllen Dich ein in eine Wolke von Wohlbefinden, von Wärme und von Heilungsenergie. Und wenn Du Dich ganz darauf konzentrierst, kannst Du spüren, wie Deine Kraft kommt, Deine Kraft hin und her geht. Ganz deutlich kannst Du spüren, wie Energie in Dich hineinströmt. Energie, die Du brauchst, um zu heilen. Und dann spürst Du, daß Dein Körper schwerer und schwerer wird, daß er ganz schwer daliegt, Deine Füße, Deine Beine so schwer sind, daß Du sie nicht mehr anheben kannst. Und wie Du langsam immer wärmer wirst. Dann kannst Du spüren, wie neben dieser Schwere des Körpers auch eine Leichtigkeit kommt. Eine Leichtigkeit des Geistes, und Du kannst aus Deinem Körper heraus nach oben über Dich treten, so, daß Du von oben herunterschaust auf Deinen Körper und auf die zwei Hände, die Du Dir vorstellen kannst, wie sie ganz langsam diese magnetischen Striche über Deinen ganzen Körper malen und Dir heilende Energie spenden. Und so lange Dein Kopf denkt, denk Dir: „Es wird mir von Tag zu Tag besser, es wird mir von Tag zu Tag bes-

ser gehen." Und Du schaust von da oben auf Deinen Körper herunter, wie er immer mehr in die Hypnose geht. Wie er in der Hypnose heilt. Und Du kannst jetzt die Stelle, die Deinem Körper nicht mehr gehorcht, die Stelle, die heilen muß, in der Durchblutung reduzieren, mach es von da oben. Gut so Bauch. Du weißt, was zu tun ist. Dreh die Durchblutung an dieser Stelle völlig ab, so daß dort kein Wachsen mehr möglich ist. Und dafür ist wichtig, daß Du die zuführenden Blutgefäße zumachst. Ganz langsam, dreh an dem Absperrhahn. Dreh an dem Ventil, das die Blutgefäße zumacht, damit die Stelle kühler wird. Daß es sich anfühlt als ob Eiswürfel draufliegen. Und es ist manchmal ein komisches Gefühl: Wenn die Durchblutung reduziert wird, fühlt es sich zunächst wie heiß an. So wie es auch ist, wenn ein Eiswürfel irgendwo aufliegt. Du weißt am Anfang nicht, ist es heiß oder kalt, aber Du spürst an der Stelle ganz deutlich die Änderung des Gefühls. Und wenn Du da oben an Deiner Schläfe die Blutung abdrehst, laß Dir Zeit dazu, viel Zeit. Arbeite daran, Dir vorzustellen, wie Dein Absperrventil, Dein Absperrhahn für die Durchblutung an dieser Stelle aussieht. Ob es aussieht wie ein Ventil, an einem großen Rohr, oder ob es noch irgendwo eine elektrische Einrichtung gibt, um die Durchblutung abzuschalten. Wo Du den Schalter nur umlegen mußt, damit die Stelle immer kühler wird. Während Du an dieser Stelle in Deinem Kopf die Durchblutung abdrehst, wird es an einer anderen Stelle Deines Körpers mehr Durchblutung geben. Überprüf einmal, ob Du es in Deinen Zehenspitzen spüren kannst. Ob Du da jetzt schon dieses feine Kribbeln spürst, so als ob feiner Sand aus den Zehen rieselt, als Zeichen der Änderung der Durchblutung. So ein komisches, fast rieselndes, kribbelndes Gefühl in Deinen Zehen und ob Du es deutlicher links oder deutlicher rechts spürst, als Signal, daß oben am Kopf die Durchblutung kleiner wird und unten an den Füßen größer. Während Dein Kopf ständig denkt: „Mir geht es jeden Tag immer besser" und Du Deine Atmung kontrollierst, auf das hörst, was aus Deinem Inneren an Geräuschen kommt, stellst Du die Durchblutung immer mehr ab. Da wo der Körper die Kontrolle nicht mehr hat, stellt er einfach die Blutzufuhr ab, weil dann das wilde Wachsen aufhören muß, wo keine Nahrung mehr ist, wo keine Zufuhr mehr ist, hört das Wachstum auf und das Gewebe schrumpft, weil ohne Blutzufuhr muß es abstellen. Immer mehr die Durchblutung an der Stelle abstellen. Du spürst das Gefühl, als ob ein Eiswürfel draufliegt. Richtig kühl, manchmal am Anfang sogar fast wie heiß, weil es schwer ist, zu unterscheiden, ob es heiß oder kalt ist. Und nach dem Zurückdrehen der Durchblutung an dieser Stelle erinnere Dich an die Momente Deines Lebens, in denen Du ganz, ganz glücklich warst. Benütze das Lachen der Kinder, das Du hörst, um Dich zu erinnern, ein Moment in Deinem Leben, in dem Du ganz ganz glücklich warst. Und wiederhole all die schönen Momente aus Deinem Leben und zähle zusammen, die Pluspunkte und all das, was Du an Freude und an Schönem erlebt hast, wiederhole es und Du kannst Dir jedesmal etwas anderes einfallen lassen. Und wenn eine Erinnerung in Dir aufsteigt, dann wird sie so deutlich werden, daß Du es noch einmal erlebst, jetzt: Schau Dir an, wer dabei ist, welche Menschen dabei sind. Und schau Dich selber an, in dieser Szene, die Du wiedererlebst. Was hast Du an? Wie siehst Du aus? Wie alt bist Du? 22. Schön. Und es wird jedesmal wieder eine neue Erinnerung dazukommen. Laß Dich überraschen, was Du alles an schönen Dingen aus Deinem Leben wiederholst, wenn Du diese Hypnose immer wieder durchführst. Und schau Dir die Umgebung an, wo der ganze Film abläuft, den Du wiedererlebst. Und erinnere Dich genau an den Geruch, der dazugehört zu dieser Szene, die Du wiedererlebst. Und wenn Du den Geruch genau erinnerst, dann erlebst Du es wieder so wie es ist, und Du spürst die Quellen Deiner Kraft und alles, was Du an Gutem und Schönem erlebst, in Deinem Leben, bleibt Dir als Quelle der Kraft, und Du wirst Dich jedesmal, wenn Du das Tonband hörst, an gute Erlebnisse aus Deinem Leben erinnern und viele Quellen Deiner Kraft finden. Und es ist wichtig, daß Du das, was in Dir an Erinnerung aufsteigt, ganz genau wahrnimmst. Daß Du in Deiner Erinnerung Deine Stimme hörst, so, wie sie bei dem Ereignis klingt. Daß Du Dich selber siehst: Dein Gesicht, Deinen Körper, was Du anhast, wie gut sich Dein Körper anfühlt. Und den typischen Geruch, der dazugehört, denn jede Erinnerung hat auch einen Geruch, der dazugehört, und diese Erinnerungen werden Dir Kraft geben, diese guten Erinnerungen aus Deinem Leben. Und sowie Deine Gedanken abweichen von dieser guten Erinnerung, konzentrierst Du Dich wieder auf Deine Atmung und denkst: „Es geht mir jeden Tag immer besser, es geht mir jeden Tag immer besser." Und dann geh zurück zu dem Erlebnis, solange, bis Du es wirklich ganz genau wiederholt hast und ein ganz zufriedenes Gefühl über Dich kommt: Überall diese schönen Dinge Deines Lebens, die in Dir sind und die niemand und nichts wegnehmen kann, denn die Summe Deiner Erinnerungen ist, gesund zu werden. Alles Gute, was da ist, hol es hoch aus Deiner Erinnerung, aus allem Alten, und Du wirst immer mehr zurückgehen im Alter. Du wirst in Deinem bewußten Verstand alles wahrnehmen und es ist wichtig, daß Du in Deinem Unbewußten im Schlaf während der Hypnose zurückgehst in Deine allerfrüheste Existenz. Bis zu dem Zeitpunkt, als Du im Mutterleib warst, und Dich erinnerst an das gute Gefühl, völlig sicher und völlig geborgen. Einfach zu sein. Und das Leben zu erfahren als etwas Schönes, Warmes, Geborgenes und Dich zu erinnern an die Geräusche, die damals waren, das Prickeln, das Pochen, all das, was damals Deine Welt war. Das Gefühl zu schwimmen, zu schweben und ganz warm und ganz sicher zu sein. Denn da beginnen Deine Quellen der Kraft, und es werden Dir viele, viele gute Erlebnisse aus Deinem Leben einfallen. Dinge, an die Du Dich lange nicht mehr erinnert hast, die Dir so viele gute Erlebnisse vermitteln. Daß Du spürst, wie Deine Lebensenergie stark ist und Du spürst, wie der Satz: „Es geht mir jeden Tag immer besser", immer mehr an Bedeutung bekommt, immer lebendiger wird, immer mehr Sinn macht: „Es geht mir jeden Tag immer besser." Und Deine erste Aufgabe ist es, die Durchblutung abzustellen an jeder Stelle, wo Du den Kampf aufnimmst, gegen das wilde Wachstum, das sich verselbständigt hat. Wo Du die Durchblutung abdrehst und Kühle schaffst, so daß das Wachstum aufhört und abstirbt. Und die zweite Aufgabe ist, daß Du Dein Immunsystem anfeuerst, aufmunterst mit all den Quellen Deiner Kraft, mit all den guten Erinnnerungen wirst Du Energie freisetzen, die Du brauchst, um Deine Abwehrzellen und alles, was Du hast an Energie, darauf zu verwenden, daß Dein Körper sich ganz tief entspannt, daß er völlig entspannt und ruhig daliegt und Du von da oben zuschaust, wie Du Deine Heilung kontrollierst und wie Du Deine Immunzellen anfeuerst, anregst, so daß sie kräftig werden. Und mach Dir Dein eigenes Bild von Deinen Immunzellen und wenn Du mal Zeit hast, mal es, setz Dich hin mit dem Bleistift oder Farben und mal Deine eigenen Abwehrzellen aus Deiner Phantasie heraus! Ohne Kritik, ohne Bewertung, laß sie entstehen vor Deinem inneren Auge, stark, um mit jedem Feind fertigzuwerden. Und laß dieses Bild von

Deinen eigenen Immunzellen jetzt hier auf der Innenseite Deiner Stirn immer deutlicher werden. Und es gibt verschiedene Kämpfer und Kämpferinnen, und die einzelnen Zellen, die imstande sind, böse fremde Zellen abzufangen, sehen anders aus als die Zellen, die sie dann, wenn sie gefangen sind, auffressen und verdauen und unschädlich machen. Schau Dir Deine innere Polizei an, Deine inneren Krieger und Kriegerinnen, und mach Dir ein genaues Bild, wie sie aussehen, welche Farbe und welche Gestalt sie haben. Schau Dir das Gesicht an und mal sie Dir ganz genau aus. Deine eigenen Truppen. Und mach sie bereit zum Kampf! Und wenn Du ihnen Deine Aufmerksamkeit gibst, dann werden sie stärker und stärker und motiviert, diesen Kampf zu gewinnen, wenn Du sie unterstützt und lobst. Und laß sie antreten und schau sie Dir genau an und lobe sie, daß sie so gut aussehen und so fit sind. Das ist Deine zweite Aufgabe: Daß sich Deine Abwehrtruppen gesund und stark vor Deinem inneren Auge darstellen, bereit zum Kampf. Und die Stelle laß kühl, die Durchblutung abgedreht, solange Dein Kopf denkt: „Es geht mir jeden Tag besser. Immer besser." Wenn Du dann wieder mehr hineingleitest in Dein Schlafen, stell Dir vor, daß Du in Deinem Schlafen diese Abwehrzellen stärkst und bitte Dein Unbewußtes, Dir noch mehr schöne Erinnerungen zu schicken. Und sowie negative Gedanken kommen, lenke Deine Atmung und denke: „Es geht mir jeden Tag immer besser" und wiederhole diesen Satz unablässig. Er läuft im Hinterkopf dauernd weiter, und dann ruh Dich eine Weile aus, Du brauchst nicht die ganze Zeit daran denken. Du kannst die Blutung von alleine regulieren. Du kannst Deine Abwehrkräfte dadurch steigern, daß Du sie lobst und ihnen Deine Aufmerksamkeit gibst, und dann ruh Dich aus und schlaf tief und fest. Eine spezielle Art von Schlaf, wo Du immer noch alles mitbekommst, was um Dich ist, aber wo Du hin und her gehst, zwischen diesen positiven guten Gedanken und dem richtigen Schlaf. Wo Du wegträumst und spürst, wie die innere Erholung Deinem Körper gut tut. Wo Du spüren kannst, wie die Hände über Deinen Körper hinweggehen, damit Du Dich wirklich erholst und Du fit bist für die dritte Aufgabe. Und die dritte Aufgabe ist, Dir vorzustellen, wie Deine Krieger und Kriegerinnen den Kampf gegen die bösen Zellen führen. Und stell Dir diesen Kampf vor und schau zu, wie Deine inneren Zellen den Kampf gewinnen, wie sie mit jedem tiefen Atemzug von Dir voller Mut sich in diesen Kampf stürzen, wie sie die fremden, bösen Zellen attackieren, sie umzingeln und kaputtmachen. Wie Du immer mehr eigene Abwehrzellen bereitstellst und dieser Kampf Dein Immunsystem immer mehr mobilisiert. Wie immer mehr mutige Krieger und Kriegerinnen sich in diesen Kampf stürzen und alle bösen, fremden, feindlichen Zellen zerstören und vernichten, bis sie völlig verschwunden sind. Auch wenn dieser Kampf Dich anstrengt, aber Dich immer stärker macht, denn es ist ein ganz wichtiger Kampf. Und Du kannst von da oben diesen Kampf steuern, indem Du Deinem Körper gestattest, sich ganz tief zu erholen. Daß er wirklich die Ruhe und die Erholung findet, völlige Ruhe, so daß ein Ausgleich da ist, daß der Körper Zeit hat, seine Aufgaben durchzuführen, während Du da oben Dich freust an Deinen guten Erinnerungen und Deinen Körper beobachtest, wie er so daliegt, völlig entspannt, kühl an der Schläfe und warm im Körper. Kribbeln in den Füßen, bei Deiner vertieften Atmung und dieser Schwere und dieser Ruhe, die über Dich kommt. Mit der Ruhe und der Sicherheit: „Es geht mir jeden Tag immer besser." Und gestatte Dir zwischendurch jeden eigenen Gedanken, solange er positiv ist: All das, an was Du glaubst, all das, was Dich freut. Das Lachen Deines Sohnes, alle guten Gefühle in der Zukunft, daß Du sicher wirst und zufrieden. Aus der Sicherheit und Zufriedenheit bekommst Du die Energie, die Du brauchst, um Deinen Körper zu heilen. Und deshalb nimm Dir alle Zeit, die Du hast. Viel, viel Zeit, um ganz oft in immer tiefere Entspannung zu gehen, in der sich Dein Körper erholt, in der Du diese drei Aufgaben ausführst. Die Stelle kalt, Deine Abwehrkräfte steigern und den Kampf gewinnen. Und solange dies Dein Körper durchführt, in dieser Zeit hast Du alle Zeit, denn in der Hypnose gibt es keine Zeit, so wie im Traum, und Minuten können wie Stunden sein. Laß alle guten Gedanken länger werden und genieße die Erinnerung, genieße Deinen guten Zustand. Und wenn Dir Zweifel kommen, negative Gedanken, dann mach die Zeit ganz kurz. Konzentriere Dich, und das wird Deine Arbeit sein von da oben. Konzentriere Dich: „Es geht mir jeden Tag immer besser", auf Deine Atmung und die guten Erinnerungen und die vielen schönen Erlebnisse, daß der Körper Zeit hat, Zeit, sich zu erholen und Zeit, sich wirklich auszuschlafen. Daß Du Dich nach einem langen, langen tiefen Schlaf fit und erholt fühlst. Denn aus der Tiefe Deines Schlafes wirst Du die Erholung schöpfen, die Kraft schöp-

fen. Und dann, wenn der Schlaf nicht kommen will, dann geh zurück in Deine Kindheit. Und erinnere Dich an ein Schlaflied aus Deiner Kindheit. Und die Stimme, die es Dir gesungen hat, und erinnere Dich an dieses Schlaflied aus Deiner Kindheit, das Dich ganz behutsam wieder in tiefen Schlaf hineinsinken läßt. Und diese Melodie begleitet den Satz: „Es geht mir jeden Tag immer besser." Und die Hände, die über Deinen Körper gehen, begleiten Deinen Schlaf. Sie sind immer da. Und hör das Lied, das Schlaflied aus Deiner Kindheit. Spür die Hände, die Deinen Körper einhüllen und Deine Aura streicheln und Dir Kraft geben. Kraft und Wärme. Wärme, die Deinen ganzen Körper durchströmt, bis auf die Stelle, die Du kalt machst, die Stelle wo Du die Durchblutung völlig abstellst. Und spüre die Hände, wie sie über Deinen Körper gehen, und sieh von da oben zu, wie diese heilende Kraft Deinen Körper einhüllt. Und die ganz weiche, warme Decke, die Du nicht spürst und die ganz leicht ist, schön so, und bedanke Dich bei Deinem Körper, daß er soviel für Dich leistet. Ihr arbeitet zusammen, indem Du ihm Ruhe gibst durch positive Gedanken. Ab jetzt wirst Du nur noch positiv denken, sowie negative Gedanken kommen: „Es geht mir jeden Tag immer besser." Und Du wirst atmen, mit Pausen zwischendurch, bis jeder positive Gedanke zählt. Denn dadurch unterstützst Du Deinen Körper in seiner Heilung. Das, was er braucht, sind Deine volle Konzentration und Deine positiven Gedanken. Durchblutung abstellen, Abwehrkräfte steigern und den Kampf durchstehen. Dein Körper wird ihn gewinnen, mit Deiner Unterstützung und Deiner Konzentration. Und alles andere ist unwichtig. Und hol Dir von überall her positive Unterstützung. Und übe täglich diese Selbsthypnose, so oft Du kannst. Und bei jedem Mal wird etwas Neues, Interessantes hinzukommen. Eine Erinnerung, ein neues Bild, eine Phantasie, was Du tun wirst, wenn Du wieder gesund bist. Alles, was Du schon lange tun wolltest. Mach Dir eine Liste, schreib auf, was Du tun wirst, wenn Du wieder gesund bist. Und Du kannst es jetzt schon einmal erleben, in Deiner Phantasie, in der Zukunft, jetzt. Und Du kannst davon träumen, wenn das Band zu Ende ist, tief und fest schlafen und träumen. Und irgendwann, nach einem tiefen, erholsamen Schlaf und schönem Träumen wirst Du aufwachen, frisch und erholt und hellwach, mit dem Gedanken: „Es geht mir mit jedem Tag besser und besser." Schlaf ... schlaf jetzt, schlaf gut!

Literaturverzeichnis

Adler, R. H.: Schmerz bei Tumorpatienten, Diagnostik und medikamentöse Therapie. Schweiz. Rdsch. Med (Praxis) 72, 1301, 1983.
Alberts, H.: Psychosen. In: Klinische Hypnose, Revenstorf, D. Springer Verlag, Berlin, Heidelberg 1990.
Alman, B. M., Lambrou, P.T.: Selbsthypnose – Ein Handbuch zur Selbsttherapie. Carl-Auer-Systeme, Heidelberg 1995.
American Psychiatric Association: Diagnostic and Statistical Manual of Mental Disorders <dt.>, 3. Edition, Revised. Washington, DC, American Psychiatric Association 1987.
Ammann, A.: Der Tag des Zahnes oder ein Märchen für Kinder, Quintessenz Verlags-GmbH, Berlin 1980.
Araoz, D. L.: Die neue Hypnose. Junfermann, Paderborn 1989.
Bandler, R. und Grinder, J.: Metasprache und Psychotherapie, Struktur der Magie I. Junfermann Verlag, Paderborn 1984.
Bandler, R. und Grinder, J.: Reframing: Ein ökologischer Ansatz in der Psychotherapie (NLP). Junfermann Verlag, Paderborn 1985.
Bandler, R. und Mac Donald, W.: Der feine Unterschied, NLP Übungsbuch zu den Submodalitäten. Junfermann Verlag, Paderborn 1990.
Becker, S., Huppmann, G., Wilker, F. W., Mainz: Angst und Compliance in der Zahnmedizin. In: Angst und Angstabbau in der Zahnmedizin, Sergl, H. G. und Müller-Fahlbusch, H., Quintessenz Verlag, Berlin 1989.
Bick, C.: Neurohypnose, Skalpell der Seele. Ullstein Verlag, Frankfurt 1983.
Birner, U.: Psychologie in der Zahnmedizin. Quintessenz Verlag, Berlin 1993.
Bongartz, W.: Deutsche Fassung der Stanford Hypnotic Susceptability Scale (André M. Weitzenhoffer und Ernest R. Hilgard, 1959). Projekt „Experimentelle Hypnose", Universität Konstanz 1982.
Bongartz, W.: Das Erbe des Mesmerismus: Die Hypnose. In: Wolters, G.: Franz Anton Mesmer und der Mesmerismus. Universitätsverlag, Konstanz 1988.
Bongartz, B. & W.: Hypnose, wie sie wirkt und wem sie hilft, Rowohlt Taschenbuch Verlag GmbH, Reinbek bei Hamburg, 1992.
Bongartz, W. (Ed.): Hypnosis: 175 Years after Mesmer – Recent Developments in Theory and Application. Universitätsverlag Konstanz 1992.
Brandau, H. (Hrsg.): Supervision aus Systemischer Sicht. Otto Müller Verlag, Salzburg 1991.
Broichhagen, H.: Hypnose und die submodale Organisation der Erfahrung. Experimentelle und klinische Hypnose 1988 IV, Heft 2, S.117-138.
Bumann, A., Groot Landeweer, G.: Diagnosis and treatment of compression joints. Dtsch Zahnarztl Z, 1990, 45, 4–6.
Cheek, D. B.: Awareness of meaningful sounds under general anesthesia: Considerations and a Review of the literature 1959-1979. In: Theoretical and Cinical Aspects of Hypnosis. H. Wain, Miami, Florida, Symposia Specialists, 1981.

Chertok, L.: Hypnose. Kindler Verlag, München 1980.
Cialdini, R. B.: Überzeugen im Handumdrehen. mvg-Verlag, München 1992.
Cole, B.: Gehen Sie heut nacht ja nicht aus dem Haus. Xenos Verlagsgesellschaft m.b.H., Hamburg 1982.
Deuscher, J.: Subjektives Befinden und objektive Biosignale während zahnärztlich konservierender Behandlung mit Audioanalgesie. Med. Diss. Ulm, 1987.
Diehl, B. J. M., und Miller, Th.: Moderne Suggestionsverfahren. Springer Verlag, Heidelberg 1990.
Dünninger, P., und Kunzelmann, K.-H.: Angstabbau in der zahnärztlichen Praxis mittels ausgewählter hypnosuggestiver Techniken. In: Sergl, H. G., und Müller-Fahlbusch, H.: Angst und Angstabbau in der Zahnmedizin. Quintessenz Verlag, Berlin 1989.
Eberlein, G.: Trio Training. Birkhäuser Verlag, Basel 1986.
Eberspächer, H., Funck, M.: Fit für das Leben – Streßausgleich und Entspannung durch Bewegungstraining. Sportinform Verlag, Oberhaching 1985.
Erickson, M. H., Rossi, E. L. & Rossi, S.: Hypnose, Induktion – Psychotherapeutische Anwendung – Beispiele. Verlag J. Pfeiffer, München (Reihe leben lernen Nr. 35) 1978.
Erickson, M. H., Zeig, J. K. (Hrsg.): Meine Stimme begleitet Sie überallhin. Klett-Cotta Verlag, Stuttgart 1985.
Erickson, M. H. und Rossi, E. L.: Hypnotherapie Aufbau - Beispiele - Forschungen. Pfeiffer Verlag, München 1981.
Freesmeier, W. B.: Funktionstherapie in der zahnärztlichen Praxis. Hanser Verlag, München 1992.
Forth, W., Martin, E., Peter, K.: Schmerzen lindern. Hoechst AG, 1985, Seite 28.
Friedrich, S., Friebel, V.: Entspannung für Kinder. Rororo, Reinbek bei Hamburg, 1989.
Gabert-Varga, U., Schmid, M., Revenstorf, D.: Einstreutechnik und therapeutische Anekdoten zur Behandlung akuter Schmerzen - eine empirische Untersuchung. Experimentelle und klinische Hypnose, 1991, VII, Heft 2, S. 109–146.
Gerschman, J. A., Burrows, G. D.: Hypnotizability and Dental Phobic Disorders. Hypnos, XXI, No. 4, S. 224–233.
Gheorghiu, V. A., Netter, P., Eysenck, H. J., Rosenthal, R.: Suggestibility, theory and research. Springer Verlag, Heidelberg 1989.
Gilligan S.: Therapeutische Trance: Das Prinzip Kooperation in der Erickson'schen Hypnotherapie. Carl Auer, Heidelberg 1991.
Gordon, D.:Therapeutische Metaphern. Junfermann Verlag, Paderborn 1990.
Grinder, J., und Bandler, R.: Therapie in Trance. Klett-Cotta Verlag, Stuttgart 1984.
Hübner, M.: Zahnbehandlungsangst und der Einsatz von Suggestivverfahren, DHZ, Heft 4 & 5, 1994.
Hoffmann, B.: Handbuch des Autogenen Trainings. DTV-Verlag, München 1977.
International Society of Hypnosis: Code of Ethics. Membership Directory 1985
Jacobson, E.: Progressive Relaxation. University of Chicago Press, Chicago 1938.
Jovanovic, U. J.: Methodik und Theorie der Hypnose. Gustav Fischer Verlag, Stuttgart, New York 1988.

Jung, C. G.: Der Mensch und seine Symbole. Sonderausgabe Walter Verlag, Olten 1984.
Kaiser, A., Schwender, D., Klasing. S., Pöppel, E.: Hypnose in der Exploration akustischer Wahrnehmung während Allgemeinanästhesie. Hypnose und Kognition, 1993, 10, Heft 2, S. 46–58.
Kaluza, G. und Basler, H. D.: Gelassen und sicher im Streß. Springer Verlag, Berlin, Heidelberg 1991.
Kaschel, R., Wörz, B., Revenstorf, D.: Hypnose und Haut: Trends und Perspektiven. Experimentelle und klinische Hypnose, 1991, 6, S. 65–82.
Kaye, J. M., Marlowe, F. I., Ramchandani, D., Berman, S., Schindler, B., Loscalzo, G.: Hypnosis as an aid for tinnitus patients. Ear Nose Throat J, 1994, 73, 309–312, 315.
Kleinsorge, H.: Hypnose – mit Kassette. Gustav Fischer Verlag, München 1986
Kossak, H.-C.: Showhypnose: Realität oder Illusion? Vortrag, gehalten am 17.10.1987, 9. Tagung der Deutschen Gesellschaft für Hypnose. Bad Lippspringe.
Kossak, H.-C.: Lehrbuch Hypnose – 2., überarb. und erw. Aufl. Psychologie Verlags Union, Weinheim 1993.
Lankton, C. H., Lankton, S. R.: Geschichten mit Zauberkraft: die Arbeit mit Metaphern in der Psychotherapie. München, Pfeiffer, 1991.
Larbig, W.: Schmerz. Kohlhammer Verlag, Stuttgart 1982.
Larbig, W., und Miltner, W.: Hirnelektrische Grundlagen der Hypnose. In: Revenstorf, D. (Hrsg.): Klinische Hypnose. 2. korrigierte und überarbeitete Auflage. Springer Verlag, Berlin, Heidelberg 1993.
Le Cron, L. M.: Fremdhypnose – Selbsthypnose. Ariston Verlag, Genf 1973.
Leuner, H.: Katathymes Bilderleben, Grundstufe. Georg Thieme Verlag Stuttgart 1982
Lewis, J. E., Stephens, S. D., McKenna, L.: Tinnitus and suicide. Clin Otolaryngol, 1994, 19, 50-54.
Lindemann, H.: Überleben im Stress. Heyne, München 1987.
Maldoff, G.: Anwendung von Hypnosetonbändern zur Streßreduktion, Entspannung und Angstabbau in der Zahnarztpraxis. Inauguraldissertation zur Erlangung der zahnmedizinischen Doktorwürde, Freie Universität Berlin, 1995.
Mason, J., Rogerson, D.: Client-centered hypnotherapy for tinnitus: who is likely to benefit? American Journal of Clinical Hypnosis, 1995, 37, 294-299.
Mayer, R.: Audioanalgesie. Deutscher Zahnärztekalender 1987.
Mehrstedt, M.: Zahnbehandlung bei ängstlichen Kindern. Quintessenz 47, 1, 55–56 (1996).
Meinhold, W. J.: Spektrum der Hypnose. Ariston Verlag, Genf 1980.
Miltner, W., Larbig, W., und Brengelmann, J. C.: Psychologische Schmerzbehandlung. IFT-Texte 20, Gerhard Röttger Verlag 1988.
Misra, P.: Hazards of Stage and Lay Hypnosis. Vortrag, gehalten auf dem fünften Kongreß der European Society of Hypnosis, Konstanz, 1990.
Moerman, N., Bonke, B., Oosting, J.: Awareness and recall during general anesthesia. Facts and feelings. Anesthesiology, 1993, 79, S. 454–464.
Molcho, S.: Körpersprache. Mosaikverlag, München 1983.
Molcho, S.: Körpersprache der Kinder. Mosaik Verlag, München 1992.

Mrochen, S.: Zum Stand der Forschung in der Kinderhypnose. Hypnose und Kognition, 1990, 7, Heft 1, S. 41–49.
Mrochen, S. et al. (Hrsg.): Die Pupille des Bettnässers: hypnotherapeutische Arbeit mit Kindern und Jugendlichen. Carl-Auer-Systeme, Heidelberg 1993.
Müller, E.: Du spürst unter deinen Füßen das Gras. Fischer Taschenbuch Verlag, Frankfurt 1983.
Müller-Fahlbusch, H. und Serg, H. G., (Hrsg.): Der psychopathologische Fall in der zahnärztlichen Beratung und Behandlung. Quintessenz Verlag, Berlin 1990.
Mumford, J.M.: Kiefer-Gesichtsschmerz. Deutscher Ärzte-Verlag, Köln 1989
Ott, E.: Fit durch Entspannung. Kösel Verlag, München 1986.
Parker, W. S., Chole, R. A.: Tinnitus, vertigo, and temporomandibular disorders. Am J Orthod Dentofacial Orthop, 1995, 107, 153–158.
Pasierbsky, F.: Heilende Sprache. Verlag Peter Lang GmbH, Frankfurt/Main, 1992.
Perls, F.: Grundlagen der Gestalt-Therapie. Einführung und Sitzungsprotokolle Pfeiffer, München 1992.
Perls, F.: Grundlagen der Gestalttherapie. Verlag J.Pfeiffer, München 1992.
Peter, B.: Hypnotische Phänomene. In: Revenstorf, D. (Hrsg.): Klinische Hypnose. 2. korrigierte und überarbeitete Auflage. Springer Verlag, Berlin, Heidelberg 1993.
Peter, B., und Geissler, A.: Muskelentspannung. Mosaik Verlag, München 1988
Peter, B. & Schmidt, G. (Hrsg.): Erickson in Europa. Carl-Auer-Systeme, Heidelberg 1992.
Peter, B. (Hrsg.): Hypnose und Verhaltenstherapie. Verlag Hans Huber, Bern 1991.
Peter, B., Kraiker, C., Revenstorf, D.: Hypnose und Verhaltenstherapie. Verlag Huber, Bern, 1991.
Prekop, J., Schweizer, C.: Kinder sind Gäste, die nach dem Weg fragen. Kösel-Verlag, München 1990.
Prekop, J.: Der kleine Tyrann - welchen Halt brauchen Kinder? Kösel-Verlag, München 1988.
Revenstorf, D. (Hrsg.): Klinische Hypnose. 2., korrigierte und überarbeitete Auflage. Springer Verlag, Berlin, Heidelberg 1993.
Revenstorf, D.: Psychotherapeutische Verfahren. Bd. III: Humanistische Therapien. Kohlhammer Verlag, Stuttgart 1983.
Revenstorf, D.: Conception of the Unconscious from Freud to Erickson. Hypnos, 1994, XXI, No. 2, S. 91–107.
Revenstorf, D., Godeby, J., Erdt, G., Canavan, T.: Experimentelle Hypermnesie: Effekte von Hypnose auf Lern- und Gedächtnisprozesse. . Experimentelle und klinische Hypnose, 1993, 9, S. 71-95.
Revenstorf, D., Miltner, W., Brown, Chr.: Evozierte Potentiale bei Schmerzverarbeitung unter Hypnose. Hypnose und Kognition, 1993, 10, S. 22–34.
Riebensahm, H. H.: Schmerzen vergessen. Tonbandkassette, Sonomed Best.Nr. SMB 32, Göttingen 1987.
Scharl, H. H.: Moderne Hypnose-Techniken für Mediziner. T. Marcell Verlag, München 1982.

Schmierer, A., und Kunzelmann, K. H.: Hypnose in der Zahnheilkunde. In: Revenstorf, D. (Hrsg.): Klinische Hypnose.2., korrigierte und überarbeitete Auflage. Springer Verlag, Berlin, Heidelberg 1993.
Schmierer, A.: Compliance Editorial. Zahnarztmagazin, November 1989.
Schmierer, A.: Die Anwendung von Entspannungstonbändern in der zahnärztlichen Praxis. Vortrag, gehalten auf dem fünften Kongreß der European Society of Hypnosis, Konstanz, 1990. Veröffentlichung in der Zahnärztlichen Praxis, Heft 8, 1991, S.286–288.
Schmierer, A.: Analgesie bei zahnärztlichen Eingriffen durch Hypnose. Experimentelle und klinische Hypnose, 1986, II, Heft 1, S.87–91.
Schmierer, A.: Hypnose und Entspannung. Zahnarzt Magazin, 1987, 2, S.7–9.
Schmierer, A.: Zahnarzt-Angst. Zahnarzt Magazin, Dossenheim, 1988, 1, S.1.
Schmierer, A.: Von der Gnathologie zur Funktionslehre. Zahnärzteblatt Baden-Württemberg, 9, S.474 -479; 10, S.529-532; 11, S.607–610, 1990.
Schmierer, A.: Gnathology „In"/"Out"?. The Journal of Gnathology, Vol. 8, Nr. 1, 1989.
Schmierer, A.: Möglichkeiten der Hypnose für die zahnärztliche Praxis. Zahnärztliche Praxis, 41. Jahr, 1990, Heft 5, S.178–181.
Schmierer, A.: Beim Zahnarzt ohne Streß. Entspannte Zahnbehandlung. Hypnos-Verlag Stuttgart 1995 (1992–1994 bei Iskopress).
Schmierer, G.: Die Hypnoseassistentin - Eine neue Möglichkeit der Zusammenarbeit in der zahnärztlichen Praxis. Zahnarztmagazin, 2, 1988, S. 17–18.
Scholl, L.: Das neue Augentraining. Goldmann Ratgeber, München 1994.
Schulte, W.: Die exzentrische Okklusion. Quintessenz Verlag, Berlin 1983.
Schultz, J. H. (Hrs.): Angst. Kreuz Verlag, Stuttgart 1987.
Schultz, J. H.: Hypnosetechnik. Gustav Fischer Verlag, Stuttgart 1979.
Schultz, J. H.: Übungsheft für das Autogene Training – Konzentrative Selbstentspannung. Thieme Verlag, Stuttgart, New York 1980.
Sendak, M.: Wo die wilden Kerle wohnen. Diogenes Verlag, Zürich 1967.
Spiegel, D.: Bedeutet besser leben auch länger leben? Über den Einfluß von Gruppentherapie auf die Überlebenszeit von Brustkrebspatientinnen. Hypnose und Kognition, 1993, 7, Heft 2, S. 59–69.
Simonton, O. C., Simonton, S., und Creighton, J.: Wieder gesund werden, eine Anleitung zur Aktivierung der Selbstheilungskräfte für Krebspatienten und ihre Angehörigen. Rowohlt Verlag, Reinbek 1982.
Stahl, Th.: Triffst du 'nen Frosch unterwegs... NLP für die Praxis. Junfermann Verlag, Paderborn 1988.
Steig, W.: Doktor De Soto. Hoch-Verlag, 1982.
Stein, A.: Stereo-Tiefensuggestion: Ein neuartiges Selbsthilfe-Verfahren gegen psychosomatische Krankheiten. Gesünder leben, 64 (6) 1987.
Stern R.: Medizinische Hypnose in der Zahnmedizin. Schweiz. Monatsschr. Zahnmed, VOL 101, 4/1991.
Stöcker, T.: Die Turboinduktion. Videodemonstration und Training auf dem Supervisionsseminar für Zahnärzte in Ochsenfurt/Würzburg 1989.
Thomas, K.: Praxis der Selbsthypnose des Autogenen Trainings.Thieme Verlag, Stuttgart 1976.
Svoboda, T.: Das Hypnose Buch. Kösel Verlag, München 1984.

Tomatis, A. A.: Der Klang des Lebens – Vorgeburtliche Kommunikation – Die Anfänge der seelischen Entwicklung. rororo Sachbuch, Rowohlt, Hamburg 1987.
Thompson, C.: Coin Technique. Clinical Hypnosis Course, ISH Congress, Den Haag 1988.
Walter, H.: Hypnose – Theorien, neurophysiologische Korrelate und praktische Hinweise zur Hypnosetherapie. Georg Thieme Verlag, Stuttgart 1992.
Weber, M.: Mit sich selbst in Einklang kommen – Eine Einführung in die Gestalttherapie. Herder, Freiburg 1992.
Weitzenhoffer, A. M., und Hilgard, E. R.: Stanford Hypnotic Susceptability Scale, Forms A and B. Palo Alto Cal.: Consulting Psychologists Press 1959.
Wikström, P. O.: Auditive distraction and music-hallucination in dental practice. Tandlakartidningen, 69 (1) 21–26 1977, Schweden.
Wolters, G.: Franz Anton Mesmer und der Mesmerismus. Universitätsverlag, Konstanz 1988.
Zeyer, R., Dürr, W., Revenstorf, D.: Hypnotherapie bei Prüfungsangst. Experimentelle und klinische Hypnose, 1992, 8, S. 71–87.
Zimmermann, M., Seemann, H.: Der Schmerz. Springer Verlag, Berlin, Heidelberg 1986.

Stichwortverzeichnis

E

F

G

H

I

J

K

L

M

Quintessenz golden Line

Das Medienpaket:

Buch und Videofilm

Rolf R. Lehmann, G. Basting
L. Flores de Jacoby, L. Tsalikis

Biotop Mundhöhle

Atlas der parodontalen Mikrobiologie

Das Buch: „Atlas der parodontalen Mikrobiologie“
Faszinierend und lehrreich präsentiert sich der Atlas zur parodontalen Mikrobiologie. Der erste Teil – die Ätiologie mit der internationalen Klassifizierung der parodontalen Erkrankungen – liefert die theoretischen Grundlagen für die detaillierten Darstellungen der nicht-pathogenen und pathogenen Mikroorganismen im zweiten Teil des Werkes. Der Atlas besticht vor allem durch die Brillanz und Einmaligkeit der Abbildungen, für deren Herstellung die Techniken der REM-Aufnahmen, der Dunkelfeldaufnahmen, der Immunfluoreszenzmikroskopie sowie weitere Nachweisverfahren zum Einsatz kamen.

141 Seiten, 103 meist farb. Abbildungen, Best.-Nr. 4020

Der Videofilm: „Biotop Mundhöhle“
Hier werden einmalige Einblicke in das Leben der Mikroorganismen sowie in die schrittweise Entstehung des Zahnbelages mit faszinierenden Aufnahmen gewährt. Zähne, Mundschleimhaut, Mikroorganismen und Speichel bilden ein komplexes Wirkungsgefüge – das Ökosystem. Solche Systeme entstehen durch Selbstorganisation und besitzen die Fähigkeit zur Selbstregulation und Kompensation. Folglich zeigt eine ökologische Betrachtungsweise den Weg auf, der für Therapie und Vorbeugung von entscheidender Bedeutung ist.

VHS, Länge ca. 30 Minuten, Best.-Nr. 243

Komplett im Schuber (Best.-Nr. 212) und einzeln lieferbar.

Quintessenz Verlag • Neue Medien • Ifenpfad 2-4 • D-12107 Berlin